HAFFMANS' LITERARISCHE ENCYKLOPÄDIE
DER URPHÄNOMENE

Die klassische Sau

HANDBUCH
DER LITERARISCHEN HOCHEROTIK
HERAUSGEGEBEN VON
HERMANN KINDER
MIT EINER EINFÜHRUNG
VON GOETHE

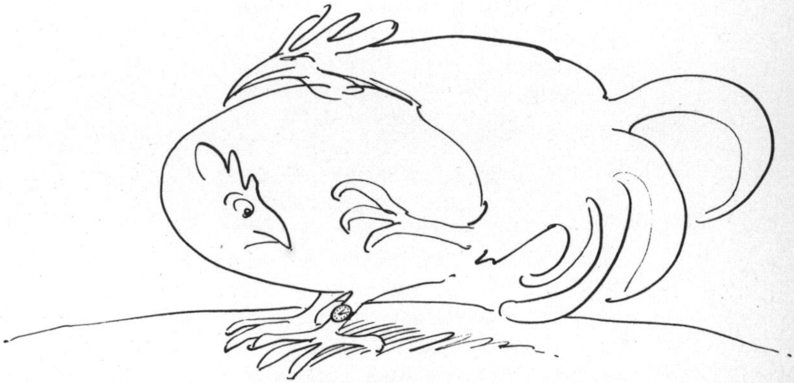

HAFFMANS VERLAG

NACH- UND HINWEISE AM SCHLUSS
DES BANDES

UMSCHLAGZEICHNUNG VON
ROBERT GERNHARDT
TITEL- UND VORSATZVIGNETTE VON
FRIEDRICH KARL WAECHTER
KAPITELSCHLUSSVIGNETTEN VON
F. W. BERNSTEIN
UMSCHLAGRÜCKSEITENBILD VON
ALMUT GERNHARDT

1.–10. TAUSEND, FRÜHLING 1986
ZWEITE, VERBESSERTE AUFLAGE
11.–20. TAUSEND, SOMMER 1986

SATZ: MÜHLBERGER, AUGSBURG
HERSTELLUNG: EBNER ULM
ISBN 3 251 00070 5

INHALTSVERZEICHNIS

EINFÜHRUNG

»Ein Ereignis aus Ernsttal. Dort erschien eine Respektsperson, die Gattin des Eisenbahnpräsidenten Stapf, in knallrotem Sommerkleid. Die gezähmte Wildsau von Ernsttal vergaß ihre Zahmheit, nahm die laut schreiende Dame auf den Rücken und raste davon. Hätte ich ein Leitbild, so wäre es jenes Tier.« *(Theodor W. Adorno, ›Ohne Leitbild‹)*

Johann Wolfgang Goethe

SEID SÄUISCH!

SATAN. Die Böcke zur Rechten,
Die Ziegen zur Linken!
Die Ziegen, sie riechen,
Die Böcke, sie stinken.
Und wenn auch die Böcke
Noch stinkiger wären,
So kann doch die Ziege
Des Bocks nicht entbehren.

CHOR. Aufs Angesicht nieder!
Verehret den Herrn:
Er lehret die Völker,
Und lehret sie gern.
Vernehmet die Worte:
Er zeigt euch die Spur
Des ewigen Lebens,
Der tiefsten Natur.

SATAN *rechts gewendet.* Euch gibt es zwei Dinge
So herrlich und groß:
Das glänzende Gold
Und der weibliche Schoß.
Das eine verschaffet,
Das andre verschlingt;
Drum glücklich, wer beide
Zusammen erringt!

EINE STIMME. Was sagte der Herr denn? –
Entfernt von dem Orte,
Vernahm ich nicht deutlich
Die köstlichen Worte.
Mir bleibet noch dunkel
Die herrliche Spur,
Nicht seh ich das Leben
Der tiefen Natur.

Satan *links gewendet.* Für euch sind zwei Dinge
Von köstlichem Glanz:
Das leuchtende Gold
Und ein glänzender Schwanz.
Drum wißt euch, ihr Weiber,
Am Gold zu ergötzen
Und mehr als das Gold
Noch die Schwänze zu schätzen!

Chor. Aufs Angesicht nieder
Am heiligen Ort!
O glücklich, wer nah steht
Und höret das Wort!

Eine Stimme. Ich stehe von ferne
Und stutze die Ohren;
Doch hab ich schon manches
Der Worte verloren.
Wer sagt mir es deutlich,
Wer zeigt mir die Spur
Des ewigen Lebens,
Der tiefsten Natur?

Mephistopheles *zu einem jungen Mädchen.*
Was weinst du, artger, kleiner Schatz?
Die Tränen sind hier nicht am Platz.
Du wirst in dem Gedräng wohl gar zu arg gestoßen?

Mädchen. Ach nein! der Herr dort spricht so gar kurios,
Von Gold und Schwanz, von Gold und Schoß,
Und alles freut sich, wie es scheint!
Doch das verstehn wohl nur die Großen?

Mephistopheles. Nein, liebes Kind, nur nicht geweint!
Denn willst du wissen, was der Teufel meint,
So greife nur dem Nachbar in die Hosen!

Satan *gradaus.* Ihr Mägdlein, ihr stehet
Hier grad in der Mitten;
Ich seh, ihr kommt alle
Auf Besmen geritten.

Seid reinlich bei Tage
Und säuisch bei Nacht,
So habt ihrs auf Erden
Am weitsten gebracht.

(aus: Paralipomena zum Faust I)

I.

GOTT SCHWANZ

Wer kann's,
wer hat's am längsten

TATJANA HAUPTMANN

DREI STEIFE LIEDER

Kommet alle herbei, o kommet alle,
Nymphen, die ihr den heilgen Hain bewohnet,
Nymphen, die ihr in heilgen Quellen wohnet,
kommet alle herbei und preist den schönen
Gott Priapus mit süß beredter Stimme:
heil dir, heilger Priapus, Weltallvater!
Und bedecket sein Glied mit tausend Küssen,
und mit duftenden Kränzen schmückt die Rute
ihm, und wieder erhebt dann eure Stimme:
heil dir, heilger Priapus, Weltallvater!

*

Wie herrlich ist an Wohlgestalt der Gott Merkur,
wie herrlich anzusehn Apollo an Figur,
noch herrlicher ist Bacchus, aller Wohlgefallen,
Cupido aber ist der herrlichste von allen!
Ich habe leider gar nichts Schönes vorzuzeigen,
denn nur ein riesengroßer Penis ist mein eigen,
doch viel begehrter, trotz der andern Götter Grollen,
bei jenen Mädchen, die da wissen, was sie wollen.

*

Ob ein langer oder ob ein dicker Schwanz wohl mehr entzückt,
welcher von den beiden besser schwellen mag, wenn man ihn drückt?

(in: Carmina Priapea, dt. C. Fischer. Priapos, der im weiteren wiederholt auftaucht, ist der Gott der Fruchtbarkeit, weshalb er einerseits sich gern in Weingärten aufhält, andererseits ein stets steifes Glied – meist aus Holz – hat. Priapismus ist etwas Unangenehmeres, wie in M. Walsers »Einhorn« nachzulesen. Mit der Übersetzung dessen, was an Priapos so auffallend ist, hatte schon Goethe Probleme:

Gieb mir statt »Der Schwanz« ein ander Wort o Priapus
Denn ich Deutscher ich bin übel als Dichter geplagt.
Griechisch nennt ich dich φαλλος, das klänge doch prächtig den Ohren,
Und lateinisch ist auch Mentula leidlich ein Wort.

Mentula käme von Mens, der Schwanz ist etwas von hinten,
Und nach hinten war mir niemals ein froher Genuß.

(Epigramm aus dem Nachlaß)

Marguerite Duras

DER MIT DEN HÄNDEN IM HAAR DER FRAU VERKLAMMERTE MANN

Ich höre, wie die Frau zum Mann spricht.

»Ich liebe dich.«

Ich höre, wie er ihr antwortet, er wisse es:

»Ja.«

Ich sehe, daß die Frau sich bewegt und ihrerseits die drei Schritte gehen wird, die sie von ihm trennen. Ich sehe noch, wie er zu einer Fluchtbewegung ansetzt und wie er wieder in den Sessel zurückfällt. Dann sehe ich nichts mehr jenseits der Fakten.

Sie ist bei ihm angelangt, kauert sich zwischen seine Beine und betrachtet es, es ganz allein, in dem Schatten, den sie ihrerseits auf ihn wirft. Behutsam macht sie es frei, bis es ganz nackt ist. Schiebt die Kleidung auseinander. Holt die tieferen Teile hervor. Entfernt sich ein wenig davon, und läßt so das Licht darauf scheinen.

Ich sehe, daß der Mann den Kopf gesenkt hat und es betrachtet, wie er zur gleichen Zeit wie die Frau dieses Schauspiel seiner selbst betrachtet. Es schlägt immerzu, im Rhythmus des Herzens aufzukkend. Durch die feine Haut, die es bedeckt, ist das weite dunkle Netz des Blutes zu sehen. Es ist voller Lust, von mehr Lust erfüllt, als es zu halten vermag, und sich selber derart eng ist es so geworden, daß man zögert, die Hand darauf zu legen.

Der Mann und die Frau betrachten es gemeinsam. Sie machen ihm gegenüber keinerlei Geste und überlassen es noch sich selbst.

Jenseits von ihnen sehe ich noch, daß es ein baumloses Land ist, ein Land im Norden. Daß das Meer flach und warm sein dürfte. Es ist eine klare Wärme verblaßter Wasser. Es hängen keine Wolken mehr über den Hügellandschaften, aber da ist immer noch der ferne Nebel. Es ist ein Land, das sich selbst entflieht, das zu sehen und wieder zu sehen nicht ermüdet, eine Bewegung, bei der man nie anhalten, nie das Ende kennenlernen möchte.

Sie hätte sich langsam voranbewegt, hätte ihre Lippen geöffnet und auf einmal sein weiches, glattes Ende ganz in den Mund genommen.

Sie hätte die Lippen über dem Saum geschlossen, der seinen Anfang zeichnet. Ihr Mund wäre voll davon gewesen. Es ist derart weich, daß ihr davon die Tränen in die Augen treten. Ich sehe, daß nichts der Macht dieser Weichheit gleichkommt, es sei denn, das ausdrückliche Verbot, es anzutasten. Verboten. Sie kann nur noch mehr davon in den Mund nehmen, wenn sie es behutsam mit ihrer Zunge zwischen den Zähnen umkost. Ich sehe dies: daß sie das, was man gewöhnlich im Sinn hat, als dieses Grobe und Brutale im Mund hat. Sie verschlingt es im Geiste, sie nährt sich davon, sie kostet es im Geiste bis ins letzte aus. Während der Frevel in ihrem Munde ist, kann sie sich nur erlauben, es zur Lust zu leiten, zu führen, mit bereiten Zähnen. Mit ihren Händen hilft sie ihm zu kommen, wiederzukommen. Aber es scheint nicht wiederkommen zu können. Der Mann schreit. Mit seinen Händen im Haar der Frau verklammert, versucht er, sie von dort fortzureißen, aber er hat nicht mehr die Kraft dazu, und sie will nicht davon lassen.

Der Mann. Der vom Körper mitgerissene Kopf seufzt, eifersüchtig und im Stich gelassen. Seine Klage schreit, zu kommen, wieder zu sich zu kommen, sie schreit den marternden Widerspruch, daß man ihm so etwas Gutes gönne. Ihr, der Frau, ist das einerlei. Ihre Zunge fährt hinab zu jener anderen Weiblichkeit, sie gelangt dahin, wo sie kryptisch wird, und dann steigt sie geduldig abermals hinan, bis sie wieder mit ihrem Munde umfängt und festhält, was sie verlassen hat. Sie hält es fest bis zur Grenze des Verschlingens in einer Bewegung ununterbrochenen Saugens. Er versucht nichts Neues mehr. Mit geschlossenen Augen. Allein. Ohne Gesten, schreit er.

Dort oben, der Schrei, die Klage wird greller, sie ist zuerst beinahe kindlich und klingt dann tiefer, sie wird so schmerzbewegt, dermaßen schmerzhaft, daß die Frau von ihm ablassen muß. Sie läßt es los, zieht sich zurück, führt die Schenkel näher an sich heran, spreizt sie und schaut und atmet den feuchten, lauen Geruch. Sie verweilt, das Gesicht in das, was ihm an sich selbst unbekannt ist, hineingedrückt, und atmet lange den widerwärtigen Geruch.

(aus: Der Mann im Flur, dt. E. Tophoven)

Wilhelm IX. von Aquitanien

EINHUNDERTUNDACHTZIGMAL

Hörts: Denen verpaßte ich meinen Pfahl
einhundertundachtzigmal.
Den Riemen rubbelte ich mir kahl
und mein rüstiges Ding.
Schweig ich lieber von der Qual,
die ich mir dabei fing.

(Französischer Text in:
Mittelalterliche Lyrik in Frankreich I, hg. D. Rieger, dt. C. Dessin)

Christian Reuter

SIEBENMAL

Ich tät dirs gerne siebenmal
  Mit Geigen musizieren,
Damit ich nicht bestehe kahl,
  Will ich die Stimme zieren
    Mit re, mi, fa,
    Do, sol, mi, la,
  Und schönen Tremulanten,
  Trotz allen Musikanten.

(aus: Werke)

Pietro Aretino

VON DER MÄNNLICHEN GRÖSSE

Antonia: War der Kolben, von dem du sprichst, so groß wie der von einem Esel?
Nanna: Größer.
Antonia: Wie der von einem Maulthier?
Nanna: Größer.

ANTONIA: Wie der von einem Bullen?
NANNA: Größer.
ANTONIA: Wie der von einem Hengst?
NANNA: Dreimal so groß, sag' ich dir!
ANTONIA: Dann war er wohl so groß wie solche Nußholz-Säule, die man an den Betten sieht?
NANNA: Du hast's getroffen.

(aus: Hetärengespräche, dt. H. Conrad)

Lukian

DER MAGISCHE ESEL

(Lukios, der Ich-Erzähler, wurde in einen Esel verwandelt.)

Mein Herr machte sich ein eigenes Vergnügen daraus, mich den angesehensten unter seinen Mitbürgern bei der Tafel vorzustellen und sie mit all meinen erwähnten Spielen und Späßen bei dieser Gelegenheit zu regalieren. Mein Lehrmeister aber fand Mittel, sich durch mich ein artiges Einkommen zu verschaffen; denn er schloß mich ein, und wer mich und meine übernatürlichen Künste sehen wollte, dem öffnete er die Tür nicht anders als gegen bare Bezahlung. Diese Personen brachten mir dann immer etwas zu essen mit; der eine dies, der andere jenes, was sich, der Meinung nach, mit einem Eselsmagen am wenigsten vertragen könne; aber ich aß alles, so daß ich in kurzer Zeit durch die guten Tage, die ich bei meinem Herrn hatte, und die Leckerbissen, die mir von den Leuten in der Stadt zugesteckt wurden, überaus stark und fett wurde. Diese meine Schönheit und meine übrigen außerordentlichen Verdienste zogen mir eines der seltsamsten galanten Abenteuer zu. Eine fremde Dame, die sehr reich und von Person gar nicht übel war, hatte auch die Neugier gehabt, mich zu Mittag essen zu sehn, und verliebte sich so sterblich in mich, daß sie der Versuchung, die Pasiphaë mit mir zu spielen, nicht widerstehn konnte. Sie trat darüber in Unterhandlung mit meinem Hofmeister und versprach ihm eine hübsche Summe, wenn er ihr erlauben wolle, eine Nacht mit mir zuzubringen; er nahm das Schandgeld, ohne sich zu kümmern, ob sie von mir etwas haben würde oder nicht. Nachts, nachdem mich mein Herr von der Tafel entlassen hatte, begab ich mich nach meiner Kammer und fand dort die Dame bereits warten.

Alle Welt! was wurden da für Anstalten gemacht! Vier Verschnittene bereiteten flugs auf der Erde ein weiches Liebeslager. Über große, von leichtem Flaum hochgeblähte Pfühle deckten sie ein mit Gold und tyrischem Purpur besticktes Laken und legten Kissen und Polster von jeder Größe darauf, womit das zärtliche Frauenzimmer teils die Wangen, teils den Nacken zu unterstützen pflegt. Dies getan, und das ganze Zimmer mit schimmernden Wachskerzen so hell wie bei Tag erleuchtet, verzögerten sie nicht länger die Wollust ihrer Gebieterin und verschwanden diskret. Nun entkleidete sich die Dame ganz und gar, legte auch die Binde ab, womit sie ihren schönen Busen eingeschnürt hatte, und trat an das Licht und salbte aus einem Alabasterfläschchen sich und meine Nüstern mit Balsam; vorzüglich badete sie damit meine Schenkel und Lenden samt den Maschinen der Wollust, die sie vorher mit chiischem Rosenwasser säuberlich gereinigt. Priapus, sofort durch ihre niedlichen Hände herbeigezaubert, winkte ihr gefällig mit starrem, erhabenen Zepter. Sobald sie die günstige Gegenwart des Gottes wahrgenommen, umhalste sie mich auf das Zärtlichste und küßte mich; aber nicht wie in lüderlichen Häusern arme Dirnen ihre kampflustigen Buhler zu küssen pflegen, sondern mit dem wärmsten, innigsten Gefühl der Seele. Sie liebkoste mich, mit allen den süßen Worten der Liebe, womit die Weiber ihre Zuneigung an den Tag legen, um die unsrige zu erwecken.

Dich liebe ich! rief sie, nach dir sehnt mein Herz sich! Du bist mein Einziger, mein Auserwählter! Ohne dich kann ich nicht lieben und leben! Vor dir liebte ich niemand, und dergleichen. Endlich faßte sie mich beim Halfter und zog mich zu sich aufs Bett nieder. Ich machte ihr keine sonderliche Mühe; denn Behendigkeit hatte ich gelernt, und meine Begier, nach so langer Zeit wieder bei einem hübschen Weib zu schlafen, war sehr rege; um so mehr, da ich mir vorher in altem Wein gütlich getan und der wohlriechende Balsam meinen Kitzel aufs äußerste gereizt hatte. Auch hatte ich, seitdem ich Esel war, mich nie nach der Eseln natürlichen Art begattet, auch nie mit einer Eselin abgegeben. Die erzwungene Askese machte es auch, daß mein Apparat angesichts des in jeder Beziehung schönen, gut gebauten Weibes keiner besonderen Aufmunterung bedurfte.

Angst und bange war ich aber dennoch. Wie bei so langen Stakbeinen den Thron der Liebe besteigen? wie so sanfte, zarte, glänzende, aus lauter Milch und Honig geknetete Glieder mit eisernen Hufen umfassen? wie so kleine ambrosiaduftende Purpurlippen mit einer so plumpen Schnauze, mit garstigen, ungeputzten Ungeheuer-Zähnen küssen? und wie endlich, mochte die Dame auch vor Lust bis in die äußersten Fingerspitzen glühen, ein so übergroßes Opfergefäß in das enge Heiligtum der Wollust hineinbringen?

Weh dir, dachte ich bei mir selbst, wo du eine so vornehme Dame sprengst! Dann kannst du dich nur gefaßt machen, bei deines Herrn Kampfspielen mit zu figurieren und den reißenden Tieren vorgeworfen zu werden! Ave Caesar, morituri – und es verdoppelte die Dame ihre Liebkosungen; herzte, küßte mich, girrte, verdrehte im Taumel stehender Begierden die Augen. Zuletzt rief sie: Ha, nun hab ich dich! hab ich dich mein Täubchen! mein Vögelchen! mein Goldschwänzchen! Und mit den Worten zeigte sie, daß all meine Besorgnis und Furcht töricht und überflüssig war; denn sie umschlang mich und nahm alles, was da war, in ihrem Schoß auf. Ich konnte die Besorgnis aber immer noch nicht loswerden und wich ein wenig rückwärts. Sie aber umklammerte fest meine Lenden, damit ich mich ihr nicht entziehen könne, und schob ihren Leib nach. So oft ich, ihrer schonend, mein Hinterteil schonungsvoll zurückzog, so oft flog sie elastisch in jähem Schwung mir nach, und fester und fester mit ihren Armen mein Rückgrat wie in einem Schraubstock umklammernd, schloß, drückte, preßte, schmiegte sie sich brünstig an mich, so daß ich, beim Herkules! endlich einsah, es mangle mir noch manches zur Befriedigung und Ergötzung eines Weibes, und im Ernst auf den Argwohn geriet: die berühmte Stierkämpferin, die Mutter des Minotauros müsse sich wohl nicht ohne Grund lieber einen brüllenden Liebhaber zur Kurzweil erkoren haben.

Das Weib war so sehr zum Liebeszweikampf gerüstet und so unersättlich, daß sie die ganze Nacht hindurch sehr geschäftig und des Schlafes uneingedenk meine Kräfte anspannte und mich erst mit Tagesanbruch frisch und munter verließ – doch nicht ohne mich meinem Aufseher noch eine Nacht um den nämlichen Preis abzumieten. Dieser, teils um des vielen Geldes willen, das er dadurch auf meine Kosten gewann, teils um mich unserem Herrn von einer ganz neuen Seite zeigen zu können, schloß sie noch einmal mit mir ein, und ich muß gestehen, die Dame behandelte mich ohne alle Schonung, sie machte mir entsetzlich zu schaffen, bis ich ohnmächtig in mir zusammensank.

(Mittlerweile wurde Lukios
in einen Menschen zurückverwandelt.)

Immerhin hielt ich es für eine Art von Schuldigkeit, der Dame, die mich so sehr geliebt hatte, als ich nur ein armer Esel war, höflich meine Aufwartung zu machen und mich pro forma bei ihr zu bedanken, indem ich nicht zweifelte, ich würde ihr nun, da ich wieder Mensch sei, desto schöner und liebenswürdiger vorkommen. Sie empfing mich sehr freundlich und schien an dem Wunderbaren meines Abenteuers große Freude zu haben, sie bat mich, mit ihr zu speisen und die Nacht mit ihr zu verbringen, und ich ließ mich sehr leicht bereden; denn ich hätt es ordentlich für Todsünde und Hochmut gehalten, wenn derjenige, der als Esel geliebt worden war, nun, da er zum Menschen sich rückverwandelt, den Spröden machen und seine Liebhaberin über die Achsel ansehen wollte. Ich speiste also mit ihr, salbe mich und bekränze mich mit Rosen, der Blume, die mir, seitdem ich ihr meine zweite Menschheit zu danken hatte, unter allen die liebste war. Endlich, wie die Nacht schon ziemlich weit vorgerückt und es Zeit zu was Besserem war, steh ich auf, kleide mich, nichts Böses ahnend, vielmehr in der Meinung, es recht gut zu machen, hurtig aus und stelle mich meiner Dame so vor, fest überzeugt, ihr durch die Vergleichung mit meiner ehemaligen Eselsgestalt nur desto mehr zu gefallen. Aber als sie sah, daß alles an mir so menschlich war, spie sie mit Verachtung und gerechter Entrüstung vor mir aus und befahl mir, mich augenblicklich aus ihrem Haus zu scheren und schlafen zu gehen, wohin ich wolle. Ich armer, zarter Esel, der mir diesen plötzlichen Unwillen und Abscheu gar nicht erklären konnte, fragte sie mit Erstaunen: Und was für ein so großes Verbrechen gegen die gute Sitte hab ich denn begangen, daß ich dir auf einmal so zuwider bin? Wie? kreischte die Dame, indem sie mir eine Ohrfeige gab, muß ich mich noch deutlicher ausdrücken? Bildest du dir in deiner Verblendung denn ein, daß ich, da du noch ein Esel warst, in dich: deine Seele verliebt gewesen bin, oder meine wertvollen Liebkosungen an dich verschwendet hab? Nicht du, armseliges Tierchen, sondern der Esel war es, den ich liebte. Und als du zu mir kamst, dachte ich nichts anderes, als du würdest das große Eselssymbol gerettet haben und noch jetzt bei dir führen: aber leider seh ich dich aus dem schönen und nützlichen Tier, das du warst, in einen kleinen Affen verwandelt: verunstaltet! Und sofort rief sie, meiner Frechheit grollend, einige Bediente und befahl ihnen, mich, wie ich war, aufzupacken und zum Haus hinauszuschmeißen. Man kann sich vorstellen, was für eine angenehme Nacht ich zubrachte, da ich so schön parfümiert, mit Rosen bekränzt und unbekleidet, wie ich war, nun im Dunkel und unter freiem Himmel die nackte Erde umarmen und anstatt einer sehr warmen Beischläferin mit einer so kalten vorliebnehmen mußte! Mit der ersten Morgendämmerung lief ich zur »Samosata«, schiffte mich ein und erzählte allen mit Lachen, was mir begegnet war. Wir segelten hierauf mit dem ersten guten Wind, der von der Stadt her wehte, von dannen und langten binnen wenigen Tagen in meiner Heimat an. Meines Dankes erster Weg war, den rettenden Göttern ein Rosenopfer und Weihgeschenk darzubringen, weil sie mich aus gewiß nicht alltäglichen, heillosen Eselsabenteuern – von Palästra bis Pasiphaë – nach so langem Irren und Umhertreiben, aus vieler Not wohlbehalten wieder ins Vaterhaus TRÄUMTEN.

(aus: Der magische Esel, dt. A. Ehrenstein)

Properz

DER PRAHLENDE LIEBHABER

Haben doch, weißt du, der Mädchen mir gestern gar viele gefallen,
Weißt, Demophoon, auch, daß mir viel Leid daraus erwächst.
Keinen Weg doch betritt jemals mein Fuß ohne Folgen,
Und das Theater – o weh! mir zum Verderben entstand's!
Streckt in geschmeidigem Tanz dort einer die schimmernden Arme
Oder entströmen dem Mund wechselnde Weisen vielleicht,
Sucht indessen mein Auge zur Herzenswunde den Anlaß,
Falls ein Mädchen da sitzt, blendend, mit offener Brust,
Oder auf klarer Stirn verlorene Locken sich kräuseln,
Die auf dem Scheitel die Schnur Indischer Perlen umschließt,
Wenn sie sich dann durch die Miene mir etwa als spröde erwiesen,

Ach, dann floß mir der Schweiß kalt von der Stirne herab.
Warum denn ich gegen alle so schwach, Demophoon, fragst du;
Was du da fragst, das ›Warum‹, gibt's bei der Liebe ja nicht.
Warum zerfetzt denn jemand im Kult seine Arme mit Messern
Und zerfleischt sich beim Takt Phrygischer toller Musik?
Schon beim Entstehn gab jedem Geschöpf die Natur seine Schwächen;
So gab mir das Geschick, daß ich mich immer verlieb'.
Mag mich auch selbst das Los des Sängers Thamyras treffen,
Hab' ich mit Schönen zu tun, Neider, dann bin ich nicht blind.
Doch wenn du meinst, ich schrumpfe dabei zum dünnen Gerippe,
Irrst du dich, denn noch nie machte die Liebe mir Müh.
Kannst es erkunden; gar oft schon hat es ein Mädchen erfahren:
Während der ganzen Nacht hab' ich den Dienst nicht versagt.
Jupiter hat zwei Nächte hindurch bei Alkmene geschlafen,
Und der Himmel war nachts zweimal des Herrschers beraubt;
Dennoch kam er deshalb nicht müde zum Schleudern der Blitze;
Denn die Liebe verzehrt nie ihre eigene Kraft.
Wenn sich Achilleus erhob aus den Armen seiner Briseis,
Flohen die Phryger deshalb minder des Thessalers Speer?
Und wenn der grimmige Hektor vom Lager Andromaches aufstand,
Argos' Flotte, erschrak etwa sie nicht vor dem Kampf?
Dieser wie jener vermochte doch, Schiffe und Mauern zu tilgen;
Hier bin ich der Pelid, grimmiger Hektor bin ich.
Schau, wie beim Himmel den Dienst bald Sonne, bald Mond übernehmen;
So ist von Mädchen mir auch eine allein nicht genug.
Mag die andre mich halten und herzen mit gierigen Armen,
Falls die eine einmal mir keine Stätte gewährt
Oder falls sie erbost, weil ich sie nicht richtig bediene,
Soll sie wissen, es wär' gerne die andere mein.
Denn mit doppeltem Tau ist das Schiff weit besser gesichert;
Ist auch die Mutter besorgt, Zwillinge nährt sie in Ruh.

(aus: Gedichte, dt. R. Helm)

Poggio Bracciolini
WER HAT DEN LÄNGSTEN?

Ein vornehmer und sehr schöner Jüngling führte die Tochter Nereo de' Pazzis heim, eines Florentiner Edelmannes, der durch seine Trefflichkeit unter seinen Zeitgenossen hervorstach. Nach einigen Tagen kehrte die junge Frau der Sitte gemäß in das väterliche Haus zurück, aber nicht lustig und guter Dinge, wie es die anderen zu sein pflegen, sondern traurig und bleich, und ließ den Kopf hängen. Von der Mutter heimlich in eine abgelegene Kammer gerufen und gefragt, ob alles gut gegangen sei, antwortete das junge Ding weinend: »Wie soll das wohl möglich sein! Ihr habt mich ja nicht mit einem Mann verheiratet, sondern mit einem, der kein Mann ist; denn er hat nichts oder zu wenig von jenem Gewissen, um dessentwillen man sich verheiratet.« Sehr niedergeschlagen über das Mißgeschick ihrer Tochter, teilte die Mutter ihrem Gemahl die Sache mit, und kurz darauf wurde die Geschichte, wie es so kommt, unter den Verwandten und den Frauen, die sich zum Bankett eingefunden hatten, bekannt, und bald war das ganze Haus von Trauer und Schmerz erfüllt, weil, wie man sagte, das schöne Mädchen nicht verheiratet, sondern geopfert worden sei. Endlich traf der Gatte ein, dem zu Ehren das Mahl angerichtet war, und als er alle mit tränenvollen und niedergeschlagenen Blicken sah, fragte er, erstaunt über den unerwarteten Anblick, was denn geschehen sei. Niemand wagte die Ursache des Schmerzes zu bekennen, endlich aber sagte einer, der freimütiger war, die junge Frau habe berichtet, es sei mit seiner Männlichkeit schlecht bestellt. Lebhaft rief da der junge Mann: »Das kann nie und nimmer der Grund sein, der euch so niedergeschlagen macht und das Mahl stört. Diese Anschuldigung wird schnell widerlegt sein!« Alles, Männer und Frauen, setzte sich an die Tafel, und das Mahl war schon fast beendet, als der junge Mann sich erhob und sagte: »Ich höre, daß man mich einer gewissen Sache anklagt, und rufe euch zu Richtern darüber an.« Damit zog er ein hervorragend schönes Glied hervor (damals trug man nämlich kurze Kleider), legte es auf die Tafel und fragte die Anwesenden, die alle durch die Neuheit des Verfahrens und die Größe des Gegenstandes betreten waren, ob sie sich darüber beklagen oder es zurückweisen würden. Der größere Teil der Frauen wünschte, daß ihre Männer so gut bei Sache wären, und sehr viele Männer fühlten sich durch dieses umfängliche Werkzeug besiegt, aber alle wandten sich gegen die junge Frau und machten ihr Vorwürfe wegen ihrer Dummheit. Doch sie rief: »Was schmäht und tadelt ihr mich denn! Unser Esel, den ich neulich auf dem Lande sah, ist nur ein Tier und hat ein so (dabei streckte sie den Arm aus) langes Glied, und mein Mann hier, der ein Mensch ist, hat nicht halb soviel.« Das einfältige Kind glaubte, die Menschen müßten reichlicher in dieser Beziehung ausgestattet sein als die Tiere.

(Von einer jungen Frau, die ihren Mann beschuldigte, ungenügend versehen zu sein, in: Die Facezien, dt. H. Floerke)

Robert Gernhardt

FLICHT DEN SCHWANK VON SIGNOR MATZ EIN

Was bisher geschah: Da in Frankfurt Smog-Alarm ausgelöst worden ist, sind Phyllis, Chloë, Anselmus, Sir Pit und Florestan in ein toscanisches Landhaus geflohen. Um sich die Zeit zu vertreiben, erzählen sie einander Geschichten . . .
Nun war die Reihe an Florestan, eine Erzählung zum besten zu geben, er ließ sich auch nicht lange bitten, verdrückte nur noch rasch eine von Chloës köstlichen Bouletten und begann, nachdem er en passant eine Flasche Grappa sichergestellt hatte:

»Ihr seht doch alle dort hinten die Ruinen, die sich gegen den Abendhimmel abzeichnen.«

»Abzeichnen gilt nicht«, warf Anselmus keck ein. »Selberzeichnen macht den wahren Künstler aus!«

Chloë lächelte in sich hinein.

»Das sind die Ruinen des vormals sehr bedeutenden Kastells von Montegrossi«, fuhr Florestan unbeirrt fort.

»Monte Grossi meint sich Groß Bergi«, fiel Sir Pit munter ein, was Phyllis dazu veranlaßte »Laßt doch den Florestan mal erzählen!« zu sagen.

»In diesem Kastell nun«, setzte Florestan von neuem an, »lebte so um das Jahr, – na ja, es kann auch etwas später gewesen sein, der mächtige Conte Ugo di Ricasoli, der in der ganzen Gegend wegen seines ungestümen Temperaments und seiner blendenden Erfolge bei den Frauen gefürchtet und geachtet ward. Da begab es sich, daß der Conte Ugo während einer Jagd eines jungen Mädchens ansichtig wurde, dessen Schönheit ihn sogleich veranlaßte, sein Pferd zu zügeln. Wer dieses Mädchen sei, fragte er seinen Troß, doch keiner konnte ihm Antwort geben, bis sich schließlich ein buckliger Armbrustspanner vordrängte und erklärte, seines Wissens sei das Beatrice, eine Schäferin aus Grimoli, Tochter des Köhlers Battista, eine, wie er mit schiefem Grinsen hinzufügte, gottesfürchtige und unbescholtene Jungfrau, der bisher schon viele Burschen ohne Erfolg den Hof gemacht hätten.

Diese Worte genügten, um in dem Conte zwei durchaus widerstreitende Empfindungen auszulösen. Einmal entbrannte er in unsterblicher Liebe zu der schönen Beatrice, zum anderen aber schwor er bei allen Heiligen, sich ihrer niemals durch jene Gewalt, die ihm als Herr der gesamten Gegend ohne weiteres zu Gebote stand, zu bemächtigen, sondern der Jungfrau gegenüber lediglich jene Waffen anzuwenden, die die Natur allen Männern ohngeachtet ihres Standes bereitstellt, das gewinnende Auftreten und die List.

Wieder im Kastell von Montegrossi angelangt, bestellte er daher unverzüglich den buckligen Armbrustspanner, einen Mann namens Gino, zu sich und trug ihm auf, der schönen Beatrice einen Topf voll heißer Suppe aus der Küche des Kastells zu bringen. Aber die werde doch auf dem langen Wege bis Grimoli erkalten, wandte Gino ein, worauf Conte Ugo ungeduldig erwiderte, das solle sie auch, er aber, Gino, sei angehalten, der schönen Beatrice lediglich zu sagen: »Diese Suppe läßt dir mein Herr, der Signor Matz, bringen, wohl bekomm's!«

Der Armbrustspanner tat, wie ihm geheißen, und am nächsten Tage befahl ihm der Conte Ugo abermals, einen Kübel Suppe zur schönen Schäferin zu tragen, wobei er wiederum sagen sollte: »Diese Suppe läßt dir mein Herr, der Signor Matz, bringen, wohl bekomm's!«

Und so ging das die Woche weiter, bis schließlich, am siebenten Tage, Conte Ugo dem Armbrustspanner beschied, heute werde er die Suppe selber zu Beatrice bringen, er benötige seinen Dienst nicht mehr, welch Worte der bucklige Gino mit einem unangemessen fröhlichen »Wohl bekomm's« quittierte.

Der Conte Ugo di Ricasoli traf die schöne Schäferin denn auch richtig auf der Wiese bei Grimoli an, reichte ihr den Kübel mit der erkalteten Suppe und sagte: »Diese Suppe läßt dir mein Herr, der Signor Matz, bringen, wohl bekomm's!«

In diesem Satz aber lag eine zwiefache List verborgen: Einmal wollte der Conte, daß die Schäferin frage, was die erkalteten Suppen zu bedeuten hätten, darauf nämlich gedachte er zu antworten: ›So wie die Suppe, so erkaltet auch die Liebe, so sie nicht zur rechten Zeit genossen wird‹ –, zum anderen aber hoffte er, daß Beatrice sich nach dem Spender all der kalten Suppen, dem Signor Matz, erkundigen werde, worauf er ein leichtes Spiel haben werde, das Gespräch auf diesen ebenso mächtigen wie geknechteten Herren zu bringen, den nur eine schöne Jungfrau davor bewahren könne, in ewiger Dunkelheit dahinzuschmachten. Den weiteren Verlauf der Unterhaltung aber malte er sich folgendermaßen aus: Wer denn dieser seltsame Herr sei – so sollte die schöne Schäferin nach dem listigen Plan des Conte fragen –, worauf er antworten wollte, der Signor Matz sei der Herr aller Herren hier.

Aber nein, das sei doch der Conte Ugo di Ricasoli, würde das Mädchen antworten, worauf er sich schmerzlich lächelnd als eben dieser Conte zu erkennen geben und hinzufügen wollte, der erwähnte Signor Matz sei noch weitaus mächtiger als er.

Welches denn dann die Ländereien dieses Signors seien, sollte die Schäferin darauf verdutzt fragen. Und: Ach, in seiner Hose beispielsweise herrsche er uneingeschränkt! wollte der Conte antworten, und darauf, so hoffte er, würden die unschuldigen Worte in weit weniger unschuldige Handgreiflichkeiten übergehen, die ihn, des war er sicher, über kurz oder lang zum Ziel seiner glühenden Wünsche führen müßten.

Doch zum Erstaunen des Conte Ugo aß die schöne Beatrice die Suppe ohne jeden Einwand, leckte sich zum Schluß die feingeschwungenen Lippen und reichte den Topf mit der Bemerkung zurück, diesmal habe die Suppe mehr Sedano enthalten, was ihrem Geschmack sehr zugute gekommen sei.

»Und daß sie kalt war, hat dich wohl nicht gestört?« fragte der Conte lauernd, doch die Schäferin zuckte nur lächelnd mit den Achseln und lehnte sich mit einem mehrdeutigen Seufzer gegen den Olivenbaum, in dessen Schatten die beiden saßen.

»Es ist nämlich bei der Suppe so, wie bei der Liebe«, fuhr der Conte bedeutungsvoll fort, »beide erkalten, wenn man sie nicht zur rechten Zeit zu genießen weiß.«

Doch diese Worte zeitigten keine andere Folge als die, daß sich das Mädchen zufrieden räkelte und ein wenig an ihrem Busenband herumzupfte.

»Das sind nicht meine Worte«, sagte der Conte, wobei er bereits jenes schmerzliche Lächeln zum Einsatz brachte, das er sich eigentlich für einen späteren Zeitpunkt hatte aufsparen wollen, »der das sagt, ist mein Herr, der Signor Matz.«

»Sagt er das?« fragte die schöne Beatrice und sah gedankenverloren einem Käfer zu, der auf ihrem braunen Knie herumkrabbelte, wobei er sich derart in den Falten ihres ein wenig hochgeschlagenen Rockes verkrallte, daß sie das schwere Tuch noch ein wenig höher zog.

»Mein Signor Matz ist ein großmächtiger Herr!« rief der Conte Ugo mit Nachdruck aus, »obwohl er in ständiger Dunkelheit schmachtet!«

»Macht er das?« entgegnete die Schäferin, indes sie den Käfer mit einem Zweiglein daran zu hindern trachtete, die schattigen Gefilde unter ihrem Rocksaum aufzusuchen.

»In meiner Hose beispielsweise herrscht er uneingeschränkt«, platzte der Conte di Ricasoli heraus und deutete, alle List vergessend, auf seinen Hosenlatz, der sich bereits in höchst verräterischer Weise zu bauschen begonnen hatte.

»Tut er das?« war die Antwort der Schönen, die den Käfer augenscheinlich trotz des Zweigleins nicht von seinem Weg hatte abbringen können, weshalb sie, die Beine spreizend, damit begann, auch jene Gegenden ihrer Schenkel in Augenschein zu nehmen, deren Weiße davon kündete, daß sie gemeinhin nicht einmal den Strahlen der wärmenden Sonne zugänglich waren.

»Ich bin übrigens der Conte di Ricasoli!« rief der Conte mit dem letzten Rest an Beherrschung aus, der ihm noch zu Gebote stand.

»Sind Sie das?« fragte die schöne Schäferin, die ihre Suche mittlerweile auch auf jenes dunkle Dreieck ausgedehnt hatte, das nun schon seit Tagen der Mittelpunkt aller Sehnsüchte des Conte gewesen war und das er, da es sich ihm so unvermittelt offenbarte, fast befremdet betrachtete, zumal es gerade von einem mühsam dahinkrabbelnden Käfer überquert wurde.

Da aber knöpfte er, all seine Pläne vergessend, seinen Hosenlatz auf und war gerade dabei, sich mit dem Ruf »Gestatten Sie, daß ich Ihnen, schönste Jungfrau, den mächtigen Signor Matz vorstelle!« der Herrin seiner Träume zu nähern, als diese, ihren Rock mit einer raschen Bewegung zurückschlagend, blitzenden Auges ausrief, er, der Conte Ugo, sei einem Schwindler aufgesessen, den Signor Matz kenne sie nun bereits seit sechs Tagen, der Herr Gino sei so freundlich gewesen, ihr diese Bekanntschaft zu vermitteln, und aufgrund dieser Kenntnis könne sie dem Conte versichern, daß es sich bei dem Herrn, den er in seiner Hose beherberge, keineswegs um den Signor Matz, höchstens um einen ebenso dreisten wie kläglichen Doppelgänger handeln könne, einen nichtsnutzigen Wicht, den sie, wäre sie mit der Macht des Conte ausgestattet, unverzüglich mit Schimpf und Schande aus dessen Beinkleid vertreiben würde.

Da erkannte der Conte Ugo di Ricasoli, daß seine List auf derart bodenlose Art und Weise gescheitert war, daß ihn nur noch eine großherzige Geste vor der vollkommenen Lächerlichkeit retten konnte, weshalb er für den nächsten Samstag eine Trauung in der Kapelle des Kastells von Montegrossi anberaumen ließ, eine Trauung zwischen, wie er den Prete mit einem nun wirklich schmerzlichen Lächeln wissen ließ, drei Personen: der schönen Schäferin Beatrice aus Grimoli, dem buckligen Armbrustspanner Gino und dem Signor Matz . . .

(aus: Kippfigur. Zu ›Matz‹ vgl. Goethes »Hanswurst« weiter unten; die niedliche Verwendung des Wortes in ›Hosenmatz‹ ist neueren Datums; vgl. auch bei Ph. Roth und im Jiddischen überhaupt: ›Matz‹, ›Mutz‹, ›Putz‹, ›Pütz‹; die andere Verwendung des Wortes ›motzen‹ ist neueren Datums.)

François Rabelais

JAHN VON KLOPFFLEISCH WILL NICHT MIT VOLLEN EIERN STERBEN

Panurg war von des Trippa Reden mißmutig geworden. Als sie nun den Flecken Huymes zurückgelegt, wandt er sich an den Bruder Jahn, kratzt' sich dabei im linken Ohr und sprach mit meckernder Stimm zu ihm: »Komm, mach mir etwas Lustigs vor, mein Hosseloddel; der Geck hat mir mit seinem teuflischen Geträtsch den Kopf ganz wüscht gemacht. Merk auf, mein

Schatz-Cujon, mein
Glatz-C.
Putz-C.
Verbleiter C.
Polster-C.

Maser-Cujon.
Stukkatur-C.
Arabesken-C.
Windhundsbeiniger Spring-C.
Getroster C.

Kornwiebel-Cujon.
Buntsprenkel-C.
Gewetzter C.
Geschworner C.
Gekernter C.
Wutschaum-C.
Schlepprock-C.
Lyripip-C.
Gefirnster C.
Brasilien-C.
Orgel-C.
Ballester-C.
Stoßdegen-C.
Fuchswilder C.
Untersetzter C.
Füllsel-C.
Polierter C.
Rindspulver-C.
Ehren-C.
Prallafter-C.
Milchner-C.
Geteerter C.
Hoch-C.
Grotesk-C.
Stahl-C.
Antiquar-C.
Grapproter C.
Gesteppter C.
Gewiegter C.
Gespickter C.
Bürger-C.
Zundel-C.
Gepichter C.
Gehetzter C.
Ersehnter C.
Ebenholz-C.
Buchsbaum-C.
Latein-C.

Schnapp-Cujon.
Zaumloser C.
Forcierter C.
Gezirkter C.
Strotz-C.
Hold-C.
Schwung-C.
Positiv-C.
Genitiv-C.
Gigant-C.
Oval-C.
Claustral-C.
Viril-C.
Respekt-C.
Rast-C.
Massiv-C.
Manual-C.
Absolut-C.
Vierschrot-C.
Zwillings-C.
Türken-C.
Strahl-C.
Striegel-C.
Sturm-C.
Schmuck-C.
Fix-C.
Glücks-C.
Barrenrinds-C.
Hochköper-C.
Notdurft-C.
Bürzel-C.
Rips-Raps-C.
Bären-C.
Erblehn-C.
Gerundiv-C.
Aktiv-C.
Vital-C.
Magistral-C.

Monachal-Cujon.
Subtil-C.
Fürspann-C.
Waghals-C.
Geil-C.
Schlingkropf-C.
Klopf-C.
Dickkopf-C.
Höflicher C.
Fruchtbarer C.
Pfeif-C.
Netter C.
Usual-C.
Erlesner C.
Schnaken-C.
Bescheel-C.
Schnautzhahn-C.
Primsprung-C.
Kläff-C.
Heißsporn-C.
Welfen-C.
Gesiebter C.
Beliebter C.
Patronym-C.
Wespen-C.
Galmei-C.
Robuster C.
Appetit-C.
Secourabler C.
Redoutabler C.
Affabler C.
Memorabler C.
Palpabler C.
Staffabler C.
Tragi-C.
Transpontin-C.
Digestiv-C.
Incarnativ-C.

Sigillativ-Cujon.
Brunst-C.
Mast-C.
Donner-C.
Hämmer-C.
Straff-C.
Piff-C.
Paff-C.
Hur-C.
Bravour-C.
Spießan-C.
Mißheckter C.
Goldpüppel-C.
Schnurgrader C.
Algeber-C.
Venust-C.
Unwidersetzlicher C.
Ergötzlicher C.
Entsetzlicher C.
Wertschätzlicher C.
Nützlicher C.
Muskuloser C.
Succurs-C.
Satyr-C.
Repercussiv-C.
Convulsiv-C.
Restaurativ-C.
Maskulin-C.
Baldewin-C.
Fulmin-C.
Funkel-C.
Sturmbocks-C.
Aromatischer Zier-C.
Diaspermatisier-C.
Schnarch-C.
Raub-C.
Wackel-C.
Bürst-C.

Brand-Cujon. Fisch-Cujon.
Aufgeprotzter C. Pomfidel-C.
Rammel-C.

O du Hakepeter- und Köder-Cujon, Bruder Jahn, mein Freund! vor dir hab ich den größten Respekt; dich hab ich mir zum besten Bissen aufgespart. Itzt bitt ich dich, gib mir deinen Rat: sprich, soll ich freien oder nicht?« – Bruder Jahn antwortet' ihm munter und sprach: »Ei frei ins Teufels Namen, frei! und garambolier mit doppelten Cujon-Kanonen dazu; und das je eher je lieber! Noch heut abend bestell dir meinthalben das Aufgebet, daß die Bettstell kracht. Potz Morgenkranz, worauf willst warten? Weißt du auch, daß der Welt End nicht weit mehr ist? Wir sind ihm heut schon um zween Juchert und eine halbe Klafter näher denn ehegestern. Der Antichrist ist schon geboren; man hat mirs gesagt. Zwar kratzt er nur noch seine Ammen und Kindermägd, er zeigt noch nicht die Reich der Welt, denn er ist noch klein. *Crescite. Nos qui vivimus, multiplicamini*, stehet geschrieben. Ist ein Brevier-Artikel. Weil noch der Sack Korn nur drei Patac und das Lägel Wein drei Blanken gilt. Oder willst du am Jüngsten Tag mit vollen Eiern erfunden sein? *dum venerit judicare?«* – »Du hast«, versetzt' Panurg, »einen heitern und sehr hellen Kopf, mein Bruder Jahn, mein Metropolitan-Cujon, und redest ziemlich. Dies war es auch, warum Leander, als er vormals von Abydos in Asien über das Hellespontische Meer zu seiner Buhlen Hero auf Sestos in Europa schwamm, Neptunen und alle Meergötter bat:

Gebt ihr hinüberwärts mir Heil und Glück,
Ersauf ich gern, kehr ich zurück.

Er wollt nicht mit vollen Eiern sterben. Und bin des Willens: wann die Justiz hinfüro bei mir in Salmigundien einen armen Sünder will abtun, daß man ihn ein paar Tag zuvor waldeselmäßig soll rammeln lassen, bis er in all seinen Samenbläslein auch nicht soviel mehr hat, daß man damit ein griechisch Y schreiben möchte. Solch köstlich Ding darf nicht unnütz verloren gehn. Vielleicht, daß er einen Menschen zeuget, so stirbt er ohn Kummer; stellt Mann für Mann.«

(aus: Gargantua und Pantagruel, dt. G. Regis. Es gibt dort aber auch eine entsprechende Schimpflatte mit dem schwachen Cujon, welches vulgäre Wort Duden eindeutscht mit: ›Schuft‹, ›Schelm‹, ›Quäler‹.)

Gisela Meussling

IN UNTERHOSEN

drei rote rosen
er gleich darauf in unterhosen
ich laß ihn laufen
rosen kann ich mir selber kaufen

(drei rote rosen)

Ovid

VON DER MÄNNLICHEN SCHWÄCHE

Ist sie etwa nicht schön, ein gepflegtes, ein sauberes Mädchen,
hat sie nicht oft genug, mein ich, mein Wünschen umspielt?
Dennoch, endlich am Ziel, mußten bös mir die Kräfte versagen,
auf dem Faulbett ich lag, bittere Schmach nur und Last!
Ach, so sehr ichs ersehnte, und gleiches ersehnte das Mädchen,
lendenlahm konnte ich nicht kosten der köstlichen Frucht.
O wie sie mich so zärtlich mit ihren Armen umhalste –
Armen, wie Elfenbein weiß, weißer als nordischer Schnee –
mich überschüttet' mit Küssen, mit lüstern sich mühendem Zünglein,
enger, lockend an mich schmiegte den reizenden Leib,
schmeichelnd mir flüsternd ins Ohr, gar ihren Gebieter mich nennend,
und was es solcher Art mehr Worte gibt, uns zu erfreun!
Aber als ob meine Glieder ein kältender Umschlag umhüllte,
ließen sie träge und schlaff all meinen Vorsatz im Stich.
Steif lag ich da wie ein Klotz, ein totes Gewicht, wie ein Scheinbild,
wußte nicht, war ich noch Leib, ward ich zum Schatten bereits?
Was für ein Alter steht mir bevor – sofern mirs bevorsteht –
wenn meine Jugend schon jetzt sich ihren Pflichten versagt?

(aus: Schwache Stunde, dt. V. v. Marnitz)

Günter Grass

DER TEUFEL STECKT IM KOKOSLÄUFER

Als Oskar den Kokosläufer vor der Kammer der Krankenschwester annagelte, klirrten bei jedem Hammerschlag die Milchglasscheiben. Das berührte ihn schmerzlich, und er mußte einen schmerzensreichen Augenblick lang den Hammer sinken lassen. Sobald er aber an der Milchglastür vor der Kammer der Schwester Dorothea vorbei war, ging es ihm und seinem Hammer wieder besser. Wie alles einmal ein Ende hat, hatte auch das Festnageln des Kokosläufers ein Ende. Von Ecke zu Ecke liefen die Nägel mit den breiten Köpfen, standen bis zum Hals in den Dielen und hielten die Köpfe knapp über den flutenden, wild bewegten, Strudel bildenden Kokosfasern. Selbstgefällig schritten wir im Korridor, die Länge des Teppichs genießend, auf und ab, lobten unsere Arbeit, wiesen darauf hin, daß es nicht leicht sei, nüchtern, ganz ohne Frühstück einen Kokosläufer zu legen und zu vernageln, und erreichten schließlich, daß Frau Zeidler sich auf den neuen, möchte sagen, jungfräulichen Kokosläufer wagte, über ihn zur Küche fand, uns Kaffee aufschüttete und Spiegeleier in die Pfanne schlug. Wir aßen in meinem Zimmer, die Zeidlersche trollte sich davon, denn sie mußte zu Mannesmann ins Büro, die Zimmertür ließen wir offen, betrachteten kauend, leicht erschöpft unser Werk, den uns entgegenströmenden Kokosläufer.

Warum soviele Worte über einen billigen Teppich, der allenfalls vor der Währungsreform einigen Tauschwert besessen hatte? Oskar hört diese berechtigte Frage, beantwortet sie vorgreifend und sagt: Auf diesem Kokosläufer begegnete ich während der folgenden Nacht erstmals der Schwester Dorothea.

Spät, gegen Mitternacht kam ich voller Bier und Blutwurst nach Hause. Klepp hatte ich in der Altstadt zurückgelassen. Er suchte den Guitarristen. Ich fand zwar das Schlüsselloch zur Zeidlerschen Wohnung, fand auf den Kokosläufer im Korridor, fand am dunklen Milchglas vorbei, fand in mein Zimmer, in mein Bett, fand zuvor aus den Kleidern, fand aber meinen Schlafanzug nicht – der war bei Maria in der Wäsche – fand dafür jenes fünfundsiebenzig Zentimeter lange Stück Kokosläufer, das wir dem zu langen Teppich abgeschnitten hatten, legte mir das Stück als Bettvorleger vors Bett, fand ins Bett, fand aber keinen Schlaf.

Es besteht kein Anlaß, Ihnen nun zu erzählen, was Oskar alles dachte oder gedankenlos im Kopf bewegte, weil er keinen Schlaf fand. Heute glaube ich, den Grund meiner damaligen Schlaflosigkeit gefunden zu haben. Bevor ich ins Bett stieg, stand ich mit nackten Füßen auf meinem neuen Bettvorleger, dem Abschnitt des Kokosläufers. Die Kokosfasern teilten sich meinen bloßen Füßen mit, die drangen mir durch die Haut ins Blut: selbst als ich schon lange lag, stand ich noch immer auf Kokosfasern, fand deshalb keinen Schlummer; denn nichts ist erregender, schlafvertreibender und gedankenfördernder als das barfüßige Stehen auf einer Kokosfasermatte.

Oskar stand und lag lange nach Mitternacht, gegen drei Uhr in der Frühe, immer noch schlaflos auf der Matte und im Bett gleichzeitig, da hörte er auf dem Korridor eine Tür und noch einmal eine Tür. Es wird Klepp sein, der ohne Guitarristen, doch blutwurstgefüllt nach Hause kommt, dachte ich, wußte aber, daß es nicht Klepp war, der da zuerst eine Tür, dann eine weitere Tür bewegte. Weiterhin dachte ich, wenn du schon vergeblich im Bett liegst und dabei Kokosfasern an den Fußsohlen spürst, tust du gut, dieses Bett zu verlassen, und stellst dich regelrecht, und nicht nur von der Einbildung her, auf die Kokosfasermatte vor deinem Bett. Das tat Oskar. Das hatte Folgen. Kaum stand ich auf der Matte, da erinnerte mich das fünfundsiebenzig Zentimeter lange Reststück durch die Fußsohlen hindurch an seine Herkunft, an den sieben Meter und dreiundvierzig Zentimeter langen Kokosläufer im Korridor. Sei es, weil ich Mitleid mit dem abgetrennten Stück Kokosfaser hatte, sei es, weil ich die Türen auf dem Korridor gehört hatte, Klepps Heimkehr vermutete, aber nicht meinte; Oskar bückte sich, nahm, da er beim Zubettgehen seinen Schlafanzug nicht gefunden hatte, zwei Ecken des Kokosfaserbettvorlegers in beide Hände, spreizte die Beine, bis er nicht mehr auf den Fasern stand, sondern auf den Dielen, zog die Matte zwischen den Beinen hervor und hoch, hielt sich die fünfundsiebenzig Zentimeter vor seinen bloßen einen Meter und einundzwanzig Zentimeter messenden Körper, verdeckte also seine Blöße schicklich, war aber nun vom Schlüsselbein bis zu den Knien den Einflüssen der Kokosfaser ausgesetzt. Das steigerte sich noch, als Oskar hinter seinem faserigen Gewand aus seinem dunklen Zimmer auf den dunklen Korridor und mithin auf den Kokosläufer geriet.

Was Wunder, wenn ich bei so faserigem Zuspruch des Läufers eilige

Schrittchen machte, dem Einfluß unter mir entgehen, mich retten wollte und dorthin strebte, wo es keine Kokosfaser als Bodenbelag gab – auf die Toilette.

Die aber war dunkel wie der Korridor und Oskars Zimmer und war dennoch besetzt. Ein kleiner weiblicher Aufschrei verriet mir das. Auch stieß mein Kokosfaserfell gegen die Knie eines sitzenden Menschen. Da ich nicht Anstalten machte, die Toilette zu verlassen – denn hinter mir drohte der Kokosläufer – wollte die vor mir Sitzende mich aus der Toilette weisen: »Wer sind Sie, was wollen Sie, gehen Sie!« hieß es vor mir mit einer Stimme, die auf keinen Fall Frau Zeidler gehören konnte. Etwas wehleidig: »Wer sind Sie?«

»Nun, Schwester Dorothea, raten Sie mal«, wagte ich einen Scherz, der das leicht Peinliche unseres Zusammentreffens mildern sollte. Sie wollte aber nicht raten, erhob sich, griff im Dunklen nach mir, versuchte mich aus der Toilette auf den Läufer im Korridor zu drängen, faßte aber zu hoch, stieß über meinem Kopf ins Leere, suchte dann tiefer, packte aber nicht mich, sondern meine faserige Schürze, mein Kokosfaserfell, schrie abermals auf – daß Frauen immer gleich aufschreien müssen – verwechselte mich mit jemand, denn Schwester Dorothea geriet ins Zittern und flüsterte: »Oh Gott, der Teufel!« was mir ein leichtes Kichern entlockte, das aber nicht boshaft gemeint war. Dennoch nahm sie es als das Kichern des Teufels, mir jedoch gefiel das Wörtchen Teufel nicht, und als sie abermals, doch schon recht kleinmütig fragte: »Wer sind Sie?« gab Oskar zur Antwort: »Satan bin ich, der die Schwester Dorothea besucht!« Sie darauf: »Oh Gott, aber warum denn nur?«

Ich, in die Rolle langsam hineinfindend, auch Satan in mir als Souffleur beschäftigend: »Weil Satan die Schwester Dorothea liebt.« »Nein, nein, nein, ich will aber nicht!« stieß sie noch hervor, versuchte dann einen Ausbruchversuch, kam so abermals in die satanischen Fasern meines Kokoskleides – ihr Nachthemdchen mochte recht dünn sein – auch gerieten ihre zehn Fingerlein in den verführerischen Dschungel, das machte sie schwach und hinfällig. Gewiß war es eine leichte Schwäche, die Schwester Dorothea vornübersinken ließ. Mit meinem Fell, das ich vom Körper weg hoch hielt, fing ich die Umsinkende auf, konnte sie lange genug halten, um einen meiner Satansrolle entsprechenden Entschluß fassen zu können, erlaubte ihr, leicht nachgebend, auf die Knie zu gehen, gab aber acht, daß ihre Knie nicht die kalten Fliesen der Toilette, sondern den Kokosläufer des Korridors berührten, ließ sie dann rückwärts und mit dem Kopf in Richtung Westen, also gegen Klepps Zimmer, der Länge nach auf den Teppich gleiten, bedeckte sie, da ihre Rückseite wenigstens einen Meter und sechzig Zentimeter lang den Kokosläufer berührte, oben gleichfalls mit demselben faserigen Material, hatte allerdings nur die fünfundsiebenzig Zentimeter zur Verfügung, setzte die dicht an ihrem Kinn an, kam mit der anderen Kante doch etwas zu weit über die Oberschenkel, mußte also die Matte etwa zehn Zentimeter höher, über ihren Mund schieben, doch blieb die Nase der Schwester Dorothea frei, so daß sie ungehindert atmen konnte; und sie schnaufte auch recht kräftig, als Oskar sich nun seinerseits legte, auf seinen ehemaligen Bettvorleger legte, den tausendfaserig in Schwingung brachte, zwar keine direkte Berührung mit Schwester Dorothea suchte, erst die Kokosfaser wirken lassen wollte, auch wieder ein Gespräch mit Schwester Dorothea begann, die immer noch unter einer leichten Schwäche litt und »Ach Gott, ach Gott« flüsterte, immer wieder nach Oskars Namen und Herkunft fragte, zwischen Kokosläufer und Kokosmatte erschauerte, wenn ich mich Satan nannte, das Wort Satan satanisch zischte, auch mit Stichworten die Hölle als meinen Wohnort schilderte, dabei fleißig auf meinem Bettvorleger turnte, den in Bewegung hielt, denn unüberhörbar vermittelten die Kokosfasern der Schwester Dorothea ein ähnliches Gefühl, wie vor Jahren das Brausepulver meiner geliebten Maria Gefühle vermittelt hatte, nur hatte das Brausepulver mich voll und ganz und erfolgreich zum Zuge kommen lassen, während ich auf der Kokosmatte eine beschämende Pleite erlebte. Es gelang mir nicht, den Anker zu werfen. Was sich zu Brausepulverzeiten und oft genug danach als steif und zielstrebig erwiesen hatte, ließ im Zeichen der Kokosfaser den Kopf hängen, blieb lustlos, kleinlich, hatte kein Ziel vor Augen, kam keiner Aufforderung nach, weder meinen rein intellektuellen Überredungskünsten noch den Seufzern der Schwester Dorothea, die da flüsterte, ächzte, winselte: »Komm Satan, komm!« und ich mußte sie beruhigen, vertrösten: »Satan kommt gleich, Satan ist gleich soweit«, murmelte ich übertrieben satanisch und hielt gleichzeitig Zwiesprache mit jenem Satan, der seit meiner Taufe in mir wohnte – und immer noch dort haust – schnauzte den an: Sei kein Spielverderber, Satan! Bettelte: Ich bitt' dich, erspar mir die Blamage! Schmeichelte ihm: Du bist doch sonst nicht so, denk mal zurück, an Maria, oder noch besser, an die Witwe Greff oder an die Scherze, die wir beide mit der zierlichen Roswitha im heiteren Paris trieben? Er aber gab mir mürrisch und ohne Angst vor Wiederholungen zur Antwort: Hab keine Lust, Oskar. Wenn Satan keine Lust hat, siegt die Tugend. Schließlich wird wohl auch Satan einmal keine Lust haben dürfen.

So versagte er mir seine Unterstützung, gab diese und ähnliche Kalendersprüche von sich, während ich langsam erlahmend die Kokosfasermatte in Bewegung hielt, der armen Schwester Dorothea die Haut marterte und aufrieb, schließlich ihrem durstigen »Komm Satan, oh komm doch!« mit einem verzweifelten und sinnlosen, weil durch nichts motivierten Ansturm unterhalb der Kokosfasern begegnete: mit ungeladener Pistole versuchte ich ins Schwarze zu treffen. Sie wollte ihrem Satan wohl behilflich sein, riß beide Arme unter der Kokosmatte hervor, wollte mich umschlingen, umschlang mich auch, fand meinen Buckel, meine menschlich warme, gar nicht kokosfaserige Haut, vermißte den Satan, nach dem sie verlangte, lallte auch nicht mehr »Komm Satan, komm!« räusperte sich vielmehr und stellte in anderer Stimmlage die anfängliche Frage: »Um Himmelswillen, wer sind Sie, was wollen Sie?« Da mußte ich klein beigeben, zugeben, daß ich den amtlichen Papieren nach Oskar Matzerath heiße, daß ich ihr Nachbar sei und sie, die Schwester Dorothea heiß und innig liebe.

Wenn nun ein Schadenfroher meint, die Schwester Dorothea habe mich mit einem Fluch und Fausthieb von sich auf den Kokosläufer geschleudert, darf Oskar, wenn auch mit Wehmut, so doch mit leiser Genugtuung berichten, daß die Schwester Dorothea ihre Hände und Arme nur langsam, möchte sagen, nachdenklich, zögernd von meinem Buckel löste, was einem unendlich traurigen Streicheln glich. Und auch ihr sogleich anhebendes Weinen und Schluchzen kam mir ohne Heftigkeit zu Gehör. Kaum merkte ich, daß sie sich unter mir und der Kokosmatte wegschob, mir entglitt, mich entgleiten ließ, auch ihren Schritt saugte der Bodenbelag des Korridors auf. Eine Tür hörte ich gehen, ein Schlüssel wurde gedreht, und gleich darauf bekamen die sechs Milchglasquadrate vor der Kammer der Schwester Dorothea von innen her Licht und Wirklichkeit.

Oskar lag und deckte sich mit der Matte zu, die noch einige Wärme des satanischen Spieles bewahrte. Meine Augen gehörten den erleuchteten Vierecken an. Dann und wann glitt ein Schatten über das milchige Glas. Jetzt geht sie zum Kleiderschrank, sagte ich mir, jetzt zur

Kommode. Einen hündischen Versuch unternahm Oskar. Ich kroch mit meiner Matte über den Läufer zur Tür, kratzte am Holz, richtete mich etwas auf, ließ eine suchende, bittende Hand über die beiden unteren Scheiben wandern; doch Schwester Dorothea schloß nicht auf, war unermüdlich zwischen dem Schrank und der Kommode mit Spiegel. Ich wußte es und gestand es mir nicht ein: Schwester Dorothea packte, floh, floh vor mir.

(aus: Die Blechtrommel)

EIN SCHLAFFES LIED

Hilfe! Ach, was wird geschehn? Zu Hilfe, Leute,
schneidet ihr nicht meinen Schwanz mir ab noch heute,
zu dem Nacht für Nacht die Weiber alle eilen,
um sich ohne Pause daran aufzugeilen,
wüster als im Wonnemond die geilen Spatzen,
ist es mit Priapus aus, er wird zerplatzen!
Seht doch selber, ich hab völlig ausbegattet,
ich bin so erschöpft, ermüdet und ermattet,
und war früher rot und rüstig, alles klappte,
wenn ich irgendeinen frechen Dieb mir schnappte.
Saftlos, kraftlos, ängstlich, lendenlahm, o Graus,
huste ich wohl bald das letzte Restchen aus.

(in: Carmina Priapea, dt. C. Fischer)

Martial

DAS GUMMIDING

Höchstens im Schlaf noch verspürst du Erregung, und, Maevius, läßt du
Wasser, so schickt dein Glied grad auf die Füße den Strahl.
Und du drängst das lappige Ding mit ermüdeten Fingern;
wird's auch gequält, hebt's doch nicht das erstorbene Haupt.

Warum plagst du umsonst die Mädchen und Knaben da unten?
Geh nach oben. Dann lebt auch ein gealtertes Ding.

(aus: Epigramme, dt. R. Helm)

Petronius Arbiter

DAS DRAMA DES BEGABTEN MANNES

So trieben wir es lange Zeit in Kroton. Eumolpus schwamm in Glückseligkeit und dachte so wenig noch an seine frühere Notlage, daß er wiederholt prahlte, niemand könne sich seinem Ansehen entziehen, und daß seine Leute, falls sie in dieser Stadt sich etwas zuschulden kommen ließen, unter dem Schutze seiner Freunde straffrei ausgehen würden. Auch ich hatte mich mit dem täglich wachsenden Überfluß an guten Bissen wacker fett gemästet und meinte schon, Fortuna brauche sich um meinen Schutz keine Mühe mehr zu geben; wenn ich aber doch öfters meine gegenwärtige Lage bedachte, sagte ich zu mir selbst: »Wie aber dann, wenn irgend ein schlauer Erbschleicher einen Spion nach Ägypten schickt und unseren Betrug aufdeckt? Wie dann, wenn in seinem gegenwärtigen Wohlleben der Lohndiener sich vergessen und seinen Freunden unseren ganzen Schwindel aus neidischer Gesinnung verraten sollte? Dann heißt's natürlich wieder davonlaufen, und dann fängt die kaum überwundene Hungerleiderei wieder an und mit ihr ein neues Bettelsystem. Ihr Götter und Göttinnen, wie schwer sich's lebt außerhalb des Rechtes! Beständig fürchtet man, was man verdient.« –

»Ja, ja, ich kenne deine Art zu lieben« (sagte das Mädchen Chrysis), »du bist voller Stolz, läßt dir deine Umarmungen bezahlen, verschenkst sie nicht. Denn was bezwecken deine künstlich gekräuselten Haare, was dein mit Schminken aufgeputztes Gesicht, was auch deiner Blicke weichliche Zudringlichkeit, was dein gezierter Gang, dessen Fußspuren nie vom strengen Maße abweichen? Was anderes, als daß sie deine Schönheit feilbieten? Da schau auf mich! Ich verstehe nichts von Wahrsagekunst, ich kümmere mich niemals um den Himmel der Astrologen, und dennoch durchschaue ich den Charakter der Menschen, und wenn ich einen daherkommen sehe, dann weiß ich auch, an was er denkt. Willst du also das Erwünschte an uns verkaufen, nun gut: hier ist der Käufer, willst du es uns aber, was menschlicher wäre, als freie Gabe darbringen, nun, so sorge dafür, daß wir dir für deine Wohltat danken können! Daß du dich als Sklaven und Mann niederen Standes vorstellst, damit entfachst du nur die Leidenschaft der Verliebten. Es gibt Frauen, deren Sinn nur nach Männern der Gasse steht, die nur dann in Erregung geraten, wenn sie Sklaven sehen und hochgeschürzte Ordonnanzen. Manche verlieben sich in Gladiatoren, in einen bestaubten Maultiertreiber oder ausgepfiffenen Possenreißer des Theaters. Von dieser Art ist meine Herrin: sie springt von der ersten Reihe am Orchester bis in die vierzehnte Reihe, um sich aus den Proleten ihren Geliebten herauszugreifen.«

Ich war voller Entzücken über ihre so schmeichelhaften Worte: »Bitte«, fragte ich, »bist du es etwa selber, die mich liebt?« Da schüttelte sich die Magd vor Lachen über meine so frostige Schmeichelei und sagte: »Bilde dir nur nicht zu viel ein! Ich habe mich bis jetzt noch von keinem Sklaven verführen lassen, und die Götter sollen mich behüten, daß ich meine Geliebten sollte am Kreuze hängen sehen! Das überlasse ich den Damen, die die Striemen der Peitschenhiebe küssen; wenn ich auch nur eine Magd bin, so habe ich meine Liebschaften doch nur mit Männern des Ritterstandes.« Ich mußte mich über diese so widerspruchsvolle Leidenschaft wundern, sie unter die Ungeheuerlichkeiten zählen, daß die Magd den Stolz der Dame, die Dame den niedrigen Sinn einer Magd hatte.

Wir setzten unsere Neckereien noch länger fort. Schließlich aber bat ich die Magd, ihre Dame in den Platanenhain zu bringen. Damit war das Mädchen einverstanden, raffte ihr Kleid höher auf und wandte sich seitwärts in einen Lorbeergang, der für Lustwandler hergerichtet war. Es dauerte auch nicht lange, da brachte sie ihre Herrin aus ihrem Versteck heran und an meine Seite. Es war ein Weib, vollendeter als alle Statuen. Keine Sprache vermag ihre Schönheit zu beschreiben. Was ich auch sagen mag, es bleibt doch hinter der Wirklichkeit zurück. Ihre Haare ergossen sich in freiem Fall über ihren Nacken. Ihre Stirne war sehr niedrig, und es bäumten sich über ihr die kleinen Stirnlöckchen auf. Die Bogen ihrer Augenbrauen wölbten sich bis zu den Wangen hin und vereinigten sich fast zwischen den Augen. Und diese Augen funkelten heller als Sterne bei mondfinstrer Nacht. Ihre

Nase war leicht gekrümmt, und einen Mund hatte sie, wie ihn Praxiteles seiner Diana angedichtet hat. Und dann das Kinn! Und dann der Nacken! Und dann die Hände! Und dann der Füße Glanz, der unter einer zarten Goldspange hervorleuchtete! Was wollte dagegen der parische Marmor besagen? Wie verächtlich erschien mir damals zum ersten Male meine alte Liebe zu Doris!

*

»Was hat sich denn begeben, Vater Jupiter,
Du läßt die Blitze ruhn, verstummst im Göttersaal?
Bist eine Sage nur, nicht mehr der Gott voll Kraft?
Schau her und lege ab das Hörnerpaar, das du,
Europa zu gewinnen, trägst auf stolzer Stirn!
Leg ab des Schwanes weißen Federschmuck, mit dem
Die keusche Leda du betrogen hast! Schau her,
Die wahre Danaë ist hier! Berühre nur
Mit leisem Finger ihren Leib, und alsogleich
Durchflutet deine Glieder rote Flammenglut.«

*

Sie hatte großes Gefallen daran und lachte mit so anmutigem Wesen, daß mir war, als leuchte der Vollmond aus den Wolken hervor. Gleich darauf sagte sie, indem sie ihre Worte mit den zierlichsten Gesten begleitete: »Junger Herr, wenn es dir nicht unangenehm ist, mit einem Weibe zu verkehren, das sich doch sehen lassen kann und erst vor einem Jahre ihre Mädchenschaft verloren hat, so nimm mich zur Geliebten! Du hast zwar deinen ›Bruder‹, wie ich weiß – denn ich habe es mich nicht verdrießen lassen, das zu ermitteln –, aber weshalb solltest du daneben nicht auch eine ›Schwester‹ haben wollen? Ich komme zu dir mit gleichem Verwandtschaftsgrade. Halte mich gleich wert und laß dir freundlich auch meinen Kuß gefallen!« – »Nein, nein!« rief ich aus, »ich bitte dich bei deiner Schönheit, mich, den dir noch fremden Mann, ohne Widerstreben unter deine Verehrer mit aufzunehmen. Du sollst sehen, daß ich ein frommer Mann bin, wenn du mir erlaubst, dich anzubeten. Und damit du nicht glauben kannst, ich käme mit leeren Händen zum Tempel des Amor, so bringe ich dir meinen ›Bruder‹ zum Opfer dar.« – »Ist es wahr«, rief sie, »du opferst mir deinen ›Bruder‹, ohne den du ja nicht leben kannst, an dessen

Lippen du hängst, den du so liebst, wie ich mir wünsche, von dir geliebt zu werden?« Indem sie das sagte, lag eine so bestrickende Anmut in ihrer Stimme, schmeichelte gleichsam ein so süßer Klang die Luft, als hauchte der Chor der Sirenen liebliche Gesänge aus. Ich war bezaubert, als wenn sie einen Glanz ausstrahlte, leuchtender als der weite Himmel, und fragte sie nach ihrem Namen. »Wie?« fragte sie, »hat dir denn meine Magd nicht gesagt, daß ich Circe heiße? Freilich bin ich nicht die Tochter des Sonnengottes, und meine Mutter hat nicht nach Belieben den Lauf der Welt einhalten können, und doch habe ich etwas, was vom Himmel stammt, wenn uns das Glück vereinigen sollte. Ja, ein Gott flüstert es mir zu, ich weiß nicht, in was für geheimen Ahnungen. Nicht ohne guten Grund liebt eine Circe einen Polyänus: immer lodert zwischen diesen beiden Namen die Fackel der Liebe auf. Erlaube mir, daß ich dich umarme! Du brauchst dich nicht vor irgendeinem Lauscher zu fürchten: dein Bruder ist weit ab von hier.« Mit diesen Worten legte sie ihre Arme, die weicher waren als Federdaunen, um meinen Nacken und neigte mich zum Boden nieder, der mit bunten Blumen geziert war.

Wenn Jupiter in wahrem Ehebunde
Zu Flammenglut sein volles Herz entfacht,
Ergießt von Idas Höhn sich bis zum Grunde
Ein Strom von nie geahnter Blütenpracht.
Da sprießen Veilchen auf und bunte Rosen,
Da Binsenkraut in grünem Wiesenfeld,
Und laue Lüfte mit den Lilien kosen,
Die sich in weißer Pracht dazu gesellt.
So lockt die Liebe aus dem Erdengrunde
Der bunten Pflanzen reichen Blütenkranz,
Und auch der Himmel lacht zu dieser Stunde
Geheimer Lust in nie geschautem Glanz.

Wir wechselten auf unserem Rosenlager im Liebesspiele tausend Küsse und verlangten nach Erfüllung unserer Leidenschaft.

*

»Ich begreife nicht«, sagte sie, »ist dir an meinen Küssen etwas nicht recht? Hat mein Atem einen faden Geruch? Merkst du Schweiß meiner Achseln? Wenn aber nicht, hast du etwa Angst vor Giton?« Mir schoß die Schamröte ins Gesicht, und wenn ich noch etwas Kraft gehabt hatte, so verlor ich sie jetzt. Ich war am ganzen Körper wie gelähmt und sagte: »Ach, bitte, meine Gebieterin, quäle mich nicht wegen meines Unglücks: ich bin verhext.«

*

»Sage mir die Wahrheit, Chrysis: habe ich irgend etwas Abstoßendes an mir? Bin ich unsauber? Habe ich irgendeinen natürlichen Makel, der meine Schönheit herabsetzt? Hintergehe deine Herrin ja nicht! Irgend etwas muß nicht in Ordnung sein.« Da die Magd schwieg, entriß sie ihr den Spiegel und wiederholte vor ihm das ganze Gebärdenspiel, das der Liebeskampf den Liebenden erregt, schüttelte ihr Gewand, das auf dem Boden gelegen hatte, sauber und trat mit Hast in den Tempel der Venus ein. Ich aber lag da wie ein Verdammter, wie erstarrt vor einem Schreckgespenst, und legte mir die Frage vor, ob ich denn wirklich um die höchste Sinnenlust betrogen wäre.

Wenn Träume uns in schlummerreicher Nacht
Mit Truggebilden vor der Seele spielen,
Gehobnes Gold vor meinen Augen lacht –
Ich darf es schon in meinen Händen fühlen –,
Wenn Schweiß die Wangen netzt, sich quält der Geist,
Ob nicht ein Zeuge des geheimen Glückes
Es doch vielleicht mir von dem Schoße reißt:
Am Schlusse dann des bunten Gaukelstückes
Des Lebens wahres Bild sich wieder zeigt,
Dann wünscht die Seele noch, was sie verloren,
Was ihr entschwand, noch einmal neu geboren.

*

»Ich habe dir also zu danken«, sagte sie, »daß du mich mit sokratischer Zurückhaltung liebst. So unberührt hat der Alkibiades nicht in seines Meisters Bett gelegen.«

*

»Glaube mir, Bruder, ich weiß nicht mehr, daß ich ein Mann bin, ich fühle es nicht. Begraben liegt der Körperteil vor mir, mit dem ich früher ein Achilles war.

*

Der Knabe fürchtete, er könnte in seinem Versteck abgefaßt werden und dann ins Gerede kommen, flüchtete sich deshalb ins Innere des Hauses.

*

Chrysis aber betrat meine Kammer und überreichte mir von ihrer Herrin ein Briefchen folgenden Inhalts:

»An Polyänus.

Wenn ich verbuhlt wäre, würde ich mich über die Enttäuschung beklagen; so spreche ich dir meinen Dank aus für deine Schlappheit. Um so länger konnte ich im Schatten der Wollust spielen. Ich frage aber an, wie es dir geht. Bist du auf eigenen Füßen nach Hause gekommen? Die Ärzte behaupten doch, die Menschen könnten ohne Nervenkraft nicht gehen. Ich rate dir, junger Mann, nimm dich vor der Paralyse in acht! Ich habe noch keinen Kranken in so großer Gefahr gesehen. Wahrhaftig, mit dir geht's schon zu Ende; denn wenn dir die Kälte auch in die Kniee und Hände fährt, dann magst du dir die Leichenmusik bestellen. Wie ich mich dazu stelle? Obwohl du mich schwer beleidigt hast, so gönne ich dir armem Wicht doch das Heilmittel: wenn du wieder gesund werden willst, dann wende dich an Giton. Ich sage dir, wenn du nur drei Tage ohne deinen ›Bruder‹ schläfst, bekommst du deine Kraft wieder. Was mich betrifft, so bin ich ohne Sorge, daß ich nicht einen finden werde, dem ich recht gefalle: ich darf meinem Spiegel und meinem Rufe trauen. Leb wohl – wenn du kannst! Circe.«

Wie Chrysis merkte, daß ich die ganze Verhöhnung gelesen hatte, sagte sie: »So was kann ja vorkommen, zumal in unserer Stadt, wo die Weiber sogar den Mond vom Himmel herunterzaubern; also muß sich auch hierfür eine Abhilfe finden lassen. Schreibe meiner Herrin nur recht zärtlich und versuche, ihr Herz durch ungekünstelte Liebenswürdigkeit wieder umzustimmen. Ich kann freilich nicht leugnen: seit der Stunde ihrer Kränkung ist sie ganz außer sich.« Gerne befolgte ich den Rat der Magd und setzte folgendes Briefchen auf:

»Liebe Circe!

Ich gestehe, Gebieterin, daß ich oft gesündigt habe; denn ich bin ein Mensch, und obendrein ein junger Mensch. Niemals aber habe ich bis zum heutigen Tage ein todeswürdiges Verbrechen begangen. Ich stehe vor dir als reuiger Sünder: bekenne mich jeder Strafe schuldig, die du mir zufügen willst. Ich habe Verrat geübt, habe einen Menschen umgebracht, habe einen Tempel beraubt: suche eine Strafe für diese Verbrechen! Stimmst du für Tod, so reiche ich dir dazu mein eignes Schwert, begnügst du dich mit Prügelstrafe, so komme ich nackend zu dir. Das eine aber bedenke: nicht ich habe gefehlt, sondern meine Werkzeuge. Ich war ein kampfbereiter Krieger, hatte aber keine Waffen. Wer diese Verwirrung geschaffen hat, das weiß ich nicht. Möglich, daß meine Sinnlichkeit dem lässigen Körper vorauslief, möglich, daß ich dem Wunsche, alles zu genießen, vorzeitig meine Begierde verschwendete. Ich verstehe nicht, was ich gemacht habe. Vor Paralyse soll ich mich in acht nehmen? Sag das nicht! Das Leiden könnte zunehmen, das mir die Kraft nahm, durch die ich auch dich hätte gewinnen können. Ich fasse also meine Abbitte in das Wort zusammen: Du sollst mit mir zufrieden sein, wenn du mir meine Schuld zu sühnen gestattest. Polyänus.«

*

Nachdem ich die Chrysis mit solchen Versprechungen zurückgeschickt hatte, ging ich recht gewissenhaft daran, meinen so heruntergekommenen Körper zu pflegen: ich nahm ein Bad, gebrauchte eine mäßige Salbung, stärkte mich dann mit kräftigerer Kost, Zwiebeln und dem festeren Fleisch der Austern, ohne ihren Saft, und nahm einige Schlucke Wein. Vor dem Schlafengehen machte ich einen ganz bescheidenen Spaziergang und begab mich ohne Giton ins Bett. Ich war so sehr auf Beruhigung (der Circe?) bedacht, daß ich mich davor fürchtete, mein ›Bruder‹ könnte mir zusetzen. Als ich Tags darauf frisch und gesund an Leib und Seele aufgestanden war, ging ich wieder hinunter in den Platanenhain, obgleich ich mich vor dem verwünschten Ort fürchtete, und erwartete unter den Bäumen die Chrysis, daß sie meine Führung wieder übernähme. Erst ging ich ein wenig hin und her und setzte mich dann, wie ich es am Tag zuvor getan hatte. Da kam sie und brachte ein altes Mütterchen mit sich. Sie begrüßte mich und fragte: »Nun, wie steht's, spröder Herr? Hast du wieder etwas Selbstvertrauen gefunden?«

(Die Alte) zog aus ihrem Bausche eine aus bunten Fäden gewebte Binde hervor und schlang sie mir um den Hals. Dann spuckte sie auf den Boden, rührte den Speichel mit dem Staub zusammen und bestrich mir damit trotz meines Widerstrebens mit ihrem Mittelfinger die Stirne.

Nachdem sie eine Zauberformel gesprochen hatte, befahl sie mir, dreimal auszuspucken und dreimal Steinchen in meinen Brustbausch zu werfen. Dann sang sie über diese wieder einen Zauberspruch und wickelte sie in ein purpurfarbiges Tuch ein. Und nun legte sie ihre Hände an meine Scham, um deren Kraft zu erproben. Schneller, als sie sprechen konnte, gehorchten meine Nerven ihrem Wunsche, und es füllten sich die Hände der Alten mit einem gewaltigen Ruck. Da machte sie Freudensprünge und rief: »Sieh doch, liebste Chrysis, sieh, was für einen Rammler von Hasen ich für andere aufgescheucht habe!«

*

Es legt in Sommertagen der edle Ahorn breit
Aufs Gras die Schatten nieder, der Ölbaum steht zur Seit',
Der grünen Frucht beraubet, Zypressen zittern leise,
Es zieht auf kahlem Stamme die Pinie weite Kreise.

Darunter aber plätschert der Quell im muntren Spiel
Und schilt den glatten Kiesel, der ihm nicht weichen will.
Ein Liebesort! Das wissen im Busch die Nachtigallen,
Das weiß die Städterin, Frau Schwalbe, auch vor allen,
Wenn übers Gras sie huschen, bei duft'gen Veilchen ruhn
Und unter hellem Schalle Verführerisches tun.

*

Sie lag auf einem goldenen Polster mit ihrem marmorweißen Nacken und fächelte ihr ruhiges Antlitz mit einem blühenden Myrtenzweige. Als sie mich erblickte, errötete sie ein wenig, in Erinnerung jedenfalls an ihre gestrige Kränkung. Darauf schickte sie alle Dienerinnen hinaus und lud mich ein, neben ihr Platz zu nehmen, hielt mir den Zweig vor die Augen, als wollte sie eine Wand zwischen uns aufrichten, und sprach dann mit Freimut: »Nun, mein Paralytiker, wie steht es? Bist du heute als ein ganzer Mann gekommen?« – »Warum fragst du mich? Versuche es doch lieber!« Und damit stürzte ich mich mit meinem ganzen Körper in ihre Umarmung und genoß ihre unzähligen Küsse bis zur Sättigung.

*

Allein schon ihre Schönheit lockte mich zu ihr hin und zum Liebesgenusse. Schon fanden sich unsere Lippen und klang Kuß über Kuß, schon hatten unsere Hände im Wechselspiel jede Lust der Liebe gefunden, schon hielten wir uns in Umklammerung, und unsere Seelen ergossen sich ineinander ...

*

Meine Herrin erschöpfte sich in derbsten Beschimpfungen und nahm nun ihre Zuflucht zur körperlichen Züchtigung, rief ihre Hausdiener und befahl ihnen, mich zu verprügeln. Aber noch nicht zufrieden mit einer so harten Mißhandlung, ließ sie auch die Waschweiber und das niedrigste Dienstpersonal holen und befahl ihnen, mich anzuspucken. Ich hielt mir die Hände vor die Augen, aber dachte nicht daran, irgend welche Bitten auszusprechen, weil ich doch wußte, was ich verdient hatte. Angespien also und verprügelt, wurde ich zur Tür hinausgeworfen. Ebenso hinausgeworfen Proselene (die Alte). Chrysis bekam auch ihre Tracht Prügel. Das ganze Ingesinde tuschelte miteinander und fragte sich, was denn wohl die Herrin um ihre frohe Laune gebracht hätte.

*

Indem ich also meine Schicksalsfälle gegeneinander abwog, hob sich meine Stimmung wieder, und ich verbarg mit Sorgfalt meine Schwären, damit sich über meine Schande Eumolpus nicht belustigen, Giton nicht betrüben könnte. Da ich also den Fußboden berühren konnte, ohne meine Schande zu verraten, begann ich Müdigkeit vorzuschützen, kroch ins Bett und wandte nun meine ganze Wut gegen den Körperteil, der mir Ursache all meiner Leiden geworden war:

Dreimal griff ich zum Messer mit doppelter Schneide, doch dreimal
Ließ ich es sinken, an Kraft schwach wie ein Rohr auf dem Feld,
Weil es den zitternden Händen den schweren Gehorsam versagte;
War nicht imstande, zu tun, was ich soeben beschloß;
Er kroch zitternd vor Angst und kälter als eisiger Regen
Tief in mein Innres hinein, barg unter Runzeln sein Haupt,
Die ihn in Menge umhüllten, so daß ich vergebens ihn suchte,
Folglich das Henkergeschäft nicht zu verrichten vermocht'.
Da sich dem Todes-Gerichte der Gauner kläglich entwunden,
Blieb mir als Strafe allein tadelnde Rede und Schimpf.

Ich richtete mich also im Bette auf und setzte ihm mit folgender Strafpredigt zu: »Hör mal, du machst mir Schande bei allen Menschen und Göttern! Nicht einmal sprechen darf ich von dir, wenn von ernsten Dingen die Rede ist. Hab' ich das um dich verdient, daß du mich aus himmlischen Regionen in die Hölle hinabstürzest? Daß du mich um die erste Kraft der blühenden Jahre betrügst und mir die Schlaffheit des spätesten Alters aufbürdest? Bitte, dann stelle mir doch lieber gleich einen Totenschein aus!

Er wendet sich und blickt beschämt zu Boden,
Verharrt vom Anfang bis zum Schlusse schweigend,
Dem Mohn, der Weide gleich sein Köpfchen neigend.

(aus: Satiren, dt. L. Gurlitt; der harmlosere Gebrauch der Worte ›bekirken‹, ›bezirzen‹ und ›anmachen‹ ist neueren Datums.)

Félicien Rops

ÜBER DIE EINFLÖSSUNGSKRAFT

Seit Brüssel gehorche ich dem Bedürfnis nach unaussprechlicher Einsamkeit, und ich lebe in einer bedauernswerten Erstarrung des Geistes, was mich nicht zur Arbeit anreizt! Warum? Deshalb, glaube ich, weil ich Angst habe, ›alt zu sein‹ und einer Frau keine Liebe mehr einflößen zu können. Das ist der wahre Tod für einen Mann meiner Natur und mit meinem Bedürfnis nach Verrücktheiten des Geistes und des Körpers.

(aus einem Brief, dt. F. Hassauer/P. Roos.)

II.

O SCHÖNE FRAU

Weibsnatur,
du Teufelshur

ALMUT GERNHARDT

Gustave Flaubert

DIE ERREGUNGSKURVE

Ach, wie habe ich die Seiltänzerin geliebt, mit ihren langen Ohrgehängen, die um ihren Kopf baumelten, mit ihrer Kette aus dicken Steinen, die auf ihre Brust schlug. Mit welch unruhiger Gier schaute ich sie an, wenn sie bis an die zwischen Bäumen hängenden Laternen sprang, wenn ihr mit Goldflittern besetztes Kleid beim Sprunge klatschte und sich in der Luft bauschte. Das waren die ersten Frauen, die ich geliebt habe. Mein Sinn quälte sich mit dem Gedanken an diese merkwürdig geformten Schenkel, die so prall in ihren rosafarbenen Trikots saßen, an diese geschmeidigen Arme, von Spangen umschlossen, die beim Rückwärtsbeugen auf dem Rücken klingelten, wenn sie mit den Federn ihres Kopfputzes den Boden berührte. Das Weib, das ich mir schon vorzustellen suchte – (denn es gibt kein Lebensalter, wo man nicht daran denkt: als Kind betasten wir mit naiver Sinnlichkeit den Busen der großen Mägde, die uns küssen und die uns auf ihrem Arme halten; mit zehn Jahren träumt man von Liebe; mit fünfzehn kommt sie zu uns; mit sechzig ist sie noch nicht erloschen, und wenn die Toten unter der Erde etwas denken, so ist es: wie sie in der Tiefe das nächste Grab erreichen können, um das Leichentuch der Abgeschiedenen fortzuziehen und sich ihrem Schlummer zu gatten) – das Weib war also für mich ein lockendes Geheimnis, das mein armes Kinderhirn verwirrte. An dem, was ich empfand, wenn eine von ihnen mich anschaute, fühlte ich schon, daß etwas Verhängnisvolles in diesem erregenden Blick lag, der den menschlichen Willen schmelzen läßt, und ich war zugleich entzückt und erschrocken.

(...)

Dann traf man die Frauen überall, im Gedränge war man neben ihnen. Ich streifte sie, ich sog ihren Duft ein, die Luft war davon erfüllt. An ihrem Hals sah ich Schweißperlen zwischen den Schalenden, sah die Federn ihrer Hüte bei jedem Schritte nicken. Ihr Hacken hob den Rock beim Gehen vor mir. Wenn ich an einer vorüberging, zuckte ihre behandschuhte Hand. Weder diese noch jene wünschte ich mir, die eine nicht mehr als die andere, doch alle zusammen, doch jede, in der unendlichen Mannigfaltigkeit ihrer Formen und des entsprechenden Verlangens. Waren sie auch bekleidet, ich schmückte sie sogleich mit prächtiger Nacktheit, und so standen sie vor meinen

Augen. Indem ich möglichst nahe an ihnen vorüberging, nahm ich, soviel ich konnte, wollüstige Vorstellungen mit, Düfte, liebeerregende Düfte, aufreizendes Rascheln und anziehende Formen.

Ich wußte wohl, wohin ich ging. Es war ein Haus in einer kleinen Straße, durch die ich oft gegangen, um mein Herz schlagen zu fühlen. Es hatte grüne Läden, man stieg drei Stufen empor. Ach, ich kannte das alles genau. Ich hatte es oft betrachtet, da ich häufig einen Umweg gemacht hatte, nur um die geschlossenen Fenster zu sehen. Schließlich kam ich nach einem Lauf, der mir eine Ewigkeit zu dauern schien, in die Straße. Ich glaubte zu ersticken. Niemand ging vorüber. Ich wagte mich weiter, weiter. Ich fühle noch die Berührung der Tür, die ich mit der Schulter aufstieß. Sie gab nach. Ich hatte gefürchtet, sie möchte fest in der Mauer sitzen; aber nein, sie drehte sich in ihren Angeln, sachte, ohne Geräusch.

Ich stieg die Stufen empor, auf der Treppe war es dunkel. Die Stiegen waren ausgetreten, sie schwankten unter meinen Tritten. Ich stieg immer höher. Man sah nichts; mir schwindelte. Ich hörte niemanden; mein Atem setzte aus. Endlich kam ich in ein Zimmer; es schien mir groß; das lag an seiner Dunkelheit. Die Fenster standen auf, doch große, gelbe, bis zur Erde reichende Vorhänge hielten das Tageslicht ab. Der Raum schwamm in blaßgoldigem Widerschein. Weiter hinten am rechten Fenster saß eine Frau. Sie mußte mich nicht gehört haben, denn sie wandte sich nicht um, als ich eintrat. Ich stand, ohne näher zu kommen, mit ihrem Anblick beschäftigt.

Sie trug ein weißes Kleid mit kurzen Ärmeln. Mit dem Ellenbogen stützte sie sich auf das Fensterbrett. Eine Hand lag am Munde; ihr Blick hing vage und unbestimmt draußen am Boden. Ihr schwarzes Haar lag glatt und geknotet an den Schläfen und glänzte wie die Schwinge eines Raben. Sie hielt den Kopf ein wenig vornüber geneigt. Im Nacken hatten sich ein paar Haare gelöst und kräuselten sich am Halse. Ihr großer gebogener Kamm war oben mit Korallen besetzt.

Sie stieß einen Schrei aus, als sie mich bemerkte, und sprang auf. Ich fühlte mich von dem glänzenden Blick ihrer Augen getroffen. Als ich, vom Gewicht dieser Blicke bedrückt, meine Stirn wieder zu heben vermochte, sah ich in ein Gesicht von wunderbarer Schönheit: eine gerade Linie lief, vom Scheitel beginnend, zwischen ihren großen geschweiften Augenbrauen hindurch auf ihre Adlernase, deren zitternde Flügel emporgezogen waren, wie man es auf antiken Kameen sieht, und teilte ihre sinnliche Lippe, die ein bläulicher Flaum beschattete. Dann kam der Hals, der volle, weiße, rundliche Hals. Durch ihr zartes Gewand sah man die Rundungen ihrer Brüste beim Atmen steigen und fallen. So stand sie mir gegenüber, in Sonnenlicht gehüllt, das durch den gelben Vorhang fiel und das weiße Kleid und den dunklen Kopf hob.

Schließlich fing sie an zu lächeln, fast mitleidig und sanft, und ich kam näher. Ich weiß nicht, womit sie ihr Haar parfümiert hatte, doch duftete sie wunderbar, und mein Herz war weicher und hingebender als ein Pfirsich, der auf der Zunge zerschmilzt. Sie sagte zu mir:

»Was möchten Sie denn? Kommen Sie!«

Und sie setzte sich auf ein langes Sofa, das mit grauem Stoff überzogen war und an der Wand stand. Ich nahm an ihrer Seite Platz, sie faßte meine Hand; die ihrige war heiß. So verharrten wir lange schweigend, einer den andern anschauend.

Niemals hatte ich eine Frau aus solcher Nähe gesehen; ihre ganze Schönheit drang auf mich ein, ihr Arm berührte den meinigen, die Falten ihres Gewandes fielen über meine Knie, die Wärme ihrer Hüften setzte mich in Flammen. Ich fühlte bei dieser Berührung ihre wogenden Körperformen, ich betrachtete die Rundung ihrer Schulter und die blauen Adern ihrer Schläfen. Sie sagte:

»Nun?«

»Nun?« erwiderte ich vergnügt, den Zauber gewaltsam abschüttelnd, der mich einschläferte.

Doch weiter kam ich nicht, ich war ganz damit beschäftigt, sie mit Blicken zu verzehren. Schweigend legte sie einen Arm um mich und zog mich in stummer Umschlingung an sich. Da schlang ich meine beiden Arme um sie und preßte meinen Mund auf ihre Schulter. Ich trank wonnevoll den ersten Kuß der Liebe. Ich trank darin die lange Sehnsucht meiner Jugend und die verwirklichte Wollust aller meiner Träume, und dann warf ich den Kopf zurück, um ihr Gesicht besser zu sehen. Ihre Augen leuchteten, sie setzten mich in Flammen. Ihr Blick faßte mich fester als ihr Arm. Ich war in ihre Augen versunken, und unsere Finger verstrickten sich ineinander; die ihrigen waren lang und zart, sie spielten in meiner Hand mit lebhaften, bebenden Bewegungen; mit geringer Anstrengung hätte ich sie zerbrechen können; ich drückte sie in dem Wunsche, sie besser zu fühlen.

Ich erinnere mich jetzt nicht mehr genau, was sie mir sagte und was ich ihr antwortete. Lange verharrte ich so, versunken, schwebend, gewiegt in dem Klopfen meines Herzens. Mit jeder Minute wuchs mein Taumel, in jedem Augenblick fluteten neue Ströme in meine Seele. Mein ganzer Leib erschauerte vor Ungeduld, vor Verlangen, vor Lust. Und doch war ich schwer gestimmt, eher düster als froh, ernst, in etwas Göttlichem und Höchstem vergehend. Sie drückte mit der Hand meinen Kopf an ihr Herz, aber zart, als wenn sie gefürchtet hätte, ihn an ihrer Brust zu zerbrechen.

Mit einer Bewegung der Schulter schlüpfte sie aus dem Ärmel. Ihr Kleid ging auf; sie trug kein Korsett; ihr Hemd stand offen. Ein prächtiger Busen wurde sichtbar, an dem man in Liebe hätte vergehen mögen. In kindlicher, träumerischer Haltung saß sie auf meinen Knien. Ihr schönes Profil zeichnete sich in reinen Linien ab. Unter der Achsel bildete die Haut eine Falte von wundervollem Schwung, die wie das Lächeln der Schulter war. Ihr weißer Rücken war leicht gekrümmt, als sei sie müde, und ihr herabgesunkenes Kleid fiel in weiten Falten auf den Boden. Sie blickte zum Himmel und summte eine traurige, sehnsuchtsvolle Melodie durch die Zähne.

Ich faßte ihren Kamm und zog ihn heraus. Ihre Haare umflossen sie wie eine Woge, und die langen, schwarzen Strähnen fielen zitternd auf ihre Hüften. Ich fuhr mit der Hand zuerst darüber, dann hinein, darunter. Ich tauchte meine Arme hinein, ich badete mein Gesicht darin, ich wollte vergehen. Zuweilen belustigte ich mich damit, sie hinten zu teilen und nach vorn zu legen, so daß ihre Brüste davon verhüllt waren; dann wieder faßte ich sie wie ein Netz zusammen und zog daran, um ihren nach hinten geneigten Kopf und den zarten vorgestreckten Hals zu sehen. Sie ließ es geschehen wie eine Tote.

Plötzlich machte sie sich von mir frei, zog die Füße aus dem Kleide und sprang mit der Behendigkeit einer Katze auf das Bett. Die Matratze sank unter ihren Füßen ein, das Bett krachte, sie zog mit brüsker Bewegung die Vorhänge zurück und legte sich nieder. Sie streckte ihre Arme nach mir aus und umfaßte mich. Oh, selbst die Laken schienen noch warm von den Liebkosungen, die dort ausgetauscht waren.

Ihre sanfte feuchte Hand betastete meinen Leib. Sie gab mir Küsse auf das Gesicht, auf den Mund, auf die Augen. Jede einzelne ihrer hervorstürzenden Liebkosungen nahm mir die Besinnung. Sie streckte sich auf dem Rücken aus und seufzte. Bald schloß sie die Augen halb und blickte mich mit wollüstiger Ironie an, dann wieder stützte sie sich auf den Arm, drehte sich herum, streckte die Füße empor und war voll bezaubernder Schäkereien, raffinierter und unverdorbener Bewegungen. Schließlich gab sie sich mir hin, sah empor und stieß einen tiefen Seufzer aus, der durch ihren ganzen Leib ging ... Ihr warmes, zitterndes Fleisch breitete sich erschauernd unter mir. Von Kopf zu Füßen fühlte ich mich von Wollust umfangen. Ich preßte meinen Mund auf den ihrigen. Unsere Finger waren ineinander verschlungen, im selben Beben zuckend, in einer Verstrickung verschränkt. Während ich den Duft ihres Haares und den Hauch ihrer Lippen einsog, fühlte ich mich vor Wonne vergehen. Einige Zeit verharrte ich noch gespannt, das Klopfen meines Herzens und das letzte Zittern meiner Nerven genießend; dann schien alles zu erlöschen und zu versinken.

Doch sie, sie sagte ebenfalls nichts. Sie lag unbeweglich wie eine Bildsäule aus Fleisch. Ihr schwarzes, reiches Haar umrahmte ihr bleiches Gesicht, und ihre gelösten Arme ruhten lässig ausgestreckt. Von Zeit zu Zeit lief ein krampfhaftes Zucken über ihre Knie und Hüften. Auf ihrer Brust brannte an der Stelle meiner Küsse ein roter Fleck. Ein heiserer, kläglicher Ton kam aus ihrer Kehle; wie wenn jemand einschläft, nachdem er lange geweint und geschluchzt hat. Plötzlich hörte ich sie dies vor sich hinsagen: »Wenn du im Taumel der Sinne Mutter würdest!« Und was dann noch folgte, weiß ich nicht mehr. Sie schlug die Beine übereinander und wiegte sich von der einen Seite auf die andere, als wenn sie in einer Hängematte gelegen hätte.

Spielend fuhr sie mir mit der Hand durchs Haar, als wäre ich ein Knabe gewesen, und fragte mich, ob ich schon eine Geliebte gehabt. Ich antwortete bejahend, und da sie mich weiter fragte, erzählte ich, sie sei schön und verheiratet. Sie tat noch andere Fragen, nach meinem Namen, meinem Leben, meiner Familie.

»Und du«, sagte ich, »hast du geliebt?«

»Geliebt? Nein!«

Und sie lachte gezwungen auf, was mich aus der Fassung brachte.

Sie fragte mich noch, ob meine Geliebte wirklich schön sei, und nach einer Weile fuhr sie fort:

»Ach, wie sie dich lieben muß! Sage mir deinen Namen, ach, deinen Namen.«

Ich wiederum wollte den ihrigen wissen.

»Marie«, antwortete sie, »doch ich hatte noch einen anderen, zu Hause nannte man mich nicht so.«

Und weiter geht meine Erinnerung nicht. Alles das ist vergangen und schon so lange her. Indessen steht manches noch vor mir, als hätte ich es gestern gesehen, zum Beispiel ihr Zimmer: ich sehe noch den Teppich vor dem Bett, der in der Mitte abgetreten war, das Bett aus Mahagoniholz mit Verzierungen von Kupfer und die Vorhänge aus roter Moiréseide; sie knisterten bei jeder Berührung; ihre Fransen waren verschlissen. Auf dem Kamin standen zwei Vasen mit künstlichen Blumen. In der Mitte die Stutzuhr, deren Zifferblatt zwischen vier Alabastersäulen saß. Hier und dort hingen alte Stiche in Rahmen von schwarzem Holz an den Wänden; sie stellten Frauen im Bade, Winzer oder Fischer dar.

Und sie! Sie! Manchmal kommt mir die Erinnerung an sie so lebhaft, so deutlich zurück, daß alle Einzelheiten ihres Gesichtes mir wieder erscheinen mit jener wunderbaren Treue des Gedächtnisses, die wir nur aus Träumen kennen, wenn wir unsere alten, längst verstorbenen Freunde in denselben Kleidern und mit demselben Ton der Stimme wiederfinden und darüber erschrecken. Ich erinnere mich, daß sie auf der linken Seite der Unterlippe ein Korn hatte, das beim Lächeln in einer Falte der Haut lag. Sie hatte keine Frische mehr, und ihre Mundwinkel zogen sich bitter und müde zusammen.

Als ich mich anschickte, fortzugehen, sagte sie mir Lebewohl.

»Lebe wohl!«

»Wird man sich wiedersehen?«

»Vielleicht!«

Und ich verließ das Haus. Die Luft belebte mich. Ich kam mir ganz verwandelt vor. Es schien mir, als müsse man auf meinem Gesichte lesen, daß ich nicht mehr derselbe Mensch war. Ich ging leicht, stolz, zufrieden, frei dahin. Ich hatte nichts mehr zu lernen, nichts mehr zu erfahren, nichts mehr zu wünschen im Leben. Ich kam heim. Eine Ewigkeit war verstrichen, seit ich fortgegangen. Ich stieg in mein Zimmer und setzte mich auf mein Bett, von dem ganzen Tag ermüdet, der mit unglaublicher Schwere auf mir lastete. Es war vielleicht sieben Uhr abends. Die Sonne sank, der Himmel stand in Feuer, ein tiefroter Horizont flammte über den Dächern der Häuser. Der Garten, schon im Dämmer liegend, war voll von Melancholie. Gelbe und orangefarbene Kreise tanzten an den Mauerecken, sanken und stiegen im Gebüsch; die Erde lag trocken und grau. Auf der Straße zogen ein paar Leute aus dem Volke am Arme ihrer Frauen singend vorüber und gingen den Stadttoren zu.

Ich dachte immer wieder an das, was geschehen war, und eine unsagbare Traurigkeit erfaßte mich. Ich war voll Widerwillen, ich war gesättigt, ich war müde.

(aus: November, dt. E. W. Fischer)

Achilleus Tatios

DIE STÖHNERIN

Nun, die Frau hat einen Körper, anschmiegsam in den Umarmungen, und Lippen, weich zum Küssen, und deshalb paßt sich ihr Körper in den Armen, im Fleisch vollkommen an, und ihr Partner wird von Lust förmlich eingehüllt. Wie Siegel drückt sie ihre Küsse auf seine Lippen, sie küßt mit Kunstfertigkeit und macht dadurch den Kuß noch süßer. Sie weiß nämlich nicht nur mit ihren Lippen zu küssen, nein, auch ihre Zähne setzt sie ein, und mit diesen grast sie den Mund des Küssenden und dessen Umgebung ab und beißt bei ihren Küssen. Doch auch das Liebkosen der Brust enthält eine ganz eigene Lustempfindung. Auf dem Höhepunkt des Liebesgenusses gerät sie vor Wollust in die höchste Ekstase, sperrt küssend ihren Mund weit auf und gebärdet sich wie toll. Die Zungen vereinigen sich während dieser Augenblicke immer wieder miteinander und geben sich jede erdenkliche Mühe, auch ihrerseits zu küssen, und du vergrößerst deine Lust, indem du deine Küsse öffnest. Wenn sich die Frau dem eigentlichen Gipfel des Liebesgenusses nähert, neigt sie dazu, vor brennender Wollust zu keuchen und zu stöhnen, und ihr Keuchen und Stöhnen, vereinigt mit dem Atemhauch der Liebe, springt bis zu den Lippen des Mundes empor und begegnet dort dem herumirrenden Kuß, der in die Tiefe hinabzusteigen sucht, und zusammen mit dem Keuchen und Stöhnen kehrt der Kuß um, vermischt sich mit ihm und folgt ihm nach und trifft so auf das Herz; dieses aber, vom Kuß in Unruhe versetzt, pocht wie wild, und wäre es nicht in der Lunge fest verankert, so würde es sich den Küssen anschließen und sich von ihnen in die Höhe ziehen lassen.

(aus: Leukippe und Kleitophon, dt. K. Plepelits)

Peter Rosegger

DIE NUSS

Das Weib ist eine Nuß,
Die man aufbeißen muß;
Dem Manne Gott genad,
Der keine Zähn mehr hat.

(aus: Werke)

Valentin Löber

UND NOCH EIN DEUTSCHER DICHTERSPRUCH

Man pflügt den Acker stets nicht; oft läßt man ihn liegen.
Ein Acker ist ein Weib, doch soll mans allzeit pflügen.

(An Frauenlieb)

D. H. Lawrence

TIER MIT HEMD

Er sah sich um.

»Komm – komm her! Hier durch!« sagte er und sah angespannt in die dichten jungen Fichten hinein, die nicht einmal mannshoch waren.

Er drehte sich nach ihr um. Sie sah seine Augen – gespannt, glitzernd, wild, nicht liebend, doch sie hatte keinen Willen mehr. Sonderbare Gewichte hingen an ihren Gliedern. Sie gab nach. Sie gab auf. Er führte sie in ein Dickicht nadliger Bäume, das nur schwer zu durchdringen war, zu einem Platz, der ein wenig frei lag; tote Zweige stapelten sich dort. Er nahm ein paar trockene und warf sie auf die Erde, breitete seine Joppe und seine Weste darüber, und sie mußte sich niederlegen, unter die Äste des Baumes, wie ein Tier, und er wartete, stand dort in Hemd und Hose und beobachtete sie mit gehetzten Augen. Aber selbst jetzt noch war er fürsorglich – er ließ sie sich bequem hinlegen, ganz bequem. Doch er zerriß ein Band ihrer Wäsche, denn sie half ihm nicht, lag nur reglos da.

Auch seinen Körper hatte er vorn entblößt, und sie fühlte seinen nackten Leib, als er zu ihr kam. Einen Augenblick lang war er ruhig in ihr, geschwellt und bebend. Dann, als er begann, sich zu bewegen, im jähen, hilflosen Orgasmus, wellten neue, seltsame Schauer in ihr auf. Wellten wellend, wellend, wie flatterndes Übereinanderzüngeln sanfter Flammen, sanft wie Federn, liefen aus in helleuchtende Spitzen, herrlich, süß, und alles in ihr schmolz, zerfloß. Wie Glocken war es, die schwangen, immer höher schwangen, empor zum Gipfel. Sie lag da, war sich der wilden kleinen Schreie nicht bewußt, die sie am Schluß ausstieß. Aber es war zu schnell vorüber, zu schnell, und sie vermochte nicht mehr durch eigenes Bemühen zu ihrem Ende zu kommen. Dies war anders, anders. Sie konnte nichts tun. Sie konnte ihn nicht halten und ihre eigene Befriedigung von ihm erzwingen. Sie konnte nur warten, warten und stöhnen, als sie spürte, wie er sich zurückzog, sich aus ihr zog, sich zusammenzog und es zu dem schrecklichen Augenblick kam, da er ganz aus ihr gleiten und fort sein würde. Während doch ihr Schoß offen war und weich und sanft nach ihm schrie – wie eine Seeanemone unter der Flut, nach ihm schrie, daß er wieder zu ihr komme und ihr Erfüllung bringe. Bewußtlos vor Leidenschaft, klammerte sie sich an ihn, und er glitt nie ganz aus ihr, und sie fühlte, wie seine weiche Knospe sich in ihr regte und seltsame Rhythmen sie durchspülten, mit seltsamer, rhythmischer, wachsender Bewegung, schwollen, schwollen, bis sie ihr ganzes klaffendes Bewußtsein überfluteten, und dann begann wieder die unsagbare Bewegung, die keine wirkliche Bewegung war, sondern reiner, immer tiefer strudelnder Wirbel des Empfindens – tiefer und immer tiefer trichterten sie sich durch ihr ganzes Gewebe und ihr Bewußtsein, bis sie ein einziges, sattes, konzentrisches Fließen des Gefühls war, und dalag und schrie, in unbewußten, unartikulierten Schreien. Die Stimme aus der tiefsten

Nacht, das Leben! Fast scheu hörte es der Mann unter sich, als sein Leben in sie überfloß. Und als es versiegte, versiegte auch er und lag ganz still, nichts mehr wissend, und langsam löste sie ihre Umklammerung und ruhte reglos. Und sie lagen da und wußten nichts mehr, nicht einmal einer vom andern, ganz verloren. Bis er endlich zu sich kam und seine schutzlose Nacktheit gewahrte, und sie sich bewußt wurde, daß sein Leib sich der engen Nähe zu ihr entzog. Er löste sich von ihr; aber tief in sich spürte sie, daß sie es nicht ertragen könnte, wenn er sie unbedeckt ließe. Er mußte sie nun für immer bedecken.

Er löste sich schließlich von ihr und küßte sie und deckte sie zu und zog sich wieder an. Sie lag und sah in die Zweige der Bäume hinauf, unfähig, sich zu rühren. Er erhob sich, knöpfte seine Hose zu und sah sich um.

(aus: Lady Chatterley, dt. N. N. Liebhabern des Romans sei gestanden, daß ich keine weniger blut- und bodenlose Stelle habe finden können.)

Henry Miller

KATZE IM BETT

Erst ein Jahr ist es her, daß Mona und ich jede Nacht die Rue Bonaparte hinuntergingen, nachdem wir uns von Borowski verabschiedet hatten. St. Sulpice bedeutete mir damals nicht viel, auch sonst nichts in Paris. Genug des Gewäschs. Satt der Gesichter. Überdrüssig der Kathedralen, der Plätze und Menagerien und was nicht alles. Nahm im roten Schlafzimmer ein Buch zur Hand, und der Rohrstuhl war unbequem; müde, den ganzen Tag auf meinem Hintern zu sitzen, müde der roten Tapete, müde, so viele Menschen über nichts quatschen zu hören. Das rote Zimmer und der Koffer stehen immer offen; ihre Kleider liegen in einem Delirium von Unordnung umher. Das rote Schlafzimmer mit meinen Gummiüberschuhen und Spazierstöcken, den Notizbüchern, die ich nie anrührte, den kalt und tot daliegenden Manuskripten. Paris! Das bedeutete das Café Select, das *Dôme*, den Flohmarkt, den American Express. Paris! Das waren Borowskis Spazierstöcke, Borowskis Hüte, Borowskis Gouachen, Borowskis prähistorische Fische – und prähistorische Witze. In dem Paris von 1928 hebt sich nur eine Nacht in meiner Erinnerung ab – die Nacht vor meiner Abreise nach Amerika.

Eine ungewöhnliche Nacht, Borowski leise in Verlegenheit gebracht und ein wenig böse auf mich, weil ich mit jeder Pritsche im Lokal tanze. Aber morgen früh reisen wir ab! Das sage ich jeder Pritsche, die ich zu fassen kriege – *morgen früh reise ich ab!* Das sage ich der Blonden mit den achatfarbenen Augen. Und während ich es ihr sage, nimmt sie meine Hand und preßt sie zwischen ihre Beine. In der Toilette stehe ich vor dem Becken mit einem riesigen Ständer. Er kommt mir gleichzeitig leicht und schwer vor, wie ein Bleirohr mit Flügeln daran. Und während ich so dort stehe, kommen zwei Pritschen hereingesegelt – Amerikanerinnen. Ich begrüße sie herzlich, Pint in der Hand. Sie winken und gehen weiter. Wie ich in dem Waschraum meinen Latz zuknöpfe, sehe ich eine von ihnen darauf warten, daß ihre Freundin aus dem Lokus herauskommt. Die Musik spielt noch immer, und vielleicht kommt Mona oder Borowski mit seinem goldbeknopften Stock mich abholen, aber nun bin ich in ihren Armen, und sie hält mich fest, und es ist mir gleich, wer kommt oder was passiert. Wir winden uns in die Toilette, und dort stelle ich sie gegen die Wand gelehnt hin und versuche, ihn in sie hineinzukriegen, aber es will nicht gehen, also setzen wir uns auf den Sitzdeckel und versuchen es auf diese Weise, aber es will auch nicht gehen. Ganz gleich, wie wir's versuchen, es will nicht gehen. Und die ganze Zeit hält sie meinen Pint fest, klammert sich daran wie an einen Rettungsring, aber es hat keinen Zweck, wir sind zu hitzig, zu hastig. Die Musik spielt noch, und so walzen wir in den Waschraum hinaus, und wie wir so in dem Scheißhaus tanzen, ergieße ich mich über ihr ganzes schönes Kleid, und sie ist höllisch wütend darüber. Ich stolpere zum Tisch zurück, und da ist Borowski mit seinem rosigen Gesicht und Mona mit ihrem mißbilligenden Blick. Und Borowski sagt: »Fahren wir doch morgen alle nach Brüssel«, und wir stimmen zu, und als wir ins Hotel zurückkommen, übergebe ich mich durchs ganze Zimmer, ins Bett, in die Waschschüssel, über die Anzüge und die Kleider und die Überschuhe und die Spazierstöcke und die Notizbücher, die ich nie anrührte, und über die kalt und tot daliegenden Manuskripte.

Ein paar Monate später. Dasselbe Hotel, dasselbe Zimmer mit Blick auf den Hof, wo die Fahrräder stehen, und über uns, unter dem Dach, ist das kleine Zimmer, in dem ein junger Klugscheißer den ganzen Tag Grammophon spielt und, so laut er kann, einzelne schwierige Stellen wiederholt. Ich sage ›wir‹, aber ich nehme die Dinge vorweg, denn Mona war lange Zeit fort, und ich soll sie erst heute an der Gare St. Lazare treffen. Gegen Abend stehe ich dort, das Gesicht zwischen die Gitterstäbe gepreßt, aber da ist keine Mona, und ich lese noch einmal das Telegramm, doch es hilft nichts. Ich gehe ins Quartier Latin zurück und vertilge trotz allem eine herzhafte Mahlzeit. Wie ich ein wenig später am Café du Dôme vorbeischlendere, sehe ich plötzlich ein blasses, ernstes Gesicht mit brennenden Augen – und das kleine Samtkleid, das ich immer verehrte, weil unter dem weichen Samt stets ihre warmen Brüste, die marmornen, kühlen, festen, muskulösen Beine waren. Sie tauchte aus einem Meer von Gesichtern auf und umarmte mich, umarmte mich leidenschaftlich – tausend Augen, Nasen, Finger, Beine, Flaschen, Fenster, Handtäschchen und Untertassen starren uns an, und wir vergessen alles, einer in des anderen Armen. Ich setze mich neben sie, und sie redet – ein Redeschwall. Wilde, verzehrende Töne der Hysterie, Verdrehtheit, Vergiftung. Ich verstehe kein Wort, weil sie schön ist und ich sie liebe und nun glücklich und bereit bin zu sterben.

Wir gehen die Rue du Château hinunter, auf der Suche nach Eugène. Gehen über die Eisenbahnbrücke, wo ich gewöhnlich zuschaute, wie die Züge hindurchfuhren, während ich mich innerlich krank fühlte und mich fragte, wo zum Teufel sie wohl sein könne. Alles ist sanft und bezaubernd, als wir über die Brücke gehen. Rauch steigt zwischen unseren Beinen hoch, die Schienen dröhnen, Lichtsignale sind in unserem Blut. Ich fühle ihren Körper nah an meinem, jetzt ganz mein – und ich höre auf, mit meinen Händen über den warmen Samt zu streicheln. Alles um uns zerbröckelt, zerfällt, und der warme Körper unter dem warmen Samt verzehrt sich nach mir.

Wieder in demselben Zimmer und dank Eugène um fünfzig Francs reicher. Ich blicke hinaus auf den Hof, aber das Grammophon schweigt. Der Koffer ist geöffnet, und ihre Sachen liegen ganz wie früher überall verstreut. Sie legt sich angezogen aufs Bett. Einmal, zweimal, dreimal, viermal ... ich fürchte, sie wird verrückt ... im Bett, unter den Bettdecken, wie gut, wieder ihren Körper zu fühlen! Aber für wie lange? Wird es diesmal halten? Schon habe ich ein Vorgefühl, daß es nicht von Dauer ist.

Sie spricht so fieberhaft auf mich ein – so, als gebe es kein Morgen.

»Sei still, Mona! Sieh mich nur eben an ... *rede nicht*!« Endlich schläft sie ein, und ich ziehe meinen Arm unter ihr hervor. Meine Augen fallen zu. Ihr Körper ist hier neben mir ... wird jedenfalls sicher bis zum Morgen hier neben mir sein ... Es war im Februar, als ich bei dichtem Schneegestöber aus dem Hafen ausfuhr. Das letzte, was ich von ihr sah, war, daß sie am Fenster stand und mir Lebewohl winkte. Ein Mann stand auf der anderen Straßenseite an der Ecke, den Hut ins Gesicht gezogen, das Kinn auf die Brust gelegt. Ein Fötus, der mich anblickt. Ein Fötus mit einer Zigarre im Mund. Mona am Fenster, sie winkt Lebewohl. Blasses, ernstes Gesicht, wild wehendes Haar. Und jetzt ist es ein ernstes Schlafzimmer, ihre Kehle atmet regelmäßig, Saft sickert noch zwischen ihren Beinen, ein warmer, katzenartiger Geruch, und ihr Haar in meinem Mund. Meine Augen sind geschlossen. Wir atmen warm einer in des anderen Mund. Eng beisammen, Amerika dreitausend Meilen entfernt. Ich will es nie wiedersehen. Sie hier neben mir im Bett zu haben, wie sie mich anatmet, ihr Haar in meinem Mund – das kommt mir wie ein Wunder vor. Bis zum Morgen kann nun nichts mehr passieren ...

Ich erwache aus tiefem Schlummer, um sie anzusehen. Ein fahles Licht sickert herein. Ich betrachte ihr herrliches, wildloderndes Haar. Ich fühle etwas meinen Nacken hinunterkrabbeln. Ich sehe sie aufs neue an, ganz nah. In ihrem Haar ist es lebendig. Ich schlage das Bettuch zurück – mehr davon. Sie wimmeln übers Kopfkissen.

Es ist kurz nach Tagesanbruch. Wir packen hastig und stehlen uns aus dem Hotel. Die Cafés sind noch geschlossen. Unterwegs kratzen wir uns beim Gehen. Der Tag beginnt mit milchiger Weiße, Streifen lachsrosa Himmels, aus ihren Häusern kriechende Schnecken. Paris ... Paris ... Hier passiert alles. Alte, bröckelnde Mauern und das fröhliche Geräusch des in den Pissoirs rinnenden Wassers. Männer lecken in den Bars ihre Schnurrbärte ab. Laden öffnen sich mit einem Knall, und kleine Bäche rieseln in den Rinnsteinen. *Amer Picon* in riesigen, scharlachroten Buchstaben. *Zig-Zag*. Welchen Weg sollen wir nehmen und warum oder wohin oder was?

Mona ist hungrig, ihr Kleid ist dünn. Nichts als Abendfähnchen, Parfumflaschen, barbarische Ohrringe, Armbänder, Enthaarungsmittel. Wir setzen uns in einen Billardsalon in der Avenue du Maine und bestellen heißen Kaffee. Die Toilette ist nicht in Ordnung. Wir werden eine Weile hier sitzen bleiben müssen, ehe wir in ein anderes Hotel gehen können. Derweilen lesen wir einander Bettwanzen aus dem Haar. Nervös. Mona verliert die Ruhe. Sie muß ein Bad haben. Muß dies haben. Muß jenes haben. Muß, muß, muß . . .

»Wieviel Geld hast du noch?«

Geld? Ganz vergessen.

Hôtel des Etats-Unis. Ein *ascenseur*. Wir gehen bei hellem Tageslicht zu Bett. Als wir aufstehen, ist es dunkel, und das erste, was wir tun müssen, ist: genug Pinke auftreiben, um ein Telegramm nach Amerika loszulassen. Ein Telegramm an den Fötus mit der langen, würzigen Zigarre im Mund. Derweilen gibt es die Spanierin am Boulevard Raspail – sie ist immer gut für eine warme Mahlzeit. Bis zum Morgen wird schon irgendwas passieren. Schließlich gehen wir zusammen zu Bett. Jetzt keine Wanzen mehr. Die Regenzeit hat begonnen. Die Bettwäsche ist untadelig.

(aus: Wendekreis des Krebses, dt. K. Wagenseil)

Ovid

BEGEHRLICHE FRAUEN

Fasse vor allem Vertrauen im Herzen, du könntest sie alle
fangen, dann fängst du sie auch, spann du nur immer dein Netz.
Eher schweigen im Frühling die Vögel, im Sommer die Grillen,
oder dem Hasen vorauf fliehet der Hund auf der Jagd,
ehe ein Weib sich versagt dem Jüngling, der schmeichelnd ihr nachstellt;
auch wo dirs glaubhaft erscheint, daß eine nicht will – sie will.
Denn wie dem Manne gefällt auch dem Weib das geheime Genießen,
er verstellt sich nur schlecht, jene verborgener wünscht.
Wären wir Männer einig, niemalen als erste zu bitten,
würde bezwungen die Frau spielen den bittenden Teil.
Auf der schwellenden Weide da brüllt die Kuh nach dem Stiere,
hell den hufigen Hengst wiehernd die Stute begrüßt.
Ruhiger ist bei uns und nicht so wild die Begierde,
ihr legitimes Ziel sucht sich die männliche Glut.

(aus: Begehrliche Frauen, in: Die erotischen Dichtungen, dt. V. v. Marnitz)

Gore Vidal

FRAU LEHRERIN HÄLT SPRECHSTUNDE

Er verabscheute mich, und das machte meinen Sieg am Ende um so glorreicher und bedeutsamer. Ich sah mir meinen Gefangenen einen Augenblick lang prüfend an (das Rückgrat machte tatsächlich eine S-förmige Krümmung, und das dicke weiße trapezoide Ligament war nach einer Seite hin verkrümmt). Von größerem Interesse waren jedoch die Unterhosen und das, was sie enthielten. Aber ich wußte, daß ich jetzt äußerst behutsam vorgehen mußte. Ich ging zu ihm hinüber. Ich stand so nahe bei ihm, daß ich den pferdeähnlichen Geruch riechen konnte, den Männer ausströmen, wenn sie entweder Angst haben oder geil sind. In diesem Falle war es Angst.

Behutsam ließ ich die Hand an seinem Rückgrat herunterlaufen. Er zuckte zusammen, als ich ihn berührte, sagte aber nichts. Währenddessen sprach ich ganz ruhig und zärtlich zu ihm, ungefähr so, wie man zu einem aufgeregten Tier spricht, wenn man es beruhigen will.

»Ja, jetzt kann ich die kranke Stelle sehen, gleich hier unter dem Schulterblatt.« Ich knetete die warme, geschmeidige Haut, und wieder zuckte er zusammen, aber er sagte nichts, während ich mit meiner »Analyse« seiner Schwierigkeiten fortfuhr. »Vielleicht würde eine Stütze an dieser Stelle helfen.«

Meine Hände hatten jetzt die Hüften erreicht. Er atmete tief und hatte die Arme so fest gegen die Wand gepreßt, daß die Muskeln der Oberarme heraustraten wie weiße, ineinander verschlungene Schlangen, die jeden Augenblick zuschlagen könnten.

Etwas Warmes fiel auf meine rechte Hand: ein Schweißtropfen von seinem Oberarm. »Aber vielleicht ist die heikle Stelle auch weiter unten. Irgendwo am Kreuz. Ja, natürlich! In der Lendengegend, da ist es!«

Während ich ruhig, hypnotisch zu ihm sprach, steckte ich die Daumen unter das abgenutzte Gummiband seiner kurzen Unterhose, und ehe er wußte, was ihm geschah, hatte ich sie bis zu den Knien heruntergezogen. Er stieß einen erstickten Schrei aus, sah mich mit puterrotem Gesicht und offenem Mund über die Schultern an, aber er brachte kein Wort heraus. Er wollte wegrücken von mir, ließ dann aber wieder davon ab, wohl in der Erkenntnis, daß er praktisch nackt dastand. Er klammerte sich jetzt mit aller Kraft an die Wand, der letzten Zuflucht seiner Scham.

Unterdessen redete ich weiter. »Ja, wir können mit der Stütze hier beginnen.« Ich berührte das untere Ende der Wirbelsäule, einen knöchernen Vorsprung zwischen den beiden Popobacken, die sich mir jetzt in ihrer ganzen Herrlichkeit zeigten ... und Herrlichkeit ist das einzige Wort, mit dem sie sich beschreiben lassen! Geschmeidig, weiß, haarlos bis auf eine Stelle am Ende der Wirbelsäule, wo dunkelbraune Härchen anfingen, nur um gleich wieder in der Spalte zwischen den beiden Popobacken zu verschwinden; diese waren so fest zusammengepreßt, daß sie nicht einmal ein Brecheisen hätte auseinandertreiben können.

Beiläufig ließ ich meine Hand über den geschmeidigen, etwas feuchten Popo gleiten. Er fühlte sich an wie hochpolierter Marmor, warm vom Sonnenschein eines herrlichen Tages am Mittelmeer. Ich gestattete meinem Zeigefinger sogar die Indiskretion, die drahtigen kupfernen Haare nicht nur am Ende der Wirbelsäule, sondern auch den dichteren Haarwuchs hinten an den Oberschenkeln zu berühren. Wie so viele junge Männer hat er einen fast haarlosen Torso und stark behaarte Beine. Bei Myron war es nicht anders. Mit zunehmendem Alter verlieren jedoch die Beine mehr und mehr vom Haarwuchs der Jugendjahre; hingegen wird der Pelz des Torsos immer stärker.

Ich war jetzt mit meiner Besichtigung so weit gegangen, wie ich gehen konnte. Allerdings habe ich noch nicht ganz die Oberhand gewonnen. Aber ich habe einen guten Anfang gemacht: Das Geheimnis hat sich mir zur Hälfte enthüllt, mit dem Rest werde ich auf einen günstigeren Zeitpunkt warten müssen. Nach einem letzten Kneten der Popobacken (ich versuchte vergeblich, sie auseinanderzuziehen), sagte ich daher: »Rusty, das wär's für heute. Ich glaube, wir sind an die Wurzel des Übels vorgedrungen.«

Er lehnte sich steif nach einer Seite und griff nach den heruntergefallenen Hosen. Hätte er sich nur ein wenig geduckt, was in seiner Position das Normale gewesen wäre, dann hätte ich von hinten einen kurzen Blick auf den Kern des Geheimnisses werfen können. Es wäre ein nicht gerade schmeichelhafter Blickwinkel gewesen.

(aus: Myra Breckinridge)

Alkiphron

BAUCHTANZ UM DIE WETTE

Oft haben wir schon gezecht, aber nie so köstlich. Und was uns am meisten amüsiert hat – zwischen Thryallis und Myrrhine war ein fürchterlicher Streit darüber ausgebrochen, welche die schöneren und graziöseren vier Buchstaben zeigen könne. Zuerst löste Myrrhine ihren Gürtel – die seidene Unterwäsche behielt sie an, und unter dieser wiegte sie ihre Hüften hin und her, daß sie vibrierten wie dicke, fette Milch, dabei sah sie nach rückwärts auf die Bewegungen ihrer Hinterbacken und seufzte auf, als ob sie in Liebesekstase wäre, so daß ich wahrlich, bei Aphrodite, ganz weg war. Aber auch Thryallis war nicht prüde, sondern übertraf Myrrhine noch an Ungeniertheit. Sie rief: »Ich will in keinem auch noch so dünnen Gewand streiten und nicht spröde tun, sondern ganz nackt wie im Ringkampf. Denn der Kampf liebt Vorwände nicht.« Sie streifte ihre Kleider ab, bog die Hüften ein wenig seitwärts und sagte: »Schau Dir diese Farbe an, wie tadellos, Myrrhine, wie fleckenlos, wie rein diese rosigen Hüften und da den Übergang zu den Schenkeln, weder zu dick noch zu mager, auf den Hügeln die Grübchen! Bei Zeus, sie wackeln nicht wie die der Myrrhine!« und dabei lachte sie mutwillig und schwang ihr Hinterteil, daß die Bewegung in einem Fluß über die Hüften rann, so daß alle Beifall klatschten und den Sieg der Thryallis zuerkannten. Es wurden dann noch Vergleiche mit den Hüften angestellt, und auch über die Brüste entbrannte ein Streit . . . Keine wagte mit Philumene den Bauch zu messen, denn er ist straff, durch keine Geburt verunstaltet.

Als wir so die ganze Nacht verbracht, über unsere Liebhaber geschimpft und uns andere gewünscht hatten – denn neue Liebe bringt neuen Reiz –, brachen wir in Weinstimmung auf.

(aus: Hetärenbriefe, dt. W. Plankl)

James Joyce

MÄNNERCLO UND WILDE ZUNGE

ja also ich glaube er hat sie direkt ein bißchen fester gemacht indem daß er sie immer so lange gesaugt hat ich bin richtig durstig geworden davon Titten nennt er sie da hab ich doch lachen müssen ja bei dieser einen jedenfalls wird der Nippel steif beim geringsten Anlaß das soll er doch unbedingt weitermachen und ich werd auch die geschlagenen Eier mit Marsala nehmen davon werden sie schön dick für ihn was doch diese Adern und Sachen so alles überhaupt komisch die Art wie sie gemacht sind 2mal genau dasselbe im Fall von Zwillingen angeblich stellen sie Schönheit dar wie sie da oben so sitzen wie bei den Statuen im Museum wo die eine so tut wie wenn sie die Hand davor hält sind sie eigentlich wirklich so schön natürlich im Vergleich zu wie ein Mann aussieht mit seinen zwei Säcken voll und dem andern Ding was da an ihm runterhängt oder einem entgegenragt wie ein Hutständer kein Wunder daß sies mit einem Kappesblatt bedecken richtig schön ich meine als Schönheit sind natürlich doch nur die Frauen das ist anerkannt wie er gesagt hat damals ich könnte nackt Modell stehen für ein Bild bei irgendeinem reichen Kerl in der Holles Street wie er den Job bei Hely verloren hatte und ich die Kleider verkaufen mußte und im Café klimpern gehn also ob ich wohl so wäre wie auf dem Bad der Nymphe wenn ich mir das Haar aufmache ja bloß daß sie jünger ist oder ich bin auch ein bißchen wie das Drehstück auf dem spanischen Photo was er hat diese Nymphen ob die eigentlich immer so rumgelaufen sind wie da hab ich ihn mal gefragt nach ihr der ekelhafte Cameron Hochländer hinter dem Fleischmarkt oder dieser andere Lümmel mit dem roten Kopf hinter dem Baum wo immer die Statue mit dem Fisch stand wie ich vorbeikam tat er so wie wenn er am pissen wäre und dabei stand er so nach mir rüber daß ichs sehen mußte hatte sein Babykleidchen nach der einen Seite hochgehoben das Leibregiment der Königin das war ja eine reizende Bagage ein Glück daß die Surreys sie abgelöst haben dann versuchen es einem dauernd zu zeigen fast jedesmal wenn ich an dem Männerpissoir am Bahnhof Harcourt Street vorbeikam bloß um mal zu probieren ob so jemand versucht mich zum hingucken zu bringen wie wenn es eins von den 7 Weltwundern wäre oh und der Gestank da von diesen verrotteten Löchern die Nacht wie ich mit Poldy heim ging nach der Party bei Comerfords

Orangen und Limonade wo man sich so richtig weich und wässrig von fühlt also da bin ich doch in eins von den Dingern gegangen es war so beißend kalt daß ichs einfach nicht mehr halten konnte wann war das doch 93 der Kanal war zugefroren ja es war ein paar Monate danach was für ein Jammer daß von den Camerons keine da waren um mich hocken zu sehn in dem Männerklo meadero ich hab versucht ein Bild davon zu malen bevor ichs aber zerrissen hab wie eine Wurst oder sowas ich wundere mich ja wirklich daß die keine Angst haben wenn sie so rumlaufen damit daß sie da einen Tritt abkriegen oder einen Schlag oder sonstwas und dieses Wort dann so ähnlich wie Mit fing es an und irgendwas mit Hosen und er kam mit seinen üblichen Zungenbrechern an über Inkarnation oder so er kann einem nie was einfach erklären daß man es auch versteht und dann geht er hin und brennt der Pfanne den Boden aus alles bloß wegen seiner Niere also diese ist nicht ganz so wie hier ist immer noch die Stelle von seinen Zähnen wo er versucht hat den Nippel zu beißen ich mußte laut schreien dabei sind sie nicht fürchterlich daß sie einem wehtun wollen bei Milly hatt ich eine große Milchbrust reichlich für zweie was da wohl der Grund für war er sagte ich hätte mir ein ganzes Pfund pro Woche verdienen können als Amme so aufgeschwollen war alles an dem Morgen dieser zart aussehende Student der in Nummer 28 bei den Citrons abgestiegen war Penrose der hätte mich fast beim waschen erwischt durchs Fenster bloß daß ich mir schnell noch das Handtuch vors Gesicht geschnappt hab das war dem sein studieren wehgetan haben sie mir ja dauernd wie ich Milly am abstillen war bis er Doktor Brady so weit gekriegt hat daß er mir das Belladonna verschreibt ich mußte ihn dran saugen lassen sie waren so hart er sagte es war aber süßer und dicker als wie von Kühen und dann wollte er mich in den Tee rein melken also wirklich manchmal ist er einfach sagenhaft da kann ich ein Lied von singen man sollte ihn in die Zeitung bringen eigentlich wenn ich mich bloß noch an die Hälfte von den Sachen erinnern könnte und ein Buch darüber schreiben Master Poldys Gesammelte Werke ja und sie ist aber auch soviel weicher dann die Haut eine gute Stunde war er dran das weiß ich bestimmt weil ich auf die Uhr wie ein ganz großes Kind was ich an mir hatte sie müssen unbedingt alles in den Mund haben die Männer die ganze Lust die sie aus einer Frau rausholen ich kann seinen Mund jetzt direkt wieder fühlen o mein Gott ich muß mich strecken ich wollte er wäre da jetzt oder irgendwer mit dem ich mich gehen lassen könnte und nochmal so kommen ganz wie Feuer ist mir innerlich oder wenn ich träumen könnte wie er mich das 2temal hochgebracht hat indem daß er mich hinten in einer Tour mit dem Finger gekitzelt ich bin glatt 5 Minuten lang gekommen meine Beine um ihn geschlungen ich mußte ihn mit der Hand hinterher o mein Gott ich wollte immerzu alle möglichen Sachen schreien Ficken oder Scheiße oder sonst so was bloß daß ich ja nicht häßlich aussehe mal oder die Falten von der Anstrengung wer weiß wie er das aufnehmen würde man will sich ja doch einfühlen mit einem Mann nicht alle sind so wie er Gott sei Dank paar von ihnen wollen daß man ganz zart und lieb dabei ist ich hab den Unterschied gemerkt er macht seine Sache und redet kein Wort dabei und ich hab den bestimmten Blick in meine Augen gebracht und das Haar bißchen aufgelöst von der Wälzerei und die Zunge zwischen den Lippen hoch zu ihm der wilde Kerl Donnerstag Freitag eins Samstag zwei Sonntag drei o mein Gott ich kann nicht mehr warten bis Montag

(aus: Ulysses, dt. H. Wollschläger)

Der verrückte Taoist
KERZENZIEHEN

Seit jenem Tag, als der lange I seiner Frau den Scheidungsbrief hatte ausstellen müssen, legte er sich keinen Zwang mehr auf. Fast tagtäglich lotsten er und der dicke Kung den Herzog nun nach Dschu-lin, wo alle drei sich nach Kräften austoben durften, denn die Dame Dija war ein schier unersättliches Weib. Wenn einmal gleich zwei ihrer Galane wegen Erschöpfung pausieren mußten, dann reichte die Kraft eines einzelnen bei weitem nicht hin, ihre grenzenlose Wollust zu befriedigen. Nur wenn die ganze ›Wein-Weiber-Sturmabteilung‹ geschlossen anrückte und alle drei sie abwechselnd und bis zur Erschöpfung bearbeiteten, gab sie sich zufrieden.

Als eines Tages alle vier rund um den Tisch saßen und Wein schlürften, begann es abermals in ihrer Lustgrotte ganz unerträglich zu jukken. Sie verspürte ein Kribbeln und ein Krabbeln, als ob sich gleich ein ganzer Haufen Würmer darin ringeln und winden würde. Sie dehnte und reckte sich wollüstig, warf ihren drei Galanen lüsterne Blicke zu und sagte schließlich:

»Es ist zwar noch heller Tag, doch mein Frühlingsherz beginnt sich wieder zu regen. Welcher von den drei Herren möchte die Sklavin mit seinem Jadestengel beglücken?«

Da sprangen alle drei gleichzeitig hoch und stritten sich darum, wer von ihnen die herrliche Blume der Wollust pflücken dürfe.

»Aber warum müssen die Herren sich denn streiten?« rief die Dame Dija lachend. »Wir sind doch einander nicht fremd. Wie, wenn wir heute die Wonnen der Liebe zusammen auskosten würden?«

»Großartig!« brüllten alle drei im Chor, und schon begannen sie, sich die Kleider vom Leib zu reißen. Der dicke Kung verriegelte noch schnell die Türe, dann legte die Dame Dija sich aufs Bett und streckte die Beine in die Luft. Der Herzog durfte sie als erster besteigen. Er schob ihre Schenkel über seine Schultern, packte sie an den weidenschlanken Hüften und drückte seinen Jadestengel in ihre Lustgrotte hinein. Als er merkte, wie sein Schildkrötenkopf glatt und mühelos vordrang, stöhnte er leise auf und hielt einen Augenblick lang inne, bevor er seinen Hintern auf und ab zu bewegen begann. Wollustlaute kamen aus seiner Kehle, und sie klangen wie das Zirpen der Zikaden an einem Spätsommerabend.

Während der lange I das Spiel der beiden Akteure mit lüsternen Blicken verfolgte und es kaum noch erwarten konnte, sich selbst ins Kampfgetümmel zu stürzen, schien es ihm plötzlich, als ob draußen vor dem Fenster jemand leise und verhalten kicherte, und ohne hinauszuschauen wußte er, daß es nur Lotosblüte sein konnte. Mit einem langen Satz sprang er an die Türe, riß den Riegel zurück und stürzte, nackt wie er war, mit hochaufgerecktem Speer hinaus.

Als Lotosblüte den langen I mit auf und ab wippendem Speer auf sich zueilen sah, drehte sie sich geschwind um und versuchte davonzulaufen, doch schon nach zwei, drei Sprüngen hatte er sie eingeholt. Als er nach ihr haschte, bekam er sie an den Hüften zu fassen, und ohne sich lange zu besinnen, riß er ihr den Rock mit einem kräftigen Ruck vom Leib. Der Anblick ihrer prächtig geformten Zwillingshügel ließ bei ihm das Feuer der Wollust, das schon eine ganze Weile brannte, hellauf lodern. Halb besinnungslos vor Gier drückte er ihr den Kopf nach unten, so daß ihr Hinterhof sich steil aufrichtete, dann stieß er ihr den Jadestengel in die Lustgrotte hinein. Kaum hatte er jedoch richtig zu walken und zu werken begonnen, da hörte er, wie der Herzog drinnen rief:

»Herbei, ihr Helden der blumigen Gefilde! Ich habe meine Arbeit getan!«

Da ließ er Lotosblüte fahren, denn das Wolken-Regen-Spiel mit der Dame Dija dünkte ihn um ein Vielfaches schöner. Doch als er erwartungsvoll ins Zimmer stürmte, mußte er zu seinem Leidwesen feststellen, daß ein anderer ihm bereits zuvorgekommen war. Es war der dicke Kung, der gerade behäbig mit hochaufgerecktem Speer in den Sattel stieg. Nachdem er sich zwischen ihre Schenkel gezwängt und seinen Speer in ihre Lustgrotte gedrückt hatte, bewegte er seinen fetten Hintern ungestüm auf und ab. Er preßte sein Gesicht an ihre Duftwange und flüsterte ihr unzüchtige Wellenworte ins Ohr.

So trieben die beiden es schier einen halben Tag lang, ohne daß der eine gesiegt hätte oder der andere besiegt worden wäre. Schließlich verlor der lange I die Geduld. Er packte seinen Widerpart mit beiden Händen und stieß ihn zur Seite. Als dessen kurzer, klobiger Speer aus der Lustgrotte glitschte, verursachte das einen ganz komischen Laut.

Von ›Lenzmitteln‹ aufgepeitscht, ging der lange I sogleich mit flatternden Fahnen und laut dröhnenden Kesselpauken zum Sturmangriff vor. Mit seinem langen Speer – er war so dick wie der seines Amtsbruders und fast um die Hälfte länger – focht er gar heldenhaft gegen die Schlachtreihen der Dame Dija, die ihn von drei Seiten zugleich in die Zange nahmen. Dies war so recht nach ihrem Geschmack. Sie flüsterte ihm ohne Unterlaß Koseworte ins Ohr, während er in seinem Sinnestaumel laut und lauter stöhnte.

Nachdem sich die Wolken bei ihm geballt hatten und der Regen gefallen war, änderte er seine Taktik. Er legte sich neben sie lang ausgestreckt auf das Bett und sagte:

»Komm, laß uns den Kerzendocht in den Talg tauchen!«

Die Dame Dija schwang sich sogleich über seine Leibesmitte und stülpte ihre Lustgrotte über seinen Schildkrötenkopf. Doch gerade in dem Augenblick, als zwischen ihnen ein heißer Kampf entbrannt war und die Dame Dija schärfsten Galopp ritt, trat der dicke Kung an das Bett und stieß sie herunter. Mit einem kräftigen Ruck drehte er die auf dem Bauch Liegende herum und schwang sich – ruck-zuck – in den weichen Sattel. Mit wölfischer Begier begann er sie sodann zu bearbeiten, ohne sich um den langen I zu kümmern, der noch immer ganz verdutzt neben ihm lag.

Als der lange I merkte, wie sehr die beiden miteinander beschäftigt waren, setzte er eine gekränkte Miene auf und stieg vom Bett herunter. Hastig kleidete er sich an und verließ das Zimmer stumm und mit gesenktem Kopf. Der dicke Kung beachtete sein Fortgehen im Eifer des Gefechtes überhaupt nicht; nur die Dame Dija sah, wie er grollend abzog.

Nachdem die beiden schier einen halben Tag lang Brust an Brust miteinander gerungen hatten, kam es bei ihm zum Samenerguß. Inzwischen begann es draußen bereits zu dämmern. Als der dicke Kung aufgestanden war, regte sich beim Herzog noch einmal die Lust, und er focht eine Runde lang mit der Dame Dija. Dann zogen die beiden Galane sich an und fuhren bei Einbruch der Nacht in die Hauptstadt zurück.

(aus: Dschu-Lin Yä-Schi, dt. F. K. Engler)

Denis Diderot

WAS MANN GERNE WÜSSTE

(Im Jahr 1 500 000 003 200 001 besitzt der Herrscher des kongolesischen Reiches, Mangogul, einen Ring, der die als Kleinode übersetzten, vulgo: schamlosen Lippen, der Frauen zum Reden bringt, sofern er auf diese gerichtet wird.)

Während die Favoritin und Sélim von des Tages Mühen ausruhten, durchstreifte Mangogul staunend die prunkvollen Gemächer Cyprias. Diese Frau hatte kraft ihres Kleinods ein Vermögen angehäuft, das sich nur mit dem eines Generalpächters vergleichen ließ. Nachdem Mangogul eine lange Reihe von Räumen durchschritten hatte, von denen der eine kostbarer ausgestattet war als der andere, gelangte er in einen Gesellschaftssaal, wo er im Kreise vieler Leute die Herrin des Hauses an der Unmenge von Edelsteinen erkannte, die sie entstellten, und ihren Gatten an der Leutseligkeit, die auf seinem Gesichte glänzte. Zwei Abbés, ein Schöngeist und drei Mitglieder der Akademie von Banza waren um Cyprias Sessel geschart; und im Hintergrund des

Saales trieben zwei Stutzer und ein junger, vor Selbstbewußtsein platzender Gerichtsherr ihr Wesen, welch letzterer seine Manschetten überpustete, unablässig seine Perücke zurechtrückte, seinen Mund befühlte und sich in allen Spiegeln dazu beglückwünschte, daß sein Rot ihm so gut zu Gesichte stand. Von diesen drei Flattergeistern abgesehen trug die ganze übrige Gesellschaft eine tiefe Verehrung für die respektable Mumie zur Schau, die, unzüchtig hingebreitet, gähnte und gähnend redete, über alles urteilte, über alles lästerte und nie den geringsten Widerspruch zu hören bekam.

»Wie«, sagte Mangogul, der seit langem kein Selbstgespräch mehr geführt hatte und vor Verlangen danach umkam, »wie hat sie es nur fertiggebracht, mit ihrem schwerfälligen Geist und dieser plumpen Figur einen Mann aus gutem Hause zu entehren?« Cypria wollte für blond gehalten werden; ihre vergilbte, rot gefleckte Haut ließ an eine geflammte Tulpe denken; sie hatte vorstehende Augen, war kurzsichtig, kurz gewachsen, hatte eine spitze Nase, einen flachen Mund, ein eckiges Gesicht, hohle Wangen, eine enge Stirn, einen platten Busen, dürre Hände und knochige Arme: mit diesen Reizen hatte sie ihren Mann betört! Der Sultan richtete seinen Ring auf sie, und augenblicklich vernahm man ein Japsen. Die Anwesenden meinten irrtümlicherweise, Cypria spreche mit dem Mund und wolle ein Urteil abgeben. Aber es war ihr Kleinod, das sich mit folgenden Worten hören ließ:

»Geschichte meiner Reisen.

Ich kam im Jahre 17 000 000 012 in Marokko zur Welt, und war Tänzerin an der Oper, als Méhémet Tripathoud, der mich aushielt, mit der Führung einer Botschaft betraut wurde, die unser mächtiger Kaiser zum Monarchen von Frankreich entsandte. Ich begleitete ihn auf dieser Reise, aber die Reize der Französinnen raubten mir gar bald meinen Geliebten; ungesäumt traf ich Vergeltungsmaßnahmen. Die nach Neuem lüsternen Höflinge wollten die Marokkina ausprobieren, denn so wurde meine Herrin genannt; sie begegnete ihnen auf das menschlichste, und ihre Leutseligkeit trug ihr im Verlaufe von sechs Monaten zwanzigtausend Taler in Schmuck ein, ebensoviel in Silber und obendrein ein völlig eingerichtetes kleines Haus. Aber der Franzose ist wetterwendisch, und bald war ich nicht mehr Mode. An Auftritten in der Provinz fand ich keinen Gefallen: große Talente bedürfen weiträumiger Bühnen. Ich ließ Tripathoud ziehen und beschloß, mich der Hauptstadt eines anderen Königreiches zuzuwenden.

A wealthy Lord, travelling through France, dragg'd me to London. Ay, that was a man indeed! He water'd me six times a day, and as often o'nights. His prick like a comet's tail shot flaming darts: I never felt such quick and thrilling thrusts. It was not possible for mortal prowess to hold out long, at his rate; so he drooped by degrees, and I received his soul distilled through his Tarse. He gave me fifty thousand guineas. This noble Lord was succeeded by a couple ef privateer-commanders lately return'd from cruising: being intimate friends, they fuck'd me, as they had sail'd, in company, endeavouring who should show most vigour and serve the readiest fire. Whilst the one was riding at anchor, I towed the other by his Tarse and prepared him for a fresh tire. Upon a modest computation, I reckon'd in about eight days time I received a hundred and eighty shot. But I soon grew tired with keeping so strict an account, for there was no end of their broad-sides. I got twelve thousand pounds from them for my share of the prizes they had taken. The winter quarter being over, they were forced to put to sea again, and would fain have engaged me as a tender, but I had made a prior contract with a German count.

Duxit me Viennam in Austriâ patriam suam, ubi venereâ voluptate, quantâ maximâ poteram, ingurgitatus sum, per menses tres integros ejus splendide nimis epulatus hospes. Illi, rugosi et contracti Lotharingo more colei, et eo usque longa, crassaque mentula, ut dimidiam nondum acciperem, quamvis iterato coïtu fractus rictus mihi misere pateret. Immanem ast usu frequenti vagina tandem admisit laxe gladium, novasque excogitavimus artes, quibus fututionum quotidianarum vinceremus fastidium. Modo me resupinum agitabat; modo ipsum, eques adhaerescens inguinibus, motu quasi tolutario versabam. Saepe turgentem spumantemque admovit ori priapum, simulque appressis ad labia labiis, fellatrice me linguâ perfricuit. Etsi Veneri nunquam indulgebat posticae, a tergo me tamen adorsus, cruribus altero sublato, altero depresso, inter femora subibat, voluptaria quaerens per impedimenta transire. Amatoria Sanchesii praecepta calluit ad unguem, et festivas Aretini tabulas sic expressit, ut nemo melius. His a me laudibus acceptis, multis florenorum millibus mea solvit obsequia, et Romam secessi.

Quella città è il tempio di Venere, ed il soggiorno delle delizie. Tutta via mi dispiaceva, che le natiche leggiadre fossero là ancora più festeggiate delle piu belle potte; quello che provai il terzo giorno del mio arrivo in quel paese. Una cortigiana illustre si offerisce a farmi guadagnare mila scudi, s'io voleva passar la sera con esso lei in una vigna. Accettai l'invito; salimmo in una carozza, e giungemmo in un luogo da lei ben conosciuto nel quale due cavalieri colle braghesse rosse si fecero incontro a noi, e ci condussero in un boschetto spesso e folto, dove cavatosi subito le vesti, vedemmo i più furiosi cazzi che risaltaro mai. Ognuno chiavo la sua. Il trastullo poi si prese a quadrille, dopo per farsi guattare in bocca, poscia nelle tette; alla perfine, uno de chiavatori impadronissi del mio rivale, mentre l'altro mi lavorava. L'istesso fu fatto alla conduttrice mia; e cio tutto dolcemente condito di bacci alla fiorentina. E quando i campioni nostri ebbero posto fine alla battaglia, facemmo la fricarella per risvegliar il gusto a quei benedetti signori i quali ci paganoro con generosità. In più volte simili guadagnai con loro sessanta mila scudi; e due altre volte tanto, con coloro che mi procurava la cortigiana. Mi ricordo di uno che visitava mi spesso e che sborrava sempre due volte senza cavarlo; e d'un altro il quale usciva da me pian piano, per entrare soltimente nel mio vicino; e per questo bastava fare sù e giù le natiche. Ecco una usanza curiosa che si pratica in Italia.«

Cyprias Kleinod setzte seinen Bericht in einem Kauderwelsch aus Kongolesisch und Spanisch fort. Es beherrschte die letztere Sprache offenbar nicht genügend, um sie allein zu verwenden. Eine Sprache – so versichert der afrikanische Autor, der sich lieber das Leben nähme, als daß er auf einen Gemeinplatz verzichtete – erlernt man nur, indem man sie fleißig übt; und in Madrid hatte Cyprias Kleinod kaum Zeit, zu sprechen.

»Ich floh aus Italien«, sagte es, »ungeachtet geheimer Begierden, die mich zurückriefen, *influxo malo del clima! y tuve luego la resolución de ir me a una tierra, donde pudiesse gozar mis fueros sin partir los con un usurpador.* Ich reiste nach Altkastilien, wo man Ihn auf seine einfachsten Funktionen zu beschränken verstand; aber das stillte meinen Durst nach Rache nicht. *Le impuse la tarea de batter el compas en los bayles che celebrava de día y de noche.* Er entledigte sich der Aufgabe so trefflich, daß wir uns versöhnten. Wir erschienen in gutem Einvernehmen am Hof von Madrid. *Al entrar de la ciudad,* schloß ich Bekanntschaft *con un papo venerabile por sus canas:* dies war mein Glück; denn er erbarmte sich meiner Jugend und verriet mir ein Geheimnis, die Frucht sechzigjähriger Erfahrung, *para guardar me del mal de que merecieron los Franceses ser padrinos, por haver sido sus primeros pregodes.* Dieses Rezept und mein Reinlichkeitssinn, den ich vergeblich in Spanien einzuführen suchte, bewahrten mich in Madrid vor jedem Unfall; nur meine Eitelkeit wurde dort verletzt. Meine Herrin hat, wie Ihr seht, einen ungemein kleinen Fuß. *Esta prenda es el incentivo mas poderoso de una imaginacion castellana.* In Madrid dient ein kleiner Fuß einem Mädchen als Reisepaß, auch wenn es *tiene la mas dilatada sima entre las piernas.* Ich beschloß, eine Gegend zu verlassen, wo ich die Mehrzahl meiner Siege fremdem

Verdienst verdankte; *y me arrime a un definidor muy virtuoso que passava a la Indias*. Unter den Schwingen seiner Ehrwürden sah ich das Land der Verheißung, das Land, wo der glückliche Frater, ohne Anstoß zu erregen, Gold im Beutel und einen Dolch im Gürtel führen kann, während seine Geliebte hinten aufsitzt. Wie herrlich war das Leben, das ich dort führte! Was für Nächte! O Götter, was für Nächte! *Hay de mi! al recordarme de tantos gustos me meo . . . Algo mas . . . ya, ya . . . Pierdo el sentido . . . Me muero . . .*

Nach einem in Madrid und in Westindien verbrachten Jahr schiffte ich mich nach Konstantinopel ein. Ich fand wenig Geschmack an den Bräuchen eines Volkes, das die Kleinode hinter Gittern hält, und schleunigst verließ ich jene Himmelsstriche, wo ich meine Freiheit einzubüßen drohte. Ich pflegte jedoch genügend Umgang mit den Muselmanen, um festzustellen, daß sie im Verkehr mit den Europäern einigen Schliff erlangt haben; und ich fand bei ihnen die Frivolität des Franzosen, die Glut des Engländers, die Kraft des Deutschen, die Ausdauer des Spaniers und ziemlich ausgeprägte Spielarten der italienischen Verfeinerungen: kurzum, ein einziger Aga taugt soviel wie ein Kardinal, vier Herzöge, ein Lord, drei spanische Granden und zwei deutsche Fürsten zusammengenommen.

Von Konstantinopel gelangte ich, wie Euch bekannt ist, meine Herren, an den Hof des großen Erguebzed, wo ich unsere liebenswertesten Edelleute ausgebildet habe; und als ich zu nichts mehr taugte, habe ich mir diesen hier zugelegt«, schloß das Kleinod mit einer ihm eigenen Gebärde auf Cyprias Gatten. »Ja, so tief bin ich gesunken!«

Der afrikanische Autor beendet dieses Kapitel mit einer Warnung an die Damen, die versucht sein könnten, sich die Stellen übersetzen zu lassen, an denen sich Cyprias Kleinod fremder Sprachen bediente. »Ich hätte einerseits gegen meine Pflicht als Historiker verstoßen«, so sagt er, »wenn ich sie weggelassen hätte; und andrerseits gegen die Achtung, die ich dem schönen Geschlecht schulde, wenn ich sie in meinem Werke beibehalte, ohne die tugendhaften Damen davon in Kenntnis zu setzen, daß Cyprias Kleinod sich auf seinen Reisen einen allzu verdorbenen Ton angeeignet hat; denn seine Berichte sind ungleich anstößiger als die Bücher, die sie je heimlich gelesen haben.«

(Das reiselustige Kleinod weiß sich also in den verschiedensten Zungen auszudrücken; übrigens sind sein lateinischer, sein italienischer und sein spanischer Bericht stark verballhornt. Die ausdrückliche Warnung des ›afrikanischen Autors‹ mißachtend, rücken wir hier eine deutsche Übertragung dieser Passagen ein:

Ein reicher Lord, der Frankreich bereiste, schleppte mich mit nach London. Ha, das war ein Mann! Sechsmal am Tag bespritzte er mich, und genau so oft in der Nacht. Sein Pümmel sprühte Flammen wie ein Kometenschweif; nie hatte ich so schnelle und aufregende Stöße erlebt! Es ging über sterbliches Vermögen, in dieser Gangart durchzuhalten; so verfiel er von Mal zu Mal, und Tropfen um Tropfen empfing ich seine Seele aus seiner Eichel. Er gab mir fünfzigtausend Pfund. Auf diesen edlen Lord folgten ein paar Freibeuter-Offiziere, die eben von einer Kaperfahrt zurückgekehrt waren. Da sie enge Freunde waren, hielten sie's beim Vögeln wie beim Segeln und fickten mich in Kompanie, ehrgeizig bestrebt zu zeigen, wer mich am kräftigsten und schnellsten unter Beschuß nehmen konnte. Während der eine noch vor Anker lag, nahm ich den andern schon beim Schwanz ins Schlepptau und rüstete ihn zu neuer Kanonade. Nach vorsichtiger Schätzung empfing ich in acht Tagen hundertachtzig Schuß. Doch bald verlor ich die Lust an solch genauer Buchführung, denn ihre Breitseiten nahmen kein Ende. Zwölftausend Pfund bekam ich für meine Beteiligung an ihren Prisen. Doch als das Winterquartier vorüber war, mußten sie wieder in See stechen; sie hätten mich gerne als Tender angeheuert, aber ich hatte bereits mit einem deutschen Grafen einen Vertrag geschlossen.

Dieser nahm mich mit nach Wien in Österreich, wo ich, drei Monate aufs prächtigste beherbergt, im größten Liebesrausch versank. Er hatte, nach Lothringer Art, einen runzligen und eingeschrumpften Hoden, doch zeichnete er sich durch eine derart lange und starke Rute aus, daß ich noch nicht die Hälfte davon aufnehmen konnte, obschon mir nach wiederholtem Koitus der Rachen elend klaffte. Doch ließ bei dem häufigen Gebrauch meine Scheide das ungeheure Schwert am Ende lässig ein, und wir erdachten neue Kunstgriffe, um das Einerlei des täglichen Beisammenseins zu überwinden. Bald traktierte er mich, während ich auf dem Rücken lag, bald bearbeitete ich ihn, wie ein Reiter auf seiner Männlichkeit sitzend, sozusagen im Trabgang. Oft näherte er seinen schwellenden und schäumenden Pümmel meinem Munde, und sobald die Lippen an den Lippen hafteten, rieb er ihn, mich als Schnuppelchen gebrauchend, tüchtig an meiner Zunge. Wenn er auch niemals der hinteren Venus oblag, so peilte er mich gleichwohl von hinten an, indem er das eine Bein hob, das andere senkte, und, lustvolle Hindernisse überwindend, zwischen meine Schenkel drang. Die Liebeskunst des Sanchesius kannte er aus dem Effeff, und die vergnüglichen Schriften des Pietro Aretino interpretierte er wie kein anderer. Er lobte mich sehr, zahlte mir tausend Florentiner, und ich schied gen Rom.

Diese Stadt ist der Tempel der Venus und Aufenthalt aller Wonnen. Gleichwohl mißfiel es mir, daß dort anmutige Hinterbacken noch mehr gefeiert wurden als die hübschesten Titten, wie ich am dritten Tag nach meiner Ankunft in jenem Land erfuhr. Eine illustre Kurtisane stellte mir einen Verdienst von tausend *scudi* in Aussicht, wenn ich mit ihr den Abend in einem Weinberg verbrächte. Ich akzeptierte, wir bestiegen eine Karosse und gelangten an einen ihr wohlbekannten Ort, wo uns zwei rotbehoste Kavaliere entgegenkamen, um uns in ein dichtes Gehölz zu geleiten. Dort entledigten sie sich alsbald ihrer Kleider, so daß wir die wildesten Ruten zu sehen bekamen, die je gen Himmel ragten. Jeder vögelte die Seine; dann vergnügten wir uns im Geviert, danach mit dem Mund und schließlich zwischen den Titten; zuguterletzt bemächtigte sich einer der Vögler meines Rivalen, während der andere mich selbst bearbeitete. Auf die gleiche Weise wurde mit meiner Führerin verfahren, und alles versüßt mit Florentiner Küssen. Als dann unsere Helden die Schlacht beendet hatten, unterzogen wir die löblichen Herren einer Abreibung, um sie zu neuer Lust zu erwecken, wofür sie uns denn auch mit Großmut entschädigten. Noch erinnere ich mich eines Kavaliers, der mich oft besuchte, und der zweimal zu spritzen wußte, ohne ihn herauszuziehen; und eines andern, der mich sachte verließ, um spornstreichs bei meinem Nachbarn einzutreten: es genügte, die Backen ein wenig auf und ab zu bewegen. Dies ist ein seltsamer Brauch, dem man in Italien huldigt.

Ich floh aus Italien, ungeachtet geheimer Begierden, die mich zurückriefen – ein schlimmer Einfluß des Klimas! – und faßte sogleich den Entschluß, ein Land aufzusuchen, wo ich meine Rechte genießen könnte, ohne sie mit einem Usurpator teilen zu müssen. Ich reiste nach Altkastilien, wo man Ihn auf seine einfachsten Funktionen zu beschränken verstand; aber das stillte nicht meinen Durst nach Rache. Ich zwang Ihn bei den Bällen, die man Tag und Nacht feierte, den Takt zu schlagen. Er entledigte sich seiner Aufgabe so trefflich, daß wir uns versöhnten. Wir erschienen in gutem Einvernehmen am Hof von Madrid. Als wir die Stadt betraten, schloß ich Bekanntschaft mit einem verehrungswürdigen Graubart. Das war mein Glück, denn er erbarmte sich meiner Jugend und verriet mir ein Geheimnis – die Frucht sechzigjähriger Erfahrung –, um mich vor der Krankheit zu schützen, deren Taufpaten zu sein das Verdienst der Franzosen ist, da sie sie zuerst verbreiteten ... Meine Herrin hat, wie Ihr seht, einen ungemein kleinen Fuß. Diese Kostbarkeit ist das mächtigste Reizmittel für eine kastilische Phantasie. In Madrid dient ein kleiner Fuß einem Mädchen als Reisepaß, auch wenn ihm der ausgedehnteste Schlund zwischen den Beinen klafft. Ich entschied mich, eine Gegend zu verlassen, wo ich die Mehrzahl meiner Siege fremdem Verdienst verdankte, und schloß mich einem überaus tugendhaften Ordensherrn an, der nach Westindien reiste ... Wie herrlich war das Leben, das ich dort führte! Was für Nächte! O Götter, was für Nächte! Ach über mich! Naß mache ich mich, wenn ich an all die Freuden zurückdenke ... Noch ein bißchen ... gut, gut ... Meine Sinne schwinden ... Ich sterbe dahin ...)

(aus: Die indiskreten Kleinode, dt. H. Hinterhäuser, J. Ihwe, G. Meister, von denen auch die angemerkte Übersetzung ist.)

Anna Zaschke

HERRENPARFÜM

Mit Betrübnis mußte ich feststellen, daß alle meine Bemühungen, unsere Beziehung zu intensivieren, die dezenten wie die weniger dezenten, an seiner Sittenstrenge abprallten, die die Kehrseite seiner Schönheit war. Auch die angestrengtesten Verführungskünste fruchteten nicht, ihn aus seiner gleichbleibend kühlen Reserve zu locken, seine sportliche Kameraderie aufzusprengen, wenn ich dabei auch, alle Gesetze der Fairneß über Bord werfend, bis zu Schlägen unter die Gürtellinie ansetzte.

Einer Überraschungsattacke beim Bodenturnen, bei der ich ihm beide Arme verschränken und ein Knie auf die Brust setzen konnte, gelang es schließlich, seine Abwehr für kurze Zeit auszuschalten. In direkter Konfrontation zur Rede gestellt über seine mir lange schon lästige Abstinenz und deren vielleicht behebbare Ursachen erwies sich, daß der Schöne, so begehrenswert er mir schien, so gering von sich dachte; denn er bekannte, weder Abneigung gegen die Person noch auch das Geschlecht sei der Grund seines Verhaltens, das ihn mitunter gar selbst schon bedrücke, sondern das Gegenteil. Seine hohe Meinung von den Frauen im allgemeinen, einer einzelnen aber besonders, deren Wert sich für ihn auch dadurch steigere, daß sie Sportsfreundin, Schwester eines Sportsfreunds und Tochter sportfreundlicher Eltern sei – der Großeltern und sonstiger Verwandter gedachte er nicht –, gebiete es ihm, ihr den Tort sie erniedrigender männlicher Zudringlichkeit zu ersparen, auch wo solche ihm ausdrücklich abverlangt sein möchte. Zum Beweis der soeben geäußerten Hochachtung warf er die nichts Böses Gewärtigende mit einem Jiu-Jitsu-Griff ab, dem er zur Sicherheit einige Handkantenschläge auf empfindliche Körperstellen folgen ließ, und erhob sich aus einer ihn unsportlich dünkenden Lage, in die ihn nicht eigene heimliche Absicht, sondern weibliche Tücke gebracht hatte.

Da es mir weniger um erniedrigende männliche Zudringlichkeiten, was immer er darunter verstehen mochte, als um die zärtlichen Beweise körperlicher Wertschätzung ging, ließ ich es bei dieser durch Handkantenschläge verdeutlichten Auskunft bewenden und drang nicht mehr in ihn. Vielleicht hatte er ja begründete Ursache, die Aufdeckung verborgener körperlicher oder noch verborgenerer seelischer Gebresten zu fürchten, deren medusenhaften Anblick er selbst einer nicht leicht zu Erschreckenden mit Recht vorenthielt.

Es traf sich, daß ich am Tage so abschlägiger Bescheidung zwecks Visumeinholung und Bestempelung meines Passes das Konsulat eines arabischen Landes aufzusuchen hatte, das ich derzeit zu bereisen plante. Zur Ehre dieses Landes im allgemeinen und des Stempel und Paraphe handhabenden Konsulatsangestellten im besonderen ist zu sagen, daß meiner Person dort die Achtung und Beachtung zuteil wurde, die mein unliebenswürdiger Landsmann nur vorgab, wobei ihn Handkantenschläge schmerzlich dementierten. Trotz nachmittäglicher Siesta und durch Hitze bedingter Schläfrigkeit, die es dem diensttuenden Beamten unmöglich machte, gleichzeitig mehr als ein Auge offenzuhalten, war dieser über die von ihm geforderte Leistung hinaus zum rückhaltlosen Einsatz seiner ganzen gewichtigen Person erbötig, was meine um so größere Anerkennung fand, als eines Sportlers drahtiger Anblick Bedürfnisse geweckt hatte, für deren Befriedigung dieser in der Folge nicht einstehen mochte.

Der Orientale, ein wohlgenährter Graukopf mit gepflegtem Menjoubart, sandte der Eintretenden bei der Begrüßung nächst einem Blick träger Sinnlichkeit eine Wolke moschusduftenden Herrenparfüms entgegen, mit dessen Würzigkeit sich der Duft eines vermutlich kurz zuvor erst genossenen Couscous exotisch mischte. Während die Besucherin, vor dem Schreibtisch Platz nehmend, ihren Antrag vorbrachte, betätigten sich die beringten Finger des Levantiners mit dem Bestempeln zuvor von ihm gründlich geprüfter Papiere, die eine gleichfalls anwesende Sekretärin ihm Stück für Stück reichte. Nachdem jene entfertigt und diese verschwunden, ergriff er statt des übrigen Stempels ein Lineal, schlug sich damit auf die Hand und lud mich ein, von jenseits des die Sicht beeinträchtigenden Schreibtischs auf einen Sessel überzuwechseln, der bequemeren Einblick sowohl als Ausblick auf den Gesprächspartner bot; wohl in der Annahme, um ein Visum erteilen zu können, müsse man den darum Ersuchenden zuvor gesehen haben. Dies getan, konnte ich das Bild meines Visavis ebenfalls ergänzen. Das schon oberhalb der Schreibtischkante sichtbar gewesene leger geöffnete Sommerjackett gab den Blick frei auf einen darunter befindlichen eleganten Seidenpullover, der sich über dem nicht mehr verdeckten Bauch weniger spannte, als das sonstige Volumen des Mannes vermuten ließ, sei es, weil er seine Bauchmuskulatur durch entsprechendes Training elastisch hielt, oder sei es – und dieser Eindruck sollte sich später als der richtigere erweisen –, daß ein verborgenes Stützkorsett, dessen wulstartig endende Kanten durch die Seide höchstens geahnt werden konnten, für die gewünschte Straffung sorgte. Die Beine wirkten durch spack ansitzende Hosen in ihrem oberen Teil so muskulös, daß die Knie natürlicherweise auseinanderstrebten, ein gleichschenkliges Dreieck bildend, in dessen Höhenwinkel sich die vordem mit Stempeln befaßte Hand des Beamten mit dem Verlagern und Zurechtrücken in Bedrängnis geratener Füllung verdient machte, was die Besucherin Rückschlüsse auf nicht maßgerechte Anfertigung von dessen Beinkleid ziehen ließ, während die andere Hand nach wie vor mit dem Meßinstrument spielte. Der Anblick faszinierte die Antragstellerin so, daß sie sich kaum mehr wunderte, als ihrer Zwangsvorstellung, der Höhenwinkel des Dreiecks bedürfe der Teilung durch eine Mittelachse, alsbald insofern entsprochen wurde, als der Beamte den Reißverschluß seiner ihn sichtlich beengenden Hose öffnete, um einem Futteral einen Körperteil zu entnehmen und der Belüftung zuzuführen, dessen weithin schattende Dimensionen die Betrachterin nach aufmunternder Einladung dazu veranlaßten, einer ersten groben Messung nach Augenmaß eine feinere nach Gefühl folgen zu lassen. Der größeren Bequemlichkeit halber ließ sie sich zu diesem Zweck auf den ihr zur Verfügung gestellten Knien des Orientalen nieder, wo ihre Oberschenkel alsbald ein ähnliches Dreieck formten wie das bereits geschilderte, mit dem zusammen es nun die Figur einer Raute bildete, deren längere Diagonale durch die ehemalige Höhenachse des Dreiecks nicht nur halbwegs, sondern so vollständig mitbeschrieben wurde, daß die der Messung Obliegende ihrer Verwunderung in anerkennenden Worten Ausdruck gab, an welche der Araber als ein mit den Wundern der Mathematik von Herkunft Vertrauter jedoch gewöhnt schien, weshalb er sich kommentarlos und simultan weiteren vergleichenden Vermessungen zuwandte, die ihm mit dem Oberkörper der nunmehrigen Mitarbeiterin alle Hände voll zu tun gaben, so daß er schließlich auch seine Lippen zu Hilfe nehmen mußte, um den ihrigen Rechnung zu tragen, wodurch das seinerseits fast gar nicht, ihrerseits kaum nennenswert in Gang gekommene Gespräch überhaupt beendet wurde. Nicht beendet, wenn auch vorübergehend beeinträchtigt durch die abermalige Dazwischenkunft der Sekretärin, die sich aber, keineswegs befremdet über den ihr offenbar nicht ungewohnten Anblick konsularischer Überprüfungsmaßnahmen, unter Mitnahme einiger Aktenstücke wieder entfernte, waren damit aber schon die durchaus gründlich zu nennenden Vermessungsarbeiten, deren schließlich beide Teile befriedigendes Resultat den kurz zuvor erst bekannt Gewordenen Lust auf eine Fortsetzung ihrer der Worte nicht bedürfenden Kommunikation machte.

(aus: Männergeschichten)

Martial

DIE DAME ALS HERR

Die Tribade Philaenis treibt's mit Knaben
und bearbeitet Mädchen, elf am Tage,
wilder als ein von Gier gespannter Mann noch.

Und sie spielt mit dem Fangball auch, gegürtet,
reibt zum Ringen mit Sand sich, schwingt die Hanteln,
die für kräftige Männer schwer sind, mühlos,
und vom staubigen Ringplatz dreckig, läßt sie
vom gesalbten Masseur sich tüchtig schlagen,
und sie speist nicht und geht zu Tisch nicht eher,
eh sie sieben Pokale Weins erbrochen.
Lendenstücke verschlingt sie ganze sechzehn,
und dann dünkt es ihr recht, aufs neu zu bechern.
Nach dem allen, wenn neu die Gier erregt ist,
küßt sie nicht – denn das wär zu wenig männlich –
sie verschlingt gradezu den Schoß der Mädel.
Gäbe dir doch ein Gott Verstand, Philaenis,
die du meinst, man ist Mann, nimmt man die Zunge!

(in: Epigramme, dt. R. Helm. Daß nicht das Tribadische, der Umgang mit Frauen, das Ärgerliche ist, sondern die bei Frauen besonders widerliche Geilheit, zeigt ebenda eine »Rätselfrage«: Was sie treibt, fragt Lyris. Was stets, wenn sie nüchtern ist, Unzucht!)

Eduard Fuchs

»SYPHILIS« VON ALFRED KUBIN

Das Blatt »Syphilis« zeigt ein bei lebendigem Leibe verfaulendes Weib. Aus ihrem Schoße rinnt ein Strom von Jauche, und aus ihrem Leibe geht ein Darm empor nach einer Art Telegraphenleitung, auf der er hinläuft wie eine Leitung, die das Übel in alle Welt weiter führt.

(in: Alfred Kubin, Das zeichnerische Frühwerk. Dort auch neben anderem zum O.-Weininger-Syndrom des Expressionismus – was ich unsern dajetzigen Benn-und-Trakl-gar-Heym-Nachahmern sehr zu denken gebe – die Bemerkung von Paul Klee: »Die sexuelle Ratlosigkeit gebiert Monstren der Perversion«.)

Thomas Mann

DER FIESE ATEM DER NATUR

Fabrizierte Riechstoffe, Parfüms, gebrauchte Rosalie niemals, nur ausgenommen ein wenig erfrischendes Kölnisches Wasser von J. M. Farina, gegenüber dem Jülichsplatz. Aber was die Natur unserem Geruchssensorium an Holdheit, Süßigkeit, würziger Bitternis, auch an Schwülem, Berauschendem zu bieten hat, das liebte sie aus der Maßen und nahm es tief und dankbar, mit der sinnlichsten Andacht auf. An einem ihrer Spazierwege gab es einen Abhang, eine gestreckte Bodenfalte und untiefe Schlucht, auf ihrem Grunde dicht bewachsen mit Jasmin- und Faulbaumgesträuch, von dem an feucht-warmen, zum Gewitter neigenden Junitagen ganze Schwaden, Wolken erwärmten Wohlgeruchs beinahe betäubend emporquollen. Anna, obgleich sie leicht Kopfschmerzen davon bekam, mußte die Mutter immer wieder dorthin begleiten. Rosalie atmete den schwer aufwallenden Brodem mit bewunderndem Genuß, blieb stehen, ging weiter, verweilte wieder, beugte sich über den Hang und seufzte: »Kind, Kind, wie wundervoll! Das ist der Atem der Natur, das ist er, ihr süßer Lebenshauch, sonnerhitzt und getränkt mit Feuchte, so weht er uns wonnig aus ihrem Schoße zu. Genießen wir ihn in Verehrung, die wir auch ihre lieben Kinder sind.«

»Wenigstens du, Mama«, sagte Anna, indem sie den Arm der Schwärmerin nahm und sie hinkend weiterzog. »Mich mag sie weniger und verursacht mir diesen Druck in den Schläfen mit ihrem Duftgebräu.«

(...)

Aber auf einem Spaziergang im hohen August, am Nachmittag, bei großer Hitze, kam ihnen etwas Sonderbares vor, das an Spott gemahnte. Zwischen Wiesenland und dem Rand eines Gehölzes gehend, fühlten sie sich plötzlich von Moschusduft angerührt, fast unmerklich leise erst, dann stärker. Rosalie war es, die ihn zuerst erschnupperte und mit einem »Ah! Woher das?« ihre Wahrnehmung aussprach; aber gleich mußte die Tochter ihr zustimmen: Ja, da war so ein Geruch, und zwar von der Klasse des Moschusparfüms – unverkennbar. Zwei Schritte genügten, um sie seiner Quelle ansichtig zu machen, die widerwärtig war. Es war, am Wegesrand, ein in der Sonne kochendes, mit Schmeißfliegen dicht besetztes und von ihnen umflogenes Unrathäufchen, das sie lieber gar nicht genauer betrachteten. Auf kleinem Raum waren da Tierexkremente, oder auch menschliche, mit faulig Pflanzlichem zusammengekommen, und der weit schon verweste Kadaver irgendeines kleinen Waldgeschöpfes war auch wohl dabei. Kurz, fieser konnte nichts sein als dies brütende Häufchen; seine üble, die Schmeißfliegen zu Hunderten anziehende Ausdünstung aber war in ihrer zweideutigen Übergänglichkeit und Ambivalenz schon nicht mehr Gestank zu nennen, sondern ohne Zweifel als Moschusgeruch anzusprechen.

(aus: Die Betrogene)

Giovanni Boccaccio

VORN GESCHLECKT, HINTEN VERDRECKT

Du glaubtest wohl bei Betrachtung ihrer Brust, sie müsse so sein, wie sie sich den Augen darbietet. Du bist weit entfernt von der Wahrheit. Oh, hätte dir diese Frau einer geschildert, der sie entblößt gesehen, du wärest früher geheilt worden. Jetzt, wo du so vieles durchgemacht, will ich dir ein Bild von ihr zeichnen, besser als alle andern, die aus Erfahrung berichten können, und ich wünsche, daß du mir Glauben schenkst. In dem Geschwulst, das du über ihrem Gürtel sahst, ist nichts etwa ausgestopft, sondern der Raum wird allein durch eine Masse ausgefüllt, deren Berührung und Anblick allein schon sehr lieblich ist. Schon vom Mutterleibe an ist sie wohl so häßlich, denn wie hätte sie es werden können, ich will sie dir nicht schildern; denn ich möchte mir nicht neue Qualen bei der Erinnerung bereiten, weil ich hoffe, daß du schon jetzt geheilt bist. Ihr ganzer Leib ist widerlich; von zahlreichen breiten Furchen wird er durchzogen, daß einen ekelt, wenn man ihn anblickt. Die häßlichste Frau, die du je gesehen hast, die häßlichste Frau, die du dir mit all deiner Phantasie vorzustellen vermagst, wird nie so häßlich sein, wie diese eine, die du vergöttert hast. Ihren Körper, den du über alles begehrt, hättest du fliehen müssen wie eine giftige Schlange.

Was soll ich dir noch erzählen von der Gegend gewaltiger Berge, in deren Umgebung ich mich öfters aufhielt, gegen meinen Willen, nur allzu nahe. Schwefeldampf hauchten sie aus wie der Ätna, daß ich oft eines unchristlichen Todes sterben zu müssen vermeinte. Und nichts anderes kann ich von dem Geruch aussagen, den diese Fleischmasse infolge von Erhitzung oder Anstrengung auszuströmen pflegte.

Dies alles zusammen ist so entsetzlich, daß man sich lieber in der Höhle eines Löwen oder mitten in Sümpfen aufhalten möchte als in solcher Nachbarschaft. Deshalb, wenn du und andere, die die Katze im Sack kauften, sich betrogen gesehen, so braucht man sich darüber gar nicht zu wundern. Darum bist du vielleicht weniger zu tadeln, weil dein Augenmerk mehr auf die Erscheinung als auf das Wesen gerichtet war, aber gerade du hättest nach der Wahrheit forschen müssen. Hättest du sie aber gefunden und wärest dennoch nicht von deiner Meinung abgegangen, dann müßtest du ob deiner maßlosen Dummheit aufs schärfste getadelt werden. Und nunmehr, nachdem ich in kurzen, doch hinreichenden Worten dir die verborgene Wahrheit geoffenbart, müßtest du der ärgste Tor sein, wenn du nicht deinen Irrtum fahren ließest.

(aus: Der Irrgarten der Liebe, dt. W. Sorge. Es handelt sich hier um eine eher komische Variante der mittelalterlichen Frau-Welt-Darstellung: vorne schön, hinten voller Gewürm, bzw. ganz des Teufels. Vgl. hierzu: Gottlieb gen. Kunstmüller, haerin vingerinc und Höllenschlund, Dortmund 1986.)

Hans Sachs

DER BAUER IN DER SCHEIDE

(Ursprünglicher Titel: Der pawer mit der doczen.
Die ›doczen‹ – sprich: dottzen – ist die Scheide,
ein ›w‹ ist oft ein ›u‹.)

Weil sant Petter auf erden ging,
Ein arme pewrin in entpfing
Zw herberg. Als er dranck vnd as
Vnd früe von ir abschaiden was,
Hies ers schmalcz ausputern am morgen
Vnd gab ir sein segen verporgen.
Sie volgt sant Petter, vnd gar pillich
Gos ins püeter fas dicke millich

Vnd putert auß fast auf drey stünd.
Als sie das schmalcz leuteren künd,
Alle geschirr sie fuellen det
Mit schmalcz, die sie im haus nür het.
Im dorff ein reiche pewrin war,
Die wart des in, kam zw ir dar,
Fragt, wo sie so vil schmalcz het gnümen.
Sie sprach: »Sant Petter ist her kümen,
Der leret meinen man im haus,
Das er mir schnit mein doczen aus
Und sod sie in aim kessel eben,
Die selb hat so vil schmalczes geben.«
Fro war die reich, eyllent haim ging,
Erzelet irem man die ding,
Verwilligt sich gen irem mon,
Ir doczen aüch zv wagen dron,
Das sie vil schmalcz möcht üeberkümen.
Den andren tag sie in füernümen
Zw versüchen die abentewr.
Die fraw schüert an ein groses fewr,
Seczt darueber ain kessel gros,
Den sie eben vol wassers gos.
Der mon ain messer von der ploczen
Zog vnd schnit aus seim weib ir doczen
Vnd schmiczt sie in den kessel nein,
Vnd mit einem kochlöffel fein
Det er im kessel sie vmbrüeren
Vnd det das fewer waidlich schüeren.
Das pran mit flamen zünter rot,
Pis das wasser auf strüdlet, sot.
Idoch die docz kain schmalcz wolt geben
Weder vnden, oben, noch neben.
Die fraw war kranck, doch schrirs pesünder:
»Dw narr, leg noch mehr holczes vnder!«
Der man ein pueschel reissig nam,
Legcz an, das gab ain grosen flam
Vnd schlueg auf alle ort weit aüs
Vnd zündet an das pawren haüs.

Der man erschrack ob diesen dingen,
Dacht, die doczen darfon zw pringen,
Rais sie aüs dem kessel nochmals,
Straiftz ueber sein kopf an den hals,
Loff naüs vnd halff leschen das fewr.
Der güet man kam der künst zw dewr:
Wan als er naüff stieg auf das dach,
Gos in die prünst, kam im so nach,
Die docz im an dem hals ein dort,
Sich zamen rümpfet, zamen schmort
Vnd erdrosslet den güeten mon;
Das weib auch in dem haus verpron.
Also wer sich nit lest penüegen,
Dem thuet glüeck vil vngluecks zw füegen,
Das im aus schnöden geicz erwachs.
Drümb last euch pnüegen! rett Hans Sachs.
Anno salutis 1550, am 7 tag Februari.

(Der pawer mit der doczen)

III.

VOM KLEINEN TOD

zum großen Töten

NIKOLAUS HEIDELBACH

Kenzaburo Oe
EINE PERSÖNLICHE ERFAHRUNG

Als Bird, bleich vor Erschöpfung, zu Ende gesprochen hatte, sagte Himiko mit einem tiefen Seufzer: »Immer wenn du mit mir schlafen willst, bist du in der schlimmsten Kondition. Und so weit wie jetzt bist du noch nie herunter gewesen, solange ich dich kenne.«

Bird schwieg verstockt.

»Trotzdem, ich werde also mit dir schlafen, Bird. Seit mein Mann Selbstmord beging, bin ich, was die Moral angeht, niemals wählerisch gewesen, und wenn du es mit mir auf noch so widerliche Weise machen wolltest, ich fände schließlich auch darin irgendwas Genuines.«

›Irgendwas Genuines‹: Reines, Echtes, Wahres, Unverfälschtes, Aufrichtiges, Ernstes, Ehrliches ... Bird, als Englischlehrer an einer Präparandenschule, stellte in seinem Kopf sämtliche Übersetzungsmöglichkeiten zusammen. Und er dachte: Wie weit bin doch ich selbst in meiner gegenwärtigen Verfassung von allen diesen Inhalten entfernt!

»Leg dich nur schon, Bird, ich werde mich erst noch waschen.« Schwerfällig zog Bird sich aus, alles war durchgeschwitzt, und legte sich rücklings auf die abgewetzte Wolldecke. Stützte seinen Hinterkopf auf die beiden zusammengeballten Fäuste, senkte die Augenlider und blickte hinab auf seinen Bauch mit dem leichten Speckansatz und auf das nur ungenügend steife, bleiche Glied. Himiko, sie hatte die Glastür zwischen Schlafzimmer und Bad offen gelassen, saß umgekehrt auf der Klosettschüssel, die Schenkel weit gespreizt und eine Wasserkanne in der Hand, und wusch sich ihr Geschlecht. Eine Weile schaute Bird hin, wobei er sich vorstellte, dies geschehe wohl aus einer Klugheit, die sie sich im sexuellen Umgang mit Ausländern erworben habe. Dann sah er abermals ruhig auf seinen Bauch und Penis hinab und wartete.

»Bird«, rief Himiko, als sie sich fertig gewaschen hatte, »heute besteht die Gefahr, daß ich schwanger werde, aber darauf bist du vorbereitet, oder?« Eifrig rieb sie sich mit einem großen Handtuch die Wassertropfen fort, die bis auf ihre Brust gespritzt waren.

»Nein, das bin ich nicht.« Schwanger. Die brennenden Dornen dieses Wortes bohrten sich tief in seinem weichsten Inneren fest. Bird stieß ein leises Jammern aus. Bis in seine Eingeweide drangen die Dornen ein und brannten weiter.

»Nun, Bird, da werden wir uns irgendwas ausdenken.« Mit einem Geräusch, als ob einer einen Pfahl einschlägt, setzte Himiko die Wasserkanne auf den Fußboden, und während sie mit dem Badetuch ihren Körper frottierte, kehrte sie an Birds Seite zurück. Beschämt schloß Bird eine Handfläche um seinen Penis, der nun schlaff und dunkel völlig zusammengeschrumpft war, und sagte: »Auf einmal ist es aus, ganz und gar aus, Himiko.«

Himiko, frisch und kräftig atmend, sah forschend auf Bird hinab und fuhr fort, die Seiten neben ihren Brüsten zu frottieren; es schien, als vermutete sie irgendeine verborgene Bedeutung in seinen Worten. Indessen Bird einen Geruch an ihrem Körper witterte, der die Erinnerung wachrief an so manchen wilden Sommer in der Studentenzeit, und er einen tiefen Atemzug tat. Ach, dieser Geruch, wie wenn nasse Haut in der Sonne röstet. Schließlich zog Himiko die Nase in Falten wie ein Shiba-Hündchen und schlug ein unkompliziertes, trockenes Lachen an. Bird wurde puterrot.

»Ah, Bird, das bildest du dir ein, oder?« sagte Himiko unbekümmert. Sie ließ das Badetuch neben ihre Füße fallen, und während ihre kleinen Brüste vorsprangen wie Fangzähne, versuchte sie sich über ihn zu werfen, so daß Bird wie ein Kind in einem verzweifelten Drang zur Abwehr gefangen war. Mit der einen Hand hielt er weiter sein Glied bedeckt, den anderen Arm stieß er aufwärts gegen Himikos Bauch. Sanft sank seine Hand in ihn hinein; Bird schauderte es.

»Daß du eben was von ›schwanger‹ geschrien hast«, suchte er hastig nach einer Ausflucht, »das war nicht gut.«

»Ich habe nicht geschrien«, unterbrach Himiko mit einem Ausdruck der Entrüstung.

»Das hat eine solche Wirkung auf mich gehabt. Du hättest es nicht sagen sollen.«

Offensichtlich davon beeinflußt, daß Bird seinen Penis hartnäckig verbarg, bedeckte nun auch die völlig nackte Himiko Brust und Unterleib mit ihren Armen. Wie die nackt kämpfenden Ringer des Altertums sicherten sie zunächst einmal ihre schwächsten Stellen mit bloßen Händen und beobachteten dann, mit angespannten Augen und ohne einen Fußbreit zu weichen, das Verhalten des Gegners.

»Was ist los, Bird?« fragte Himiko mit veränderter Stimme, nachdem sie allmählich den Ernst der Situation begriffen hatte.

»Mich hat das Wort ›schwanger‹ vergiftet.«

Himiko tat ihre Schenkel zusammen und setzte sich neben Birds Hüfte. Er wich ihr aus, indem er sich auf dem engen Bett beiseite krümmte, machte ihr mehr Platz. Sie ließ den Arm sinken, mit dem sie bis jetzt ihre Brüste bedeckt hatte, und berührte mit ihren Fingern zärtlich Birds über dem Penis liegende Hand. Dann redete sie ihm Mut zu, ruhig und voll fester Zuversicht.

»Bird, laß mich nur machen; du wirst sehen, du kannst. Seit damals auf dem Holzhof ist viel Zeit vergangen.«

Bird stürzte hinab in ein Gefühl dunkler, dumpfer Hilflosigkeit; geduldig ertrug er das Prickeln von Himikos Fingern auf seiner Hand. Werde ich, bezweifelte er, meinen Fall richtig erklären können? Aber er mußte es ihr erklären, mußte die Krise überwinden.

»Das ist keine Frage der Technik«, sagte Bird. Und er wandte den Blick von Himikos ernst und traurig wirkenden Brüsten ab. »Das ist eine Frage der Furcht.«

»Der Furcht?« Himiko schien hin und her zu überlegen, als wollte sie unbedingt den Keim eines Witzes darin entdecken.

»Ich habe Furcht vor jenem tiefen, dunkel verschlossenen Ort, an dem das Monster-Baby entstand.« Wieder schien seine Erklärung sich witzig zu geben, doch erfolglos, und wurde immer melancholischer. »Als ich das Kind sah mit dem von Binden umwickelten Kopf, mußte ich an Apollinaire denken. Das klingt sentimental, aber ich hatte das Gefühl, das Baby hätte wie Apollinaire im Kampf auf einem Schlachtfeld am Kopf eine Wunde erhalten. Wäre verwundet worden in einer einsam geführten Schlacht in einer mir unbekannten dunklen und verschlossenen Höhle . . .« Während er dies sagte, erinnerte er sich an die süßen Tränen, die ihm im Ambulanzwagen geflossen waren: Möglichkeiten einer Errettung. Die Tränen der Scham aber heute im Krankenhaus auf dem Gang, die konnten keine Errettung bedeuten. » . . . und ich bin einfach nicht imstande, meinen schwachen Penis auf jenes Schlachtfeld zu schicken, verstehst du?«

»Aber betrifft denn das nicht nur das Verhältnis zwischen dir und deiner Frau? Ist das nicht eine Furcht, die du erst dann empfinden müßtest, wenn du nach ihrer Genesung wieder mit ihr schläfst?«

»Angenommen, es kommt zwischen mir und meiner Frau überhaupt noch einmal dazu . . .« Bird war es zumute, als bedrohte ihn der Augenblick des noch Wochen vorausliegenden Dilemmas bereits jetzt. » . . . dann werde ich nicht nur Furcht empfinden, sondern zweifellos sogar von einem Gefühl gequält werden, als triebe ich Blutschande mit meinem Kind. Soll da nicht auch ein stählerner Penis zusammenfallen?«

»Ah, tust du mir leid, Bird! Wenn ich dir nur Zeit lasse, wirst du mir Hunderte von Komplexen herzählen, um deine Impotenz zu verteidigen, nicht wahr?«

Während sie so spottete, streckte sich Himiko auf dem schmalen freien Platz neben Bird mit dem Gesicht nach unten lang aus. Bird, der sich auf dem unter der doppelten Last wie eine Hängematte durchbauchenden Bett noch weiter zusammenkrümmte, spürte nahe an seinem Ohr wieder und wieder den bedrohlich gepreßten Atem Himikos. Ich werde, falls der Kontakt der Begierde bei ihr bereits gezündet hat, irgend etwas für sie tun müssen. Aber meinen wie ein Maulwurfjunges blinden und schwachen Penis in den dumpfen Kanal, in diese in geheimnisvoller Tiefe labyrinthischer Falten verschlossene Sackgasse hinabzutauchen, das vermag ich nicht. Heiß berührte die noch immer schweigend daliegende Himiko mit dem Rand ihres Ohrläppchens Birds Schläfe. Es schien, ihr erschöpft ausgestreckter Körper würde attackiert vom Ansturm Tausender von Dasselfliegen der Begierde. Bird dachte daran, Himikos Begierde nach und nach mit den Fingern oder den Lippen oder der Zunge aufzulösen. Aber schon am Abend zuvor hatte Himiko ja erklärt, das käme ihr vor wie Onanie und es ekle ihr davor. Wenn ich das jetzt ausspräche und sie würde es mit denselben Worten ablehnen, wir gerieten in eine Stimmung, in der wir einander erbarmungslos verachteten. Wäre Himiko, dachte Bird plötzlich, eine Frau mit einer Neigung zum Sadistischen, so ließe sich schon etwas machen. Ich würde alles versuchen, es dürfte nur mit jener Höhle nichts zu schaffen haben, aus der das ganze Unglück kam. Sie könnte mich schlagen, sie könnte mich mit Füßen treten, ich würde es geduldig aushalten; ich würde nicht einmal zögern, ihren Urin zu schlucken. Zum erstenmal in seinem Leben entdeckte Bird den Masochisten in sich. Und weil dies alles geschah, nachdem er in solchen abgrundtiefen Sumpf der Scham geraten war, spürte er sogar eine selbstquälerische Verführung in diesen kleinen Erniedrigungen. Auf diese Weise also gleitet man hinab in den Masochismus, dachte er. Aber nicht ›man‹, ich sollte aufrichtiger sagen: gleite ich hinab. Vielleicht wird es einmal so kommen, daß ich, der Masochist, wenn ich vierzig geworden bin, mich an diesen heutigen Tag mit allen seinen

Ereignissen zurückerinnere als an den Gedächtnistag, an dem ich zum Masochismus konvertierte. Bird jagte der Wahnvorstellung nach, völlig in sich selbst verdorben zu sein.

»Du, Bird!«

»Ja?« Er war überzeugt, daß der Angriff schließlich begann.

»Du solltest die sexuellen Tabus, die du dir zurechtgemacht hast, schleunigst niederreißen. Tust du das nicht, wird sich deine sexuelle Welt schrecklich verzerren.«

»Natürlich hast du recht. Eben war ich dabei, über den Masochismus nachzudenken«, sagte Bird, als ob er mit einer Sonde vorfühlte. In seiner Gemeinheit wünschte er sich, Himiko würde nach dem Köder ›Masochismus‹ schnappen und sagen, sie ihrerseits habe sehr oft über den Sadismus nachgedacht, somit also ihm in der gleichen Methode des gemeinen Sondierens antworten. Bird mangelte es selbst an der rückhaltlosen Offenheit, wie sie doch jeder Anfänger auf dem Gebiet der Perversionen hat. Wirklich, er befand sich auf dem Gipfel der Verderbnis, und das Gift des Schamgefühls hatte ihn dorthin gebracht.

Nach einem mißtrauischen Schweigen und ohne die Andeutung in Birds Worten zu verfolgen, sagte Himiko: »Bird, um die Furcht zu überwinden, mußt du sie dadurch isolieren, daß du ihren Gegenstand präzise bestimmst.«

Bird, im Augenblick unfähig, Himikos Absicht zu erkennen, erwiderte nichts.

»Bezieht sich dein Furchtgefühl partiell auf Vagina und Gebärmutter? Oder auf alles Weibliche, zum Beispiel auf das Wesen Frau insgesamt, wie ich es bin?«

»Auf Vagina und Gebärmutter, glaube ich«, sagte Bird nach einigem Nachdenken. »Die einzige Ursache dafür, daß ich vor dem Wesen, das du bist, zurückschrecke, wenn ich dich nackt vor mir sehe, liegt darin, daß du dies beides besitzt – obwohl du unmittelbar gar keine Beziehung hast zu dem Unglück, in das ich geraten bin.«

»Dann brauchst du doch nur dieses beides zu eliminieren; ist es nicht so, Bird?« sagte Himiko mit behutsamer Gelassenheit. »Ist also der Gegenstand deiner Furcht begrenzt auf Vagina und Gebärmutter, dann haust der Feind, den du bekämpfen mußt, auch allein in diesem Bereich, verstehst du, Bird? Und nun: welche Attribute an Vagina und Gebärmutter fürchtest du denn?«

»Es ist, wie ich vorhin gesagt habe. Mich überkommt das Gefühl, als existierte da in der tiefsten Tiefe – um es mit deinem Lieblingsbegriff zu bezeichnen – eine andere Welt. Eine dunkle, grenzenlose, unheimliche Welt, angefüllt mit allem, was der menschlichen Welt entgegensteht. Ich fürchte, ich könnte, wenn ich diese andere Welt betrete, in ein anders dimensioniertes Zeitsystem geraten und nicht wieder herausfinden; deshalb hat meine Furcht auch etwas von der schrecklichen Höhenangst der Weltraumfahrer.«

Bird ahnte wohl, daß Himikos Logik darauf abzielte, seine Scham aufzureizen, und versuchte sich hinter wolkigen Worten zu verbergen; aber Himiko ließ nicht locker.

»Nehmen wir einmal an, Vagina und Gebärmutter wären nicht da, meinst du, du hättest dann vor dem weiblichen Körper in keiner Hinsicht mehr irgendwelche Furcht?«

Bird zögerte einen Augenblick, bekam darauf einen roten Kopf und sagte: »Nicht daß das besonders wichtig wäre, aber die Brüste . . .«

»Du würdest also dein Furchtgefühl vermeiden können, wenn du dich mir von hinten nähertest«, sagte Himiko.

»Aber –«, versuchte Bird einzuwenden.

»Bird«, sagte Himiko, ohne seinen Protest zu akzeptieren, »ich glaube wirklich, du bist der Typ, wie ihn jüngere Männer verehren. Hast du niemals mit solchen Knaben geschlafen?«

Der Plan, den Himiko nun entwickelte, genügte, um Birds ›Sinn für Reinheit in Fragen sexueller Moral‹ zu zerstören. Sein Schock war groß. Selbst wenn ich einmal das Problem beiseite lasse, wie mir denn zumute wäre, dachte Bird, für einen Augenblick wenigstens frei von der Fessel an sein Ich: aber Himiko, sie würde doch vermutlich ziemliche Schmerzen ertragen müssen, würde aufplatzen, bluten, wahrscheinlich wären wir sogar beide dann schrecklich besudelt. Dabei aber spürte Bird plötzlich eine neue Begierde in sich aufsteigen, die mit seinem Ekelgefühl wie zu einem Seil zusammengedreht war. »Wirst du dich danach nicht gedemütigt fühlen?« murmelte Bird in einem letzten Zaudern mit einer vor Begierde heiseren Stimme.

»In jener Winternacht auf dem Holzplatz habe ich mich nicht gedemütigt gefühlt, und war doch damals voller Blut und Dreck und Holzspäne«, ermutigte ihn Himiko.

»Ja, aber –«, sagte Bird, »wirst du denn einen Genuß dabei haben?«

»Jetzt denke ich wirklich nur daran, daß ich etwas für dich tun kann, Bird«, war Himikos Reaktion, aber dann, als wollte sie vermeiden, daß Bird sich unangenehm fühlte, setzte sie in einem unendlich zärtlichen Tonfall hinzu: »Und schau, habe ich nicht gesagt, ich könnte in jedem Akt doch immer noch irgendwas Genuines finden?«

Bird schwieg. Unbeweglich blieb er liegen und beobachtete, wie Himiko eines unter den vielen Fläschchen auf ihrem Toilettentisch auswählte und ins Bad ging und aus dem Wandschrank ein frisches großes Handtuch nahm, bevor sie zurückkam. Die Flut der Unruhe erreichte ihre oberste Marke und drohte Bird zu verschlingen. Mit einem Ruck richtete er seinen Oberkörper auf, langte nach dem Whisky, der neben dem Bett auf dem Fußboden lag, und trank einen Schluck aus der Flasche. Und dachte: In der Mittagsglut an der Bushaltestelle auf dem Platz vor dem Krankenhaus wünschte ich mir den schändlichsten, den gemeinsten Verkehr. Jetzt nun habe ich die Möglichkeit dazu. Er trank von dem Whisky noch einen Schluck und fiel dann zurück aufs Bett. Sein Penis war steil und steif geworden und pulsierte heiß. Himiko, mit einem schwermütig ernsten Gesichtsausdruck und ohne Bird anzusehen, kehrte aufs Bett zurück. Ob auch sie nun von irgendeiner ungewöhnlichen Begierde besessen ist? überlegte Bird. Befriedigt spürte er, wie sich ein leichtes Lächeln von seinen Lippen ausbreitete bis über seine Wangen. Zunächst einmal habe ich die höchste Hecke des Schamgefühls überwunden, und nun werde ich wie bei einem Dauerhürdenlauf auch weiter Hürde um Hürde des Schamgefühls überspringen. Indessen, Himiko mochte an Bird Anzeichen entdeckt haben, die im Gegensatz standen zu solchem Selbstbewußtsein; denn sie sagte: »Du brauchst dich nicht zu beunruhigen. Vermutlich wird es gar nicht so schrecklich, Bird.«

... Anfangs achtete er sehr auf Himiko. Solange sich aber die Fehlschläge wiederholten, fühlte er sich wie verspottet von seltsamen kleinen Lauten und merkwürdigen Gerüchen, und seine Reaktion darauf war, daß er allmählich nichts anderes mehr zu empfinden begann als eine egoistische Selbstbezogenheit. Bald hatte er Himiko vergessen, und als er merkte, daß er vorankam, geriet er augenblicklich in einen hektischen Eifer. Ununterbrochen flackerten Gedankenfetzen durch seinen Kopf: Ah, wie mich das alles angeekelt hat, diese schlaffen Brüste, diese groben Genitalien, die so sehr an ein Tier erinnern; meinen einsamen Orgasmus wollte ich haben, wollte nicht, daß mich die Augen einer Frau anstarrten beim Akt. Das waren die Vorahnungen der Lust. Und hieße es denn nicht, sich mit wackelndem nacktem Hintern vorsätzlich in das Halseisen hineinzurangeln, wenn man beim Verkehr alle Aufmerksamkeit konzentriert auf den Orgasmus der Frau, wenn man an die Verantwortung denkt, die man später für die Schwangere hat? Tief in seinem flammenden Kopf erhob Bird sein Kriegsgeschrei: Jetzt schände ich eine Frau, trample sie nieder in der beschämendsten Weise! Ich bin fähig zum Gemeinsten und Niederträchtigsten! Ich selbst bin Scham und Schande! Ja, der heiße Klumpen, den jetzt mein Penis reibt, das bin ich selber! Und als er das dachte, erschütterte Bird ein Orgasmus, so heftig, daß ihm schwarz wurde vor den Augen.

Bei jedem lustvollen Zucken Birds schrie Himiko vor Schmerzen gellend auf. Er hörte es halb bewußtlos. Dann plötzlich, als könnte er den Ekel nicht mehr ertragen, biß er Himiko in den Nacken. Abermals stieß sie einen wilden Schrei aus. Bird schlug die Augen auf und sah, wie an ihrem bleichen Ohrläppchen vorbei ein frischer Tropfen Blut auf ihre Wange rollte. Noch einmal stöhnte er.

Als es vorbei war, ahnte Bird, daß er ihr etwas Entsetzliches angetan hatte, und ihm war, als wäre er versteinert. Ob wir wohl, dachte er voller Zweifel, jemals wieder ein menschliches Verhältnis zueinander finden werden, nachdem wir uns jetzt auf so unmenschliche Weise vereinigt haben? Noch immer auf dem Bauch liegend und wild keuchend, wünschte er, er wäre ausgelöscht. Doch in diesem Augenblick erreichte ihn Himiko mit ihrer sanften, wie üblich ruhigen Stimme, die ihm leise bedeutete: »Faß bitte nichts mit deinen Händen an und komm so ins Bad, wie du bist. Ich werde alles für dich erledigen.«

(aus: Eine persönliche Erfahrung, dt. S. Schaarschmidt)

DAS GRÄSSLICHE WERKZEUG

Laß dich nicht erwischen! Mit dem Knüppel will ich nicht dich bläuen,
will dich auch mit der gekrümmten Sichel schmerzhaft nicht bedräuen,

aber dieses wüste Werkzeug wird so gräßlich dich durchbohren,
daß du plötzlich meinst, du habest gar dein Hinterteil verloren!

(in: Carmina Priapea, dt. C. Fischer)

Pietro Aretino

MAL SO RICHTIG VORNEHMEN

NANNA: Ich will dir jetzt 'ne nette Geschichte erzählen – das heißt, für die, der sie passirte, war sie weniger nett! Es war 'mal ein Freudenmädchen, eine gewisse Soundso – der Name thut nichts zur Sache – ein prachtvolles Weibsstück, groß und stramm, schön und pummelig, und wenn 'ne Hure überhaupt gutmüthig sein kann, so war diese es; dazu liebenswürdig, unterhaltsam, lustig mit Jedermann und gegen Alle von jenem graziös-anmuthigen Benehmen, das Einer von Kindesbeinen an zu eigen gewesen sein muß, wenn's das rechte sein soll. Diese wurde von einigen Herren eingeladen, in einem Landhaus mit ihnen zu Abend zu speisen und römischen Streuselkuchen zu essen. Die Gastgeber brauchten sie übrigens nicht lange zu bitten, denn sie war gern Allen gefällig, wenn's ihr anständige Leute zu sein schienen, und von diesen meineidigen Hallunken dachte sie, es wären feine Herren. Gegen zweiundzwanzig Uhr setzen sie also das Dämchen auf die Kruppe eines Maulthiers und reiten mit ihr nach dem vermaledeiten Landhause. Na, an dem Essen läßt sich wirklich nichts aussetzen: es gab Lammsbraten, Kalbsschweser, Rindfleisch, Rebhühner, Ragoûts, Torten und alle möglichen auserlesenen Früchte – aber für die gar zu gefällige Schöne war's keine gesegnete Mahlzeit.
PIPPA: Wie so denn? Sie hackten sie doch nicht etwa in Stücke?
NANNA: In Stücke hackten sie sie nicht, aber sie viertheilten sie, wie du gleich hören wirst. Kaum hörte sie den ersten Schlag des Aveläutens, so erbat sie sich von den Herren, mit denen sie speiste, als Gunst, sie möchten sie gehen lassen, denn sie wollte mit dem Freund, der sie unterhielt, die Nacht zusammenschlafen. Im Namen der verrückten Trunkenbolde, der schlechten Kerle, antwortete ihr einer von ihnen, ein Spaßvogel, der für seine Spässe Prügel verdient hätte: »Signora«, sagte er, »diese Nacht gehört mit Fug und Recht uns und unseren

Stallknechten. Wollet Euch also gefälligst darein ergeben, daß wir statt des gewöhnlichen Einunddreißigers uns mal 'nen doppelten Einunddreißiger leisten, den wir Euch zu Ehren fortan ›Erzeinunddreißiger‹ nennen werden; zwischen diesen beiden Sorten von Einunddreißigern wird also derselbe Unterschied sein wie zwischen Bischöfen und Erzbischöfen; und wenn Ihr nicht nach Verdienst und Würdigkeit behandelt werdet, so müßt Ihr das dem Ort zu Gute halten.« Weiter sagte der Pharisäer nichts, sondern nahm seine Klöterbüchse in die Hand, und ging auf sie los, indem er sang:

Liegt Frauchen allein im Bett voll Ungeduld,
Hat sie selber Schuld – mir gebe sie keine Schuld!

Was für 'nen Schreck das Opferlamm eigener Gutmüthigkeit und fremder Niederträchtigkeit kriegte, als sie dies hörte, das kann ich mir lebhaft vorstellen: denn mir ist's mal im Wald von Montefiascone passirt, daß ich in der Morgendämmerung mit der Schulter gegen die Beine eines Gehängten anstieß. Herrje, die Angst! So fühlte auch sie plötzlich von einem solchen Schmerz ihre Kehle zusammengepreßt, daß sie kein Wort hervorbringen konnte. Der Schweinekerl schleppt sie an den Stumpf eines umgehauenen Mandelbaums, läßt sie sich mit dem Kopf dagegen stützen, wirft ihr ihre Röcke über den Kopf und jagt ihr seinen Nagel in die ihm am geeignetsten erscheinende Stelle. Zum Dank für ihre Gefälligkeit giebt er ihr mit aller Macht zwei Klatsche auf den Popo; dies war das Zeichen für den Zweiten, der sie quer über den Baumstumpf legte und ihr's nach alter Väter Sitte machte, wobei er seine Lust daran hatte, daß die Splitter des roh behauenen Baumstumpfes ihr das Gesäßfleisch zerpiekten und sie wider Willen zwangen, sich unter ihm hin und her zu winden. Als er fertig war, gab er ihr einen Stoß, daß sie Kobolz schoß, und auf ihr Geschrei rannte der dritte Lanzenstecher herbei; der behandelte sie indessen ganz nett, denn er machte sich bloß den Spaß, mit seinem Ding in jedem Loch herumzufummeln, das er an ihrem Leibe fand. Aber den Tod spürte sie im Herzen, als sie jetzt eine ganze Bande von Lakaien, Küchenjungen und Stallknechten aus dem Landhause herausstürzen sah; die machten dabei einen Lärm wie losgelassene Kettenhunde und stürzten sich auf den Fraß wie Mönche auf die Suppenschüssel. Lieb Töchterchen mein – ich würde dich zum Weinen bringen, wenn ich dir Alles, was sie mit ihr anfingen, im Einzelnen erzählte: wie sie sie von oben bis unten bepißten, wie bald der Eine sie so, bald der Andere sie anders vornahm, und wie dabei die Unglückliche sich drehte und wand, stöhnte und ächzte. Aber du kannst mir glauben: die ganze gesegnete Nacht hindurch hatten sie sie vor; und als sie müde waren, sie auf jede erdenkliche Art zu schänden, da setzten sie ihr 'ne Armesündermütze auf, die sie aus Feigenblättern gemacht hatten, dann prügelten sie sie, daß es nur so rauchte, mit Weidenruthen und Einer von ihnen, ein Witzbold, hielt mit lauter Stimme eine hochnothpeinliche Anklagerede gegen sie: er beschrieb alle Diebstähle, Gaunereien, Sodomitereien, Hurereien, Falschheiten, Grausamkeiten und Hallunkereien, die man sich nur ausdenken kann, und alle diese Sünden schrieb er ihr zur Last.

PIPPA: Mir steht der Athem still!

NANNA: Als es Morgen geworden war, brachten sie ihr noch ein scherzhaftes Ständchen mit Gepfeife, Geheul, Gefurze und Geschnatter und machten damit mehr Spektakel als Bauern, wenn sie 'nen Fuchs oder 'nen Wolf sehen. Sie war mehr todt als lebendig und flehte mit den allersüßesten und rührendsten Worten, die man sich nur denken kann, man möchte sie doch jetzt in Ruhe lassen. Ihre Augen waren roth und entzündet, ihre Wangen von Thränen naß, ihre Haare in wirrer Unordnung, ihre Lippen trocken, ihre Kleider zerrissen: und so sah sie aus wie eine jener Nonnen, die von Vater und Mutter verflucht und PRETORUM PRETARUM nach Rom geschickt, unterwegs aber den Deutschen zwischen die Beine gerathen sind.

PIPPA: Sie thut mir leid, die Arme!

(aus: Hetärengespräche, dt. H. Conrad. Trentuna ist Conrad zufolge eine scherzhafte Bezeichnung des Hinteren.)

Josiane Kartheiser

ANKLAGE: VERGEWALTIGUNG

hilflos im netz dieses
abgemachten spiels
        zermürbender unterstellungen
bleibt nur
        empörte verzweiflung

in ihrem körper
brennt noch der
        schrei gegen diese
schändung

während der blick des
richters am knopf ihrer
        bluse lauert

schuldige statt
opfer
ein zweites mal
        vergewaltigt

Hubert Selby

DER ARSCH VON BROOKLYN

Ihr Frühling war vorbei und immer noch zog sie ihren Pullover stramm, aber keiner sah mehr hin. Wenn sie aus einer Schlafstelle herauskroch, knallte sie sich in die nächste Kneipe und blieb dort, bis ein neues Angebot zum Schlafen daherkam. Doch jeden Abend schob sie den Busen vor und hielt Ausschau nach einem Kerl mit Zaster und wollte keinen gottverdammten Wermutbruder, aber die Knilche starrten bloß in ihr Bierglas vor sich und sie wartete auf den Kavalier, der 50 Cents dafür übrig hatte, ihr ein Bier und sich einen Fick zu spendieren und sie zog von einer Kneipe zur nächsten und wurde immer schmutziger und grindiger. Sie hockte in einer Bar in der South Street und ein Matrose bestellte ihr ein Bier und seine Freunde, die bei ihm schnorrten, bekamen es mit der Angst zu tun, daß er sie sitzenlassen und sein Geld an das Mädchen hängen könnte; als er aufs Klo ging, nahmen sie ihr das Bier weg und schmissen sie raus. Sie saß auf dem Bordstein und brüllte in die Gegend, bis ein Bulle vorbeikam, ihr einen Tritt versetzte und sagte, sie solle sich davonmachen. Sie rappelte sich langsam hoch und fluchte auf all die Saukerle und sie könnten sich von ihr aus ihr Scheißbier innen Hintern gießen. Sie kam auch ohne diese gottverdammten Dreckskerle zu ihren Drinks. Bei *Willie* bekam sie alles was sie wollte. Dort wars überhaupt prima. Sie würde jetzt zu *Willie* zurückgehen, wo sie den Ton angab. Das war überhaupt *der* Laden. Dort gabs immer welche mit Geld. Keine solchen Knilche wie diese dreckigen Stinker. Wenn die glaubten, daß sie fürn paar lumpige Dollar irgendwelche gottverdammten Knilche an sich ranließe, die an ihren Titten rumknutschen und ihr untern Rock gehen, hatten die sich aber geschnitten. Eins geschissen! Sie brauchte nur bei *Willie* aufzukreuzen, um von jedem Matrosen seine ganze Heuer zu erben. Bei *Willie* wußten die Leute, wer sie war. Darauf könnt ihr einen lassen. Sie stolperte die Treppe zur U-Bahn hinunter und fuhr, vor sich hin murmelnd und fluchend, nach Brooklyn und der Schweiß machte ihr verschmutztes Gesicht streifig. Sie stieg die 3 Stufen zum Eingang hinauf und war einen Augenblick enttäuscht darüber, daß die Tür offenstand, sie sie also nicht mit einem Knall aufstoßen konnte. Sie blieb einen Moment im Eingang stehen und ging dann nach hinten, wo Hafen-Annie und Ruthy mit einem Matrosen zusammensaßen. Sie blieb neben dem Matrosen stehen, beugte sich über ihn, lächelte Annie und Ruthy an und bestellte einen Drink. Der Barmensch sah sie an und fragte, ob sie Geld habe. Sie sagte, das ginge ihn einen Scheißdreck an. Mein Freund hier zahlt für mich. Nicht wahr Süßer? Der Matrose lachte und schob ihr einen Geldschein hin und sie bekam ihren Drink und schnitt dem blöden biestigen Barheini eine Grimasse. Dieser Stinker. Annie zog sie auf die Seite und sagte, wenn sie wieder versuchte, ihr die Tour zu vermasseln, würde sie sie breit schlagen. Sobald Jacks Freund kommt, hauen ich und Ruthy mit den beiden ab und wenn du versuchst dazwischenzufunken, dann rauchts. Tralala machte sich mit einem Ruck von Annie los und ging zur Bar zurück und lehnte sich an den Matrosen und rieb ihre Brüste an seinem Arm. Er lachte und sagte trink aus. Ruthy sagte zu Annie, mach dir nichts draus bald kommt Fred und wir hauen zusammen ab und sie redeten mit Jack und Tralala brezelte sich dazwischen und machte der Unterhaltung ein Ende und knurrte bösartig zu Annie hinüber und hoffte sie würde sich vor Wut innen Hintern beißen wenn *sie* gleich mit Jack abhaute und Jack lachte über alles und schlug mit der Faust auf den Tresen und bestellte Drinks und Tralala lächelte und trank und die Musicbox plärrte Volkstänze und dazwischen einen Blues und die roten und blauen Neonlichter rund um den Spiegel hinter der Bar flirrten und flimmerten und die Soldaten Matrosen Huren, die in den Boxen oder an der Bar herumhingen, brüllten und grinsten und Tralala hob ihr Glas und sagte komm wir trinken ex und knallte das Glas auf den Tresen zurück und rieb ihre Brüste an Jacks Arm und er sah sie an und überlegte wie viele Mitesser hat die wohl und wann platzt der große Pickel auf ihrer Backe und fängt an zu suppen und sagte irgendwas zu Annie und brüllte vor Lachen und schlug sie auf die Schenkel und Annie lächelte und dachte die hat ausgeschissen und die Registrierkasse schepperte und der Rauch hing in dicken Schwaden und Fred stieß zur Gesellschaft und Tralala kreischte nach einem neuen Drink und fragte Fred ob ihm ihre Brüste gefielen und er stupste mit einem Finger hinein und sagte ich glaube fast die sind echt und Jack schlug mit der Faust auf den Tresen und lachte und Annie verfluchte Tralala im stillen und animierte zum Aufbruch und die anderen sagten wir wolln nochn bißchen bleiben is doch so lustig und Fred kniff ein Auge zu und jemand schlug auf den Tisch und ließ ein brüllendes Gelächter los und ein Glas fiel zu Boden, und die Rauchschwaden senkten sich, sobald sie bis zur Tür gezogen waren und Tralala knöpfte Jack die Hose auf und lächelte und er knöpfte sie lachend wieder zu 5–6–7mal und starrte auf den Pickel und das Licht flackerte und die Registrierkasse klingelte blechern und Tralala eröffnete Jack, sie hätte große Brüste und er schlug auf den Tresen und lachte und Fred kniff ein Auge zu und lachte und Ruth und Annie wollten mit den Kerlen abhauen bevor ihnen jemand die Tour vermasselte und überlegten, wieviel Geld die wohl hätten und ärgerten sich schwarz darüber daß sie so viel Geld an Tralala hängten und Tralala goß sich den Kanal voll und brüllte nach mehr und Fred und Jack lachten und kniffen ein Auge zu und schlugen mit der Faust auf den Tresen und ein zweites Glas fiel zu Boden und jemand jammerte daß sein Bier verschüttet war und zwei Hände bahnten sich unter einem Tisch ihren Weg unter einen Rock und sie blies ihnen Rauch ins Gesicht und einer war hinüber und sein Kopf schlug auf dem Tisch auf und Hände griffen nach einem Bierglas bevor es umfiel und Tralala strahlte daß die Sache geritzt war und Annie oder sonstwer konnte sie am Arsch lecken und sie schüttete noch einen Drink herunter und es lief ihr übers Kinn und sie hing an Jacks Hals und rieb ihre Brüste an seiner Wange und er griff hinauf und drehte an ihnen wie an Türknöpfen und brüllte vor Lachen und Tralala lächelte – *den* hatte sie sich nu gekrallt und die anderen Scheißweiber konnten sich mitm Schlappen draufschlagen und einen sah man nach einem Lächeln hecheln und ein anderer zerrte den Besoffenen aus der Box und schmiß ihn zur Hintertür raus und Tralala zog den Pullover hoch und ließ ihre Brüste auf den Handflächen tanzen und grinste und grinste und grinste und Jack und Fred brüllten und röhrten und der Mixer sagte tu die verdammten Dinger weg und mach daß du rauskommst und Ruth und Annie kniffen ein Auge zu und Tralala drehte sich langsam um und ließ ihre Brüste auf den Handflächen auf und nieder hüpfen und stellte das, worauf sie am allermeisten stolz war, für alle Leute im Lokal zur Schau und lächelte und ließ die größten schönsten Brüste der ganzen Welt auf ihren Handflächen hüpfen und jemand brüllte sind die echt und Tralala stieß sie ihm ins Gesicht und alle lachten und noch ein Glas fiel zu Boden und die Kerle standen drumrum und glotzten und die Hände unterm Rock kamen wieder zum Vorschein und man goß Bier auf Tralalas Brüste und jemand rief nun bistu getauft und das Bier lief ihr den Leib hinunter und tropfte von ihren Brustwarzen und sie klatschte ihm die Brüste um die Ohren und jemand brüllte dem bleibt ja die Luft weg – welch süßer Tod – he und was gibts zum Nachtisch – ich hab dir gesagt du sollst deine Scheißtitten wegtun du alte Seekuh und Tralala sagte ihm daß sie die schönsten Brüste der Welt hätte und rumpelte gegen die Musicbox und die Nadel kratzte über die Platte – das klang wie ein langer Rülpser und jemand brüllte lauter Titten und keine Möse und Tralala brüllte zurück komm her und überzeug dich und ein betrunkener Soldat stolperte aus einer der Boxen und rief los! und Gläser fielen zu Boden und Jack fiel mit seinem Barhocker um und auf Fred drauf und sie hingen über dem Tresen und erstickten fast vor Lachen und Ruthy hoffte sie würde ihre gute Stellung hier nicht verlieren denn dies alles ging doch etwas zu weit und Annie schloß die Augen und lachte, erleichtert darüber, daß Tralala nun untergebracht war und die beiden nicht zuviel Geld ausgaben und Tralala ließ weiter ihre Brüste auf den Handflächen hüpfen und machte Front gegen die Anwesenden als 2–3 Kerle sie am Arm zur Tür hinauszerrten und sie kreischte zu Jack hinüber häng doch die ausgeleierte Pieze ab und komm mit bei mir kannstu ficken bis es dir zun Ohren rauskommt und jemand brüllte wir kommen alle und sie wurde die Treppenstufen hinuntergezerrt und schlug sich die Knöchel an den Steinstufen wund und brüllte doch die Kerle gaben nicht nach und rissen sie an den Armen vorwärts und Jack und Fred hingen immer noch über dem Tresen und schrien vor Lachen und Ruthy band ihre Schürze ab und machte sich bereit abzuhauen bevor irgend etwas geschah was ihnen die Tour vermasselte und die 10 oder 15 Betrunkenen schleppten Tralala zu einem Autowrack auf dem unbebauten Grundstück Ecke 57th Street und rissen ihr die Kleider vom Leibe und stießen sie hinein und ein paar prügelten sich um den Vortritt und allmählich bildete sich eine Art Schlange und alle brüllten und lachten und einer schrie den am Ende Stehenden zu sie sollten Bier holen und sie gingen und kamen mit Bierdosen zurück die in der Schlange weitergereicht wurden und die Kerle aus der griechischen Cafeteria kamen auch herüber und ein paar Knilche aus der Nachbarschaft standen herum und sahen zu und warteten und Tralala brüllte und stieß ihre Brüste in die Gesichter die über ihr erschienen und die Bierdosen gingen von Hand zu Hand und wurden sobald geleert fallen gelassen oder fortgeworfen und ein paar Kerle kamen aus dem Auto raus und stellten sich hinten wieder an und tranken Bier und warteten bis sie wieder dran waren und es kamen Kerle von *Willie* und ein Anruf in den Kasernen brachte mehrere Matrosen und Infanteristen zur Stelle und so wurde noch mehr Bier von *Willie* gebracht und Tralala trank Bier während sie geknallt wurde und einer fragte ob jemand Buch führe und ein anderer rief wer kann so weit zählen und Tralalas Rükken war streifig von Dreck und Schweiß und sie hatte Schmerzen in den Knöcheln wo Schweiß und Dreck sich in der aufgeschürften Haut festgesetzt hatten und Schweiß und Bier tropften von den Gesichtern auf das ihre doch sie hielt sich dran und brüllte immer wieder daß sie die allergrößten Brüste der Welt hätte verfluchtnochmal und einer antwortete darauf kannstu einen lassen Puppe und es kamen mehr vielleicht 40 oder 50 und vögelten sie und stellten sich hinten wieder an und tranken Bier und brüllten und lachten und einer rief der Wagen stinkt nach Möse und so wurden Tralala und der Sitz herausgehoben und auf die Erde gelegt und sie lag nackt auf dem Sitz und die Schatten der Männer verbargen ihre Pickel und den Grind und sie trank indes sie ihre Brüste mit der anderen Hand in schaukelnde Bewegung setzte und einer zwängte ihr die Bierdose in den Mund und alle lachten und Tralala fluchte und spuckte ein Stück Zahn aus und ein anderer rammte ihr wieder die Bierdose in den Mund und sie brüllten auf und wieherten und der nächste bestieg sie und ihre Lippen waren jetzt gespalten und Blut tröpfelte ihr übers Kinn und einer wischte ihr mit einem biergetränkten Taschentuch über die Stirn und man gab ihr eine neue Dose Bier und sie trank und brüllte daß sie die größten Brüste der Welt hätte und ein weiterer Zahn brach ab und der Riß in ihrer Lippe verbreiterte sich und alle lachten und sie lachte und trank und trank und bald war sie gänzlich hinüber und sie schlugen sie ein paarmal ins Gesicht und sie murmelte und drehte den Kopf doch es gelang ihnen nicht sie wieder zu sich zu bringen und so fuhren sie fort sie zu vögeln und sie lag bewußtlos auf dem Autositz auf der Erde auf dem unbebauten Grundstück und bald waren sie das leblose Stück leid und die Schlange löste sich auf und sie gingen zurück zu *Willie* und zum Griechen und zur Kaserne und die Jungs die herumgestanden und zugesehen und gewartet hatten bis sie endlich drankamen ließen ihre Enttäuschung an Tralala aus und rissen ihre Kleider in kleine Fetzen drückten ein paar Zigaretten auf ihren Brustwarzen aus bepißten sie wichsten über ihr stießen ihr einen Besenstiel zwischen die Beine und gingen dann angeödet fort und ließen sie liegen zwischen Flaschenscherben und rostigen Konservendosen und dem übrigen Abfall und Jack und Fred und Ruthy und Annie fielen in ein Taxi und lachten immer noch und sahen alle aus dem Fenster als sie an dem verlassenen Grundstück vorbeifuhren und sahen sich Tralala an die nackt dalag bedeckt von Blut Urin Samen und ein dunkler Fleck breitete sich langsam zwischen ihren Beinen wo das Blut hervorsikkerte auf dem Autositz aus und Ruthy und Annie waren zufrieden und gelöst nun da sie in die Innenstadt fuhren und ihnen die Tour nicht vermasselt worden und jede Menge Geld für sie da war und Fred sah durchs Rückfenster hinaus und Jack schlug sich auf die Schenkel und brüllte vor Lachen . . .

(aus: Letzte Ausfahrt Brooklyn, dt. K. Molvig)

Marquis de Sade

SIEBZEHN AUF EINEN STREICH

Um elf Uhr ließ uns Minski sagen, daß wir die Ehre hätten, an sein Bett zu treten. Wir traten ein, sein Schlafzimmer war sehr groß, man sah dort herrliche Fresken, die zehn Gruppen bei Ausschweifungen darstellten und deren Komposition gut als das non plus ultra der Obszönität gelten darf.

Am Ende dieses Saales befand sich eine große Nische, die ganz mit Spiegeln ausgekleidet war und die sechzehn schwarze Marmorsäulen schmückten, an die je ein junges Mädchen gebunden war, das man von hinten erblickte. Mit Hilfe von zwei Schnüren, die wie Klingelschnüre am Kopfende des Bettes unseres Helden hingen, konnte er jeden der Hintern, die sich ihm zeigten, auf andere Art martern lassen; die Marter dauerte so lange, wie er die Schnur nicht losließ. Abgesehen von diesen sechzehn jungen Mädchen gab es noch sechs weitere und zwölf Jünglinge, die ebenso kräftig wie geduldig waren und sich für den ausschweifenden Dienst an ihrem Meister bei Nacht in zwei Nebenräumen aufhielten. Zwei Aufpasserinnen überwachten all das während seines Schlafes.

Das erste, was er tat, als wir uns ihm näherten, war, daß er uns zeigte, wie erregt er war. Er grinste schrecklich, als er uns seinen ungeheuren Apparat zeigte. Er verlangte unsere Hintern, wir gehorchten. Indem er den von Augustine streichelte, versicherte er, daß er vor Ende des Tages noch bei ihr hereinkäme. Die Unglückliche erbebte. Er bearbeitete Sbrigani sehr viel und schien sich über seine Hinterbakken zu amüsieren. Sie leckten sich gegenseitig den After und hatten größte Freude daran. Er fragte uns, ob wir sehen wollten, wie er gleichzeitig alle sechzehn Mädchen, die an die Säulen gefesselt waren, verletzen könne. Ich bat ihn inständig, uns diese einzigartige Maschinerie zu zeigen. Er zog an seinen unheilvollen Schnüren, und die sechzehn Unglücklichen erhielten, indem sie alle gleichzeitig aufschrien, jede eine andere Verletzung. Die einen wurden gestochen, verbrannt, ausgepeitscht; die anderen mit glühenden Zangen gezwickt, angeschnitten, gekniffen oder gekratzt, und all das so stark, daß überall Blut floß.

»Wenn ich das verdoppeln würde«, sagte uns Minski, »und das passiert mir manchmal, das hängt davon ab, in welchem Zustand meine Eier sind, aber nun, wenn ich das also verdoppelte, würden im selben Augenblick diese sechzehn Nutten vor meinen Augen umkommen. Ich liebe es, mit dem Gedanken einzuschlafen, daß ich beim leisesten Verlangen danach sechzehn Morde auf einmal begehen kann.«

»Minski«, sagte ich zu meinem Gastgeber, »Sie besitzen genug Frauen, um dieses kleine Opfer zu bringen: meine Freunde und ich bitten Sie inständig, uns diese charmante Szene vorzuführen.«

»Ich stimme zu«, sagte Minski, »aber ich möchte während der Tat spritzen, lassen Sie mich Ihre Begleiterin sodomieren, während ich ihr meinen Saft in den Hintern stoße, werden Sie meine sechzehn Frauen umkommen sehen.«

»Daraus werden dann siebzehn werden«, schrie Augustine, indem sie uns anflehte, sie nicht diesem Ungetüm auszuliefern.

»Wie soll ich das aushalten?«

»Das ist das Einfachste auf der Welt«, sagte Minski. Und nachdem er sie durch seine Frauen hatte entkleiden lassen, brachte er sie sofort in die Stellung, die ihm für seine Wünsche günstig erschien.

»Haben Sie keine Angst«, fuhr er fort, »niemals hat mir eine Frau widerstanden, ich ficke jeden Tag noch viel jüngere als Sie.«

Da wir den Augen des Moskoviten entnahmen, daß eine Weigerung ihn nur aufreizen würde, wagten wir nicht, ihm die Qual zu bezeugen, die uns ein solcher Wunsch zufügte.

»Lassen Sie mich es tun«, sagte Minski ganz leise zu mir, »ich habe Ihnen gesagt, dieses Mädchen reizt mich, es hat einen Hintern, der mich in Wut bringt. Wenn ich sie töte oder wenn ich sie verstümmele, werde ich sie Ihnen durch zwei unendlich schönere ersetzen.«

Und während er das sagte, bereiteten zwei seiner jungen Mädchen, die in diesem Zimmer Dienst hatten, die Öffnung vor, befeuchteten den Apparat und führten ihn ans Loch heran. Minski war an diese Schrecken so gewöhnt, daß es für ihn eine Sache von Sekunden war. Zwei Stöße ließen den Dolch so schnell und so tief in den Hintern des Opfers eindringen, daß ihn unsere Augen kaum entschwinden sahen: der Wüstling lachte währenddessen, Augustine wurde ohnmächtig, und ihre Schenkel wurden von Blut überströmt. Der nackte Minski entflammte sich nur noch mehr daran. Vier Mädchen und ebenso viele Jungen umgaben ihn. Sie waren alle so gut an die Wünsche gewöhnt, die es in diesem Augenblick zu befriedigen galt, daß innerhalb einer

Sekunde alles zur Stelle war. Augustine wurde bedeckt, wir sahen sie nicht mehr. Der Riese stößt Gotteslästerungen aus, er ist fast am Ziel, er spritzt: die Schnüre bewegen sich, sechzehn verschiedene Todesarten stießen die sechzehn gefesselten Geschöpfe hinab in die ewige Nacht. Sie schrien nur auf, und alle kamen im selben Augenblick um, die eine durch Dolchstöße, die andere durch Erwürgen und die dritte durch eine Kugel. Mit einem Wort, jede wurde auf andere Art umgebracht, und alle verschieden auf einmal.

»Ihre Augustine, glaube ich, hatte recht«, sagte uns Minski kalt, als er aus ihrem Hintern kam, »ja, gewiß, sie hatte tatsächlich recht, als sie sagte, daß sie die siebzehnte sein würde . . .«

Und wir sahen die Unglückliche, die gleichzeitig erwürgt und von zwölf Dolchstößen durchbohrt war. Der Wüstling hatte seine Operation durchgeführt, ich weiß nicht wie, wir hatten es nicht geahnt.

»Es gibt nichts, was ich so sehr liebe, als sie zu erwürgen, während ich sie ficke«, sagte dieser schreckliche Wüstling phlegmatisch . . . »Keine Klagen, ich habe Ihnen versprochen, Ihnen zwei schönere dafür zu geben, ich werde mein Wort halten . . . Aber sie mußte diesen Weg gehen, ihr Fick-Arsch verdrehte mir den Kopf, und meine Wünsche an die Opfer meiner Ausschweifungen sind immer Todesurteile.« Die Wächterinnen warfen die Leiche meiner unglücklichen Freundin in die Mitte des Zimmers; man gesellte ihr diejenigen der sechzehn Mädchen, die an den Pfeilern festgebunden gewesen waren, hinzu, und Minski bestimmte, nachdem er diesen Haufen einen Augenblick geprüft hatte, nachdem er eine nach der anderen befühlt und in einige Hintern und Brüste gebissen hatte, drei der Leichen für seine Küche, unter denen sich die der Unglücklichen befand, die wir verloren hatten.

»Man soll sie für unser Mittagessen zubereiten«, sagte er, »währenddessen werde ich für ein Tête-à-tête mit Juliette in einen meiner Säle gehen.«

Hier sagte mir Sbrigani ins Ohr, daß er es für richtig halte, daß wir uns von so einem Ungetüm entfernen und daß wir ihn besser bitten sollten, uns so schnell wie möglich aus seinem Staat zu entlassen. Da ich es für genauso gefährlich hielt zu bleiben, wie um unsere Verabschiedung zu bitten, begnügte ich mich damit, indem ich den Saal betrat, in den er uns führte, ihm durch meine Kälte darzutun, daß die Abscheulichkeit seiner Handlungen mich ahnen ließ, was er sich vielleicht bald mit meiner Person erlauben würde.

»Hören Sie zu«, sagte der Riese, indem er mich neben sich in einen Sessel drückte, »ich halte Sie für philosophisch genug, dieses Mädchen nicht zu beklagen und um zu wissen, daß die Rechte der Gastfreundschaft für eine Seele wie die meine nichts bedeuten.«

»Sie werden diesen Verlust niemals wiedergutmachen.«

»Warum denn nicht?«

»Ich liebte sie.«

»Wenn Sie in der Geilheit noch so unerfahren sind, daß Sie das Geschöpf lieben, das Ihnen dient, so habe ich gewiß nichts mehr zu sagen. Ich würde umsonst nach Vernunftgründen suchen, die Sie überzeugen: gegen die Dummheit ist kein Kraut gewachsen.«

(aus: Die Geschichte der Juliette, dt. H. Koch/M. Unruh. Heftig hierzu die Äußerung von Rétif de la Bretonne im »Monsieur Nicolas«: »An dieser Stelle sollte man den widerlichen Autor erstechen.«)

Lisa Alther

SCHAFFT KEINE ZWEI, DREI, VIELE VIETNAM

Als Hawk nach Vietnam ging, war er völlig besessen von dem uralten Männlichkeitswahn: Jetzt mußte er den Ritus absolvieren, der ihn entweder zum Mann machen oder vernichten würde. Wenn er am Leben blieb, hatte er irgendwie den Tod besiegt. Natürlich war er überzeugt, daß er zu denjenigen gehören würde, die am Leben blieben, daß er wie sein Vater mit Orden bedeckt heimkehren würde. Drüben jedoch wurde es bald zu seinem Hauptproblem, die unerträgliche Langeweile durchzustehen, am Leben zu bleiben und gesund nach Hause zu kommen, und das bedeutete, sämtlichen Befehlen aufs Wort zu gehorchen. Einmal, auf Patrouille, entführten er und noch vier andere eine junge Vietnamesin von einem Feld in der Nähe eines Dorfes. Hawk erhob zwar schwachen Protest, hielt aber den Mund, als man es ihm befahl. Er glaubte, John Wayne imitieren und das Mädchen noch retten zu können. Dann aber sah er sich mit einer Kugel im Kopf in einem Dschungelgrab liegen. Oder wieder daheim in Atlanta, zurückgeschafft in einem Leichensack – als Held. Es war einer jener entnervenden Augenblicke, da der Mensch sich darüber klar wird, daß er aus der vertrauten Alltagswelt in einen Bereich der Gesetzlosigkeit gelangt ist, in dem alles möglich sein kann. Das Mädchen geriet in Panik; es fing an zu treten und zu kratzen. Die anderen versetzten ihr derbe Ohrfeigen. Schließlich machte Hawk bei der Vergewaltigung mit.

Ich starrte ihn beunruhigt an: Ich war hilflos und allein mit einem Frauenschänder. Was sollte ich tun?

»Sie müssen wissen, daß ich damals fast noch eine Jungfrau war«, erläuterte Hawk grimmig, während ich ihn entsetzt anstarrte. »Natürlich hatte ich auf der Militärakademie die übliche Fummelei mitgemacht. Auf dem Technikum besuchte ich mal eine schwarze Nutte – und kam schon, ehe wir überhaupt ausgezogen waren. Einmal verschaffte ich mir eine Verabredung mit einem Mädchen aus der Stadt, die es angeblich ›mit allen trieb‹. Ich machte sie betrunken, damit sie nicht merkte, wie unerfahren ich war, und sie schlief ein. Ich bumste sie trotzdem und säuberte sie hinterher. Sie hat es niemals erfahren. Im vorletzten Jahr meines Studiums verliebte ich mich bis über beide Ohren. Aber sie legte großen Wert darauf, ihr eigenes Studium zu beenden, deshalb wollten wir nicht riskieren, daß sie plötzlich schwanger wurde. Also hatten wir über ein Jahr lang ein sehr schönes platonisches Verhältnis. Als ich in den Krieg mußte, wußte ich, daß sie ihren Abschluß haben würde, wenn ich zurückkam, und dann waren alle Hindernisse beseitigt. Ich hatte mich für sie bewahrt und sie sich für mich, und wir konnten unser Leben lang alles an Liebe nachholen, was wir bis dahin versäumt hatten.

Während ich nun das Mädchen vergewaltigte, sah ich hinab auf ihr Gesicht. Sie starrte mit haßerfüllter Resignation gen Himmel. Ihr eines Auge war zugeschwollen, sie hatte sich die Unterlippe blutig gebissen. Meine Erektion erschlaffte. Ich tat, als wäre ich in ihr gekommen. Einer der anderen zerrte sie auf die Füße. Sie spie ihm ins Gesicht. Er schrie sie an, Sachen von ›Gooks und gelben Fotzen und schlitzäugigen Huren‹, und dann stieß er sie zu Boden und schob eine Handgranate in sie hinein. Was von ihr übrigblieb, warfen wir von einem Felsen.«

(aus: Hautkontakte, dt. G. Stege)

IV.

DAS ERSTEMAL

Das erste Mal

John Irving

EIN GLEICHES

Er versuchte, sich aus ihr herauszustemmen, aber seine untere Hälfte konnte sich nicht von dem lange gesuchten Rhythmus lösen; seine Hüften zuckten in kleinen Spasmen, die er offenbar nicht steuern konnte, während seine Brust sich hob, von ihrer Brust entfernte und seine Hände ihre Schultern mit aller Gewalt nach unten preßten. Seine Daumen rutschten auf ihre Kehle zu. »Mein Messer?« fragte er. Sein Kopf sauste vor und zurück; er schaute hinter sich, er schaute über sich. Seine Daumen drückten ihr Kinn hoch; sie versuchte, ihren Adamsapfel zu verstecken.

Dann schlitzte sie seinen weißen Arsch auf. Er konnte nicht aufhören, ihn auf und ab zu bewegen, obwohl sein Gehirn wissen mußte, daß es plötzlich eine andere Priorität gab. »Mein Messer?« sagte er. Und sie langte über seine Schulter, und sie schnitt (schneller, als sie sehen konnte, was passierte) mit der glatten Seite der Klinge tief in seine Kehle. Eine Sekunde lang sah sie keine Wunde. Sie wußte nur, daß er sie würgte. Dann löste sich eine seiner Hände von ihrer Kehle und suchte seine eigene. Er verdeckte die Fontäne, die sie zu sehen erwartete. Aber schließlich sah sie das dunkle Blut zwischen seinen geschlossenen Fingern hervorschießen. Er nahm die Hand fort – er suchte *ihre* Hand, diejenige, die das Messer hielt –, und aus seiner aufgeschlitzten Kehle ergoß sich ein blasiger Schwall auf sie. Sie hörte ein Geräusch, wie wenn jemand den letzten Rest eines Getränks mit einem verstopften Strohhalm aufsaugen will. Sie konnte wieder atmen. Wo sind seine Hände? fragte sie sich. Sie schienen gleichzeitig neben ihr auf dem Sitz zu sein und wie verschreckte Vögel hin und her zu huschen.

Sie stieß die lange Klinge in ihn hinein, dicht über seiner Taille, und dachte, dort sei vielleicht eine Niere, weil die Klinge so leicht hineinfuhr und so leicht wieder herausfuhr. Oren Rath legte die Wange wie ein Kind an ihre Wange. Er hätte jetzt natürlich geschrien, aber ihr erster Schnitt hatte seine Luftröhre und seine Stimmbänder durchtrennt.

(aus: Garp, dt. J. Abel)

PETER NEUGEBAUER

Anna Rheinsberg

ERSTES MAHL

Wenn sie eine rissen
die Wölfe
zeigten sie am Morgen
das Stück Fleisch zum Fenster hinaus
spannten das Tuch
mit zwei Haken
der Hauswand an
griffen die Finger
ins Rot
Bis auf die Matratze
das Blut
durchtränkt Nachthemd und Schlächter
rinnt an den Beinen
zu den Zehen
aus dem Hirn
YES SIR I CAN BOOGY!
BOOGY ME TO THE TOP!

Mir triebs einer mit dem Finger
ohne weißes
Linnen das ich nicht
flachsen mußte
in den Nächten
Dafür eine Wolldecke
unterm Hintern
Du liebst mich doch
nicht wahr
und den Nagel drin
bis zum Gebärmutterhals
Daheim
wusch die Kernseife
Schlüpfer und Hände wund
Vater schrie mich Hure
YES SIR I CAN BOOGY!
BOOGY ME TO THE TOP!

Monate später Gummi
statt Bettzeug
der Schweinerei Vorbeuge tun
Wer hat denn Zeit
kalt Wasser laufen zu lassen?
Kinder kriegen ihr Blutbad
vom ersten
bis zum letzten Tag
Die hat die Roten im Busch
die rote Sau die
sagen die Wölfe
lecken aber kräftig die Münder
die Pawlovschen
beim Glöcken ein Sprung nach vorn
Hure du und im Nacken gebissen
YES SIR I CAN BOOGY!
BOOGY ME TO THE TOP!

Ekel verschließt den Atem
sie keuchen
und hassen zugleich
Mein Gott du blutest ja
Wenn Mutter das sieht
Heilige Johanna
Gebenedeite
wir danken DIR!
Bekamst den Segen
von oben
du Frau
geschlossener Schenkel
verbranntest
statt geknöpft zu werden
Frauenblut macht Männerangst
und die Söhne
bespucken einander die Wunden
mit Salz

fucking one man
= eating myself

Noch lebe ich

(in: Bella Donna)

Joachim Ringelnatz
ERSTE LIEBE?

Meine Abenteuer in der Minne
Müssen sehr gedrängt gewesen sein.
Wenn ich auf das erste mich besinne,
Fällt mir immer noch ein früh'res ein.

(aus: Werke)

Mary McCarthy
VERDAMMT, SEI LOCKER

Er gab ihr ein Buch mit Zeichnungen und verschwand in der Kammer, und Dottie saß im Sessel und bemühte sich, nicht zu lauschen. Das Buch auf dem Schoß, betrachtete sie eingehend das Zimmer, um mehr über Dick zu erfahren. Zimmer konnten einem eine Menge über einen Menschen erzählen. Dieses hatte ein Oberlicht und ein großes Nordfenster, für ein Männerzimmer war es ungemein ordentlich; da war ein Zeichenbrett mit einer Arbeit, die sie brennend gern angesehen hätte, da war ein einfacher langer Tisch, der aussah wie ein Bügeltisch, an den Fenstern hingen braune Wollvorhänge, auf dem schmalen Bett lag eine braune Wolldecke. Auf der Kommode stand die gerahmte Photographie einer blonden, auffallenden Frau mit kurzem strengem Haarschnitt; wahrscheinlich Betty, die ›Gattin‹. Ein Photo, vermutlich Betty im Badeanzug, sowie einige Aktzeichnungen waren mit Reißzwecken an der Wand befestigt. Dottie hatte das bedrückende

Gefühl, daß sie ebenfalls Betty darstellten. Sie hatte sich bisher alle Mühe gegeben, nicht an Liebe zu denken und kühl und unbeteiligt zu bleiben, weil sie wußte, daß Dick das nicht haben wollte. Es war rein körperliche Anziehung, hatte sie sich immer wieder vorgesagt, im Bemühen, trotz ihres Herzklopfens kühl und beherrscht zu bleiben, aber jetzt plötzlich, als sie nicht mehr zurück konnte, war es um ihre Kaltblütigkeit geschehen, und sie war eifersüchtig. Schlimmer noch, ihr kam sogar der Gedanke, Dick sei vielleicht *pervers*. Sie schlug das Buch auf ihrem Schoß auf und sah wieder Akte vor sich, von einem ihr völlig unbekannten modernen Künstler. Was sie erwartet hatte, wußte sie nicht, aber als Dick in diesem Augenblick zurückkam, war es verhältnismäßig weniger schlimm.

Er kam in kurzen weißen Unterhosen, hatte ein Handtuch mit eingewebtem Hotelnamen in der Hand, schlug die Bettdecke zurück und breitete es über das Laken. Er nahm ihr das Buch fort und legte es auf einen Tisch. Dann hieß er Dottie, sich auf das Handtuch legen, forderte sie wieder mit freundlicher, dozierender Stimme auf, sich zu entspannen; während er eine Minute lang, die Hände in die Hüften gestützt, dastand und lächelnd auf sie hinunterblickte, bemühte sie sich, natürlich zu atmen, dachte an ihre gute Figur und rang sich ein dünnes Lächeln ab. *»Es wird nichts geschehen, was du nicht willst, Baby.«* Die sanfte Nachdrücklichkeit, mit der die Worte gesprochen wurden, verrieten ihr, wie angstvoll und mißtrauisch sie wohl aussah. »Ich weiß, Dick«, erwiderte sie mit einer kleinen, schwachen, dankbaren Stimme und zwang sich, seinen Namen zum erstenmal auszusprechen. »Möchtest du eine Zigarette?« Dottie schüttelte den Kopf und ließ ihn auf das Kissen zurückfallen. »Also dann?« »Ja. Gut.« Als er zum Lichtschalter ging, durchzuckte sie wieder dort unten das erregende Pochen, wie schon im italienischen Restaurant, als er sie fragte: »Willst du mit mir nach Hause kommen?« und dabei seinen tiefen, verhangenen Blick auf sie heftete. Jetzt wandte er sich um und sah sie, die Hand am Schalter, wieder unverwandt an; ihre Augen weiteten sich von Staunen über das merkwürdige Gefühl, das sie an sich wahrnahm: als stünde die Stelle dort im Schutz ihrer Schenkel in Flammen. Sie starrte ihn, Bestätigung heischend, an; sie schluckte. Als Antwort löschte er das Licht und kam, seine Unterhose aufknöpfend, im Dunkel auf sie zu. Diese Wendung setzte sie einen Augenblick lang in Angst. Sie hatte niemals diesen Teil des männlichen Körpers gesehen, außer an Statuen und einmal, mit sechs Jahren, als sie unverhofft Papa in der Badewanne erblickt hatte, doch sie hegte den Verdacht, es sei etwas Häßliches, dunkelrot Entzündetes, von borstigen Haaren umgeben. Darum war sie dankbar, daß ihr dieser Anblick erspart wurde; sie hätte ihn, meinte sie, nicht ertragen können, und hielt, zurückzuckend, den Atem an, als sie den fremden Körper über sich spürte. »Tu die Beine auseinander«, befahl er; gehorsam öffnete sie ihre Schenkel. Seine Hand drückte sie da unten, reibend und streichelnd; ihre Schenkel öffneten sich immer weiter, und sie gab jetzt schwache stöhnende Laute von sich, fast als wollte sie, daß er aufhöre. Er nahm seine Hand fort, Gott sei Dank, und fummelte einen Augenblick herum. Dann fühlte sie, wie das Ding, vor dem sie sich so fürchtete, in sie eindrang; gleichzeitig verkrampfte sie sich in Abwehr. »Mach dich locker«, flüsterte er. »Du bist soweit.« Es war erstaunlich warm und glatt, aber sein Stoßen und Stechen tat fürchterlich weh. »Verdammt«, sagte er, »sei locker. Du machst es ja nur schwerer.« In diesem Augenblick schrie Dottie leise auf; es war ganz in sie eingedrungen. Er hielt ihr den Mund zu, legte ihre Beine um sich und bewegte es in ihr hin und her. Anfangs tat es so weh, daß sie bei jedem Stoß zusammenzuckte und sich ihm zu entwinden suchte, aber das machte ihn anscheinend nur um so entschlossener. Dann, o Wunder, während sie noch betete, daß es bald vorüber sein möge, fand sie ein gewisses Gefallen daran. Sie begriff, worauf es ankam, auch ihr Körper antwortete jetzt den Bewegungen Dicks, der es langsam und immer wieder in sie hineinstieß und langsam wieder zurückzog, als wiederhole er eine Frage. Ihr Atem ging schneller. Jede neue Berührung, wie das Ritardando eines Geigenbogens, steigerte ihre Lust auf die kommende. Dann, plötzlich, meinte sie, in einem Anfall von anhaltenden krampfartigen Zuckungen zu vergehen, was sie, kaum war es vorbei, so verlegen machte wie ein Schluckauf. Denn es war, als habe sie den Menschen Dick völlig vergessen. Und er, als hätte er es gemerkt, ließ von ihr ab und preßte dann jenes Ding auf ihren Bauch, gegen den es schlug und stieß. Dann zuckte auch er stöhnend zusammen, und Dottie fühlte etwas Klebrig-Feuchtes an ihrem Leib herabrinnen.

Minuten vergingen. Im Zimmer war es ganz still. Durch das Oberlicht konnte Dottie den Mond sehen. Sie lag da, Dicks Last noch immer auf sich; wahrscheinlich war etwas schiefgegangen – vermutlich ihre Schuld. Sein Gesicht war abgewandt, so daß sie es nicht sehen konnte. Sein Oberkörper quetschte ihr so sehr die Brüste, daß sie kaum Luft bekam. Ihre beiden Körper waren naß, sein kalter Schweiß tropfte auf ihr Gesicht, klebte ihr die Haare an die Schläfen und rann wie ein Bächlein zwischen ihren Brüsten; er brannte salzig auf ihren Lippen und erinnerte sie trostlos an Tränen. Sie schämte sich der Seligkeit, die sie empfunden hatte. Offensichtlich war sie ihm nicht die richtige Partnerin gewesen, sonst würde er irgend etwas sagen. Vielleicht durfte die Frau sich dabei nicht bewegen? »Verdammt«, hatte er gesagt, als er ihr weh tat, in einem so ärgerlichen Ton, wie ein Mann, der sagt: »Verdammt, warum können wir nicht pünktlich essen?« oder etwas ähnlich Unromantisches. Hatte etwa ihr Aufschrei alles verdorben? Oder hatte sie am Schluß irgendwie einen Fauxpas gemacht? Wenn Bücher doch bloß etwas ausführlicher wären; Krafft-Ebing, den Kay und Helena antiquarisch gekauft hatten und aus dem sie ständig vorlasen, als wäre es besonders komisch, beschrieb nur Scheußlichkeiten, wie Männer, die es mit Hennen treiben, und erklärte selbst dann nicht, wie es gemacht wurde. Der Gedanke an die Blondine auf der Kommode erfüllte sie mit hoffnungslosem Neid; wahrscheinlich stellte Dick jetzt gerade schlimme Vergleiche an. Sie spürte seinen Atem und roch den schalen Alkoholdunst, den er stoßweise verströmte. Im Bett roch es merkwürdig penetrant, sie fürchtete, sie sei daran schuld. Ihr kam der gräßliche Gedanke, daß Dick eingeschlafen sei; sie machte ein paar zaghafte Bewegungen, um sich von seinem Gewicht zu befreien. Die feuchte Haut ihrer aneinanderklebenden Körper machte ein leise schmatzendes Geräusch, als sie sich von ihm löste, aber es gelang ihr nicht, ihn abzuwälzen. Da wußte sie, daß er schlief. Wahrscheinlich war er müde, sagte sie sich zu seiner Entschuldigung; er hatte ja so dunkle Schatten um die Augen. Aber im Herzen wußte sie, daß er nicht wie ein Zentner Backsteine auf ihr hätte einschlafen dürfen; es war der endgültige Beweis – sofern es noch eines solchen bedurfte –, daß sie ihm nicht das geringste bedeutete. Wenn er morgen früh beim Aufwachen entdeckte, daß sie verschwunden war, würde er vermutlich heilfroh sein. Oder vielleicht erinnerte er sich dann nicht einmal, wer bei ihm gewesen war; sie ahnte nicht, was er alles getrunken hatte, ehe er sich mit ihr zum Essen traf. Wahrscheinlich war er einfach sternhagelbetrunken. Es gab für sie nur eine Möglichkeit, sich nicht noch mehr zu vergeben, nämlich sich im Dunkeln anzuziehen und heimlich zu verschwinden. Aber vorher mußte sie in dem unbeleuchteten Gang das Badezimmer finden. Dick fing an zu schnarchen, die klebrige Flüssigkeit überzog wie eine Kruste ihren Bauch; sie konnte unmöglich in den Vassar-Club zurückkehren, ohne das vorher abzuwaschen. Dann durchfuhr sie ein Gedanke, der fast schlimmer war als alles andere. Wenn er nun einen Erguß gehabt hätte, während er noch in ihr war? Oder wenn er eins von diesen Gummidingern benutzt hatte und es zerrissen wäre, als sie zuckte, und er darum sich so schnell aus ihr zurückgezogen hatte? Sie wußte vom Hörensagen, daß die Gummidinger reißen oder undicht sein können, daß eine Frau von einem einzigen Tropfen schwanger werden kann. Entschlossen wand und stemmte Dottie sich, um sich endlich zu befreien, bis Dick den Kopf hob und sie, ohne sie zu erkennen, im Mondlicht anstarrte. Es stimmt also, dachte Dottie unglücklich. Er war einfach eingeschlafen und hatte sie vergessen.

(aus: Die Clique, dt. U. v. Zedlitz)

Maurice Sachs

DIE WILDLEDERNE BRIEFTASCHE

Im Internat von Luza, wohin man mich inzwischen gebracht hatte, begann ich, mein ungelenkes Wesen abzulegen.

Bevor ich schlafen ging, pflegte ich meine wildlederne Brieftasche – sie war für mich kostbarster Besitz – unter das Keilkissen zu legen. Ich weiß nicht, wie es kam, daß ich sie plötzlich an meinem Körper rieb, aber allmählich befand sich die Brieftasche zwischen meinen Schenkeln. Ich fuhr fort, sie dort an meiner Haut zu reiben, und bald zog ein ungemein heftiger Schmerz meinen ganzen Körper zusammen, ein dünner Schaum benetzte das Laken, und plötzlich entspannte sich mein Körper in einem Gefühl von Glück, Betäubung und Rührung. Die erste geschlechtliche Wollust verdient es, uns für immer im Gedächtnis zu bleiben, denn in ihrer kindlichen Verwegenheit ist sie die Verheißung der Fortdauer des Menschengeschlechts und seiner tollsten Extravaganzen. Ich wollte, ich hätte sie nicht allein erlebt, und ich beneide alle – wenn es das gibt –, welche die erste Wollust in geliebten Armen genossen haben.

(aus: Eine Chronique scandaleuse, dt. H. Schlüter)

Calder Willingham

DIE WARME FLEISCHHÖHLE

»Aber, Rose, das ist doch gerade das, was mich am meisten interessiert! Schön, du mußt mich nicht lassen, aber wenn du nett wärst, würdest du mich einmal richtig hinfassen und fühlen lassen, wo die Babies herauskommen!«

»O Buddy, hör auf, mich zu triezen! Ich war nett zu dir, ich habe dich hinfassen lassen, und ich möchte da nicht mehr berührt werden, es ist mir unangenehm. Du verstehst das noch nicht, aber so etwas kann eine Frau erregen. Nun leg dich schön hin, und sei still.«

Rose hatte es selbst gesagt – »so etwas kann eine Frau erregen«. Aber selbst da befürchtete sie wohl noch nicht, daß die Berührung meiner Hand eine nachhaltige Wirkung auf sie ausüben könnte, obwohl es bereits einmal der Fall gewesen war. Ich bettelte, jammerte, quälte und flehte mit allen möglichen Begründungen so lange, bis sie zu guter Letzt seufzend meinte: »Also gut, gib mir deine Hand, ich zeige dir jetzt genau die verdammte Stelle, wo sie rauskommen, wenn du es denn unbedingt wissen mußt.«

Mit einem weiteren müden und, wie mir schien, ziemlich ärgerlichen Seufzer nahm Rose meine Hand, legte sie zwischen ihre gespreizten Beine, ergriff meinen Mittelfinger, führte ihn abwärts und sagte: »Hier.« Ein prickelnder Schreck durchfuhr mich, als mein Finger mühelos in warmem, weichem Fleisch versank. Es war eine bestürzende, aber auch sehr angenehme Empfindung. Das Fleisch schloß sich um meinen Finger wie ein warmer Ring. Noch etwas stellte ich fest, das recht interessant war. Die ganze Stelle war feuchter geworden, nicht naß, aber feuchter; mein Finger schien von einer glitschigen Substanz umgeben zu sein, er war sehr, sehr leicht reingegangen. Als ich die weichen Fleischfalten fest, nicht stramm, um meinen Finger fühlte, erhob sich eine grundsätzliche Frage, die mir keine Ruhe ließ.

»Rose«, sagte ich, »hieraus kann doch unmöglich ein Baby geboren werden. Es scheint zwar tief zu sein, ist aber eigentlich nicht breiter als mein Finger.«

Rose gab keine Antwort. Sie war wohl immer noch wütend, dachte ich, weil ich sie überredet hatte. Doch da sie meine Hand jetzt losgelassen hatte, konnte ich ebensogut meine Chance nutzen und das Geheimnis ergründen. Ich zog meinen Finger fast ganz aus der warmen Fleischhöhle heraus und steckte ihn wieder rein, dann nochmal und nochmal und nochmal. Es war faszinierend, wie sie meinen Finger umspannte, ihm gewissermaßen folgte, wenn ich mal so sagen darf. Dabei entdeckte ich etwas noch viel Interessanteres. Die Höhle paßte sich nicht nur genau meinem Finger an, Rose hatte sogar Muskeln da unten drin. Ich spürte, wie der weiche Ring um meinen Finger sich langsam zusammenzog, dann lockerte und wieder zusammenzog.

Trotzdem war ich nach wie vor sehr im Zweifel. Ein Baby konnte an dieser Stelle nicht rauskommen, ausgeschlossen, dazu war die Öffnung viel zu klein. Ich hatte schon neugeborene Babies gesehen. Schön, sie waren winzig, aber ihre Köpfe waren viel größer als das hier, und ich konnte mir nicht vorstellen, wie sie je da hätten durch sollen. Zwar schien das Fleisch komische Falten zu haben, ich fühlte sie, wenn ich mit dem Finger an die Seiten drückte, und mag sein, daß das Ganze sich noch etwas dehnte, aber um ein Baby durchzulassen, hätte es sich wahnsinnig dehnen müssen. Hingebungsvoll und wißbegierig setzte ich meine Untersuchung fort, Rose war vergessen. Die Höhle war tief, wenigstens schien es so. Ob es fünfunddreißig Zentimeter waren? Oder hatte der Schmutzfink Hollis übertrieben? Neugierig, ob ich bis ans Ende käme, was ich nicht annahm, stieß ich mit dem Finger etwas fester zu. Ich hatte Angst, Rose zu verletzen, aber ich fühlte immer noch keinen Grund, nur warmes, endloses Fleisch.

»Rose, wie tief ist es?« fragte ich. »Ist es irgendwo zu Ende?«

Schweigen. Schließlich vernahm ich ein kaum hörbares Schluckgeräusch, und dann sagte Rose mit ganz veränderter, leiser Stimme: »Ich weiß nicht. Wahrscheinlich.«

(aus: Wie ein Falter im Wind, dt. G. Vorkamp)

Elisabeth Alexander

WIE SICH DER SOLDAT DAS MÄDCHEN NAHM

Josefine Bähr wollte nicht mit dem Mann etwas Körperliches machen, der ihr Vorgesetzter war. Der war so alt, der war so vornehm freundlich. Der war so gar nicht ihr Weltdenken. Sein Vorname Max erinnerte sie aber an den anderen, ersten, mit Vornamen Max, der ihr das Herzklopfen beigebracht hatte, das zähe Warten. Da bei diesem ersten Max war es wie ein Rausch. So unbedingt verboten. Und wie in einem Roman – in welchem wußte sie nicht – empfand sie dieses Herzklopfen, das Erschauern ihres Mädchenkörpers, plötzlich als Liebe.

Liebe.
Was da alles hineingestopft, hineingerührt, hineingefüttert werden kann, in dieses eine Wort. Da war sie doch dem geduldigen Drängen des Stabszahlmeisters erlegen. Weil auch diese Neugierde da war. Weil sie von ihm ausgewählt worden war. Nicht die anderen Mädchen, die auch noch da arbeiteten, sie. Und die anderen Offiziere hatten vielleicht nicht die Lust, nicht den Mut, wohnten zu nahe an ihrer, irgendeiner Familie, die sie hatten, kannten, führten sich zu lange auch anständig und eingebildet auf.

Sie gingen viel spazieren. Durch ihn lernte sie das erste Picknick kennen, mit sauberen Eßwaren und Servietten.

Er hatte unten am Ufer der Nahe seinen grünen Offiziersmantel ausgebreitet. Die halbe Uniform, den Uniformmantel, und sie hatte sich darauf gesetzt, in die unbekannte kühle Welt eines Lebens, das sie sich nicht vorstellen konnte, aber es auch nicht wollte. Sie lag auf dem Innenteil des Mantels und wollte doch gar nicht liegen. Sie hatte ihre Regel, diese lästigen blamablen Tage im Leben eines Mädchens, die immer so peinlich den augenblicklichen Zustand verrieten. Mußte es gesagt werden, weil der andere, der Mann etwas will? Da hatte Josefine Bähr nicht die mindeste Ahnung, wie das bei dem Mann ist. Sie fand das schon eigenartig genug, daß da der Penis hart oder steif wurde, es konnte. Josefine dachte aber auch für sich allein in ihren Gedanken nicht Penis, und die Bezeichnung männliches Glied war ihr noch dümmer. Für sie war das das Körperding am Mann. Es erinnerte sie immer an ihr Kindsein. Es war ein lebhaftes munteres kleines Ding, hurtig, wie sie selbst es war. Und es war genauso verschieden, wie ein kleines Kind dem anderen war.

Dieser Max hatte ein kurzes dickes rundes Ding. Sicher weil er alt war und nur noch so ein Stückchen aus dem Körper herausgeschrumpft kam. Sie wollte noch immer nichts mit ihm machen. Sie wollte auf dem Offiziersmantel auch nichts an sich selbst machen lassen. Wegen dieser kritischen Tage. Da müßte sie ja erst heimlich die Monatsbinde wegnehmen. Die heimlichen und verstohlenen Lästigkeiten, die die Frau so erbärmlich hilflos machten. Jedenfalls verabscheute Josefine dieses Peinlichsein. An die Küsse mit diesem Max, an diese Maxküsse am Ufer der Nahe, in der abendlichen Dunkelheit, auf dem Offiziersmantel, der nicht aus richtigem Stoff war, konnte sie sich gut erinnern. Josefine mochte ihn, er hatte soviel gelesen, soviel zu erzählen aus seinem Leben als Kurhausdirektor – worunter sie sich gar nichts vorstellen konnte – und es ging eine Wärme von ihm aus. Ein Zuhause. Sie fühlte sich in seinem Wissen, seinem Benehmen geborgen. Seine Küsse waren nicht fest und fordernd. Auch nicht so, daß sie dauernd an den Spruch denken mußte, den sie wichtig fand, um schneller die Lippen zupressen zu können. Plötzlich hatte ihr jemand gesagt: »Ich wollte in deinem Oberstübchen fragen, ob in deinem Unterstübchen noch ein Platz frei ist.« Erst hatte sie lange gedacht, es habe mit Spinnen zu tun. Josefine störte es nicht, daß sie noch jetzt an solche Kindersprüche dachte.

Maxens Küsse waren eher lustig, sie sollten Josefine bestimmt beweisen, daß Küssen keine Kunst ist, daß Küssenwollen nicht verlernt werden kann. Sie erinnerte sich wieder an das glatte Plättchen auf dem Gaumen, und sie untersuchte mit der Zunge dieses sonderbar Fremde in einem Mund. Was war das? Solches fragte Josefine nie: »Was haben Sie da am Gaumen angeklebt?« Sie wollte das allein herausfinden, und Max nannte Josefines Zunge eine wilde Zunge.

Da, als sie erkannte, daß Max ein Gebiß hatte, wußte sie noch nicht, daß sie inständig und eigentlich ausschließlich mit ihrem Instinkt lebte und dachte. Josefine ließ nicht locker im Denken, im Darüber-nachdenken. Was die Menschen doch so alles an sich haben. Sie zog den Schlüpfer aus. Mit der Binde zwischen den Beinen, wollte sie schon keine Männerhand an ihren Schlüpfer heranlassen. Er wußte aber, daß sie die Tage hatte. Den ersten, zweiten oder dritten oder vierten. Josefine wußte schon damals nie, wann sie begannen, wann sie aufhörten, wie lange sie dauerten, wann sie anfangen mußten genau.

Max sagte, es belästige ihn nicht. Ob er das nur sagte, wußte sie nicht mehr. Er wollte es endlich, er wollte doch seine Liebe beweisen. Er war der Vorgesetzte, er hatte ein schönes rasiertes Gesicht, kurzgeschnittenes Haar, sehr schöne gepflegte Hände und Fingernägel. Josefine hatte keine Ahnung, wie alt er war. Er hatte das gute Herrenbenehmen, wie sie es nie an lebenden Menschen kennengelernt hatte. An Willy Birgel hatte sie es gesehen. Josefine konnte sich nicht vorstellen, wie ihr Monatsblut und sein Benehmen zusammen passen sollten.

Bis dahin hatten sie sich nur zungengeküßt, wenn sie so spazieren gingen, auf dem Berg, im nahen Wald. Es sollte doch keiner wissen. Und er hatte bis dahin nur seine Finger unten bei ihr hineingesteckt. Sie hatte jetzt einen Unterleib mit Löchelchen. Sie dachte da noch nicht das Wort Vagina, das Wort Loch, das Wort Votze. Sie kannte sie nicht.

Sie umschrieb es auch in ihren eigenen Gedanken. Es störte sie nicht. Sie wußte ja, wovon sie im Denken sprach.

Sie hatte das gern, wenn er da mit dem Finger oder den Fingern in sie hineinbohrte. Dann war er beschäftigt, da kam er nicht noch auf die Idee, das Ding aus der Hose zu holen.

Josefine Bähr dachte das ganz selbstverständlich. Wenn der Suppenteller leer war, gab es keine Suppe mehr oder sie mußte darum fragen. Wenn die Hose zu war, gab es kein Stück Ding.

Am meisten wunderte sich Josefine Bähr über die Hartnäckigkeit an manchen Männern, auch, daß sie immer schnell nach unten greifen wollten, an ihr, an ihnen selbst.

Max steckte, nach einigen, immer wieder neuen Versuchen, seinen alten Penis in ihre junge Vagina. Sie empfand keinen Ekel und höchstens Erstaunen, daß diese Unkeuschheit, all das Unschamhafte, das ganze sechste Gebot so trotzig im Leben da war, sich nicht vertreiben ließ. Nicht durch den guten Vorsatz, das Alter, das Verbot, das Monatsblut.

Josefine lag brav und gehorsam – ihre Neugierde hatte es am Ende sicher so gewollt von ihr – auf dem Offiziersmantel und spürte und hörte das keuchende Mann-sein. Für Josefine war das schöner als Kino, und Theater hatte sie noch weniger gesehen, am feierlichsten fand sie ein Dreiherrenhochamt, doch hier an der Nahe, lauschte sie auf den Atem, das Schnauben, die merkwürdigen Mund- und Nasengeräusche, die sie an den Kuhstall vielleicht erinnerten, an den

Schweinestall, an den kalten Hühnerstall, wenn die japsenden Hühner ein Stückchen auf- und niederflogen. Max deckte sie mit seinem grünen Uniformkörper zu, und Josefine hatte sich vielleicht schon lange darüber gefreut, daß sie ein Mädchen war. So wurde sie schön warm zugedeckt. Vielleicht war das auch die Entschädigung Gottes, weil sie oft hart liegen mußte.

Im stillen mußte Josefine lachen, weil der Stabszahlmeister sich so anstrengen mußte, dieses dicke runde kleine Ding in ihre Scheide hineinzubringen. Das und ihr Blut.

Er mußte es geschafft haben, sie war nicht traurig oder böse. Und sie fand es ganz richtig und normal, wenn der Mann den größeren Nutzen oder Spaß an ihrem Unterleib hatte. Denn sie konnte schön und manierlich liegen bleiben, er mußte sich schon abmühen, den Penis immer wieder in sie hineinzuzwängen, und wenn er herausgerutscht war, wieder die Scheidenöffnung zu suchen.

Josefine Bähr hatte schon früh unterbewußt erkannt, daß die Sexualität ein ziemlich abhängiges Luder war. Ihre Mutter hatte sie häufig Kanaille genannt und ohne das so genau zu wissen, hatte sie dieses Kanaille der Mutter immer mit dem Unterleib zusammengebracht. Heute, nach dem Leben des Bettes, des Körpers, diesem Marschweg der Penisse in sie hinein, dachte Josefine Bähr immer noch an die Sexualität, als an die einzige Macht Gottes auf ihrer Erde.

Sie entdeckte plötzlich den Blutfleck in diesem Offiziersmantel. Er war schön rund und noch rot. Der Mond schien direkt auf diesen Blutfleck, wenigstens dachte Josefine Bähr das staunend.

War das ihre Schuld? Was konnte Max sagen? Wie konnte er den Blutfleck verteidigen? Er war im Offiziersmantel und später dachte Josefine an diesen herrlichen Blutfleck, den sie gern noch in einen anderen Männermantel, in ein ganz und gar verbotenes Bett gesetzt hätte. Max hatte diesen schönen Blutfleck verdient, weil Josefine viel von ihm gelernt hatte. Benehmen und Lesen und Fingernägel abschneiden.

(aus: Die törichte Jungfrau)

John Irving

WIE SICH DAS MÄDCHEN DEN SOLDATEN NAHM

In England konnte man nichts für Sergeant Garp tun. Er hatte das Glück, daß er lange vor Kriegsende nach Boston heimtransportiert wurde. Im Grunde hatte er das irgendeinem Senator zu verdanken. In einem Leitartikel einer Bostoner Zeitung war die US-Navy beschuldigt worden, sie transportiere nur solche Verwundeten in die Heimat zurück, die aus wohlhabenden und angesehenen amerikanischen Familien stammten. Um ein so niederträchtiges Gerücht zum Schweigen zu bringen, behauptete ein Senator, wenn *überhaupt* Schwerverwundete das Glück hätten, nach Amerika zurückzukommen, könne das Los »sogar eine *Waise* treffen – genau wie jeden anderen«. Dann gab es einige Aufregung – es galt, eine verwundete Waise aufzutreiben, um die Worte des Senators zu beweisen. Aber schließlich fand man den idealen Mann.

Technical Sergeant Garp war nicht nur eine Waise – er war obendrein schwachsinnig, und sein Vokabular bestand aus einem einzigen Wort, so daß er sich nicht bei der Presse beschweren konnte. Und auf allen Fotos, die aufgenommen wurden, lächelte der Turmschütze Garp.

Als der sabbernde Sergeant ins Bostoner Mercy eingeliefert wurde, hatte Jenny Fields einige Mühe, ihn einzuordnen. Er war eindeutig ein »Abwesender«, fügsamer als ein Kind, aber sie wußte nicht genau, was ihm sonst noch alles fehlte.

»Hallo. Wie geht es Ihnen?« fragte sie ihn, als man ihn – er grinste – auf die Station schob.

»Garp!« bellte er. Der Oculomotorius war teilweise wiederhergestellt, und seine Augen hüpften jetzt eher, als daß sie sich verdrehten, aber seine Hände steckten in Gazefäustlingen – Garp hatte mit dem Feuer gespielt, das im Krankenrevier des Truppentransporters ausgebrochen war. Er hatte die Flammen gesehen und hatte die Hände danach ausgestreckt und einige der Flammen zu seinem Gesicht hochgewedelt. Dabei hatte er sich die Augenbrauen versengt. Für Jenny sah er aus wie eine rasierte Eule.

Mit den Verbrennungen war Garp gleichzeitig ein »Äußerlicher« und ein »Abwesender«. Außerdem konnte er, da seine Hände so dick verbunden waren, nicht mehr masturbieren, was er, wie aus seinem Krankenblatt hervorging, häufig und mit Erfolg – und ohne die geringste Befangenheit – getan hatte. Diejenigen, die ihn seit seinem Unfall bei dem Schiffsbrand genauer beobachtet hatten, fürchteten, der kindische Bordschütze werde in Depressionen versinken – weil ihm sein einziges Erwachsenenvergnügen genommen war, wenigstens bis seine Hände verheilten.

Es war natürlich möglich, daß Garp auch Schäden an »lebenswichtigen Organen« davongetragen hatte. Viele Splitter waren in seinen Kopf eingedrungen; etliche davon steckten an zu empfindlichen Stellen, als daß man sie hätte entfernen können. Womöglich war die gewaltsame Lobotomie längst nicht sein einziger Gehirnschaden; die innere Zerstörung konnte fortschreiten. »Unser allgemeiner Verfall«, schrieb Garp, »ist auch ohne Flakeinwirkung auf unseren Organismus schon kompliziert genug.«

Vor Sergeant Garp hatte es einen Patienten gegeben, dessen Kopf ähnlich von Splittern penetriert worden war. Monatelang war es ihm gut gegangen – nur daß er Selbstgespräche führte und gelegentlich ins Bett pinkelte. Dann gingen ihm plötzlich die Haare aus, und er hatte Mühe, seine Sätze zu beenden. Kurz vor seinem Tod hatte er weibliche Brüste entwickelt.

In Anbetracht der Indizien, der Schatten und der weißen Nadeln auf den Röntgenbildern war der Turmschütze Garp wahrscheinlich ein »Hoffnungsloser«. Aber für Jenny Fields sah er sehr nett aus. Der ehemalige untere Turmschütze, ein kleiner, reinlicher Mann, war so unschuldig und geradeheraus in seinen Forderungen wie ein Zweijähriger. Er rief »Garp!«, wenn er Hunger hatte, und »Garp!«, wenn er sich freute; er fragte »Garp?«, wenn ihn etwas verwirrte oder wenn er sich an Fremde wandte, und er sagte »Garp« ohne Fragezeichen, wenn er einen wiedererkannte. Er tat gewöhnlich, was man ihm sagte, aber man konnte sich nicht auf ihn verlassen; er vergaß leicht, und wenn er mal so gehorsam war wie ein Sechsjähriger, war er ein andermal so unbekümmert neugierig, als wäre er erst anderthalb.

Die Depressionen, die in seinen Begleitpapieren erschöpfend dokumentiert waren, schienen zeitlich mit seinen Erektionen zusammenzufallen. In diesen Augenblicken pflegte er seinen armen, erwachsenen Peter zwischen seine gazigen, in Fäustlinge gehüllten Hände zu klemmen und zu weinen. Er weinte, weil die Gaze sich nicht so gut anfühlte wie die kurze Erinnerung an seine Hände und weil ihm die Hände weh taten, wenn er irgend etwas berührte. In solchen Augenblicken setzte sich Jenny Fields zu ihm. Sie massierte ihm den Rücken zwischen den Schulterblättern, bis er den Kopf wie eine Katze nach hinten legte, und redete die ganze Zeit mit einer freundlichen Stimme voll erregender Modulationen auf ihn ein. Die meisten Schwestern leierten ihren Patienten etwas vor – mit gleichmäßiger, monotoner Stimme, die einschläfernd wirken sollte. Aber Jenny wußte: was Garp brauchte, war nicht Schlaf. Sie wußte, daß er noch ein Baby war und sich langweilte – er brauchte Zerstreuung. Also zerstreute Jenny ihn. Sie stellte ihm das Radio an, aber manche Sendungen regten Garp auf – niemand wußte, warum. Andere lösten bei ihm gewaltige Erektionen aus, die zu Depressionen führten, und so fort. Eine Sendung, nur eine einzige, schenkte Garp einen feuchten Traum, der ihn so überraschte und erfreute, daß er immer darauf brannte, das Radio zu *sehen*. Aber Jenny konnte die Sendung nicht wiederfinden, die Sache ließ sich nicht wiederholen. Sie wußte, wenn sie den armen Garp an die Traumsendung anschließen könnte, würden ihre Arbeitstage und sein Leben sehr viel glücklicher verlaufen. Aber das war nicht so einfach.

Sie gab ihre Bemühungen auf, ihm ein neues Wort beizubringen. Wenn sie ihn fütterte und sah, daß ihm das Essen schmeckte, sagte sie: »Gut! Das ist *gut*!«

»Garp!« stimmte er zu.

Und wenn er Essen auf sein Lätzchen spuckte und ein bitterböses Gesicht machte, sagte sie: »Schlecht! Das Zeug ist *schlecht,* nicht wahr?«

»Garp!« würgte er.

Das erste Anzeichen, daß es mit ihm bergab ging, sah Jenny darin, daß er das G zu verlieren schien. Eines Morgens begrüßte er sie mit einem »Arp«.

»*G*arp«, sagte sie nachdrücklich zu ihm. »G-arp.«

»Arp«, sagte er. Da wußte sie, daß sie ihn verlor.

Täglich schien er jünger zu werden. Im Schlaf knetete er mit seinen zappelnden Fäusten die Luft, seine Lippen spitzten sich, seine Wangen machten saugende Bewegungen, und seine Augenlider zitterten. Jenny hatte viel Zeit mit Neugeborenen verbracht – sie wußte, daß der Turmschütze in seinen Träumen an der Mutterbrust sog. Eine Zeitlang erwog sie, einen Schnuller in der Entbindungsstation zu stehlen.

Aber sie hielt sich von dieser Station fern; die Witze irritierten sie (»Da kommt Jungfrau Maria-Jenny und klaut eine Gummibrust für ihr Kind. Wer ist denn der glückliche Vater, Jenny?«). Sie sah zu, wie Sergeant Garp im Schlaf nuckelte, und versuchte sich vorzustellen, daß seine letzte Regression friedlich verlaufen würde, daß er in sein Embryonalstadium zurückkehren und nicht mehr mit den Lungen atmen würde; daß seine Persönlichkeit sich selig spalten und daß die eine Hälfte dann von einem Ei und die andere Hälfte von Sperma träumen würde. Schließlich würde er einfach nicht mehr *sein.*

Fast so war es dann auch. Garps Stillphase war schließlich so ausgeprägt, daß er alle vier Stunden wie ein Säugling im Stillrhythmus aufwachte; er schrie sogar wie ein Baby mit hochrotem Gesicht, vergoß in einem Moment Tränen und war im nächsten wieder beruhigt – vom Radio, von Jennys Stimme. Einmal, als sie ihm den Rücken massierte, rülpste er. Jenny brach in Tränen aus. Sie saß an seinem Bett und wünschte ihm eine schnelle, schmerzlose Reise zurück in den Mutterschoß und weiter.

Wenn seine Hände doch nur heilen würden, dachte sie, dann könnte er wenigstens am Daumen lutschen. Wenn er aus seinen Saugträumen erwachte und hungrig war oder sich einbildete, hungrig zu sein, hielt Jenny ihm einen Finger an den Mund und ließ seine Lippen daran nuckeln. Obwohl er richtige, ausgewachsene Zähne hatte, war er *im Geist* zahnlos, und nie biß er sie. Diese Beobachtung bewog Jenny eines Nachts, ihm ihre Brust zu geben. Er sog unermüdlich, und es schien ihn nicht zu stören, daß dort nichts zu holen war. Jenny dachte, daß sie, wenn er weiterhin ihre Brust nahm, Milch haben *würde*; sie spürte ein starkes Ziehen in ihrem Schoß, das nicht nur mütterlich, sondern auch sexuell war. Ihre Gefühle waren so intensiv – sie glaubte eine Zeitlang, sie könne möglicherweise ein Kind *empfangen,* indem sie lediglich Baby-Turmschützen stillte.

Fast so war es dann auch. Aber Bordschütze Garp war nicht *ganz* Baby. Eines Nachts, während er an ihrer Brust lag, bemerkte Jenny, daß er eine Erektion hatte – eine Erektion, daß sich die Decke hob; mit seinen unbeholfenen, verbundenen Händen erregte er sich und wimmerte vor Enttäuschung, während er hungrig wie ein Wolf an ihrer Brust sog. Und so half sie ihm eines Nachts; mit ihrer kühlen, gepuderten Hand faßte sie ihn an. Er hörte auf, an ihrer Brust zu saugen, er rieb einfach nur den Mund an ihr.

»Ar«, stöhnte er. Er hatte das *p* verloren.

Einst ein Garp, dann ein Arp, jetzt nur noch ein Ar; sie wußte, daß er starb. Ihm blieben nur noch ein Vokal und ein Konsonant.

Als er kam, fühlte sie seinen Erguß naß und heiß in ihrer Hand. Unter der Decke roch es wie in einem Treibhaus im Sommer, absurd fruchtbar – unkontrolliertes Wachstum. Man könnte dort *alles* einpflanzen, und es würde gedeihen. Bei Garps Sperma mußte Jenny Fields denken: Wenn man ein wenig davon in einem Treibhaus verspritzte, würden *Kinder* aus der Erde sprießen.

Jenny dachte vierundzwanzig Stunden über die Sache nach.

»Garp?« flüsterte Jenny.

Sie knöpfte das Oberteil ihres Schwesternkleids auf und holte ihre Brüste heraus, die sie immer zu groß gefunden hatte. »Garp?« flüsterte sie ihm ins Ohr. Seine Augenlider flatterten, seine Lippen näherten sich. Sie waren von einem weißen Grabtuch umgeben, einem Vorhang an Schienen, der sie von der übrigen Station trennte. Auf der einen Seite von Garp lag ein »Äußerlicher« – Opfer eines Flammenwerfers, glitschig vor Salbe, in Mull gehüllt. Er hatte keine Augenlider mehr, so daß er immer zu beobachten schien, aber er war blind. Jenny zog sich ihre derben Schwesternschuhe aus, löste ihre weißen Strümpfe, schlüpfte aus ihrem Kleid. Sie legte einen Finger an Garps Lippen.

Auf der anderen Seite von Garps weißverhängtem Bett lag ein »lebenswichtiges Organ«, das sich zum »Abwesenden« entwickelte. Der Mann hatte den größten Teil seines Dickdarms und sein Rektum eingebüßt; jetzt machte die eine Niere ihm zu schaffen, und seine Leber trieb ihn zum Wahnsinn. Er hatte schreckliche Alpträume, in denen er gezwungen wurde, zu urinieren und seinen Darm zu entleeren, obwohl das für ihn jetzt der Geschichte angehörte: in Wirklichkeit merkte er gar nicht mehr, wenn er diese Dinge machte, und er machte sie durch Schläuche in Gummibeutel. Er stöhnte oft, und anders als Garp stöhnte er mit vollständigen Worten.

»Scheiße«, stöhnte er.

»Garp?« flüsterte Jenny. Sie schlüpfte aus ihrem Slip, nahm ihren Büstenhalter ab und schlug die Decke zurück.

»Jesus«, sagte der »Äußerliche« gedämpft; seine Lippen waren mit Brandblasen bedeckt.

»Gottverdammte Scheiße!« brüllte das »lebenswichtige Organ«.

»Garp«, sagte Jenny Fields. Sie nahm seinen erigierten Penis und hockte sich rittlings auf ihn.

»Aaa«, sagte Garp. Auch das *r* war fort. Er war auf einen einzigen Vokal angewiesen, um seine Freude oder Trauer auszudrücken. »Aaa«, sagte er, als Jenny ihn in sich einführte und sich mit ihrem ganzen Gewicht auf ihn setzte.

»Garp?« fragte sie. »Okay, Garp? Ist es gut, Garp?«

»Gut«, stimmte er klar und deutlich zu. Aber es war nur ein Wort aus seinem zerstörten Gedächtnis, das einen Moment lang freigelegt wurde, als er in ihr kam. Es war das erste und letzte richtige Wort, das Jenny Fields ihn sprechen hörte: gut. Als er erschlaffte und sein Lebenssaft aus ihr heraussickerte, war er wieder auf Aaa's reduziert, er schloß die Augen und schlief ein. Als Jenny ihm die Brust geben wollte, hatte er keinen Hunger.

»Gott!« rief der »Äußerliche«, wobei er sehr vorsichtig mit den *t*'s umging; seine Zunge hatte ebenfalls Brandwunden.

»Piß!« zischte das »lebenswichtige Organ«.

Jenny Fields wusch Garp und sich mit warmem Wasser aus einer weiß emaillierten Krankenhausschüssel und Seife. Die Frauendusche würde sie selbstverständlich nicht benutzen, und sie zweifelte nicht daran, daß der Zauber gewirkt hatte. Sie fühlte sich empfänglicher als frisch gepflügter Boden – die genährte Erde –, und sie hatte gespürt, wie Garp sich in ihr so reichlich ergoß wie ein Wasserschlauch im Sommer (als könnte er einen Rasen sprengen).

Sie machte es kein zweites Mal mit ihm. Es gab keinen Grund. Ihr verschaffte es keine Lust. Von Zeit zu Zeit half sie ihm mit der Hand, und wenn er wollte und danach schrie, gab sie ihm die Brust. Aber nach ein paar Wochen hatte er keine Erektionen mehr. Als man die Verbände von seinen Händen abnahm, stellte man fest, daß selbst der Heilungsprozeß rückwärts zu laufen schien; und man wickelte sie wieder ein. Er verlor jedes Interesse an ihrer Brust. Seine Träume kamen Jenny vor wie Träume, die ein Fisch haben mochte. Er war wieder im Mutterschoß, Jenny wußte es; er nahm wieder eine embryonale Lage ein – er rollte sich ganz klein in der Mitte des Bettes zusammen. Er gab keinen Laut mehr von sich. Eines Morgens beobachtete Jenny, wie er mit seinen kleinen, schwachen Füßen strampelte; sie bildete sich ein, sie fühle *in sich* ein Treten. In Wirklichkeit war es noch zu früh dafür, sicher, aber sie wußte, daß es angefangen hatte.

Bald hörte Garp auf zu strampeln. Er bekam seinen Sauerstoff immer noch, indem er mit seinen Lungen Luft einatmete, aber Jenny wußte, daß dies nur ein Beispiel für die menschliche Anpassungsfähigkeit war. Er wollte nicht mehr essen; man mußte ihn intravenös ernähren – so hing er wieder an einer Nabelschnur. Jenny sah seiner letzten Phase mit einiger Sorge entgegen. Würde es am Ende einen Kampf geben, ähnlich dem verzweifelten Kampf des Samens? Würde das Sperma sich ablösen und das nackte Ei sehnsüchtig auf den Tod warten? Wie würde sich die Seele bei der Rückreise des kleinen Garp zuletzt spalten? Aber die Phase ging vorbei, ohne daß Jenny sie beobachtete. Eines Tages, als sie frei hatte, starb Technical Sergeant Garp.

»Wann *sonst* hätte er sterben können?« schrieb Garp. »Er konnte sich nur davonstehlen, während meine Mutter frei hatte.«

»Natürlich *fühlte* ich etwas, als er starb«, schrieb Jenny Fields in ihrer berühmten Autobiographie. »Aber das Beste von ihm war in mir. Es war für uns beide das beste, die einzige Möglichkeit, wie er weiterleben konnte, die einzige Art, wie ich ein Kind bekommen wollte. Daß der Rest der Welt dies als unmoralischen Akt betrachtet, zeigt mir nur, daß der Rest der Welt nicht die Rechte des einzelnen respektiert.«

(aus: Garp, dt. J. Abel)

BEIM UNTERTAN (MITTELALTER)

In einem Dorf lebte ein Mann, der mit jedermann gut Freund war, denn er war wirklich ein braver Mann. Er besaß eine Tochter, die, wie man erzählt, ein liebreizendes und schönes Mädchen war. Nun hatte er einen Nachbarn, der auf Besitzerwerb scharf war. Dieser hatte einen einzigen Sohn, der aber gar nichts taugte. Hunor hieß er und war ein rechter Dummkopf. Der Nachbar dachte bei sich, daß es gewiß von Nutzen wäre, wenn er seinen Sohn vermählte. Vielleicht würde er nicht mehr lange leben, dann wäre sein Besitz nicht ohne Erben. Und zwar hatte er dabei ein Auge auf das genannte Mädchen geworfen, weil er meinte, daß keusch und ehrbar, wie sie war, sie sich für Hunor eignete. Er machte sich auf zu ihrem Vater und brachte dort in Begleitung seiner Freunde sein Anliegen vor: »Ihr sollt meinem Sohn eure

Tochter geben. Wenn sie es erleben, so erhalten sie all meinen Besitz, vorausgesetzt, daß ihr eine kluge Entscheidung trefft.« Da antwortete der brave Mann: »Mit meiner Tochter und mit meinem Besitz würde ich euren Wunsch gerne erfüllen, wenn euer Sohn nur besser geartet wäre. Wir könnten schon einig werden, aber er ist halt gar so dumm.« Darauf der greise Brautwerber: »Er wird schon noch klüger werden und aufgeweckte und gescheite Kinder bekommen. Gebt sie ihm in Gottes Namen.« So kamen sie schließlich überein.

Da ging der Alte vergnügten Sinnes nach Hause. »Herr Sohn, gebt mir Botenlohn, ich habe euch, bei Gott, ein liebliches Mädchen gefreit, die allen Leuten gefällt.« – »Ho, ho, ho«, sagte darauf der Bengel, »so werden wir sie festhalten.«

Nun wohnte in der Nähe, jenseits des Ackerlandes, ein tapferer Ritter, dessen Roß trefflich trabte. Der bat das Mädchen, sie solle ihn zum Manne nehmen, wenn es möglich wäre. Sie hätte das auch gerne getan, aber das war nicht im Sinne des Vaters; der gab sie dem Simpel, weil der Geld hatte.

Als es nun soweit war, verständigte man die Nachbarn, sie sollten die Braut einholen. Da kamen sie, weithin sichtbar, geritten und zogen zum Haus der schönen Braut. Das Mädchen schämte sich, daß sie einen solchen Dummkopf heiraten sollte. Die Bewirtung war reichlich. All den schmucken Gästen, die zur Hochzeit gekommen waren, schenkte man Kleider und Geld.

Dies war vorbei, und bald darauf nahmen sie die Brautleute an der Hand. Alle kamen dazu im Hof zusammen, wo ein Häuslein stand. Dort führte man sie fröhlich hinein und legte sie zusammen ins Bett. Hunor machte sich jetzt auf die Suche nach dem Füchslein seiner Braut, zunächst an ihrem Ohr. Dann tappte er nach ihren Achselhöhlen, wo es angenehm warm war, dann unter ihre Brüste: »Hier sollte es doch gewiß zu finden sein.« Das Mädchen fragte: »Was suchst du denn, du Rüpel? Ich habe keine Braunfüchse.« Darauf erwiderte er hitzig: »Natürlich hast du!« Und sie: »Einen Pfifferling habe ich! Was willst du denn, du Dummkopf? Ich habe keine Füchse.« – »Was nützt du mir dann, wenn du keine Freude gewähren kannst?« – »Ich weiß das auch nicht, nur: mein Vater hat es so gewollt.« – »Ein Knecht meines Vaters sagte mir, daß Frauen so etwas haben müßten.« – »Ich habe es aber nicht!«

Da fing der Schafskopf zu weinen an. Er war so mit Blödheit

geschlagen, daß er nicht auf die Idee kam, das Gewünschte dort zu suchen, wo es von Rechts wegen hingehört und wohin man den Angriff richtet. So sprach er denn: »Könnte man nicht irgendeinen klugen Mann auftreiben, der es verstünde, dir so ein Ding zu machen?« Das Mädchen brach in ein solches Gelächter aus, daß ihr alles weh tat wie nie zuvor und nie nachher, und sagte dann: »Hier in der Nähe wohnt ein kühner Ritter. Wenn der sich der Sache annähme und du ihn recht angelegentlich darum bätest: der könnte mit seinen Mitteln schon eine recht brauchbare Sache machen. Freilich, wer etwas Gutes machen will, braucht dazu gutes Material.« – »Was für ein Material könnte das sein?« Da antwortete das Mädchen: »Du sollst zwei Mark Silber nehmen und zwei schwere Schinken.«

Sogleich machte der Narr sich auf, ging in den Pferdestall und sattelte zwei Pferde. Auf das eine setzte er das Mädchen. Sie verlangte ihre Kleider; die bekam sie und dazu ihr Bettzeug; das nahm sie auf den Arm. Barfuß bestieg er dann sein Pferd und nahm das Mädchen mit sich. Sie ritten vor das Tor des Ritters und klopften an. Der fragte: »Wer ist draußen?« – »Ein junger Mann ist da und ein Mädchen, die euch beide gefallen werden. Laßt uns aufmachen, ihr werdet es nicht bereuen.« Der Ritter bot ihnen den Willkommensgruß, und das Mädchen dankte dafür. Als der Dummhans den Ritter sah, paßt auf, da sagte er so: »Herr, seid ihr imstande, mit euren Mitteln eine anständige Scham zu machen, so sind die zwei Mark euer und auch die zwei schweren Schinken. Wenn ihr die Scham zur Zufriedenheit macht, sind wir immer gute Freunde.« Dazu ließ sich das Mädchen vernehmen: »Herr, ihr kennt ja sein Wesen. Helft uns beiden!« Der Ritter führte sie in sein Haus, wo er ihr alle Bequemlichkeit schuf. Hunor aber hieß er die Sache geheim halten und in sechs Wochen wiederkommen.

Da ging der Tölpel heim und fühlte sich seiner Sorgen ledig. Er legte sich wieder ins Bett, ohne sich als Minnejäger ausgezeichnet zu haben, und glaubte, er habe es gut gemacht, daß er das Mädchen heimführte. Am Morgen kamen die Leute und wollten der Braut aufstehen helfen, da fanden sie den lieben Sohn allein ohne Braut. Er lag ohne Bettzeug. Sie fingen alle an zu lachen und riefen: »Wo ist denn deine Braut hingekommen? Hat sie dir der Teufel geraubt?« – »Nein, ich selber habe sie vor Tagesanbruch fortgebracht (ich soll es aber niemandem verraten) an einen guten Platz, wo man ihr das macht, was ich bestellt habe.«

Unser Dummkopf konnte die Zeit kaum erwarten. Als die sechs Wochen um waren, machte er sich wieder auf mit zwei Mark Silber und zwei schweren Schinken; damit wollte er sein Pfand einlösen. Kaum angelangt, rief er schon: »Herr ist die Scham fertig? Ich will mein Versprechen einlösen.« – »Ja«, antwortete der Ritter. Und der Junge: »Wo ist sie, wo, wo?« – »Ich werde sie dir zeigen. Du wirst mir dann zugeben müssen, daß sie sehr schön geraten ist. Ich habe mir auch große Mühe gegeben.« Worauf der Tölpel eilig erwiderte: »Ihr sollt als Belohnung auch noch ein Geschenk erhalten.« Der Ritter lächelte nun dem Mädchen freundlich zu und sprach zu unserem Blödling gewandt: »Ich zeige dir jetzt das Mädchen, damit du selber entscheidest, wie sie dir gefällt, und nicht hinterher ein Geschrei machst!«, und zum Mädchen: »Geh mit ihm in eine Kammer – es geschieht dir nichts – und hebe deinen Rock hoch.« Das Mädchen sagte: »Ich will es gleich tun.«

Sobald sie in der Kammer waren: paßt auf, wie sie ihn anfuhr: »Gott schicke alles Unglück über dich! Was gibst du den Leuten Anlaß zum Spotten mit deinem albernen Gehaben? Wohin du gehst, ich muß dir ja folgen.« Darauf unser Dummhans: »Jetzt laß mich endlich sehen – ich will Gewißheit haben –, wie unsere Scham geartet ist und ob sie ordentlich gemacht ist. Bei meiner Ehre, ist sie ohne Tadel, dann, Herr, sollt ihr euch nicht zu beklagen haben.« Und das Mädchen: »Sie ist auf beste Art gemacht.« – »Liebste, laß sie mich sehen!« Jetzt hob sie ihren Rock, da schrie der Narr: »Bei Gott, ist sie an dieser Stelle?« – »Ja natürlich, das ist kein Witz.« – »Welcher Teufel hat ihm denn das eingeflüstert, sie an einen solchen Mordwinkel zu tun unten am Bauch, wo die Schenkel ansetzen? Und, pfui Teufel, was ist sie borstig! Sie sieht ja wie ein Igel aus.« Der junge Bauer war außer sich. »Er hätte sie weiß machen sollen! Sie ist aber schwarz wie eine Ziege. Alles Unglück über ihn! Er hat sie völlig verhunzt, hat ihr ein miserables Aussehen gegeben mit all seiner Bemühung. Ich will sie nicht bei mir haben. Er kann sie behalten. Bleib du nur bei ihm, ich mache mich eilig davon. Diese Scham mag er für sich haben, und die Frau dazu. Der Teufel soll ihn holen!«

Der Narr lief fort – das war das ganze Ergebnis. Als er seinem Vater unter die Augen trat, hört, wie der ihn anredete: »Sohn, wohin hast du deine Frau gebracht, du Unglücksrabe? Weh mir, daß ihre Augen dich je erblickten, von dir habe ich nur Ärger.« Hunor antwortete: »Ich habe sie einem überlassen, der mich betrügen wollte. Er mag Schaden oder Nutzen davon haben, ich will mit ihr nichts mehr zu tun haben.«

So geht die Geschichte aus. Gott beschere uns des Tölpels Weib.

(Hunor, in: Schwankerzählungen des dt. Mittelalters, Hg. H. Fischer)

H. J. C. von Grimmelshausen

BEI BAUERN (BAROCK)

Ich kam denselben Abend nicht weiter als in ein klein Dörffgen / daß keinen Wirth: sonder ungefehr dreyzehen Bauren vermochte / da kehrte ich ein / bey dem / der den grösten Hauffen Mist im Hof liegen hatte / weil ich ihn deßwegen vor den Reichesten hielte / und dannenhero glaubte / ich würde bey ihm dieselbe Nacht auch mein Maulfutter am besten haben können; aber ich befande mich betrogen / dann er war ein karger Filtz / er hausete mit keinen Dienstbotten oder gedingtem Gesind / sonder mit seinen nunmehr erwachsenen Kindern / die er mit einer Wassersuppen und einer grossen Pfannen voll starckem Haberbrey tractirte; damit sie wol verlieb nemmen musten / welches aber Knecht und Mägd jetziger Zeit Gewohnheit nach nicht gethan hätten; also daß ich bey nahe hätte Hunger leyden müssen / wie ich dann / so lang sie zu Nacht assen / hintern Ofen zu protzen sasse / und mich mit Ungedult speissete / in dem ich keine Hoffnung fassen könte / daß denselben Abend etwas annemlichs in meinen Magen logirt werden möchte.

Gleich nach dem Essen musten beyde Söhne die Pferd: die Tochter aber das Rindviehe abfüttern / indessen gieng die Mutter hin ihren Marckschatz zusammen zu machen / was sie nemlich den folgenden Tag in dem nächste Marckflecken zuverkauffen willens war; solcher bestunde in einem dutzet zwey oder drey pfündiger Küh-Käsen / in einen Schock Eyer / in etlichen jungen Hanen / und in ungefehr 10. Pfund Butter / den sie zu Pfunden partirt hätte; solches alles packte sie ordentlich in einen grossen Korb biß auf die Hüner / die absonderlich in einen Dauben-Korb gethan worden; Ich hätte ihr hiezu wol leuchten können / weil ich ihr überall nachschliche / und sahe was sie machete / aber ich thäts drumb nicht / sonder packte ein Stück faulen Käse an sampt einem geringen partickul Butter / so ich vor die lange Weil zu einem Stück Brod / das ich noch im Sack hatte / aufwerckte;

hernach tratt ich wieder mit ihr auß dem Keller in die Stub / wo ihr Alter sasse / den Kopff mit einer Hand auff den Elenbogen untersteuerte / und mit der andern die Zähn sticherte / gleichsam als wann er denselben Abend viel zahmes und wildes darmit zermahlen müssen; aber der gute Mann machte wol andere Calender / als ich mir eingebildet: dann gleich darauff sagte er; Ja Frau! es schickt sich einmal noch nicht / daß wir unser Gret deß Clausen Hansen Geörgen geben /denck selber! wir müsten ja gleich eine Magd dingen / die kostet uns gleichwol alle Jahr ohne das Essen auff zwantzig Gulden / was kostet uns erst die Hochzeit? Was die Spieleute? Was die Morgen-Supp? Was die Brautkleider? Was die Kleider für uns und unsere zween Buben? Und was müsten wir ihr erst zur Haußsteur geben? geschweige jetzt ihren Vorauß / den wir ihr vor allen Dingen hinauß geben / und dardurch unsere gantze Nahrung umbs halb schwächen müsten! es ist ohne das jetzt so eine herbe Zeit / in deren die liebe Frucht und das Viehe bald nichts gilt / so daß wir kümmerlich so viel erübrigen können / der Obrigkeit / die Herren-Gelder / sampt Zinß und Gült den Schaffnern abzustatten / und solten wir noch darzu so ein Gefest anstellen / und uns vollents dardurch verderben?

Es ist wahr / lieber Hans! wie du sagst / antwortet die Bäurin / aber du must auch gedencken / das es Tag und Nacht wird / wann es Zeit ist / du magst gleich sauer oder süß darzu sehen; daß Mensch ist gleichwol schon vorlängst Mannbar gewest / und hat dir zugehorsamen etliche Heyrath außgeschlagen / sich auch bey uns viel mehr als eine Magd gelitten / und ihr bestes gethan /und diß ist ein sehr anständiger Heyrath vor sie; soltest du dich nun auch unterstehen / diesen wie die vorrige zuverhindern / so wirst du das Kalb ins Aug schlagen / und der Greten Vormünder würden den Bossen mercken und sagen / du begehrtest deiner Tochter vor ihrem Glück zustehen / nur daß du ihren Mütterlichen Vorauß nicht herauß geben dörfftest; darum schaue was du thust / und unterstehe dich nichts zu hindern / wann du siehest / daß du es ohne das nicht mehr verhindern kanst.

Was? sagte hierauff der Bauer / solt ich ein Kind haben /daß mir nicht folgte? Es muß mir den Kerl wider meinen willen nicht kriegen / und solt es Haar scheissen wie ein Wolff! Ich will gern sehen / wer mich zwingen wird. Wie nun die Bäurin sahe / daß ihr Alter so schellig wurde / sagte sie nichts anders mehr / als meinet halber / du bist Meister / und witziger als ich / magst derowegen mit deiner Tochter verfahren wie du wilst.

Gleich darauf kamen die Söhne / denen befahl der Vatter schlaffen zu gehen / damit sie den künfftigen Morgen desto früher auffstehen könten; hernach kam auch die Tochter / der wurde ein gleicher Befelch gegeben / doch daß sie zuvor das Geschier in der Kuchel abwäschen solte; weil mich dann sehr auff den Käß dürstet / den ich zu Nacht gessen /und keine Hoffnung da war / vor dißmal mit Wein zu löschen / gieng ich mit ihr hinauß /und thäte gantz verstohlen aus einem Kübel / in den ich das Maul steckte wie eine Kuh / einen rechtschaffenen Trunck Wasser / welches mir lang nicht widerfahren war; da sahe und hörete ich / wie das Gretel / als es das Geschier butzte / seufftzet und weinet / ohne daß ich die Ursach hätte eigentlich wissen können / so ich aber bald erfuhre.

Dann als sie schlaffen gieng / schlich ich ihr nach und legte mich in ihrer Kammer in einen Winckel auff etliches schwartz leinen Gezeug und alte Säck / konte aber wegen deß Käses / dessen ich gegen die Nacht zuviel zu mir genommen / so wenig als das Gretel schlaffen / welche noch immerhin in ihrem Bett lag / und hertzlich seufftzete; Als aber ungefehr anderthalb Stund vergangen waren / klopffte einer am Cammerladen; Gretl / Gretl / rieffe er gar leiß / ach mein Schatz wach auf / und laß mich hinein; Gretel stund auf / und versichert sich zuvor / ob es eigentlich ihr Clausen Hansen Geörg wäre: und da sie ihn erkannte / machte sie den Laden auf / und sagte; wann du fromm seyn wilst / so will ich dich herein lassen /und dir etwas erzehlen / daran mir und dir gelegen; Geörg schwur darauf deß Henckers Großmutter ein Bein ab / daß er thun wolt / was sie begehrte / ward auch darauff eingelassen / und vom Gretel alles dessen berichtet / was ihr Vatter und Stieffmutter ihrentwegen denselben Abend miteinander geredet / welches sie selbst gehöret / als sie vor im Fenster gestanden und auffgelaustert hatte.

Ja! sagte sie / man spricht / wer eine Stiffmutter habe /der kriege auch einen Stiffvatter / aber mein Stiffmutter meinets wol besser mit mir als mein leiblicher Vatter! wann es ihr nachgieng / so dörfften wir bald Hochzeit halten; wanns aber meines Vatters Sinn nach gehen solte / so dörffte ich keinen Mann nehmen / so lang er lebt / und solte ich so lang warten müssen / biß ich unter das alt Geschier gerechnet würde; Geörg hingegen sprach ihr zu / und sagte / sie müste sich nur selbst versorgen / und auff ihr bestes gedencken / wanns diese Mucken hätte; er wüste so viel / daß ihre zween Vormünder und seine Eltern ihren Heyrath gern sehen / wolte sie ihn darauf nehmen / so wolte er sie in Ewigkeit nicht verlassen / sondern daran seyn / daß sie ehistens zusammen gegeben würden; in Summa / er gab ihr so gute Wort / daß endlich Gretel ja sagte / und so viel ich mercken konte / einen harten Thaler von ihm auff die Ehe empfing.

Hierauff hörete ich am Schmatzen / daß ihm das küssen erlaubt war / und unlängst hernach noch mehrers / dann er schertzte ihr das Kräntzlein ab / und hatte durch öffters wiederholen solcher Kurtzweil ein solch wild wesen / daß die Bettlade darüber lamentirte / und mir selbst gantz übel darvon ward; Gegen Tag aber verliesse er die Gretel weinend / wie wol er sie seiner Treu mit grausamen schwören versichert / wiederumb zu dem jenigen Cammerladen hinaus steigend / dardurch er hinein kommen war; mit Versprechen die folgende Nacht sich wiederumb einzustellen / und zu berichten / was seine Eltern und ihre Vormünder darzu gesagt / daß sie einander genommen hätten.

(aus: Das wunderbarliche Vogelnest. Der Erzähler ist unsichtbar.)

Gustave Flaubert

DIE KLEINE BÜRGERIN (19. JAHRHUNDERT)

Zu jener Zeit starb mein Vater; meine Mutter zog mit mir in die Stadt. Mein Bruder ging zu den Soldaten, wo er es bis zum Hauptmann gebracht hat. Ich war sechzehn Jahre alt, als wir von Hause fortzogen. Ich sagte dem Walde und der Wiese, wo mein Bach floß, für immer Lebewohl; ein Lebewohl dem Portal der Kirche, vor dem ich so schöne Stunden in der Sonne gespielt hatte, ein Lebewohl auch meinem armen kleinen Zimmer. Ich habe nichts von alledem wiedergesehen. Die Grisetten unseres Stadtteiles, die meine Freundinnen wurden, zeigten mir ihre Schätze. Ich machte Ausflüge mit ihnen, ich schaute zu, wie man sich liebte, und ich weidete mich mit Muße an diesem Anblick. Jeden Tag fand sich ein neuer Vorwand zum Fortgehen. Meine Mutter wurde aufmerksam. Anfangs machte sie mir Vorwürfe, schließlich jedoch ließ sie mich in Ruhe.

Eines Tages endlich schlug mir ein altes Weib, das ich seit einiger Zeit kannte, vor, sie wolle mein Glück machen. Sie sagte, sie habe einen sehr reichen Liebhaber für mich gefunden. Ich brauche nur am Abend des folgenden Tages auszugehen, als wenn ich eine Arbeit in die Vorstadt trüge; sie würde mich an Ort und Stelle führen.

Während der nächsten vierundzwanzig Stunden glaubte ich mehrere Male, verrückt zu werden. Je näher die Stunde kam, desto weiter schien mir der ersehnte Augenblick: ich hatte nur noch dieses Wort im Kopfe: ein Liebhaber! ein Liebhaber! Ich sollte also einen Liebhaber bekommen, sollte geliebt werden, sollte lieben! Zuerst zog ich meine feinsten Schühchen an. Als ich sah, daß mein Fuß sich darin breit trat, nahm ich Stiefel. Ebenso frisierte ich mein Haar auf hundert verschiedene Weisen, in Windungen aufgesteckt, dann mit flachem Scheitel, in Locken gedreht, in Flechten. Je öfter ich in den Spiegel sah, desto schöner wurde ich, aber ich genügte mir noch nicht. Meine Kleider waren gewöhnlich, und ich errötete vor Scham darüber. Warum war ich nicht eine jener Frauen, die weiß aus Samt und Spitzen hervorleuchten, die nach Ambra und Rosen duften, von Seide rauschen und Diener in goldgestickten Livreen hinter sich haben! Ich fluchte meiner Mutter, meinem vergangenen Leben, und ich rannte davon, von allen Versuchungen des Teufels gehetzt und sie alle im voraus genießend.

An einer Straßenecke erwartete uns ein Fiaker, wir stiegen hinein. Eine Stunde darauf hielt er vor dem Gittertor eines Parkes. Nachdem wir einige Zeit darin umhergegangen, bemerkte ich, daß die Alte mich verlassen hatte und ich allein in den Alleen geblieben war. Die Bäume standen ragend im reichen Blätterschmuck. Rasenstreifen umgaben Blumenbeete; niemals hatte ich einen so schönen Garten gesehen. Ein Fluß zog sich mitten hindurch. Steine, die geschickt hier und da verteilt waren, brachten Wasserfälle hervor. Schwäne spielten auf der Fläche und ließen sich mit geblähten Flügeln von der Strömung treiben. Ich sah mit Vergnügen die Volière, in der allerhand Vögel schrien und sich in ihren Ringen wiegten; sie breiteten ihre bunten Schwänze aus und flogen voreinander her, es war ein blendender Anblick. Zwei Statuen aus weißem Marmor standen unten auf der Freitreppe und schauten einander in reizender Stellung an; das große Bassin gegenüber war von der untergehenden Sonne vergoldet und machte einem Lust zum Bade. Ich dachte an den unbekannten Liebhaber, der hier wohnte. Jeden Augenblick erwartete ich, hinter einer Baumgruppe einen schönen Mann hervorkommen zu sehen, der stolz wie Apoll daherschritt. Als nach dem Diner das Geräusch im Schlosse, das ich seit geraumer Zeit hörte, nachließ, erschien mein Gebieter. Es war ein ganz weißer und magerer alter Herr, der sich in zu enge Kleider gepreßt hatte. Er trug einen Ordensstern auf seinem Rock und Schuhe, die ihn bei der Bewegung seiner Knie hinderten. Seine Nase war groß, und seine kleinen grünen Augen hatten einen häßlichen Ausdruck. Er sprach mich lächelnd an; sein Mund war zahnlos. Wenn man lächelt, muß man kleine rosige Lippen haben, wie du sie hast, mit ein wenig Schnurrbart in den Mundwinkeln, nicht wahr, mein Engel?

Wir setzten uns auf eine Bank. Er nahm meine Hände; er fand sie so reizend, daß er jeden einzelnen Finger küßte. Er sagte mir, daß ich sehr viel Geld haben würde, wenn ich seine Geliebte werden, artig sein und bei ihm bleiben wolle. Ich würde Dienerschaft zu meiner Bedienung haben und jeden Tag schöne Kleider bekommen. Ich würde reiten und ausfahren. Doch für alles das müsse ich ihn lieben. Ich versprach, ihn lieben zu wollen.

Und doch regte sich in mir keine jener Flammen, die mir noch unlängst bei der Annäherung der Männer das Innere verbrannten. Dadurch, daß ich neben ihm saß und mir sagte, daß ich die Geliebte dieses Mannes da sein sollte, bekam ich schließlich Lust. Als er mich aufforderte, mit ihm ins Haus zu kommen, erhob ich mich lebhaft. Er war entzückt, er zitterte vor Freude, der Einfaltspinsel! Nachdem wir einen schönen Salon mit vergoldeten Möbeln durchschritten hatten, führte er mich in mein Zimmer und wollte mich selbst auskleiden. Er begann damit, mir meinen Kopfputz abzunehmen; doch als er mir die Schuhe ausziehen wollte, wurde ihm das Bücken schwer, und er sagte: »Ja, ich bin alt, mein Kind.« Er kniete vor mir nieder, seine Blicke bettelten. Die Hände faltend, fügte er hinzu: »Du bist so hübsch!« Ich hatte Furcht vor dem, was kommen würde.

Im Alkoven stand ein ungeheures Bett. Er zog mich schreiend dahin. Ich fühlte mich in Daunen und Matratzen versunken. Sein Körper lastete auf mir als gräßliche Marter. Seine schlaffen Lippen bedeckten mich mit kalten Küssen. Die Decke des Zimmers schien mich erdrücken zu wollen. Wie glücklich war er! Er wollte vor Wonne vergehen! Während ich für mich versuchte, selbst zu genießen, regte ich ihn auf, wie es schien. Aber was ging mich sein Vergnügen an! Das meinige wollte ich, erwartete ich. Ich ersehnte es von seinem eingefallenen Munde und seinen kraftlosen Gliedern, ich suchte es in diesem Greise zu finden, und während ich in unerhörter Anstrengung alles zusammenraffte, was von verhaltener Wollust in mir war, fühlte ich nur Ekel in meiner ersten Nacht der Ausschweifung.

Kaum war er fort, so erhob ich mich. Ich ging ans Fenster, öffnete es und erfrischte meine Haut an der Luft. Ich wünschte, der Ozean hätte ihn von mir abwaschen können. Ich brachte mein Bett in Ordnung und tilgte sorgfältig alle Spuren, wo dieser Leichnam mich mit seinen Krämpfen ermüdet hatte.

(aus: November, dt. E. W. Fischer)

Patrizia Fortenkopp

MAL SO GESEHEN

Er zeigte mir
sein Ding.
Es sah aus wie der Hals eines Truthahns.
Ich lachte laut.

(aus: Für Sylvia)

Franz Blei

DER GROSSE BÜRGERSOHN (19. JAHRHUNDERT)

Die Liebe ist zuweilen eine pathetische Angelegenheit, das Sexuelle nie: das ist immer gewöhnlich. Folgenlos für den Mann, also auch ganz ohne Wichtigkeit für ihn. Das Geschick erließ es dem jungen Menschen, unserem Helden, daß er den Zusammenbruch des weitläufig aus Ahnungen, Träumen, Wünschen und Hoffnungen sich aufbauenden, luftigen Schlosses seiner Erwartungen im muffigen Zimmer des auf einen Wink bereiten Straßenmädchens erlebte, wenn es ihm auch nicht selten ganz das entsprechende schien, daß Dumpfes zu Dumpfem komme, Verstecktes zu Verstecktem, Verfemtes zu Verfemtem. Tauchten nicht immer erst wenn's dämmerte die Mädchen auf der Straße auf? Im Zwielicht oder im Dunkel der Nacht vollzog sich das alles, wovon niemand sprach. Das Flügelrauschen der Gefühle, die in den Himmel ziehen, das hatte man erlebt, glaubte, es erlebt zu haben, wenn die Berauschtheit des zweiten Aktes Tristan über einen kam und das kleine Samenkorn einer eingesenkten fernen Liebe unter solchem Rausche aufsprang und wuchs und sprengte. Und das hatte also eine Ergänzung in einem Akte der nichts als chthonischen Mächte, deren Ensemble die Hölle bevölkerte. Dahin gab es eine Brücke? Man selber war die Brücke und der darüber Schreitende. Da war er einmal spät in der Nacht nach Hause gekommen und tastete sich, die Schuhe in der Hand, um die Eltern nicht zu wecken, durch das dunkle Vorzimmer zur Tür. Stolperte, und im Falle hielten einen heiße Hände der Magd fest, die ihre Matratze aus der Kammer hierhergebracht hatte, vor die Zimmertür des »jungen Herrn«, um ihn sich ihrer Lust abzufangen, die ihm in Gerüchen entgegendampfte und in Worten, die mehr ein pfeifender Atem waren als Klang. Daß die Eltern erwachen könnten, entschied als Angst, daß er sich grob den Armen entwand; und daß das Mädchen am anderen Tage war wie sonst und nichts als Magd, die ihren Dienst verrichtet, kam ihm ungeheuerlich vor, denn er erwartete ein wenn auch noch so geringes Zeichen der Liebe als Rechtfertigung. Er war damals sechzehn alt. Er wußte oder glaubte es längst, daß das mit dem, was man Liebe nennt, nichts zu tun habe und von ihr nur einiges entlehne zur besseren Haltung und um ein Gewissen zu beruhigen. Vielleicht nur, um dem Partner den eigenen Sturz ins Nichts-als-Funktionelle, dem er dient, nicht merken zu lassen. Um den Partner aus der Hölle des Nichts-als-Funktionellen zu heben, wenn auch nur um einen Zoll über das Geschäftliche eines mit schwarzer Glanzleinwand überzogenen Diwans. Der aber sachlich und unzugänglich blieb wie das Mädchen, das seine Jacke ausgezogen hatte und darunter gleich die schreckliche Nähe ihrer verwelkten Brüste zeigte. Da warf er das Geld auf den Tisch und lief davon. Wie das andere, das nächste Mal, als er die müden Füße der Frau sich die Schneckentreppe des alten Hauses hinaufschieben sah, die Treppen vermuldet, die Absätze schiefgetreten, über dem Abschluß der Schnürstiefel quellende weißbestrumpfte Waden. Das tappte weiter, und er stand still. Und dann flog er die runde Treppe zurück, zu größter Eile getrieben von einem Schimpfen, das er hörte, und lief noch ein ganzes Stück die Gasse lang.

Als dann dieses für den Jüngling so überaus bedeutungsvoll erwartete Ereignis eintrat, war es weder das phantastisch staffierte Traumschloß noch das Geschäftszimmer der eiligen Prostituierten, das diesem Ereignis nicht voneinander trennbaren Rahmen und Inhalt gab, sondern ein Wesen zweifelhafter sozialer Position, aber unbezweifelnder Jugend, Hübschheit und verliebter sinnlicher Anmut, das am Judenplatz ein Appartement bewohnte, dessen mehrere Räume verschiedenen bürgerlich-wohnlichen Zwecken dienten und das so Abrupte des einen und einzigen Zweckes des Besuches in lokale Übergänge auflöste, die dem Zuständlichen des jungen Mannes entsprachen; der wohl wußte, wozu er da war, aber das aus Unkenntnis der es verdeutlichenden Formen lieber verbarg und mit, wie er meinte, gutgespielter Unschuld eine Einladung zum Frühstück annahm. Aber was dieser Einladung vorausgegangen war, ließ ihm ja keine Zweifel, daß es sich um anderes als das Frühstück handelte – um das andere.

Nicht in der besten Laune, denn er hatte im Café keine Freunde getroffen, die den Tiefstand seiner Börse etwas gehoben hätten, war er eines Morgens durch die Gassen gestrichen, als ihm vor diesem Haustor eine junge blonde und freundlich-äugige Person ein wohlverschnürtes Paket, so was wie eine Schuhschachtel, mit weißbehandschuhter Hand hinhielt: ob er nicht die Freundlichkeit haben wolle, dieses Paket hier im Hause im zweiten Stock bei Fischers abzugeben, sie habe rasch einen Gang zu besorgen und es wäre sehr lieb von ihm. Es war so plausibel. Aber im zweiten Stock gab es weder an der einen noch an der anderen Tür ein Schild mit Fischer. Der Bote wollte gerade in den dritten Stock steigen, als er vom ersten herauf »Sie, Sie!« rufen hörte. Es galt wohl ihm. Es klang wie die kaum vor einer Minute gehörte Stimme am Haustor. Er kam also mit seiner Schachtel wieder die Treppe herunter, und da stand die Ruferin, den Hut in der Hand, an einer offenen Wohnungstüre lächelnden etwas offenen Mundes. Sie sprach rasch eine Menge hintereinander von Irrtum und besser so und Fischer und verstehbar nur den Satz: »Aber wollen Sie nicht eintreten?« Im Vorzimmer befand man sich sofort im wilden Wirbel des Geschmackes einer Theaterdame oder so, mit japanischen Fächern an den Wänden und bunten Schirmen in den Ecken und chinesischen Laternen und eindringlichem Parfüm, das nach Bleistiften roch. Zum Dank für meine Mühe müsse ich die Einladung zu einem Frühstück annehmen, außerdem sei sie so allein und das sei so langweilig. So ganz allein war sie nicht, denn im Schlafzimmer, in das man von dem kleinen Salon aus sah durch die geöffneten Flügeltüren, gab es ein Gespräch, und die andere Person war eine Jungfer, wie man gleich sah, die beim Umziehen half. In den einzelnen Etappen dieses Prozesses eines angezogeneren modischen Zeitalters erschien das zierliche Geschöpf immer an der Tür, ob ich mich auch nicht langweile und gleich wäre sie soweit und ob ich auch schon solchen Hunger hätte und es würde nicht mehr lange dauern. Und dann war es soweit. Viel mehr als den dunkelblauen goldbestickten Kimono und die Seidenstrümpfe hatte das Persönchen nicht an, als wir uns in einem dritten Zimmer zum Frühstück setzten wie zwei junge Leute, die Hunger und Appetit haben.

Daß man Student sei, war auf eine Frage des Geschöpfes bald gesagt und sagte nicht viel. Von allem anderen schwieg man. Vom Theater redete man wichtiger, als es einem in dieser Situation war, denn der Gegenstand fand ihre lebhaftere Teilnahme, und in Angst vor jedem Ungeschick zitterte man vor möglichen Pausen des Gespräches wie vor dräuenden Abgründen. Es gab Tee, und man goß sich viel Rum dazu, mehr als man sonst nahm. Man versprach sich davon eine freiere Geste, denn allzusehr hatte man das Gefühl, nur Ärmel, aber keine Arme am Leib zu haben. Wie gut war es, daß sie jetzt ans Piano ging und einen Walzer spielte, recht hudlig übrigens. Daß sie einem nur ja den Neuling nicht anmerke! Das hätte in eine desastreuse Verlegenheit geführt, fürchtete man. Vielleicht würde sie ein Gelächter darüber anschlagen. Und darüber würden einem aus Wut Tränen kommen, einzige Hilfe in einer Situation, die man als Mann beherrschen soll und doch nicht weiß wie. Man gab sich einen Ruck, stand auf, trat hinter die Spielende. Nahm sie beim Kopf, küßte sie ins Haar. Man sah sich zu dabei und stellte fest, daß was und wie man es machte blöde war. Man hätte von Liebe sprechen können, aber das hätte alles verraten. Also nur ja kein Wort derart. Das wäre übrigens alles viel einfacher gewesen und man hätte sehr gut eine Rolle gespielt, wenn nicht dieses leise Sausen in den Ohren gewesen wäre, das den gesprochenen und gehörten Laut in ganz falsche Distanzen legte. Was man selber sagte, klang wie ein Echo aus der Magengegend. Was man hörte, kam aus einer verschleierten Ferne.

Sie drehte den Kopf, daß der Mund, der in ihrem Haar wühlte, auf ihren Mund kam. Viel länger hätte es nicht dauern dürfen, denn dann hätte man das Gleichgewicht dieser schwierigen Position nicht gehalten und wäre mit der Stirn auf die Klaviertasten gefallen, auf die man an den geschlossenen Augen des Geschöpfes vorbei starrte, bis sie verschwammen. Denn nun hatte ihre Zunge sich durch die Lippen geschoben und die Zahnreihen getrennt. Nun hätte man auch stürzen können.

In diesem Augenblick der feuchten inneren Berührung, der die Bewußtheit aufsog wie Löschpapier eine Schrift, in dieser plötzlich eintretenden Leere des Denkens stand wie übriggeblieben und gestrandet, Oase in einer Wüste, sonderbarerweise ein Wunsch da, der den jungen Mann diesen Morgen stark beschäftigt hatte, aber, weil er die vielleicht Geld habenden Freunde nicht traf, nicht befriedigt werden konnte: der Wunsch nach einem Bad. Und in diesem Augenblick, wo ganz unpassend und lächerlich sich dieser Gedanke löste, so deutlich, daß man meinte, man hätte ihn ausgesprochen, kam es von der Frau her, die sich nun erhoben hatte: »Möchtest du nicht baden?« Begreiflicher Wunsch einer sauberen Person, die sich mit einem Unbekannten zu Bett legen will, daß der zuvor ein Bad nimmt. Unbegreiflich, daß sie dem eigenen plötzlich aufbrechenden Gedanken die Worte gibt. Auch peinlich, daß sie einen vielleicht als einen vermutet, der es nötig hat. Aber das Du, mit dem sie vertraulich den neuen Abschnitt des Frühstückes einleitet und das in ihm zu Erwartende andeutet, mildert den erst feindlichen Schock. Und der junge Mann sagt vielfach erleichtert: »Es wäre köstlich.« Er wird also das seit dem frühen Morgen gewünschte Bad zusamt der gar nicht erdenkbaren Lösung der Entkleidungsfrage bekommen.

Durch eines großen Wandschrankes eine Hälfte schob sie den jungen Mann in das winzige blanke und heiße Badezimmer und warf ihm Handtücher nach. Merkwürdig, daß der Ofen bereits glühte. Vielleicht war das Stubenmädel so abgerichtet, das Bad zu heizen, wenn die kleine Gnädige nicht allein nach Hause kam. Durchaus mehr dem Genuß als Gedanken hingegeben lag man in der Wanne, als die Türe, aber eine andere, wohl vom Vorraum aufging. Es war der dunkelblaue Kimono, der rasch versicherte, nicht hinzuschauen, meine Kleider und Schuhe packte und schon wieder draußen war. »Zum Bürsten«, rief sie an die Tür hin.

Dieses Bürsten meiner Kleider brauchte zwei Tage und zwei Nächte. Erst am Morgen des dritten Tages in der äußersten Stunde – denn sie sagte »jetzt mußt du wirklich schauen, daß du weiterkommst« –

waren Kleider und Schuhe wieder da, die sie versteckt hatte, aus Angst, ich könne mich früher entfernen, als es ihr paßte. Es war aber nur Höflichkeit, was den jungen Mann am Abend des ersten Tages zu sagen veranlaßte, daß er jetzt gehen müsse. Denn er mußte gar nicht und gab gern nach.

Diese Steffi war ein munteres Wesen, das den kleinen Kram ihres Lebens drastisch und kurzweilig auszubreiten verstand und ohne weitere Gedanken das Leben nahm, wie es sich gab: als eine große Hetz. Chormädel am Carltheater bei der Operette war sie vor kurzem noch gewesen unter lauter älteren Schachteln, und da habe sie ein reicher älterer Herr herausgeholt und in diese Wohnung gesetzt. Der Herr sei noch älter als reich und verreise oft. Frau und Kinder habe er auch. Es war gar nicht interessant, was sie erzählte, aber sie gab ihm den Witz ihrer Klasse und ihrer Ottakringer Heimat. Steffi hatte eine feste goldbepuderte rosige Haut, spazierte nackt mit der natürlichsten Grazie herum und setzte durch ihre starke, aber gar nicht raffinierte Sinnlichkeit den Genossen ihrer Freuden in keinerlei Verlegenheit. Das gab sich wie von selbst, als er mit nichts als einem Handtuch um die Lenden durch eine schmale Tür aus der Badestube trat: Steffi lag im weiten Bett wie ein ganz Kleines und streckte die Arme aus.

Tag und Nacht gaben diesen achtundvierzig Stunden keine Teilung, Zeit lief nicht mehr wie Zeit ab mit dem Schlag einer Uhr, man aß, wenn man Hunger hatte, und mochte es drei Uhr des Nachts sein, man schlief, wenn man ermüdet war, über die Mittagszeit weg. Es war eine Fahrt, eine Reise auf einem verhängten schaukelnden Boot, ein dem Willen entzogenes zwischen Abfahrt und Ankunft. Daß der Jüngling nunmehr was man einen Mann nannte geworden, beschäftigte nicht weiter seine Gedanken. Das war weder Geschenk noch Gewinn, sondern eben ein natürlicher Vollzug, über dessen lustvolle Begleitumstände nichts zu denken war. Einmal fragte er Steffi: »Liebst du mich?« Und ohne seinen Verstand für diese ungeheure Frage sagte sie darauf: »Aber das siehst du doch!«

(aus: Erzählung einer Jugend, in: Schriften)

Robert Gover

DER COLLEGE-STUDENT (20. JAHRHUNDERT)

Mein erster Gedanke war: ich kann doch meinen Ohren nicht trauen! Diese Sprache! Und noch dazu im Munde eines Mädchens! Ich meine, selbst wenn sie von nicht-weißer Hautfarbe – eine solche Profanität! (Selbstredend ist es mir völlig unmöglich, ihre Ausdrucksweise hier wiederzugeben; aber nehmen Sie mein Wort darauf, daß dieselbe einfach durch und durch verderbt, schmutzig und über alle Beschreibung geschmacklos war.)

Und dieses Zimmer! Ich war platterdings verblüfft! (Ich meine das Zimmer, in welches diese Frau von üblem Ruf mich führte. Welches im folgenden noch beschrieben werden soll.)

Auch das ganze Erdgeschoß! (Des übelverrufenen Hauses.) (Das ich fürchte unmöglich beschreiben zu können, ohne das hohe literarische Niveau zu untergraben, dessen Behauptung ich mir angelegen sein lasse.)

Und dann erst die Stiege! Sie war praktisch so geräumig wie ein Wäscheschacht und Stück für Stück so steil wie eine Leiter. (Ich wage jede Wette, daß des Hauses Alter gute hundert Jahre betrug!) Und dies Mädchen (tja, wie Sie jetzt bereits wohl argwöhnen mochten, gestattete ich meinem mißlichen Geschicke freien Lauf) (oder vielmehr meiner Studienexkursion; ein Ausdruck, dem ich in meinen Gedanken den Vorzug gebe.) (Schließlich aber lautete meine Überlegung: J. C., jetzt oder nie!) – dies Mädchen also (ich meine, diese professionelle Prostituierte) war von keineswegs so üblem Aussehen, wie ich erwartet hatte. Sie war Negerin, das ja, und sie hatte dichtes wolliges Haar, und sie – nun, sie wies nicht die geringsten weißen Merkmale auf. Ich meine, ich gewahrte dortselbst auch noch eine Mischblütige, die auf der Lehne des Sessels saß, in welchem sich jene, die ich mir aussuchte, befand, aber ich überlegte mir, solange ich war, wo ich war, als ich da war, ich könnte doch ebenso gut gleich eine ganz schwarze nehmen. Sie trug eine schwarze Bluse und einen engen roten Rock und sah gar nicht alt aus. In der Tat, sie schien mir annähernd in meinem Alter zu sein. (Neunzehn.) Doch ach du liebes Christkindchen! Während wir die erwähnte schmale Stiege hinaufschritten, bin ich andauernd fast mit der Nase an ihr Hinterteil gestoßen, so dunkel war es. Ich meine, es war nicht so dunkel, daß ich ihr Hinterteil nun absolut nicht hätte wahrnehmen können (denn fürwahr, es ragte weit genug hervor) (für ein so kleines Persönchen, meine ich) (in dem engen Rock und so) (der mir zwei glänzende Flecke präsentierte, um Gottes willen!), aber dies war denn auch schon alles, was mich vor entsprechenden Anstößen bewahrte. Ein wahres Glück, daß wir lediglich eine Treppe hoch mußten. Sonst hätte mich die Art, wie sie ihr Hinterteil schwenkte, am Ende gar noch regelrecht hypnotisiert. (Ich meine, wie man ja vom Anblick eines Pendels, der permanent hin und her schwingt, sehr wohl hypnotisiert werden kann.)

Und der erste Stock war just ein langer Korridor mit lauter Türen zu beiden Seiten, und von der Decke hing eine einzige nackte Glühbirne, zum Leuchten. (Natürlich.) (Aber sie gab nicht viel her, meine ich.) Aber ohne fürdere Umschweife – das nächste, was mir zu Bewußtsein kam, war dies: wir befanden uns in dem erwähnten winzig kleinen Zimmer, und sie redete auf mich ein.

Womit das große Ungemach erst richtig begann. Ich meine, ich vermochte nicht ein Wort von dem zu verstehen, was sie sagte. Jedenfalls zuerst. Nach und nach dann gewöhnte ich mich allerdings an ihren Dialekt, und da begann ich die wildesten, schier undruckbarsten Obszönitäten zu vernehmen, die ich je gehört zu haben vermeine – und das will etwas sagen, denn ich bin ja einigermaßen herumgekommen. Herum auch bei Frauen, denen das Fluchen nicht fremd war – aber niemals erreichten Äußerungen dieser Art mein Ohr. Ich könnte nun, geneigter Leser, an dieser Stelle durchaus ein paar Kostproben oder so von unserem Dialog wiedergeben, wäre auch wohl geneigt dazu, doch war die Sprache, deren sie sich bediente, so entschieden unanständig, daß sie von Grund auf hätte zensiert werden müssen, bevor sie nur einigermaßen gesetzlich zulässig wäre. Und ich bin strikt gegen Zensur! Somit nehme ich denn von direkten Zitaten Abstand. Ich meine, selbst ein Schmutz- und Schundschriftsteller von hohen Graden könnte niemals eine solche Person wortwörtlich zitieren und sodann erwarten, damit auch nur bei den unteren Gerichtsstellen durchzukommen. Ihr gesamter Wortschatz, wie er sich mir offenbarte, schien schlechterdings nur aus pornographischem Slang und verlogenen Zärtlichkeiten zusammengesetzt zu sein.

Aber schließlich war ich so weit, daß ich genug verstand, um unsere geschäftlichen Vereinbarungen treffen zu können – sozusagen.

Aber das Zimmer schmiß mich doch glatt um. Wiederum wünsche

ich dringlich, ich wäre wohldotierter Schriftsteller von Beruf, so daß ich es Ihnen angemessen beschreiben könnte. Aber ich bin's nun einmal nicht, und so muß es mit dem Versuch sein Bewenden haben.

Da gab es eine Glühbirne. Ich meine, diese eine nackte Glühbirne, und das war alles. Und dann stand da ein Bett. Oder vielmehr fast so etwas wie ein Bett. Aufrichtig gesagt, es war bloß ein alter Bettrahmen mit einer alten Matratze darauf und einer alten Bettdecke auf dieser alten Matratze. Und wenn ich sage »alt«, so meine ich das auch, mit allem Nachdruck! Und dann die Wände, gutergott die Wände! Die Tapete sah aus, als hielte sie das ganze Gebäude aufrecht. Und man konnte keineswegs sicher sein, wie lange ihm diese Stütze noch genügen würde! Denn die Tapete war bereits im Begriff, sich – nun, sich in ihre Bestandteile aufzulösen. Sie desintegrierte sich schon, löste sich ab – und man konnte förmlich zusehen, wie sie von den Wänden kam! Unter der Tapete waren dünne Latten aus morschem Holz sichtbar, weiter nichts. Hinfällig? Das ist gar kein Ausdruck! Hinter diesen Latten – an welchen aller Vermutung nach die Tapete befestigt war – befand sich nichts als eine sehr zweifelhafte Fläche, in welcher die Innenseite der Außenseite der Holzverschalung des Bauwerks zu erraten ich nicht umhin konnte – wenn der Ausdruck Bauwerk hier überhaupt statthaft sein sollte.

Wie dem jedoch auch sei: dies Zimmer. Der Vorwand von einem Bett befand sich just rechterhand hinter der Tür, zwischen dieser und der rechten Wand. Und damit war das Zimmer auch schon zu Ende. Die linke Wand bestand aus der erwähnten abblätternden Tapete, und die rechte war eine scheidewandähnliche Angelegenheit von beträchtlich provisorischem Aussehen – aber möglicherweise würde gar diese sich länger noch aufrechtzuerhalten vermögen als die andere. Denn sie war neueren Datums, meine ich. Die Wand gegenüber (ebenfalls nur noch ein Schatten ihrer selbst) wies ein rundes Loch auf, welches – ich konnte mich diesem Verdachte nicht verschließen – vermutlich als Fenster diente. Und vorn in der rechten Ecke stand diese Anrichte. Oder vielmehr das, was dermaleinst eine Anrichte gewesen war. Längst hatte sie keine Schubfächer mehr, nur leere Öffnungen deuteten noch an, wo sich solche dereinst vermutlich befunden hatten. Und oben darauf, wirklich völlig fehl am Platze, stand diese Vase! Mit Blumen darin! Stellen Sie sich das vor! Blumen in diesem Zimmer!

Der Fußboden war aus altem Holz und nackt. So nackt, wie überhaupt nur etwas sein kann. Platterdings gar nichts konnte nackter sein als dieser hölzerne Fußboden.

Und ob Sie es glauben oder nicht: dies war denn auch schon alles, was sich in dem winzigen Zimmer feststellen ließ. Ich weiß, es klingt phantastisch, aber es ist die ungeschminkte Wahrheit. Just eben dies Bett, das Skelett von einer Anrichte, und damit hatte sich's.

Aber das Mädchen (verabsäumte ich, sie zu beschreiben?), das Mädchen war nicht schlecht. Ich meine, natürlich, im Aussehen. Für eine Nicht-Weiße. Ich meine, sie hatte, wie man wohl sagt, haha, ganz schön Holz vor der Tür! Was ich denn ja nicht gerade erwartet hatte. Doch verstehen Sie mich nicht falsch – ich bin nicht etwa voreingenommen. Weit gefehlt! Sie hatte ein sehr kindliches Gesicht. Ebenfalls völlig schwarz. Und große wäßrige Augen mit herabhängenden Lidern, unter welchen sie einen (mich) nie gerade anzusehen schien. Und ihre Stimme war winzig und hoch wie die eines kleinen Mädchens. Obgleich ich mir natürlich darüber im klaren bin, daß sie mindestens in meinem Alter sein mußte – mindestens –, um überhaupt hierorts beschäftigt sein zu können.

Aber sie bewegte sich, als wäre sie sechzig. Ich meine, sie bewegte sich träge und gemächlich – sehr gemächlich. (Beim Treppensteigen, ich meine, als wir die Treppe emporstiegen, schwenkte sie sogar ihr Hinterteil mit einer gewissen Trägheit, ganz unähnlich den Gepflogenheiten der meisten Mädchen, von denen ich Kenntnis habe.) (Die natürlich weiß sind, und denen – wenn überhaupt – eine geschwinde und nervöse Art des Dahinschwänzelns eignet.) (Eichhörnchenhaft, eine eichhörnchenhafte Art, wenn Sie verstehen, was ich meine.)

Aber es ist um des Himmels willen nicht meine Absicht, ungebührlich bei physischen Details zu verweilen. So will ich von der Beschreibung gewisser Tätigkeiten, die sie sich angelegen sein ließ, absehen und ebenso gewisse Redensarten stillschweigend übergehen, die sie während der oberwähnten Tätigkeiten von sich gab.

Und ehe wir sodann zur Besiegelung unserer geschäftlichen Transaktion (wenn ich es einmal so nennen darf) gelangten, schien sie in höchstem Maße, ja vollkommen teilnahmslos. Ich meine geistesabwesend, im wissenschaftlichen Sinne! Ich meine, ein solcher Grad von Geistesabwesenheit (wie sie ihn aufwies) sollte allenfalls Wissenschaftlern wohl anstehen! Ja, und es ist ein hartes nacktes Faktum, daß es diese ihre Teilnahmslosigkeit war, die mich aufreizte. Ich weiß nicht, was ich erwartet hatte, aber dies, der Himmel sei mein Zeuge, dies bestimmt nicht!

Ein paar Worte noch zu ihrem Kauderwelsch. Oder vielmehr soviel, wie ich davon mitbekam. Unter anderem murmelte sie einmal etwas von Französisch. Was mich sogleich an meine (nicht bestandenen) Fächer denken ließ – Biologie, Psychologie, Französisch –, ja für den Bruchteil einer Sekunde dachte ich gar, sie wünsche mit mir Zeugnisse und andere Aspekte des Universitätslebens zu diskutieren, wenngleich ich keine Ahnung hatte, wie eine solche Diskussion hätte vor sich gehen sollen. Zwischen ihr und mir, meine ich. Gleichwohl stellte sich dies als eine irrige Annahme meinerseits heraus. (Wie ich später erkennen lernte, bedeutete »Französisch« in ihrem Dialekt ein vollkommen nunja, Anderes, was ebenso undruckbar ist wie neun Zehntel ihres Jargons überhaupt.)

Schließlich sank sie gewissermaßen auf das Bett und hockte da und sah leicht erschüttert aus, wenngleich ich, und hätt es mein Leben gegolten, nicht zu erfahren vermochte, was ihres Verdrusses Ursache war. Es konnte nicht mein Wunsch sein, grob und ungebildet zu erscheinen (vor mir sollen alle Menschen gleich sein, ohne Ansehen ihrer Rasse, Farbe oder ihres Glaubens!), und so fragte ich sie denn – wohlgemerkt, mit dem ausschließlichen Zweck, sie ihrer plötzlichen mysteriösen Depression zu entreißen –, in welcher Weise es ihr angenehm sein würde, unsere Zeit gemeinsam zu gestalten. (Und ich wünsche ausdrücklich festzustellen, daß ich – wenigstens zu diesem Zeitpunkt – noch in keinerlei konkrete Überlegungen oder dergleichen eingetreten war. Hatte ich mich schließlich doch noch nie zuvor in Häusern von üblem Ruf befunden und war, Gott behüte, mit deren Gepflogenheiten keineswegs vertraut.) (Ich meine, wenn Sie mich fragen, ich wollte zwei Fliegen mit einer Klappe schlagen. Einmal trachtete ich ihre Teilnahmslosigkeit zu brechen, ihr Interesse auf mich als Persönlichkeit, sozusagen, zu lenken, und – zweitens – war es mein Anliegen, ihr zu zeigen, daß ich überdies hochherzig genug war, auf ihre Gefühle bei der in Rede stehenden Angelegenheit Rücksicht zu nehmen, selbst wenn sie eine käufliche Professionelle von anderer Farbe war.) Und offenbar war dieses mein zweifaches Bestreben von Erfolg gekrönt, denn sie blickte, nach einem Moment der Depression, mit erneutem Interesse zu mir auf. (Kein Zweifel, daß solche Personen ihre eigene Sorte Kummer haben.) Und wir kamen zum Abschluß unseres Geschäfts. Ich meine, es stellte sich heraus, daß man im voraus zahlt, und so zahlte ich.

Ich muß hier die Bemerkung einflechten, daß ich mich ein bißchen unbehaglich fühlte, mein ganzes Geld an diesem Ort und zu dieser Zeit bei mir zu tragen, in Anbetracht der sonderbaren Umgebung, in der ich mich befand, und so. Ich meine, man kann ja nie wissen. So viele Leute wohnten im Bereich dieser Örtlichkeit, die kaum den Glauben zu erwecken geeignet sind, es sei ihr ehrlicher Wunsch, hinaus in die Welt zu gehn und sich einen guten Job zu suchen und sich damit voranzubringen – und eine so geartete Einstellung ist kommunistisch und zeugt Verbrechen. Aber was sie betraf, so zollte sie meinem Geld nicht die geringste Aufmerksamkeit (welches ich lose in der Hosentasche trug, nachdem ich bereits beim ersten Hause – angesichts der Gegend, welche ich betrat – auf den glücklichen Gedanken verfallen war, meine Brieftasche wegzustecken). (Ich meine, falls wirklich jemand zu Werke ging, mich auszurauben, waren wenigstens meine Wertpapiere seinem Zugriff entzogen.) So legte sich mir der Schluß nahe, daß sie wohl zu verwirrt war, durch irgendein persönliches Problem, um an meinem Geld interessiert zu sein. Doch wie sich herausstellte, war dies der erste einer ganzen Reihe von Fehlschlüssen meinerseits, der später zu einem ausgiebigen Mißverständnis führte.

Aber – wiederum wie in jener geschickten Zigarettenreklame – ich schweife ab.

Schließlich wurde sie während unserer kleinen einleitenden Unterhaltung (oder vielmehr Nicht-Unterhaltung) zunehmend freundlicher und fing an, nicht mehr so gänzlich verlogen und unaufrichtig zu tönen. Ich meine, sie schien ihre falsche Aufrichtigkeit fallenzulassen, als ich ihr demonstrierte, daß ich alles andere denn grob und ungehobelt zu sein wünschte, und wurde – nun, ihre Verhaltensweise mir gegenüber änderte sich gründlich.

Ich mußte denken: Schließlich und endlich, J. C., hast du etwas an dir, was die Damen anzieht. Und selbst wenn sie nur eine käufliche professionelle Dame von übler Reputation ist, so ist sie wiederum doch auch nur ein Mensch. Mama sagt, das liegt daran, daß du der geborene Geschäftsmann bist. Warum sich dagegen sträuben?

Dann aber, schon in der nächsten Sekunde, das nächste, was ich überhaupt zur Kenntnis nahm – Peng!

Weg. Raus war sie zur Tür, ließ mich einfach allein in jenem mißlichen Gemach zurück. Sagte nicht ein Wort, wohin sie ginge oder wann sie zurückzukehren gedenke; einfach raus und weg!

Nun, an diesem Punkt nehme ich keinen Anstand, einzuräumen, daß ich durchaus ein wenig bestürzt war. Ich wußte nicht, sollte ich nun hinter ihr her oder sollte ich geduldig warten, was weiter geschehen würde. Aber ich behielt meinen klaren Kopf und wartete. (Welche Verhaltensweise, so will mir scheinen, mit Fug eine billige genannt werden kann. Im Sinne von recht und billig, meine ich.) Und wie sich herausstellte: was nun als nächstes geschah, stand wirklich nicht auf der Speisekarte

*

Da bin ich wieder, ich komm zurück. Sacht er mir, n anneres Kätz war da. Frach ich, wer denn?

Er sacht, er weiß nich wer. Sacht, er ist das erstemal in eim Kätznhaus, wie soll er denn wissen, wer da wer is.

Ich bin dammich nah dran, ihm das zu glaubn, daß er das erstemal in eim Kätznhaus is. Fehlt nich viel, un ich glaub, er is direkt vom Mond. Der Vogel kann mir glatt alles erzähln, un ich glaubs.

Erzählt mir, das annere Kätz hat n blaues Kleid angehabt. Er sacht, Kocktehlkleid!

Ja-woll! Das sacht er! Hihi!

Bloß eine Mieze in dem Kätznhaus hat n blaues Kleid, un das is Francine. Sach ich zu ihm, vergisses.

Aber ich muß doch lachn. Hat sich Francine in Schale geworfn, daß sie sich an mein dickn fettn Packn ranmachn kann. Bild sich ein, er will mit ihr. Hat sich aber was. Hat sich klein niggerniedlich Schwatzaasch rausgepickt. Ja-ah! Mein Kunde isses. Mag mich leidn. Mag mich noch so leidn, daß er mich nach meine Tellefonnummer frächt. Ätsch!

Piss auf Francine!

Aber denn – ich bin ja so durchnander gekomm vonwegn dem dickn Packn – ich hab ja noch nich mal gemerkt, daß er noch immer angezogn is. Steht da mit all seim Zeuch an. Wie komm das bloß, daß er nich schon ausgepellt ist, daß s gleich losgehn kann, wenn ich zurückbin?

So n Scheiß! Bei dem Tempo brauchn wir für n einzign klein Halbunhalb noch bis morgn früh.

Jacki sacht immer, Dauergeschäft – das is Gib un Nimm, Gib un Nimm.

Aber Madam sacht immer bloß, für euch Kätzn heißt es Nimm un Nimm. Ihr schiebt n Aasch die Treppe rauf un fertich die Kunden ab un schiebt n Aasch wieder runter. Komm gaanich in Frage, ne ganze dammliche Nacht für so n dämlichn fümfdollerign Kollitsch-Heini zu verpelzn. Sie sacht, die mit ihrm bischen Moos, da plackt euch man ja nich groß wegn ab.

Jawoll! Das sacht Madam!

Kühriјeminee! Da kann ich ihr aber jetz was erzähln!

Bloß – vor ich ihr das in die Ohrn tute, muß ichs doch noch richtich anfang, daß er mich meine Tellefonnummer frächt un ich mein Dauergeschäft krich. Wenn ich ersmal auf Gib un Nimm mach un fein auf Dauergeschäft, dann kann ich Madam immer noch erzähln. Ersmal, vor daß ich dammich zu was annerm komm, muß ich den Heini rankriegn, daß er sich auszieht.

Sach ich Bebischätzchen, du bis noch nich ausgepellt? Wie komm das?

Sacht er äh?

Jeh-sus!

Ich sach zu mirselbs Görl, er kann nich verstehn, was du reds, da gibs bloß eins, machs ihm vor. Das tu ich denn. Tu s direkt unterer Lampe, daß er wirklich gute Aussicht auf mich hat. Er filmt. Also n fleißiges Auge hat er ja. Aber dann steh ich da un wart, un er is immer noch am Kucksn und Lucksn. Kuckt dämlich un immer dämlicher.

Sach ich Bebi, du wills dein Zeuch anbehaltn?

Sacht er nee! Sacht, klar will er sein Zeuch nich anbehaltn.

Weioweih!

Ich sach, wenns du s nich anbehaltn wills, Süßer, dann mußtes wohl ausziehn.

Sacht er ja-ah klaa, ja-ah! Un fängt an.

Un er brauch da aber lange zu. Kührijeminee!

Aber sach ich zu mirselbs Görl, sach ich, kneif die Backn zusamm. Dieser Knallkopp kann so dammlich sein, wie er will, wo er doch so ne Menge Pulver hat.

Er tut sein Zeuch ganz sorchfältich übern Stuhl. Is mir doch glatt, als träum ich, wie er das macht. Der is ja so doof, der glaubt am Ende noch, ich will ihm die Taschn abkiesn. Jedenfalls macht er so rum, als wär er n klein bischen mißtrauisch. So macht er, un ich mach, wie wenn ich das dümmelichste Pickaninchen wär, was s überhaup gibt.

Muß lange wartn, bis er mit m Auspelln zurande is – Mann, hat der was an!

Denn wasch ich ihn ganz lieb un nett, weil er doch so furchbaa kitzelich is an seim Dingeldinks, un geh anne Arbeit. Aber wie ich so losmach, komm mir ne Menge kümmerige Gedankn, daß ich kaum aufe Technick achten kann. Aabeitn und Schaltn, un auch noch Staunen, ob daß dieser Bleichfratz denn gar nich weiß, was er mit dem Dingerich bei seim Teil von dem Halbunhalb anfang soll – da merk ich doch, ich hab verdammich schon zuviel geschaltet.

Un da bin ich noch nich eine Minute an ihm dran, un flutsch, raus gehts ihm. Futsch.

Kührijeminee!

Un dann – ich steh auf un geh rüber nacher Waschschüssel – da sitz das Weißjung wie n Ochs vorm Tor un glotzt mich an, wie wenn ich was verkehrt mach.

Jeh-sus! Was ich auch alles mit dem Heini zusamm mach, nicks geht richtich, wo er so facksich doof is. Kommt hier rein, hat n Pulversack randvoll, un da komm ich nichmal zu, ihm zu zeign, wie gut ich kann. Da hat mir die Natur aber auch grad im dümmstn Moment reingepfuscht.

Un er glotzt noch immer, Jeh-sus!

Denn sacht er, das is alles?

Ja-ah-woll! Das sacht er! Sach das, wie wenn er denkt, ich muß ihm jetz noch n Tänzchen vorführn. Kührijeminee!

Ich sach, ja-woll, das is alles. Und das is n Jammer.

Sacht er ja-ah, n Jammer isses. Un denn sacht er, eimal is nie genuch für ihn!

Am liebsten würd ich ihm jetz sagn, Schätzchen, wie dir das da rausgeflutscht is, muß du dir das einemal verdammich dein Lebtach lang aufgespart ham. Bloß wenns du mich meine Tellefonnummer frächs, dann versorch ich dich, wenn du willst, tachtächlich. Wenns du mich meine Tellefonnummer frächs, denn bis du nie wieder so lange ohne Pussi, daß du gleich losballern mußt.

Aber ich tu nicks sagn, un er frächt mich auch nich meine Tellefonnummer. Kann man ihm ja nich übelnehm. Ich krich ebn keine Schangse, mein Zeuch zu zeign. So n Scheiß! Geschäft im Eimer.

Fang ich an, mich wieder anzuziehn, fühl mich ganz mies un mau, un er liecht immer noch da un glotzt un glotzt, wie wenn ichs nich richtich mach.

Sach ich los Bebi, wir müssn hier raus.

Sacht er, machn wir noch eins.

Sach ich, geht nich. Is nich erlaubt, Mann. Du mußt –

Un denn halt ich die Luft an un fang an, mir das alles nochmal zu überlegn. Er hat n Zehner bezahlt für n Halbunhalb un nichmal ne Hälfte davon gekricht. Kührijeminee! Aber wir sin jetz schon dimsverdammsich derart lang hier oben, daß Madam noch nacher Feuerwehr schick, wenn wir n Aasch nich bald untn sehn lassn. Ich sach zu mirselbs Jeh-sus, Görl! Du kanns doch nicht einfach aufe Hausordnung feifn, un schon gar nich wegn so m Kundn, der wo zu blöd is, daß er dich deine Tellefonnummer frächt und sich hintnrum noch n bischn von deim Aasch organisiert.

Aber ich musses nochmal mitm annern Köder probiern. Sach ich Bebi, has du denn gar kein süßes kleines Hühnchen für dein hübschen Hahn da?

Scheiß auch! Kann anscheind bei diesem behämmertn Vogel mit nicks richtich landn. Wird er schon wieder sauer un will mir doch erzähln, er hätte jede Menge.

Also jetzt bin ich bald so weit un geb auf. Ich sach zu mirselbs, dieser Piepmatz is so doof, der kommt mir jetzt noch annersrum. Jaah! Der will den Spieß umdrehn. Klingt so, als will er mir eins verpassn, jetz soll ich wohl noch schuld sein.

Da läßt er sein kwarkiges Gekwatsche sein un sacht, los komm, machn wir noch schnell n ficksn.

n ficksn, sacht er. Hihi! Sein komischer kleiner General is schon wieder obenauf un kuckt munter inne Gegend. Madam sacht, wenn n Kunde nochmal will, dann hat er sofort zu zahln, sons muß er nochmal ganz von untn anfang. Aber dieser arme Scheißer hat doch n Halbunhalb berappt un bloß die Hälfte gekricht, un mein dickes fettes Dauergeschäft is flötn. Jeh-sus! Das is nich recht!

So sach ich, jetz gleich?

Sacht er, jawoll, jetz gleich. Ganz ficks, ganz ficks.

Letzmal, wie ich wegn eim Kundn nich nacher Hausordnung gemacht hab, da hat er nochmal gezahlt, un denn hat er, auch ganz ficks mal, so lange gebraucht, bis s klappte, daß er mir dammich fast den Aasch wechgeputzt hat. Aber das war doch was anners. Der Knallkopp, auf den war ich überhaup nich scharf. Aber der hier, in dem steck das dickste Dauergeschäft, was ich je in unserm Kätznhaus gesehn hab. Dämlich is er, das ja! Aber Scheiß drauf, da kann er ja nicks für!

Sach ich zu mirselbs, Görl, sach ich, wär gaanich gut, wenns du ihn jetz nach untn gehn ließt; dann pickt er sich womöglich n neues Kätz raus un gibt ihr ne Schangse, n Dauergeschäft zu machn, wo doch ich ihn jetz grad so schön hier obn bei mir hab.

Piss auf Madam un ihr Nimm un Nimm!

Ich sach Bebi, versprichs du auch, daß du gansgans ficks machs un nie keim Mensch erzähls, das ichs tu?

Sacht er ja-doch, ja-ah, ja-ah!

Sach ich, kanns du denn auch bestimmt schon wieder so ficks?

Sacht er, aber ja-doch, bestimmt, klar.

Ich nehm n noch n bischn hoch. Sach, un du wirst auch bestimmt keim was erzähln?

Sacht er, neineinein, er red bestimmt nich drüber.

Sach ich, aber Süßer, vielleicht lieber doch nich. Sach, wir sin schon viel zu lange hier obn. Sach, los, mach raus. Krich dir n anneres Görl.

Da kuckt er ganz traurich, wie ich das sach. Kuckt, wie wenn er tatzächlich losziehn will un sich n anneres Görl suchn!

Jeh-sus! Geht bei mir denn heute nacht alles schief?

Ich sach – ganz ficks sach ich –, sachte Bebi. Ich lach. Ich sach, ich zieh n ja bloß auf.

Un ich wieder raus aus meim Zeuch un aufs Bett, so ficks, daß er kaum mitkricht, wo obn un untn is. Ich sach, rutsch rüber, Schatz. Sach, Katerchn, mach Platz fürs Kätz!

Macht er.

Aber kaum is er im Sattel un sin wir grad so weit, uns richtich anzuheizn, da –

Jehsuskührijeminee! Da platz doch diese dammichte Francine rein. Ja-woll! So laut wi n Furz inner leern Blechbückse.

Sie sacht Kitten, das is *mein* Zimmer.

Sach ich Francine, mach daß du mit deim dreckign Aasch hier rauskomms!

Ich seh, wie mein Kunde schon wieder am ganzn Leib bibbert.

Francine, die sacht kanns wohl nich kapiern, daß das hier *mein* Zimmer is?

Un ich merk, daß sein komischer Soldat schon wieder schlappmacht.

Ich sach los Bebi, laß doch, die hat se nich alle.

Aber er is einfach zu erschrockn. Weil Francine doch da is.

Ich sach Francine, besorch dir n Rasnmäher un schaff verdamm dein schmieriges Haar hier raus.

Un sie sacht Görl, was denks du eintlich, mit wem daß du reds?

Un ich sach, mit dir, du miese Nippe du!

Un sie sacht, komm mir bloß nich so, du kleine Sau, oder es soll dir schlecht bekomm!

Un ich sach Francine, kanns du nich sehn, daß ich beier Aabeit bin? Warum schers du dich nich raus?

Un sie sacht nein. Sacht, ich soll hier raus, soll mir n anneres Zimmer suchn.

Sach ich Francine, du has wohl ne Macke! Aufer Stelle machs du, daß du rauskomms, oder ich ruf Madam.

Sacht sie, n Dreck wirs du tun. Sacht, sie wird Madam rufn, wenn ich nich rausmach. Sacht, ich geh sofort nach untn un sach Madam, daß du in meim Zimmer bis un für n lausign Kundn die ganze Nacht rumfackst.

Sach ich denn okeh, Francine, los, geh un sachs Madam.

Nich ein Wort wird sie Madam erzähln. Wenn sie was sacht, setz Madam ihr n Aasch vore Tür! Francine, die gehört überhaupt in kein Kätznhaus nich. Die kommt ja fast mit keinem längs. Die tut, wie wenn ihr Dings nich stinken täte. Tut es aber doch.

Wie sie dann endlich ihrn fotzign Aasch rausgeschobn hat, is mein armer kleiner komischer Kollitscher so zusammengeschrumpelt, wie wenn ihm wer n Ballon angepiekst hätte, un ich muß die ganze Schoose von vorn anfang. Kührijeminee!

Ich bin ja nie für Streit un so gewesn, aber Jeh-sus! Wenn ich bloß n bischn größer wär, denn glaub ich würd ich glatt mein klein schwatzaasch niggerniedlich Köppchen verliern un Francine so verdreschn, daß ihrs langt.

Muß jetz aber wirklich ficks aabeitn. Wir warn ja schon viel zu spät dran, un inzwischn sin wir ja auch nich grad vorangekomm.

Ich fang an zu spieln, so nett wie ich bloß kann unter den

Umständn, aber muß ich wieder ganz von vorne. Kührijeminee! Ich schwätz so nett un spiel so lieb, wie ich nur kann, un er kommt auch richtich in Fahrt.

Aber dann, Jeh-sus! Da gehts schon wieder los!

Bremst der Dusselkopp doch auf einmal wieder un kuckt ganz traurich auf mich runter – gansgans traurich – un fängt auch an, auf traurich zu kwatschen. Statt wieder in n Sattel un los, kommt er jetz mit der ölijen Tuhr un allem möglichn Sumsgesüßel. Macht Facksn, wie wenn er hier n Film drehn sollte. Ja-ah-woll! Er kwatert traurich un kuckt mich an, wie wenn ich jetz auch traurich spieln sollte.

Un weioweih! – wech is er.

Ich weiß nich mehr, was ich machn soll. Ich denk an den Kies, wo er hat, un wie lang daß wir schon hier obn sind, un hör schon, wie untn immer mehr Kundn durch die verflickste Haustür strammeln, un weiß genau, Madam wird sich schon wundern, was n Teufel bloß mit mir los is.

Sach ich Zuckerhäschen, wir ham keine Zeit für sowas jetz! Sach, du has mir doch versprochn, du wills ficks machn. Un jetz trödels du hier rum, wie wenn du glaubs, ich kann die ganze Nacht so rumnölen. Ich sach Jeh-sus Bebi, Madam denk noch, du frißt mein Aasch statt –

Gottverdammich Bebi, los! Dreh auf!

Ich sach das alles so lieb, wie ich bloß kann, un bring ihn zum Lecheln. Un wie er das tut, krich ich doch gleich wieder Hoffnung, er kommt vielleicht doch noch auf die Ideh un frächt mich meine Tellefonnummer. Aber kein Gedanke nich. Nee!

Un dann – wir sin grad so richtich wieder in Fahrt, un ich beweech mich okeh, un ich bin selbs so fein wieder in Gang wie immer, un ich schnapp mir sein Wipper un polier ihm n bischn die Äppel, un frach ich mich dabei, ob mein Dauergeschäft wohl je noch zustande kommt un er mich mein Tellefon frächt – un ich roll n Aasch nach Ost un roll n Aasch nach West un brech mir fast mein aam klein niggerniedlichn Rückn für den doofn Vogel –, da kricht er schon wieder eine von sein dudeldidummen Idehn, un vor daß ich merk, was er eintlich anstelln will, hat ers schon geschafft, daß mir der Aasch ausm Bett raushängt! Ja-woll!

Sach ich, nu mach mal n Punkt, Bebi! Was solln denn die Facksn?

So n Scheiß! Ich mach bloß mal mein großn Mund auf, un gleich mach dieses Bockskalb wieder schlapp, plups, un liecht da wie Blei.

Es is aber auch wie verheckst; was ich auch mach, geht mir schief. Un ich hol mir nicks wie Ärger un Ärger un Ärger.

Er sacht, er weiß gar nich, was los is. Sacht, sieht so aus, er mach hier alle Aabeit alleine.

Ja-ah! Er sacht, *er* mach die Aabeit alleine!

Da kann man doch die Wände hochgehn. Ich sach Jeh-sus, Süßer! Un versuch mein bestes, ganz lieb zu redn. Ich sach, du bis gut, *ich* mach die Aabeit. Himmelaasch, was glaubs du? Ich sach, *ich* bin doch die Kätz, un du bis der Kunde! Kapiert? Ich sach, nu komm schon, Schatz, dreh nochmal feste auf, un dann wolln wir machn, daß wir hier wechkomm. Ich versuch dir ja andauernd beizubring, daß wir jetzt keine Zeit mehr ham – zum Kwatschn.

Ich sach – un versuch die ganze Zeit, dasses lieb klingt –, ich sach, nu hiev dein süßes tapsiges Dickaaschchen nochmal hoch, bitte!

Aber so n Scheiß! Er fängt nochmal an, das ja! Bloß, diesmal hat er schon wieder so n fanntastischn Einfall un fängt an, bockspflocks auf mich einzuhackn, wie wenn er am Steinekloppn wär. Ja-woll! Er is so am grunzn un stemm und ramm, wie als hätt er auf die ganze verfickte Welt die Wut gekricht.

Jetz halt ich aber lieber meine große Klappe. Ich versuch weiter mein Zeuch, so gut wie ich man bloß kann unter den neuen Umständn, aber leicht isses nich.

Inzwischen denk ich, machn wir das hier ersmal ab, dann könn ihm keine blödn Idehn mehr komm – un da kommt ihm schon wieder eine! Ja-ah-woll! Schon wieder eine!

Jeh-sus! Ich versteh das nich, wie so n einziges blödichtes Weißjung so massich gemein sein kann! Diesmal krüllt er mir mein Schwatz-aasch kreuz un krumm un pflock drauflos, wie wenn er mich auf mein aam kleines Niggerköppchen stelln will un mich kopprunter inne Hölle bumpsn!

Ja-ah! Das macht er! Ich weiß nich, was er da eintlich mit erreichn will, aber nach fragn is mir nich mehr.

Das einzige, was ich jetz noch versuch, ich versuch noch n klein englischn Andersrum. Ich sach, so isses richtich, Bebi! Jetz den Treffer, Schatz! Kommkommkomm!

Un er kommt! Un kann jetz endlich seine fickse facksige dammich diddeldidämliche Zehn-Dollah-Kanohne abfeuern. Endlich!

Ich ausm Bett un tempotempo gewaschn un wieder rein ins Zeuch!

Ich vergeß sogar die ganze Sache vonwegn Dauergeschäft un so, weil ich n Bammel hab, ich krieg den Aasch voll, wenn ich runterkomm.

Ich sach, he Schatz, was machs du bloß für Sachn! Denks du, Pussi is aus Stahl?

Ich lach, wie ich das sach. Is nich leicht, aber ich tus.

Un er – lacht auch, scheiß drauf.

Is bloß gut, daß ich noch lachn kann.

(aus: Ein Hundertdollar Mißverständnis, dt. H. Wollschläger)

V.

IM SCHOSSE DER FAMILIE

CARSTEN HILDEBRANDT

Philip Roth

KAMPF UMS CLO

Dann kam die Pubertät – und ich verbringe die Hälfte der Zeit, in der ich nicht schlafe, eingeschlossen im Badezimmer und schieße meine Ladung in die Klosettschüssel oder in die schmutzige Wäsche im Wäschekorb oder ich spritze sie aufwärts, in den Spiegel des Medizinschränkchens, vor dem ich mit heruntergelassenen Hosen stand, um zu sehen, wie es herauskam. Oder ich beugte mich tief über meine fliegende Faust, mit fest zusammengekniffenen Augen, jedoch weit offenem Mund, um das sämige Gemisch aus Buttermilch und Mandelöl auf Zunge und Zähnen zu spüren – obwohl mir soundso oft, in meiner blinden Ekstase, das ganze Zeug in die Haare ging, wie ein Schuß Shampoo. Eine Welt von verklebten Taschentüchern und zusammengeknülltem Kleenex und befleckten Pyjamas umgab meinen wunden und geschwollenen Penis, und ich lebte in ständiger Angst, daß meine Verworfenheit von jemand entdeckt werden könnte, der mich gerade dann überrascht, wenn ich, wie von Sinnen, meine Ladung loswerde. Trotzdem war es mir völlig unmöglich, die Pfoten von meinem Pimmel zu lassen, sobald er begann sich aufzurichten. Mitten in einer Schulstunde hob ich die Hand, um austreten zu dürfen, rannte den Gang hinunter zur Toilette und holte mir, vor einem Pissoirbecken stehend, mit zehn oder fünfzehn wilden, ruckhaften Handbewegungen einen herunter. Samstag nachmittags beim Kinobesuch stehe ich auf und gehe ohne meine Freunde zum Automaten – was damit endet, daß ich, weit von ihnen entfernt, auf einem Balkonplatz, meinen Samen in die leere Hülle eines Schokoladenriegels spritze. Während einer Landpartie, die unsere ganze Sippe unternahm, schnitt ich aus einem Apfel das Kerngehäuse heraus, sah zu meinem Erstaunen (bestärkt durch meine Fixation), wie er nun aussah, und rannte fort, in den Wald, um mich auf die ausgehöhlte Frucht fallen zu lassen, wobei ich mir vorstellte, daß die kühle, samtige Öffnung sich zwischen den Beinen jenes mythischen Wesens befinde, das mich immer Big Boy nannte, wenn sie um das flehte, was kein Mädchen in der ganzen Geschichte der Menschheit je bekommen hatte. »Stoß ihn rein, Big Boy«, rief der ausgehöhlte Apfel, den ich auf diesem Ausflug vögelte wie verrückt. »Big Boy, o gib's mir, gib mir alles, was du hast«, flehte die leere Milchflasche, die ich in unserem

Kellerverschlag versteckt hatte, um dort nach der Schule meinem Vaselingesalbten die Zügel schießen zu lassen. »Komm, Big Boy, komm«, schrie das toll gewordene Stück Leber, das ich, in meiner eigenen Tollheit, eines Nachmittags in einem Fleischerladen kaufte und, ob Sie's glauben oder nicht, hinter einer Reklametafel vergewaltigte – auf dem Weg zur Bar Mizwa-Stunde.

Gegen Ende meines ersten High School- (und Onanisten-) Jahres entdeckte ich an der Unterseite meines Gliedes, dort, wo die Eichel beginnt, eine kleine, dunkel verfärbte Stelle, die später als Leberfleck diagnostiziert wurde. Krebs. Ich hatte *Krebs,* durch eigenes Verschulden. All das Zerren und Ziehen an meinem Fleisch, diese ewige Reiberei hatte mir eine unheilbare Krankheit eingetragen. Und dabei noch keine vierzehn! Abends, im Bett, liefen meine Tränen. »Nein!« schluchzte ich. »Ich will nicht sterben! Bitte – nein!« Aber dann, weil ich ohnehin sehr bald ein Leichnam sein würde, trieb ich es wie immer und schoß ab, in einen meiner Socken. Ich hatte mir angewöhnt, meine schmutzigen Socken abends mit ins Bett zu nehmen, um einen davon beim Schlafengehen für meine Zwecke zu benutzen, und den anderen beim Erwachen.

Wenn ich mich doch bloß auf einmal am Tage beschränken könnte, oder auf zwei-, selbst dreimal! Doch den Tod vor Augen, stellte ich, im Gegenteil, neue Rekorde auf. Vor den Mahlzeiten. Nach den Mahlzeiten. *Während* der Mahlzeiten. Ich springe beim Mittagessen auf, ich greife mir mit dramatischer Geste an den Bauch – Durchfall! Ich habe Durchfall! schreie ich – und kaum ist die Badezimmertür hinter mir verschlossen, streife ich mir ein Unterhöschen über den Kopf, das ich vom Toilettentisch meiner Schwester entwendet habe und, eingerollt in ein Taschentuch, mit mir herumtrage. Der baumwollene Schlüpfer an meinen Lippen hat eine dermaßen befeuernde Wirkung – wie schon allein das *Wort* »Schlüpfer« –, daß die Flugbahn meiner Ejakulation ungeahnte Höhen erreicht: wie eine Rakete schießt mein Samen zur Birne an der Decke hoch, die er, zu meinem Erstaunen und Entsetzen, auch trifft und an der er hängen bleibt. In heller Panik schütze ich meinen Kopf mit den Händen, erwarte eine Explosion, umherfliegende Glassplitter, Stichflammen – ich bin auf Katastrophen eingestellt, wie Sie sehen. Dann klettere ich so leise wie möglich auf den Heizkörper und entferne den blasenwerfenden Schleimklumpen mit einem Bausch Toilettenpapier. Ich suche den Duschvorhang ab, die

Wanne, den Kachelboden, die vier Zahnbürsten – Gott soll schützen! –, und wie ich gerade die Tür aufschließen will, im Glauben, ich hätte meine Spuren verwischt, bleibt mir beim Anblick dessen, was an meiner Schuhspitze hängt wie Rotz, das Herz stehen. Ich bin der Raskolnikow des Wichsens – die klebrigen Beweise finden sich allüberall! Etwa auch auf meinen Hosenaufschlägen? In meinem *Haar*? In meinen *Ohren*? All das frage ich mich auch dann noch, als ich, finster blickend und gereizt, an den Küchentisch zurückkehre und meinen Vater überheblich anknurre, sobald der seinen Mund voll roter Götterspeise öffnet und sagt: »Ich begreife nicht, warum du dich einschließen mußt? Das geht über meinen Horizont. Ist das hier eine Privatwohnung oder der Hauptbahnhof?« – » . . . für sich sein . . . man ist schließlich ein Mensch . . . gibt's *hier* nicht«, antworte ich, schiebe heftig meinen Nachtisch von mir und brülle: »Mir ist nicht *gut – wollt ihr mich jetzt gefälligst in Ruhe lassen, ihr alle!?«*

Nach dem Nachtisch – den ich aufesse, weil ich Götterspeise zufällig gern habe, auch wenn ich *sie* verabscheue – nach dem Nachtisch bin ich wieder im Badezimmer. Ich wühle in der schmutzigen Wäsche der letzten Woche und stoße auf einen getragenen Büstenhalter meiner Schwester. Ich hänge das eine Schulterband über die Klinke der Badezimmertür und das andere über den Knauf des Wandschranks: ein Popanz zur Erzeugung weiterer Träume. »Oh, los, Big Boy, hau rein – bis nur noch heißer roter Matsch übrigbleibt –« So drängen mich die kleinen Mulden von Hannahs Büstenhalter, als eine zusammengerollte Zeitung an die Tür schlägt. Was mich samt meiner arbeitenden Hand von der Klosettbrille hochreißt. »Mach schon, andere wollen schließlich auch mal drauf, hörst du?« sagt mein Vater. »Seit einer Woche hab ich keinen Stuhlgang gehabt.«

Ich gewinne mein Gleichgewicht zurück, indem ich – wofür ich eine Begabung habe – lauthals den Gekränkten spiele. »Ich hab entsetzlichen Durchfall. Bedeutet denn das in diesem Haus niemandem etwas?« – und nehme unterdessen meine Tätigkeit wieder auf, sogar in beschleunigtem Tempo, da mein verkrebstes Glied, wie durch ein Wunder, von tief innen her, erneut zu zucken beginnt.

Dann fängt Hannahs Büstenhalter an *sich zu bewegen*. Hin und her zu schwingen! Ich bedecke die Augen, und siehe! Lenore Lapidus! die die größten Brüste in meiner Klasse hat, und wenn sie nach Schulschluß zur Bushaltestelle rennt, schaukelt diese gewaltige, unerreichbare Last schwer in ihrer Bluse hin und her, oh, ich zwinge sie aus ihrem Versteck hervor, über den Rand des Büstenhalters, LENORE LAPIDUS' TITTEN, und in der gleichen Sekunde wird mir klar, daß meine Mutter heftig an der Klinke rüttelt. An der Klinke der Tür, die ich nun doch vergessen habe abzuschließen! Ich wußte, daß es eines Tages geschehen würde! Erwischt! Schon so gut wie *tot*!

»Mach auf, Alex. Mach sofort auf, hörst du?«

Sie ist verschlossen, man hat mich nicht erwischt! Und das, was sich höchst lebendig in meiner Hand befindet, beweist mir, daß ich selbst auch noch nicht ganz tot bin. Also weiter! Weiter! »Leck mich, Big Boy – leck mich, heiß und tief! Ich bin Lenore Lapidus' rotglühender riesengroßer raumsprengender Büstenhalter!«

»Alex, ich verlange Antwort. Antworte mir! Hast du nach der Schule Pommes frites gegessen? Bist du deshalb krank?«

»Uuhh, uuhh –«

»Alex, hast du Schmerzen? Soll ich den Doktor holen? Hast du Schmerzen oder nicht? Ich will genau wissen, wo es dir weh tut. Antworte mir!«

»Aahhh . . . oohhh . . .«

»Alex, daß du nicht ziehst!« sagt meine Mutter streng. »Ich möchte sehen, was da drin ist. Das gefällt mir alles gar nicht.«

»Und ich«, sagt mein Vater, wie immer beeindruckt von meinen Leistungen – wobei Hochachtung und Neid sich die Waage halten –, »ich hab eine Woche keinen Stuhlgang gehabt«, während ich gerade von der Brille, auf der ich hocke, hochfahre, taumelnd dastehe und, winselnd wie ein geprügelter Hund, drei Tropfen von etwas Wasserähnlichem aus mir entlasse, hinein in das kleine Wäschestück, mit dem meine flachbrüstige achtzehnjährige Schwester ihre kümmerlichen Brustwarzen bedeckt hat. Es ist mein vierter Orgasmus an diesem Tag. Wann wird zum erstenmal Blut kommen?

»Komm sofort raus«, sagt meine Mutter. »Warum hast du doch gezogen, wo ich dich doch bat, es nicht zu tun?«

»Ich hab's vergessen.«

»Was war da drin, daß du es so schnell wegspülen mußtest?«

»Durchfall.«

»War alles flüssig oder mehr richtige Würstchen?«

»Ich hab nicht nachgesehen! Ich seh mir das nicht an! Und hör auf mit deinen Würstchen – ich bin in der High School!«

»Oh, schrei bloß nicht mit *mir* rum, Alex. Ich bin an deinem Durchfall nicht schuld, das kannst du mir glauben. Wenn du nur das essen würdest, was dir zu Hause vorgesetzt wird, brauchtest du nicht fünfzigmal am Tag ins Badezimmer zu rennen. Hannah erzählt mir, was du tust, also denk nicht, ich wüßte es nicht.«

Sie hat ihren Schlüpfer vermißt. Man hat mich erwischt! Oh, wenn ich doch schon tot wäre! Jetzt ist schon alles egal!

»So! Was tu ich denn . . .?«

»Du gehst nach der Schule in die Imbißstube, zu *Harold's* – in diese Schweinefraßbude, und ißt mit Melvin Weiner Pommes frites. Nicht wahr? Lüg mich nicht auch noch an. Stopfst du dich etwa nicht nach der Schule auf der Hawthorne Avenue mit Pommes frites und Ketchup voll, ja oder nein? Jack, komm her, ich will, daß auch du das mitkriegst«, ruft sie meinem Vater zu, der sich jetzt im Badezimmer aufhält.

»Hör mal, ich könnte jetzt vielleicht Stuhlgang haben, ich bemühe mich«, antwortet er. »Hab ich's nicht schon schwer genug, auch ohne daß irgendwer nach mir brüllt, wenn ich mich um Stuhlgang bemühe?«

»Weißt du, was dein Sohn nach der Schule macht, der Klassenerste, zu dem seine eigene Mutter nicht mehr ›Würstchen‹ sagen darf, weil er so *erwachsen* ist? Was denkst du wohl, was dein erwachsener Sohn tut, wenn er sich unbeobachtet glaubt?«

»Willst du mich bitte in Ruhe lassen, bitte?« ruft mein Vater. »Kann ich nicht vielleicht ein bißchen Ruhe haben, bitte, damit ich nicht wieder umsonst hier drin sitze?«

»Warte du nur, bis dein Vater erfährt, was du tust, den simpelsten Gesundheitsvorschriften zum Trotz. Alex, antworte mir. Du bist doch so klug und weißt auf alles eine Antwort, also antworte mir: auf welche Weise hat Melvin sich seine Magengeschichte geholt? Warum hat dieses Kind sein halbes Leben in Krankenhäusern verbracht?«

»Weil er Schweinefraß ißt.«

»Mach dich ja nicht auch noch lustig über mich!«

»Also gut«, brülle ich, »wie *hat* er sich also seine Magengeschichte geholt?«

»Weil er Schweinefraß ißt! Und das ist kein Scherz! Weil er es als eine Mahlzeit betrachtet, wenn er einen Schokoladenriegel mit einer Flasche Pepsi herunterspült. Weil sein Frühstück weißt du *wo*raus besteht? Die wichtigste Mahlzeit des Tages – und nicht nur deine Mutter denkt so, Alex, sondern auch die bedeutendsten Ernährungswissenschaftler (. . .).

(aus: Portnoys Beschwerden, dt. K. Molvig)

Daniil Charms

MITTAGSTISCH MIT SAUERKRAUT

Mama, Papa und das Dienstmädchen mit Namen Nataša saßen bei Tisch und tranken.

Papa war zweifellos ein Säufer. Mama sah sogar von oben auf ihn herab. Aber das hinderte Papa nicht daran, ein sehr guter Mensch zu sein. Er lachte äußerst gutmütig und kippelte auf dem Stuhl. Das Dienstmädchen Nataša, in Häubchen und Schürzchen, lachte die ganze Zeit unmöglich. Papa erheiterte alle mit seinem Bart, aber das Dienstmädchen Nataša schlug verlegen die Augen nieder, womit sie zum Ausdruck brachte, daß sie sich genierte.

Mama, eine groß gewachsene Frau mit Hochfrisur, sprach mit Pferdestimme. Mamas Stimme posaunte durch das Eßzimmer, draußen und in den anderen Zimmern widerhallend.

Nach dem ersten Gläschen verstummten alle für einen Augenblick und aßen Wurst. Ein wenig später fingen alle wieder zu sprechen an.

Plötzlich, völlig unerwartet, klopfte jemand an die Tür. Weder Papa noch Mama noch das Dienstmädchen Nataša konnten erraten, wer da an die Tür klopfte.

– Wie merkwürdig, – sagte Papa, – wer könnte da an die Tür klopfen?

Mama zog ein mitleidiges Gesicht und schenkte sich außer der Reihe ein zweites Glas ein, trank und sagte:

– Merkwürdig.

Papa sagte nichts Böses, sondern schenkte sich ebenfalls ein Glas ein, trank und stand vom Tisch auf.

Von Wuchs war Papa eher klein. Nicht zu vergleichen mit Mama. Mama war eine große, füllige Frau mit Pferdestimme, und Papa war einfach ihr Gatte. In Ergänzung zu allem übrigen hatte Papa Sommersprossen. Er ging mit einem Schritt zur Tür und fragte:

– Wer ist da?

– Ich, – sagte eine Stimme hinter der Tür. Hier öffnete sich die Tür, und hereintrat das Dienstmädchen Nataša, ganz verlegen und rosig. Wie eine Blume. Wie eine Blume.

Papa setzte sich hin.

Mama trank noch einen.

Das Dienstmädchen Nataša und das andere wie eine Blume erröteten vor Scham. Papa sah sie an und sagte nichts Böses, sondern trank nur noch einen, ganz wie Mama.

Um das unangenehme Brennen im Mund zu vertreiben, öffnete Papa eine Konservendose mit Krebspastete. Alle waren sehr froh, sie aßen bis zum Morgen. Mama aber schwieg und saß still an ihrem Platz. Das war sehr unangenehm.

Als Papa sich anschickte, etwas zu singen, klopfte es ans Fenster. Mama sprang erschreckt auf und schrie, sie habe deutlich gesehen, wie von draußen jemand zum Fenster hereingeschaut hätte. Die anderen versicherten Mama, das sei unmöglich, da sich ihre Wohnung im zweiten Stock befinde, also niemand zum Fenster habe hereinschauen können, es sei denn ein Riese oder Goliath.

Aber es hatte sich in Mamas Kopf festgesetzt. Nichts auf der Welt hätte sie davon überzeugen können, daß niemand zum Fenster hereingeschaut hätte.

Um Mama zu beruhigen, schenkten sie ihr noch ein Glas ein. Mama trank das Glas. Papa schenkte sich ebenfalls eins ein und trank.

Nataša und das Dienstmädchen wie eine Blume saßen da, den Blick vor Verlegenheit gesenkt.

– Ich kann keine gute Laune haben, wenn uns jemand von der Straße durchs Fenster beobachtet, – rief Mama.

Papa war verzweifelt, da er nicht wußte, wie er Mama beruhigen sollte. Er lief sogar nach draußen, um zu versuchen, von dort durchs Fenster wenigstens im ersten Stock zu schauen. Natürlich reichte er nicht hinauf. Aber Mama konnte das nicht im mindesten überzeugen.

Mama hatte nicht einmal gesehen, wie Papa es nicht mal bis zum Fenster im ersten Stock geschafft hatte.

Von all dem endgültig durcheinandergebracht, kam Papa wie der Wind ins Eßzimmer geflogen und trank zwei Gläser hintereinander ex, nachdem er auch Mama ein Glas eingeschenkt hatte. Mama trank das Glas, sagte aber, sie trinke nur zum Zeichen dafür, daß sie überzeugt sei, daß jemand zum Fenster hereingeschaut habe.

Papa schlug sogar die Hände zusammen.

– So, – sagte er zu Mama, trat ans Fenster und machte beide Flügel sperrangelweit auf.

Zum Fenster hereinzuklettern versuchte ein Mensch mit schmutzigem Hemdkragen und einem Messer in der Hand. Als Papa ihn sah, schlug er beide Fensterflügel zu und sagte: – Niemand ist da.

Indes, der Mensch mit dem schmutzigen Kragen stand vor dem Fenster und schaute zum Zimmer herein, bekam das Fenster sogar auf und kam herein.

Mama war furchtbar aufgeregt. Sie bekam einen hysterischen Anfall, beruhigte sich aber, nachdem sie das von Papa dargebotene Glas getrunken und ein Stück Pilz gegessen hatte.

Bald kam auch Papa wieder zu sich. Alle setzten sich wieder zu Tisch und tranken weiter.

Papa zog die Zeitung hervor und drehte sie lange in den Händen und suchte, wo oben und wo unten war. Aber so sehr er auch suchte, er konnte es nicht finden, und darum legte er die Zeitung beiseite und trank einen.

– Schön, – sagte Papa, – aber die Gurken sind alle.

Mama wieherte unanständig, weshalb die Dienstmädchen schrecklich verlegen wurden und begannen, das Muster der Tischdecke zu betrachten.

Papa trank noch einen, packte auf einmal Mama und setzte sie aufs Vertiko.

Mamas üppige graue Hochfrisur löste sich auf, rote Flecken traten auf ihr Gesicht, und insgesamt war ihre Visage ziemlich erregt.

Papa zog die Hosen hoch und setzte zu einem Trinkspruch an.

Aber da öffnete sich im Fußboden eine Luke, aus der ein Mönch hervorgeklettert kam.

Die Dienstmädchen waren so schrecklich verlegen, daß eins der beiden sich übergeben mußte. Nataša hielt ihrer Freundin die Hand vor die Stirn, um die Unschicklichkeit zu verbergen.

Der Mönch, der aus der Luke im Fußboden geklettert war, haute Papa eine mit der Faust aufs Ohr, daß es nur so krachte.

Papa taumelte auf einen Stuhl, ohne seinen Trinkspruch beendet zu haben.

Dann trat der Mönch auf Mama zu und versetzte ihr einen Stoß von unten, nicht mit dem Arm, nicht mit dem Bein.

Mama fing an zu schreien und um Hilfe zu rufen.

Aber der Mönch packte die beiden Dienstmädchen am Kragen, schüttelte sie in der Luft und ließ sie fallen.

Danach verschwand, von allen unbemerkt, der Mönch wieder im Fußboden und schloß die Luke über sich.

Sehr lange konnten weder Mama noch Papa noch das Dienstmädchen Nataša zu sich finden. Aber nachdem sie tief Luft geholt und sich ein wenig in Ordnung gebracht hatten, tranken alle ein Glas und setzten sich wieder zu Tisch, um von dem rohen Sauerkraut zu essen.

Dann tranken sie noch ein Glas und saßen, friedlich ins Gespräch vertieft.

Plötzlich lief Papa rot an und fing an zu brüllen:

– So! So! – brüllte Papa. – Ich bin also ein kleiner Fisch!? Ein Pechvogel, ja?! Ich bin nicht euer Gnadenbrotempfänger! Selber taube Nüsse!

Mama und das Dienstmädchen Nataša stürzten aus dem Eßzimmer und schlossen sich in der Küche ein.

– Scher dich fort, alter Säufer! Scher dich fort, Teufelshuf! – flüsterte Mama vor Entsetzen der nun endgültig verlegenen Nataša zu.

Papa indessen saß im Eßzimmer bis zum Morgen und brüllte, dann griff er zu seiner Aktenmappe, setzte die weiße Schirmmütze auf und ging bescheiden ins Büro.

(Eine Sache, in: Fälle, dt. P. Urban)

Rétif de la Bretonne

KÜCHENDIENST IM PFARRHAUS

»Nach dem Tode meines Onkels im selben Jahre, als Monsieur Rousseau Hochzeit feierte, verblieb ich im Pfarrhaus, da ich die Nichte des neuen Pfarrers Monsieur Juliots bat, mich bei sich zu behalten. Nach Monsieur Juliot versah sein Cousin Monsieur Jacquot provisorisch den Dienst in der Pfarrei, und auch er beließ mich dort. Dann wurde ich das Opfer einer Gewalttat, zwar nicht seitens des achtbaren Jacquot, aber seitens seines Neffen, eines jungen Offiziers ... Auch als dein Bruder Pfarrer wurde, blieb ich, so daß ich hier wohl mein ganzes Leben verbringe.«

Die Geschichte Marguerites kann ich durch das, was ich später erfahren habe, noch vervollständigen. Marguerite hatte dem jungen Rousseau alles gewährt und war schwanger geworden; das hatte ihren Onkel aufs höchste ergrimmt. Man verheimlichte die Schwangerschaft und das Kind, eine Tochter, fand ein Schicksal, das ich hier doch verschweigen muß ... Ihr Oheim, von Leidenschaft für seine Nichte erfüllt, vergewaltigte sie nach ihrer Wiederherstellung. Aus Furcht, durch dieses Verbrechen in andere Umstände zu kommen, erhörte sie Denêvres an dem Tage, an welchem der Unglückliche von ihrem Onkel gesehen und erschossen wurde.

Marguerite hatte noch zwei Kinder, eines von einem Mönch, das andere von dem erwähnten Neffen Monsieur Jacquots. Aber nach diesen Kindern war sie keuscher als andere, die gar keine gehabt haben.

Während ihrer Erzählung hatten sich meine Begierden wieder eingestellt; unter dem Vorwande, den Korb festzuhalten, berührte ich sie überall, wo ich nur konnte. Mein Angriff auf sie hatte uns aber so lange aufgehalten, daß wir unmöglich einen zweiten Aufenthalt machen konnten. Doch faßte ich einen kühnen Plan, und ich war entschlossen genug, ihn auszuführen ... Man erwartete uns beim Abendessen; Marguerite war heute durch Schwester Pinon in der Mädchenschule ersetzt worden. Erst um zehn Uhr konnten wir uns zu Bett legen.

Das Pfarrhaus bestand damals aus vier Räumen, die zu ebener Erde lagen, dem Zimmer des Pfarrers mit einem Kabinett, das nach dem Garten ging, und einem großen Mittelzimmer, wo wir Zöglinge aßen, studierten und schliefen (es standen vier Betten darin, das des Abbé Thomas im Hintergrund, meines nahe bei der Küchentür und hinter diesem die Himmelbetten Huets und Melins); die Küche, wo das Bett Marguerites stand, schloß die Reihe ... Man weiß, daß langer Aufenthalt in frischer Luft bei Leuten mit nur sitzender Lebensweise den Hang zur Wollust fördert; erwäge man überdies, was ich tagsüber gesehen und empfunden hatte. Ich war außer mir ...

Gegen Mitternacht, als ich bei den tiefen Atemzügen aller annehmen konnte, man stünde unter Morpheus' Herrschaft, erhob ich mich leise. Ohne zu überlegen, welcher Gefahr ich mich aussetzte, trat ich in die Küche, deren Türe nicht ganz schloß. Ich tastete mich nach dem Bett der Wirtschafterin; ich finde es, ich horche ... Sie schlief ... Ich lege mich an ihre Seite ... Marguerite träumte. Sie sprach im Schlaf: »Laß mich, mein lieber Denêvres, laß mich!«

Dadurch gereizt, geleitet von der Natur und meiner Erfahrung, suchte ich ihren Traum sanft zu verwirklichen ... Marguerite erwachte zu spät; sie konnte nur noch meine Wonne teilen ... ich zeigte ungestüme Raserei, dann lag ich wie tot in ihren Armen. Statt mich zu schelten, suchte sie mich geräuschlos wieder zu beleben, denn sie dachte, ich hätte vollständig das Bewußtsein verloren ...

Als ich wieder zu mir selbst gekommen war, hatte sie leichtes Spiel, mich wegzuschicken; meine Seele war wie aufgelöst, ich war im höchsten Grade erschöpft. Ich schlief bis tief in den Tag hinein. Nach dem Aufstehen benutzte ich den ersten freien Augenblick, um in die Küche zu gehen; ich fand Marguerite auf den Knien in Tränen aufgelöst. Ich küßte sie. Das gute Mädchen, deren Frömmigkeit keine Heuchelei war, stieß mich nicht zurück.

(aus: Monsieur Nicolas, dt. J. Nestler. Vgl. hierzu auch, was über Leben und Lebenserfahrung der Dichterfreiherr von Schiller an den Dichterfürsten von Goethe schrieb: »Haben Sie vielleicht das seltsame Buch von Rétif: ›Cœur humain dévoilé‹ je gesehen oder davon gehört? Ich hab es nun gelesen, soweit es da ist, und ungeachtet alles Widerwärtigen, Platten und Revoltanten mich sehr daran ergötzt. Denn eine so heftig sinnliche Natur ist mir nicht vorgekommen, und die Mannigfaltigkeit der Gestalten, besonders weiblicher, durch die man geführt wird, das Leben und die Gegenwart der Beschreibung, das Charakteristische der Sitten und die Darstellung des französischen Wesens in einer gewissen Volksklasse muß interessieren. Mir, der so wenig Gelegenheit hat, von außen zu schöpfen und die Menschen im Leben zu studieren, hat ein solches Buch, in welche Klasse ich auch den ›Cellini‹ rechne, einen unschätzbaren Wert ...« (2.1.1798)

Frank Newman

SCHWESTERCHEN UND BRÜDERCHEN

Auf der anderen Seite der Straße lag ein Spielfeld, auf dem die Jungs aus der Stadt Baseball spielten. Sie waren vierzehn oder fünfzehn Jahre alt. Söhne von Fischern. Sie waren nicht wie Jungs gebaut, sondern gedrungen, wirkten wie Miniaturausgaben von Männern. Sie schaute ihnen zu, wie sie es oft »vor Max« getan hatte, und es schien ihr, als hätte sich nichts geändert. Sie brauchte jetzt nur noch zu dem Süßigkeitengeschäft zu laufen und eine Coca trinken. Aber dennoch.

Verdammte Scheiße. Sie konnte wenigstens noch nach Hause gehen und sich einen runterholen.

Sie schlurfte die ungepflasterte Straße bis zu dem großen, weißen, schindelgedeckten Haus hinunter, in dem sie stets von Juni bis Ende September gelebt hatte, solange sie denken konnte. Sie schlug an die Gartentür. »Hallo!« Keine Antwort. Ihr Vater arbeitete wohl hinten im Atelier. Der Wagen war nicht da. Die Mutter war also am Strand. Sie schaute sich um und konnte nicht einmal den verdammten Hund entdecken. Das Haus lag heiß und leblos in der Nachmittagssonne. Gottseidank gehörten ihre Eltern nicht zu der Sorte, die ihr eine Menge Vorwürfe machen würden, weil sie nicht mit den anderen draußen am Strand war. Sie stieg die Treppe hinauf, schaute ins Schlafzimmer der Eltern – leer – in das Zimmer ihrer Brüder – leer. Ihr älterer Bruder, Omar, war irgendwo an der Westküste. Franz, ihr nur zwei Jahre älterer Bruder, war wahrscheinlich mit einem der Fischer hinausgefahren, zu dessen Mannschaft er seit zwei Jahren gehörte. Sie ging in ihr Zimmer. Warf sich aufs Bett. Nachdem sie eine oder zwei Minuten dagelegen hatte, schüttelte sie lebhaft den Kopf und richtete sich auf. Sie zog die Sonnenblende herunter, zog ihre Shorts und ihr Hemd aus und betrachtete sich genau im Spiegel über dem Frisiertisch. Sie sah sich ihren schmächtigen Körper an, streckte ihre Taille vor, damit ihre Hüften soweit wie möglich heraustraten, und reckte die Schultern nach hinten, um ihre jungen Brüste so hoch wie möglich zu heben. So stand sie da, ihr Blick war grimmig vor Konzentration, und während sie auf die Reaktionen ihres Körpers achtete, begann sie mit den Händen, wie sie es in jener ersten Nacht in der Hütte Leslie hatte machen sehen, die Handflächen flach aufliegend, ihren schmächtigen Brustkasten zu streicheln, sie faßte unter ihren schwach entwickelten Busen, versuchte die Brustwarzen hochzuheben ... mit einem Ausruf der Verzweiflung ... »Ich kann mich ja nicht richtig sehen!« ... stürzte sie aus dem Zimmer zu dem mannshohen Spiegel auf der Innenseite der Badezimmertür. Sie war nackt und barfuß und sie versuchte, soviel Ruhe wie nur möglich zu behalten, konzentrierte sich auf das Schwenken und Drehen ihrer Hüften, als sie fest entschlossen zum Badezimmer ging. Sie drückte die Türklinke hinunter und fand die Tür verschlossen. »Abgeschlossen!« flüsterte sie und ging geschmeidig wie ein Otter in die Knie und heftete ihr eines Auge ans Schlüsselloch. Ein leiser Seufzer der Erleichterung entfuhr ihren geöffneten Lippen. Ihr Bruder Franz, Franz holte sich im Badezimmer einen runter. Sie schaute ihm zu. Franz war vierzehn. Dunkel wie ihre Mutter. War stämmig und kräftig gebaut. Vor einiger Zeit hatte er die Angewohnheit der Fischer übernommen, niemals den Körper der Sonne auszusetzen. Deshalb war sein Körper käsig weiß, während seine Hände, seine Unterarme und sein Gesicht tief braun gebrannt waren. Er saß auf der Klobrille, Jeans und Unterhosen hingen ihm um die Knöchel. Seine schwarzen Schamhaare und die spärlichen Haare auf der Oberseite seiner Schenkel hoben sich mit überraschender Deutlichkeit von seiner ebenmäßig weißen Haut ab. Er wichste mit der ganzen Faust. Sein ziemlich kleiner Schwanz war fast vollständig in der fest zupackenden Hand vergraben, während er die Vorhaut grob über der Eichel hin- und herschob. Sein Gesicht war zu einer Grimasse der Konzentration verzerrt, die Zähne entblößt. Das Verbindungsglied seiner Klammer über den ebenmäßig weißen Zähnen war das einzige Klassenmerkmal, das ihn von den Fischerjungen unten an der Straße unterschied. Mit der Linken hatte er sein T-Shirt hochgehoben. Damit das herumspritzende Sperma es nicht verschmiert; ein Exemplar von *Playboy* war ihm aus der Hand gefallen und lag links neben ihm. Barbara schaute zu, wie er sein Fleisch traktierte. Sie hatte von Max schon viel gelernt und betrachtete kritisch den ungestümen, nicht lustvollen Vorgang, den ihr Bruder in einer qualvollen Mischung aus Begierde und Schuld verrichtete. Das konnte sie nicht zulassen. Was konnte sie ... »Ach Scheiße! Wenn er sich auch benimmt wie ein Gekreuzigter, er ist schließlich Franz. Ich kenne ihn. Er ist in Ordnung.« Kaum war ihr dieser Gedanke durch den Kopf geschossen, als sie auch schon handelte. Sie rief leise durch das Schlüsselloch: »Franz, Franz, ich bins, Barbara. Ich schau dir durchs Schlüsselloch zu ... Franz, mach die Tür auf. Los, steh auf und mach die Tür auf.«

Franz erhob sich, schaute nur noch durch Schlitze in den Augen, die sich vor Konzentration zusammengezogen hatten, hielt immer noch seinen prallen Schwanz in der Faust und nur die rote Eichel schaute hervor; mit den Hosen um die Knöchel schlurfte er zur Tür. Als Barbara sah, daß sein Körper das Schlüsselloch verdeckte, stand sie auf und stellte sich mit gespreizten Beinen direkt mit dem Gesicht an die Tür. Sie ließ die Hände an sich herunterhängen und drehte die Handflächen nach außen. Die Tür ging auf. Franz stand da, quetschte den Schwanz mit der Faust und sah auf der Schwelle das Schauspiel ihres geschwisterlichen Angebots, ihr brauner Körper erfüllte seine irren Vorstellungen. Mit einem Schrei . . . »Aiiih!« . . . schlangen sich seine Arme um ihren Hals, und er legte ihren sich krümmenden, sich an ihn klammernden Körper neben sich auf die kühlen Fliesen am Boden. Mit der gleichen Bewegung kam sein Körper nahe dem ihren zur Ruhe, seine Brust brannte durch das T-Shirt an der ihren. Als sein bloßer, weißer Bauch mit ihrem braungebrannten in Berührung kam, legten sie sich gegenseitig fest die Arme um den Hals. Mund klebte auf Mund. Wie wild leckten die Zungen über die Lippen des anderen. Sein Gewicht drückte sie nieder auf die Fliesen. Sie fühlte die Ritzen zwischen den Fliesen auf ihrem Rücken, als sie ihn enger an sich zog, ihre Beine hob und sie so um seinen Körper schlang, daß der Eingang ihrer Vagina unmittelbar gegen die Spitze seines Schwanzes drängte, der die ganze Zeit blindlings in die Gegend stieß und nach einem Loch suchte. Sobald sein geschwelltes Glied fühlte, daß es die feuchte Sanftheit berührte, verspritzte er sein Sperma mit der hitzigen Ausgiebigkeit sehr junger und sehr kräftiger Burschen. Es schienen Liter heißer Flüssigkeit zu sein, die sich über ihre Schenkel und ihre Fotze ergossen.

Seine Ejakulation minderte in keiner Weise seine Raserei oder die Steifheit seines Schwanzes, er war hart wie Holz. Erst als er sein Glied tief, in der ganzen Länge, in ihr tropfnasses Loch versenkt hatte, als er endlich, endlich zum ersten Mal die Länge seines Schwanzes in der Feuchte versunken spürte, die Dunkelheit spürte, in der sein Glied sich wunderbar heimisch fühlte, eine Empfindung spürte, die ebenso sanft und zart wie peinigend war und die Wellen, Farben der Lust durch jeden Teil seines Wesens schickte, erst da lag er still und seufzte. Lag ganz ruhig. Ließ seinen Schwanz die Weiblichkeit aufsaugen, die ihn umgab. Seine Augen waren fest geschlossen. Er war friedlich. Sein Kopf lag auf Barbaras Schulter. Die unerbittliche Steifheit seines Schwanzes hatte nie nachgelassen, aber als er so dalag, schien es ihnen beiden, daß das Glied größer und härter wurde. Es drückte gegen die es umgebenden Beckenknochen und oben gegen die Muskelwände, bis es Barbaras ganzes Wesen erfüllte, bis ihre Horizonte auf die pulsierende Masse zusammenschmolzen, die ihren Körper durchdrang, bis es für sie keinen Platz für irgendeine andere Empfindung mehr gab. Die Kühle und Härte der Fliesen löste sich vollkommen auf. In diesem

Augenblick hätte es keiner von den beiden bemerkt, wenn die Eltern dazugekommen wären, auch die Großeltern und die ganze übrige Scheißfamilie, ja nicht einmal, wenn das Haus niedergebrannt wäre. Nach einer ganzen Weile fing Franz mit seinen Hüften, während sein übriger Körper unbewegt dalag und er seinen Kopf immer noch fest an Barbaras Hals drückte, ein zunächst noch zögerndes Stoßen an. Ganz langsam. Die Empfindung war fast zu stark, als daß er sie ertragen konnte. Sekunden, die ihm wie Stunden erschienen, nachdem er die Bewegungen begonnen hatte, zuckten seine Hüften in einem krampfartigen, harten Stoß zusammen, und er kam ein zweites Mal.

(aus: Barbara, dt. R. M. Haine. So schon der antike Martial in: Epigramme:

Warum Themison keine Frau hat, fragst du
mich, Fabullus? – Er hat ja eine Schwester.

Daß es noch verwickelter zugehen kann, ist Catulls Gedichten zu entnehmen:

Gellius, was tut der, der mit Mutter und Schwester
Sich begeilt und die Nacht ohne Kleider verbringt?
Was tut der, der des Oheims ehliche Rechte verletzt hat?

Ausilena, mit einem Manne sich zu begnügen,
Ragt als das größte Lob der Vermählten hervor:
Doch ist's besser, sich unter jeden Beliebigen legen,
Als den Söhnen des Ohms schamlos Mutter zu sein.)

Felix Salten (?)

VATERS LIEBLINGSERSATZ

Nur die Ereignisse, von denen ich jetzt berichten werde, haben mich zur Dirne gemacht, nur sie sind Veranlassung gewesen, daß ich den Weg ging, den man den »Weg des Lasters« nennt. Ich bereue es nicht, diesen Weg gegangen zu sein. Das habe ich schon gesagt und wiederhole es. Mir tut höchstens die Ursache leid, aber nicht die Wirkung.

Sonst aber, und auch das muß ich hier, um der Wahrheit die Ehre zu geben, wiederholt feststellen, sonst aber führen Tausende und Tausende von Mädchen aus den unteren, ja selbst – wie ich heute weiß – aus den besten Gesellschaftsschichten in ihrer Kindheit ein so geschlechtliches Dasein, treiben ahnungslos, verführt von ihren Gespielen und Gespielinnen, alle erdenkliche Unzucht und werden später sittsame, keusche und anständige Mädchen, Frauen und Mütter, die sich ihrer Kinderfehler gar nicht erinnern.

Meine Brüder waren in die Lehre gekommen. Lorenz, der älteste, in dasselbe Geschäft, in dem mein Vater arbeitete, Franz zu einem Buchbinder. Ich sah sie nur mehr an Sonntagnachmittagen. Lorenz sprach fast gar nicht mehr mit mir. Franz erzählte mir, er habe bei seinem Meister ein junges Dienstmädchen vom Land, das sich von ihm vögeln lasse und bei dem er in der Nacht schlafen könne.

Wir hielten einen stillen, alten Mann als Bettgeher, der früh das Haus verließ und spät abends heimkehrte. Ich schlief auf dem Sofa im Zimmer. Das Bett der Mutter stand leer neben dem meines Vaters.

Einen Tag, nachdem wir beim Kommissär waren, sagte mein Vater zu mir: »Ich wollte dich eigentlich recht fest durchhauen, weil du so ein Saumensch bist ...«

Es war das einzige, was ich über den Fall von ihm gehört hatte. Ich erschrak und meinte: »Aber ich kann doch nichts dafür ...«

»Na ja«, brummte er, »ist eigentlich wahr, so ein Schweinekerl.«

Und dann sagte er: »Geschehen ist geschehen ...« Und wieder nach einer Weile: »Jetzt werd ich aber aufpassen auf dich, verstehst? Du gehst mir nirgends hin, ohne Erlaubnis ... und ...« er stockte, dann rief er heftig: »Und von heut ab schlafst du da ...« Er deutete auf das Bett der Mutter.

Ich war erstaunt, und er setzte hinzu: »Es sind immer Bettgeher da ... man kann nicht wissen ... ich will aufpassen ...«

So schlief ich von diesem Abend an Bett an Bett mit meinem Vater.

Als er vom Wirtshaus nach Hause kam, war es vielleicht schon elf Uhr, und ich wachte nicht auf.

Erst als er viele Male geflüstert hatte: »Bist du da ...? Hörst ... bist du da ...?« erwachte ich, und schlaftrunken antwortete ich: »Ja, Vater ...«

»Wo bist du?«

»Da, Vater, da bin ich ...« sagte ich, vom Schlafe befangen.

Er tastete nach mir: »Ah, ja ... da bist du ...«

Und er fuhr mir vom Hals zur Brust herunter. Mir gab es einen Schlag, als er nach meinem Busen griff, ihn in die Hand nahm und abfühlte. Ich lag ganz still.

»Alsdann ... da ...« murmelte er stockend, »alsdann, da hat er dich angegriffen, der Herr Katechet ...?«

»Ja, Vater . . .« flüsterte ich.

»Da auch?« Er packte meine andere Brust.

»Ja, Vater . . .«

»So ein Schuft«, redete er weiter, »so ein Hund . . . das könnt ihm passen . . .« aber dabei spielte er mit meiner Brustwarze.

»Wie hat er's denn gemacht . . .?« fragte er zu mir herüber.

»So wie der Vater . . .« sagte ich leise.

Er fuhr mir unter's Hemd und faßte mich an der Fut, wühlte mit den Fingern in den Haaren herum und flüsterte: »Pepi . . .?«

Ich war starr vor Schrecken und Erregung.

»Ja, Vater . . .«

»Pepi . . . da ist er auch gewesen . . .?«

»Ja, Vater . . . da auch . . .«

»Mit seiner Nudel vielleicht gar . . .«

Ich staunte über diese Frage. Hatte der Vater alles vergessen? Oder fragte er mit Absicht?

Er wiederholte: »Sag . . . mit seiner Nudel ist er dagewesen?«

»Ja . . . Vater . . .«

»Da drinn?« Er versuchte, meine Spalte zu öffnen und mir den Finger hineinzustecken. Ich stieß seine Hand fort. »Aber Vater . . .« sagte ich.

»Ich will's wissen . . .« zischelte er mir zu.

»Aber Vater«, bat ich, »was tun S' denn, Vater . . .?«

Sein Finger saß mir im Loch.

»Vater, Vater . . . hör'n S' auf«, flüsterte ich ihm zu, »Sie wissen ja . . . er ist drinn g'wesen . . . ja . . . hör'n S' auf . . .«

»Hat er dich gevögelt . . .?« Der Finger bohrte weiter.

»Ja«, sagte ich schnell, »er hat mich halt gevögelt . . . ich kann ja nix dafür . . .«

»Das ist dein Glück . . .« brummte mein Vater, ließ mich los, drehte sich um und schlief ein.

Ein paar Nächte lag ich ruhig neben ihm im Bett; er faßte mich nicht an, und ich vergaß ganz, was vorgefallen war, oder wenn ich daran dachte, schrieb ich dieses sonderbare Benehmen der Wut zu, die mein Vater wegen des Katecheten haben mochte. Am Samstag waren wir im Gasthaus gewesen, und als wir uns niederlegten, griff der Vater wieder zu mir herüber.

»Du«, sagte er, indem er meinen Busen suchte.

»Du . . .«

»Ja, Vater . . .«

»Du, wie oft . . . wie oft hat dich der Katechet gevögelt . . .?«

»Ich weiß nicht mehr, Vater . . .«

»Na, wie oft . . .?«

»Wenn ich's aber nicht weiß . . .«

»Du! Ich will's wissen.« Er hatte meine Brust erwischt und quetschte sie, daß ich schrie.

»Aber, Vater . . .«

»Wie oft . . .?«

»Vielleicht zehnmal . . .«

»So? Zehnmal gar . . .?«

Er spielte an meiner Warze, die sich aufrichtete.

»Zehnmal?« fragte er. »Auf einmal?«

Ich mußte lächeln. »Aber nein . . . jedesmal einmal . . .«

»Also zehnmal . . .?«

Und er fingerte meine Brustwarze, daß sie höher und höher wurde. Ich hatte ein Gefühl von Neugierde, Wohlsein, Geilheit und Scheu, und die Scheu überwog noch, deshalb nahm ich seine Hand und drückte sie mehr von mir fort.

»Geh'n S', hören S' auf, Vater, was machen S' denn?«

»Nix, nix . . .« brummte er und zog sich zurück.

Wieder war ein paar Tage Ruhe. Ich schlief meistens schon, wenn der Vater nach Hause kam. Daß er etwas anderes von mir wollte, fiel mir nicht ein. Ich glaubte nur, er könnte sich über den Katecheten nicht beruhigen.

Da fing er eines Abends wieder an. Wir hatten uns gleichzeitig zu Bett gelegt, und während er nach mir tastete, fragte er: »Was hast denn g'macht heut den ganzen Tag?«

»Nichts, Vater . . .« antwortete ich.

Er fuhr mir schon in den Hemdausschnitt und ich hielt mir die Hände vor die Brust.

»Warst in der Schul?«

»Ja.«

Er versuchte, meine Hände zu verdrängen, um meine Brüste zu erreichen.

»Hast einen neuen Katecheten?«

»Ja, Vater . . .«

»Na ... tatschelt er dich auch so ab ...?« Er hatte meine Brust erwischt und spielte mit ihr ...

»Nein, Vater ...«

»Und der Herr Lehrer ...?«

»Wir haben ja eine Lehrerin, Vater ...«

»So? Und der Katechet tut nix ...?«

Ich versuchte es, ihn fortzudrängen. »Nein ... nichts tut er ...«

Er ließ meine Brust los und griff mir zwischen die Beine, so schnell, daß ich sie nicht schließen konnte, und so hielt er meine warme Muschel ganz in der Hand.

»Bitt Sie, Vater ... Vater ...« ich atmete schon schwer, denn er kitzelte meine Geilheit wach, »bitt schön, Vater ... nicht ...«

»Weißt du ...« stammelte er, »weißt du ... wenn vielleicht der neue Katechet ... so mit dir zum Spielen anfangt ...« er ließ ein wahres Trommeln auf meinen Kitzler los, »oder wenn er gar so was machen will ...« damit probierte er, mir den Finger hineinzustecken, »dann laß dir's nicht gefallen ...«

»Nein, Vater ... nein ... aber gehen S' fort ...« Ich schloß die Beine, machte einen Schneller mit dem Popo, und war frei.

»Na ... na«, meinte er, »ist schon recht ...«

Noch immer ahnte ich nichts. Aber ich hatte nur vor mir selbst Angst. Diese Berührungen regten mich auf. Der Wunsch, gevögelt zu werden, seine Betastungen zu erwidern, die Begierde, nach seinem Schweif zu langen, durchzuckte und erschreckte mich. Ich meinte, er werde mich halb totschlagen, wenn ich mich unterstehen würde, so was merken zu lassen. Ich glaubte, er wolle mich prüfen.

Aber wieder ein paar Nächte später wachte ich auf. Ich hatte tief geschlafen und erwachte unter seinen Berührungen. Er lag dicht neben mir, hatte meine Brust entblößt und spielte mit den Warzen. Er spielte so leise, so zart, daß sie beide hoch und steif emporstanden. Ich stellte mich schlafend, und eine ungeheure Neugierde erfüllte mich, was er mit mir anfangen werde. Jetzt ahnte ich ja, worauf er hinauswollte. Doch ich schämte mich zu sehr und war außerdem nicht ganz sicher, ob das nicht eine neue Prüfung sei. Ich lag ganz still.

Da faßte er meine linke Brust und begann meine Himbeere zu küssen und zu lecken.

Unwillkürlich fuhr ein Zucken durch meinen Körper. Aber ich atmete tief und tat so, als ob ich fest schliefe. Er leckte wieder, sog daran, preßte meine beiden Duteln, und wenn mich das Zucken schüttelte, hörte er auf. Da glaubte ich, er wolle sehen, ob ich wach sei, und stellte mich erst recht, als ob ich schliefe. Auf einmal hob er die Decke und streifte mir das Hemd in die Höhe. Mein Herz begann vor Angst und Geilheit laut zu pochen, denn noch immer glaubte ich an eine Art von Prüfung. Es war eine unbestimmte, dumpfe Vorstellung, die mich neben meiner sinnlichen Erregung beherrschte.

Behutsam, leise, schob er, im Bett neben mir sitzend, meine Füße auseinander. Ich ließ es willenlos geschehen. Als er mir aber mit der Hand über die Spalte strich, mußte ich damit zucken, und rasch hörte er wieder auf. Ich imitierte, wie von nichts zu wissen, ein leises Schnarchen.

Da schwang er sich zwischen meine Beine, und in den Armen aufgestützt, lag er über mir, ohne mich anders als mit der Schwanzspitze zu berühren. Ich konnte mich nicht halten vor Geilheit und wetzte auf und nieder, als er mir mit dem heißen Schweif leise gegen die Fut stieß. Dabei fuhr ich mit dem Schnarchen fort.

Er hielt seinen Schweif nur außen in die äußere Muschelöffnung, rieb ihn dort leise hin und her und regte mich furchtbar auf. Ich erwartete, ich hoffte jeden Moment, er werde ihn nun endlich hineinstecken, ich war halb von Sinnen. Da entlud er sich. Ich wurde in meinen Haaren und auf meinem Bauch von der warmen Flut übergossen, und gleich darauf zog er sich von mir zurück, leise, vorsichtig, damit ich nicht erwache.

Jetzt erst wußte ich genau, was mein Vater mit mir für Absichten hatte. Und ich muß gestehen, so peinlich mir heute der Gedanke daran ist, so wenig verletzte er mich damals. Ich dachte weder, ob es recht, noch, ob es unrecht sei. Es erschien mir angenehm. Ich kam mir erwachsen vor. Ich hatte so eine dunkle Vorstellung, als brauche ich meinen Vater von nun ab nicht mehr zu fürchten, ja, als sei mir alles erlaubt.

(aus: Josefine Mutzenbacher. Ob der Bambi-Erfinder Salten der Autor war, bleibt allerdings ungewiß.)

Marquis de Sade

AUF DIE KNIE, MAMA!

»Du bist an der Reihe«, sagt er zu seinem Sohn. »Nun wollen wir sehen, wie du deine Mutter behandelst. Du hast einen bewundernswürdigen Verwandten vor Augen. Er hat kein langes Federlesen mit seiner Mutter gemacht. O Bressac! Ermutige deinen Neffen, deinem Beispiel eines Tages zu folgen.«

Der junge Viktor stellt sich. Es ist seine Mutter, die er nach den Worten eines bestialischen und brutalen Vaters beleidigen soll, und als Belohnung ist ihm seine Schwester versprochen. Wehe! Mit allzu großer Bereitwilligkeit nur läßt sich der junge Knabe auf die Abscheulichkeiten ein, die man von ihm zu fordern wagt. Er hat gar keine guten Ratschläge nötig.

»Schöne Mama«, sagt der kleine Wüstling. »Ich weiß nur zu gut, womit ich Sie zur Verzweiflung treiben kann. Gestatten Sie, daß ich gleich damit beginne. Drehen Sie Ihren schönen Arsch her, ich will mich in jeder Ihnen qualvollen Weise daran gütlich tun.« Ein Widerstand war nicht möglich. Die alten Weiber kehrten das Opfer um und hätten es bei dem geringsten Zeichen von Auflehnung festgehalten. Viktor hatte sich mit einem Rutenbündel bewaffnet und erkühnte sich muttermörderisch seine Hand gegen die Urheberin seines Lebens zu erheben. Von Gernande, Bressac, Esterval, ja sogar von Dorothea angefeuert, peitscht das Scheusal, Bressacs Beispiel folgend, seine Mutter aus. Ist es zu glauben? Um seinen Sohn noch mehr zu erregen, wichst Verneuil dessen Schwanz von unten, während er seine Frau festhält. Der kleine Libertin, ganz von Sinnen und trotz der entwürdigenden Scheußlichkeiten schöner als Amor selbst, ruft:

»Vater! Oh! Ja, ja. Halte sie fest, halte sie gut fest, während ich sie im Arsch vögele.«

Dieser hält die Hüften seiner Frau willig umklammert und führt den Schwanz seines Sohnes sorgfältig in den Arsch seiner zarten Ehehälfte ein. Nun hat Viktor Besitz davon ergriffen und der Inzest vollzieht sich, indessen der schuldige Vater eigenhändig auf tausenderlei wollüstige Weisen seinen kriminellen Sohn zu den schamlosesten Freuden anstachelt.

»Wie jetzt noch den ausgesetzten Preis einkassieren?« sagt Verneuil zu Viktor. »Läßt deine Erschöpfung es überhaupt noch zu?«

»Erschöpft? ... Ich?« sagt der Spitzbube und gibt zu erkennen, daß die Schlacht, die er soeben geliefert, seine Waffen nur geschärft hat.

»Gott verdammich, schauen Sie diesen Schwanz an. Schauen Sie, ob er nicht imstande ist, an meiner Schwester das gleiche zu wiederholen, was ich mit meiner Mutter getrieben habe. In den Arsch der Tochter werde ich die Scheiße träufeln, die ich aus dem Hintern der Mama gefischt habe. Es gibt nichts Köstlicheres auf der Welt!«

Und er stürzt sich auf Cecile und zwingt sie in die gleiche Haltung, die seine Mutter einnehmen mußte. Schon war der Bube im Begriff, sie ähnlich zu bearbeiten, als Verneuil seinen wütigen Sohn unterbrach und ihn um einen Augenblick Ruhe bat, um seine Lust in etwas geordnete Bahnen zu lenken. Sie reicht dem jungen Mann uneingeschränkt beide Bahnen des Pläsiers. Verneuil erschließt die Wege. Er bringt seinen Sohn auf den nach Sodom. Laurette wird mit Sorgfalt rittlings auf Ceciles Hüften placiert. Sie reicht dem jungen Mann den frischesten und lieblichsten Amortempel auf Erden zum Kuß. Rechts und links halten die Damen von Gernande und Verneuil ihre Ärsche zum Kneifen zur Verfügung. Verneuil arschfickt seinen Sohn, John zahlt ihm mit gleicher Münze heim, Bressac, Esterval, Gernande und Dorothea umringen ihn, vom Schauspiel berauscht ... der erste sodomiert einen Lustknaben, der zweite wird von Marceline befingert, die er seinerseits in den Hintern kneift, der dritte wird von Lili abgelutscht und die vierte von Constant vorn gevögelt. Binnen kurzem haben alle das Ziel erreicht, Wogen von unreinem, sodomitischem und inzestiösem Sperma spritzen dem absichtlich zur Schändung dort aufgestellten Standbild des Ewigen von allen Seiten ins Angesicht und zwingen alle, die ihren Samen verströmt haben, neue Kräfte zu sammeln.

(aus: Die neue Justine, dt. K. Hock)

Jef Geeraerts

SCHWARZE SCHWESTERN

... Und dies ist die kurze, aber ziemlich bewegte Geschichte von Martha und ihrer Schwester Cécile, wie immer aus reinem Zufall der Unbekanntheit entstiegen, fürwahr einer der Ecksteine im komplizierten Bauwerk der menschlichen Verhältnisse, nun ja, in meinem geliebten Vaterland rackerte sich der größte Teil der Bevölkerung in diesen Tagen durch Nebel und Dreck, das heißt, es war Allerseelen und mit riesigen weißen oder gelben Blumentöpfen auf dem Arm segelten sie durch den Matsch der Friedhöfe, um vor einem Grab mit einem Kreuz im Topp einige Minuten über die traditionellen Unkosten im Sterbehaus zu Ehren des lieben Verstorbenen zu meditieren, fast der ganze Monat war dem geweiht, mit dem elften November als dem absoluten Höhepunkt: ein in strammer Haltung dastehender Fürst, den Säbel mutig in der Faust vor der Heiligen Flamme am Fuß des Phallus-mit-dem-geilen-Männlein-hoch-auf-seiner-Vorhaut, und obwohl 1958 noch keine Fürstin im Gebet versunken vor der Heiligen Jungfrau von Sevilla oder Torquemeda um Unterstützung für das Nationale Werk der Bejahrten und Vertrockneten Organe flehte, war es im Nordkongo ein Jahr besonderer Trockenheit, und am zweiten November, wohl wissend, daß die Wege an manchen Stellen so gut wie unbefahrbar waren, machte ich mich dennoch auf die Reise, und trotz eines hoch aufheulenden Motors im zweiten Gang blieb ich zehn Kilometer vor Kwanza, dem illustren Ort, wo einige Monate zuvor fast ein Mord aus Leidenschaft an mir verübt worden wäre, wie immer aus reinem Zufall, der Eckstein undsoweiter ... im Sand stecken, nun, da saß ich denn fest bis an die Achsen und es war heiß und trocken und wenn man einige Bewegungen zuviel machte, lief einem der Schweiß in Strömen herunter, Mohongu war etwas maulend zum nahegelegenen Dorf abgezogen mit der Absicht, Männer aufzurappeln, die den Wagen schieben sollten, und ich saß unter einem Baum im Schatten, rauchte eine Zigarette und träumte vor mich hin als ich plötzlich eine Frauenstimme »Guten Tag Mambomo« sagen hörte (wie schon berichtet, war dies mein inländischer Beiname, was er genau bedeutet, tut nichts zur Sache) ich blickte auf und sah eine schön gekleidete Frau mit einem etwa zehnjährigen Mädchen und einem Fahrrad an der Hand, »Tag Schätzchen ...« sagte ich, sie lachte auf, ein ziemlich heiseres Lachen, sie lehnte sogleich das Fahrrad an meinen Baum und setzte sich neben mich, um eine Zigarette zu rauchen, das Kind blieb schweigend mit vorgestrecktem Bauch stehen und betrachtete uns aufmerksam, es war ein sehr schönes Mädchen, es hatte etwas auffallend Intelligentes und gleichzeitig Brutales im Ausdruck ihrer Augen und ihre ältere Schwester (denn so verhielt es sich tatsächlich) war auch wohl schön, jedenfalls schön angemalt und geschmackvoll und teuer angezogen, aber sie warf etwas zuviel mit den Augen und atmete etwas zu heftig, sie kenne mich noch aus der Zeit in der ich in Yandongi gewesen sei, sagte sie, in ihrem Dorf Yamisakolo hätte ich doch eine Nacht mit einer Nichte des Plantons Epapa verbracht, nun, das sei auch eine Kusine von *ihr* gewesen, ich fragte sie, ob sie sich auch in solch vorgeschrittenem Stand der Gnade befände, »Nééé, ... hahaha ... ich? ... waas ... pschsch ...« und sie spuckte einen dünnen Strahl in den Sand, leckte an ihrer Zigarette und fragte, ob ich nicht was zum Trinken bei mir hätte, ja, laues Bier, aber das mache ihr nichts aus, wenn es nur Bier wäre, bei dieser Hitze schwitzte man sich ja die Seele aus, sogar für uns Schwarze ist es viel zu heiß, um mit dem Rad zu fahren, vor allem in der Gegend, wo *strenge Administrateurs* alle Bäume längs des Weges hätten fällen lassen, nun das betraf mich, und natürlich wurde einmal herzlich darüber gelacht, *gluck* und nochmal *gluglugluck* mit zurückgelehntem Köpfchen, ich hielt aus Kameradschaft mit, und als eine Stunde später Mohongu mit zehn Dorfbewohnern herankam, um zu schieben, war Stimmung da, da hieß es Schätzchen hier und Liebling dort und sie würde natürlich, das versteht sich doch von selbst, mit uns bis Kwanza mitfahren und von dort aus selbständig weiterfahren, aber ich machte mich stark, daß letzteres jedenfalls am gleichen Tag nicht der Fall sein würde, mehr als vierzehn Tage hatte ich keine Frau mehr gespürt, und Martha, so hieß sie – das Schwesterchen hieß Cécile – schien mir auch bestimmt nicht der Typ zu sein, auf einen Kerl zu spucken wenn es darauf ankam, und außerdem ist langdauernde Tugendhaftigkeit unhygienisch, Mohongu kannte sie auch, und als wir aus dem Sand heraus waren und mit unseren beiden Weibchen auf der Ladefläche nach Kwanza fuhren, sagte er, Martha sei eine ›putain mingi‹, euphemistisch übersetzt »eine heiße Nudel«, nun Kerl, das brauchte ich gerade, und als wir am Rasthaus hielten und Mohongu auspackte, lud ich die Weibchen zu einem anderen Bier ein, was ohne Zögern angenommen wurde und ja, wenn die Sonne langsam in der lauen Tropennacht untergeht, kann man doch nicht mehr auf die Straße, so etwas ist ausgeschlossen, aber da hatten wir schon etwas herumgeschmust und ich begann zu glauben, daß Mohongu nicht ganz daneben getippt hatte, unterdessen beobachtete uns die kleine Cécile immerzu aufmerksam, sie ähnelte ihrer Schwester auffallend, der gleiche gierige Mund, die gleichen etwas brüsken Bewegungen, daraus würde ein Prachtweib werden, das sah man gleich, ohne Lolita- oder Hengstkomplex, der aus uns Männern grabsende Geilböcke macht, den schrägen Speer permanent hochrot aufgerichtet, mißgestaltig bis auf dem Sterbebett oder am Galgen, dabei sogleich die ersten aufblühenden Leichenflecke, die Spaltpilze, aber was geschah eigentlich? ganz einfach: zwei Menschen, ein Mann und eine Frau, der Mann zufällig weiß und angefüllt mit tausend Jahren Kultur, die Frau zufällig schwarz und eine Tochter von Menschenfressern, streckten sich zusammen auf einem Bett aus in einer Wolke von Alkoholdampf und wie in Millionen Betten im selben Augenblick erklangen gewisse Geräusche: rhythmisches Krachen, Gekeuche, Ticken, Laken werden allmählich feucht, und schließlich holte die Gummilinse den aufgerissenen Mund der Frau schnell in close-up mit den entstellenden weißen Zähnen, die Zunge, die ovale Auster, die zuckende Insel, zum Schluß gerade rechtzeitig der vorletzte Geburtsschrei, zu übersetzen mit den dennoch überdeutlichen Worten »Teufel!« »böser Geist!« und »o, das verdammte Stöckchen...«, worauf sie festentschlossen aus dem Bett wankte, nackt nach draußen flüchtete und armeschwenkend sich in den Sturzregen stellte, aber der Mann blieb liegen, er zündete bebend eine Zigarette an und blickte, auf einen Ellenbogen gestützt, nach dem kühlen, glatten, trocknen Mädchen, das mit angezogenen Knien, befreiter Fötus, regelmäßig atmend dalag, er streckte einen Zeigefinger aus, lächelte flüchtig und berührte ein Ohr...

... Sie öffnete die Augen, schlang die Arme um meinen Hals, meine linke Hand griff nach ihrem zarten Nacken, die rechte streichelte die entzückend gespannte Haut ihres Rückens, sie schmiegte sich wie eine Klette an mich, warm, nackt, fest, ihr Atem roch nach Obst, und mit einer Hundenase in meinem Ohr flüsterte sie nervös, zitternd, ich dachte höchst verwundert, sie ist eine Frau, wie ist das möglich?... »Ich sah, wie du den Mund meiner Schwester küßtest, ich will es auch, jetzt, gleich...« sie öffnete die Lippen und sonderbar gerührt küßte ich mein Töchterchen, dann glitten langsam Jahrhunderte von Schuldgefühlen von mir ab und ich wurde ein junger schlanker Pharao, der entzückt, auf dem Marmorbett sich seiner Schwester nähert zwischen hellblauen Lapislazulisäulen mit spöttischen Anubisfiguren, den starrenden Lebenszeichen und den Trauben von Liebe und Tod, feucht lag die feuerrote Blume in meinem Handinnern, da ließ ihr Mund den meinen los, ich öffnete die Augen und blickte in die einer strahlenden Frau, unendlich zart streichelte ich ihren kühlen Nacken, du bist meine kleine Nofretete, dachte ich, ich will, daß du immer ein schlankes ägyptisches Figürchen bleibst, aber da spürte ich plötzlich ein Händchen um meinen Penis, mit einem Ruck machte sie sich los und wendete mir den Rücken zu, ich wollte sie umdrehen, aber sie wurde wie aus Eisen und ich bekam einen Tritt, lachend griff ich nach ihren Handgelenken, aber da sah ich eine gelbe Glut in ihren Augen wie bei in die Enge getriebenen Katzen, sie spuckte, und »du bist kein Mann, erst machst du mich verrückt nach dir mit dem verfluchten Gelecke und dann, wenn ich dich *ganz* will, bist du kein Mann« rasselte sie schnell in Budja herunter, »o laß mich los, sonst fange ich an zu schreien und wenn Martha es hört, sticht sie dich mit einem Messer tot, wir sind schrecklich eifersüchtig aufeinander!« – »Schläfst du denn schon mit Männern?« fragte ich plötzlich wieder im Kongo, die Grillen zirpten hoch, es blitzte, der Regen rauschte wie ein Gebirgsfluß über meinem Kopf, »Glaubst du vielleicht, daß *wir Frauen* Brüste oder Haare oder Blut bekommen, wenn wir nicht mit Männern schlafen?« sagte sie, die Mundwinkel verächtlich herabgezogen, »Pff, lieber Freund, ich habe es schon mit viel größeren als du getrieben ich habe sogar einen *Großvater,* der verrückt nach mir ist . . .« – »Aber du mußt noch mindestens drei Jahre warten, bevor du Frau bist . . .« – »Wenn ich es *nicht* tue, muß ich noch viel länger warten und ich will mit dir schlafen, Martha wird noch wohl ein Weilchen fortbleiben, sie sitzt gewiß in der Küche und trinkt Arak wie jeden Abend, sie ist starken Getränken verfallen, wenn sie gleich wieder zu dir kommt, weise sie dann nicht ab, sonst bekommt sie wieder einen ihrer Anfälle, ha, so ist es besser, jetzt bist du wenigstens ein *Mann,* komm, zu Beginn nicht zu wild, denn ich bin noch sehr eng, so komm doch, so, ja so . . .« und sie nahm meinen Penis und öffnete mit der anderen Hand ihre Schamlippchen, verwundert, entzückt fühlte ich, daß ihre Klitoris groß und geschwollen war, wie ein Saugnäpfchen umfaßte ihre Vagina die

Eichel und mit kurzen Stößen, sanft auf und nieder gehend, verschob sie behende die enge Hülse und begann sich zu bewegen ...

... Ich wachte erschrocken auf als ich die heisere Lache über mir hörte, ein abscheulicher Alkoholatem schlug mir ins Gesicht, ich knipste die Taschenlampe an und Martha stand wankend vor dem Bett, nackt, eine leere Flasche in der Hand, »Laß mich ins Bett« sagte sie, »oder denkst du vielleicht, daß du mich schon los bist, denk dann lieber schnell was anderes ... und du (gegen Cécile) raus, verdammt noch mal, raus schmutzige Hure, du sollst nicht so nahe an meinen Kerl kriechen, raus, denn ich will noch ficken, die ganze Nacht durch will ich ficken!«, sie ließ die Flasche fallen, ging auf Cécile zu und riß sie an ihren Fußgelenken aus dem Bett, sie erwachte mit einem Schrei, war aber sogleich auf den Beinen und gab Martha eine schallende Ohrfeige und noch in derselben Sekunde rollten sie wie zwei wilde Katzen über den Boden, die kleine wehrte sich wütend, aber als sie schließlich unten lag und Martha rasend nach der Flasche griff, fand ich, daß es genug sei und trat die Flasche in eine Ecke und griff Martha bei der Kehle, sie ließ los aber zugleich schoß ein entsetzlicher Schmerz durch meinen Unterleib, ich schlug mit aller Macht mit zwei Fäusten nach unten, traf ihre Schläfe, sie ließ mit einem Schrei meine Eier los und fiel langsam vornüber, blieb einen Augenblick bewegungslos liegen, und während mir übel vom Schmerz war, daß ich Magensaft herunterschlucken mußte, kam sie halb hoch, blickte verstört ins Zimmer, glitt langsam auf den Boden und begann zu schnarchen, ich nahm die Taschenlampe vom Bett und richtete den Strahl auf Cécile, die mit gestreckten Beinen, gebeugtem Kopf, die Arme neben dem Körper auf dem Boden saß in der Haltung trauernder Frauen auf griechischen Vasen, ich ging auf sie zu, kniete mich und streichelte ihr kurz das Köpfchen, sie schlug die Augen auf, groß und glänzend, sie lächelte, ihre Lippe blutete, sie hatte überall Schrammen. Überströmend vor Zärtlichkeit trug ich sie auf ihr Bett ...

... Gegen zehn Uhr am nächsten Morgen sah ich die beiden mit einem Seufzer der Erleichterung abziehen, einerseits hatte ich dafür eigentlich keinen triftigen Grund, denn ich hatte in kurzer Zeit in vieler Hinsicht Ware für mein Geld bekommen, andererseits aber fand ich die Art der Abrechnung etwas empörend, Martha war nämlich kurz zu Einkäufen in die benachbarte Faktorei gegangen und hatte mir lässig die Rechnung vor die Nase gehalten: 786,50 fr., die beiden

Schwestern hatten sich an diesem Morgen stur übersehen, hatten üppigst gefrühstückt mit starkem Kaffee mit gesüßter Büchsenmilch bis ihr Bauch wie eine Trommel gespannt war, und der Abschied war munter verlaufen, die ältere Schwester versprach ganz bestimmt in einer der nächsten Wochen zurückzukommen zu einem etwas längeren Besuch, bei meinem kleinen Liebling war es ein fahriges Händchen und ein einziger Augenaufschlag voller Traurigkeit und ich konnte nicht widerstehen, ich nahm sie auf, drückte am Kinn ihr Köpfchen hoch und küßte sie auf den Mund, ich fühlte wie sich ihr Körper entspannte, sie seufzte leise und sagte wie ein Vögelchen: »Tag, aber ich werde mitkommen«, Martha machte darüber eine gemeine Bemerkung, die mir aber ziemlich billig schien und dann waren sie abgezogen (...)

(aus: Im Zeichen des Hengstes, dt. C. P. Baudisch; allen jetzigen Hemingway-Fans zur Abschreckung empfohlen.)

Boris Vian

DAS LEINTUCH IM NACKEN

Clémentine nahm alle ihre Kraft zusammen und richtete sich halb auf. Sie sprach mit leiser, zischender Stimme:

»Ich sollte mich besser fühlen, nicht wahr? ... so wie ich hier bin ... gleich danach ... mit meinem zerrissenen Bauch ... und meinem Rücken, der mir wehtut ... und meinen verdrehten und schmerzenden Beckenknochen, und meinen Augen voll geplatzter roter Äderchen ..., ich sollte mich brav erholen, schön vernünftig sein, wieder zu einer schönen Silhouette abschwellen, wieder feste dralle Brüste kriegen ..., nur damit du oder ein anderer kommen können, mich flachzuquetschen und mir euren Rotz einzuspritzen, damit das alles wieder von vorn anfängt, damit ich wieder Schmerzen habe, schwer und unbeholfen werde, blute wie ein Schwein ...«

Mit einer gewaltsamen Bewegung fuhr sie mit dem Arm unter die Bettdecke und riß sich das Leintuch, das ihren Leib bandagierte, herunter. Angel machte die Andeutung einer Bewegung.

»Komm mir nicht zu nahe!« sagte sie mit soviel Haß in der Stimme, daß ihr Mann stumm erstarrte. »Verschwindet«, rief sie, »alle beide!

Du, weil du mir das angetan hast, und Sie, weil Sie mich so gesehen haben. Los . . .! Haut ab!«

Jacquemort ging auf die Tür zu, gefolgt von Angel. Sowie dieser seinen Fuß in den Hausflur setzte, traf ihn das zu einer Kugel zusammengerollte Leintuch in den Nacken, das ihm seine Frau soeben nachgeworfen hatte. Er strauchelte und schlug mit seiner Stirn gegen den Türrahmen. Die Tür fiel hinter ihm ins Schloß.

(aus: Der Herzausreißer, dt. W. S. Baur)

VI.

ZUSEHEN

Hinter dieser Tür passiert,
was Sie immer schon . . .

HANS TRAXLER

Gottfried August Bürger

DER SEHR ERREGTE EHEMANN

Ich (...) ging behende und leise zur Treppe hinauf, trat vor die Thür und das Loch. Es war, als hätte man gerade bis jetzt warten müssen. Man fing mit schmachtenden Küssen auf dem Sopha neben einander sitzend an. Ich hielt Contenance. Der junge Herr schob unter fortgesetzten Küssen, seine *eine* Hand in den Busen der Schändlichen. Ich hielt Contenance. Er schob die andere in den Rockschlitz, und operierte da einige Minuten fort. Ich hielt Contenance. Madame dehnte und streckte sich wohllüstig, und es schien, daß die Hand nicht recht bequem auf den Fleck der Wohllust gelangen könne. Ich hielt Contenance, und dachte: Dabei bleibt's noch nicht! Mein junger Herr zog die Hand aus dem Schlitze, erhob sich, hob Röcke und Hemd auf, und wälzte sich zwischen die blanken Lenden, die sich ihm mit wohllüstiger Willigkeit öffneten. Mit dem Munde hing man schon immer die ganze Zeit über wohllusttrunken zusammen; jetzt suchte man auch wohl die Haupttheile zusammen zu fügen, und hatte es entweder schon gethan, oder war nahe daran. Und das geschah auf einem Sopha, nahe am lichten hellen Fenster, zwar eine Hinterstube, allein doch den Blicken aus mehr, als *einem* Fenster der Hinternachbarn ausgesetzt. – Jetzt dachte ich, ist es Zeit, und brach wie ein Wetterstrahl zur Thür herein auf die Schändlichen zu. – Indem der Eheschänder aufsprang, erhielt er ein Paar Faustschläge mit meiner Rechten, und die Ehebrecherinn ein Paar dito mit meiner Linken ins Gesicht, die mit offenem Munde erstarrt da lag. Der Eheschänder nahm Reißaus, und ich konnte ihm nur noch einen Fußtritt nachgeben. Denn mir war es mehr um die Brieftasche der Ehebrecherinn zu thun, die sie immer auf dem Leibe trägt, und worinn ich Merkwürdigkeiten im Original zu finden hoffen durfte. Im Hui riß ich ihr die Taschen vom Leibe. Jetzt erhob sie sich, und strengte ihr Äußerstes an, mir die Taschen wieder zu entreißen. Wir kämpften und stürzten zu Boden, jedoch *ich auf sie, sie unter mich.* Über ihr reitend hielt ich mit den Knien ihre Arme am Boden fest, und gab ihr ein Dutzend derjenigen Ohrfeigen, die sie zu tausenden verdiente.

(aus: Bürgers Liebe)

Catull

GESPRÄCH MIT EINER TÜRE

Du, dem süßen Gatten freundlich, freundlich dem Vater,
Sei gegrüßt, und die Gunst Jupiters fördere dich,
Tür, die dem Balbus, wie man spricht, gewissenhaft diente
Einst, da der alte Herr selbst noch im Hause saß,
Die, wie man weiter sagt, gewissenlose Gelüste
Seit der Greis verstarb, seit sie vermählt ist, bedient.
Möchtest du nicht erzählen, warum du so dich verwandelt
Hast und die alte Treu' gegen den Herrn dich verließ?

»Mög' ich so dem Cäcilius lieb sein, der jetzt mein Herr ist,
Wahrlich, ich kann nichts dafür, gibt man mir auch die Schuld.
Keiner kann mir beweisen, daß ich eine Sünde begangen,
Doch was soll ich, die Tür, gegen die Leute da tun,
Die doch alle sofort, wenn etwas Übles geschehn ist,
Schrein, wie aus einem Mund: Türe, du hast es getan.«

Nein, das kannst du nicht mit einem Worte so abtun,
Etwas muß da geschehn, daß es jeder begreift.

»Wie denn? niemand fragt und niemand möchte belehrt sein.«
Das eben möchte ich sein. Sprich und zögre nicht mehr.

»Also zunächst, daß man sie als Jungfrau mir übergeben
Habe, ist falsch. Der Gemahl freilich berührte sie nicht,
Dessen hangender Schwanz, wie eine Staude so latschig,
Gegen die Mitte des Hemds niemals empor sich hob;
Doch man erzählt, ihr Schwiegervater habe des Sohnes
Ehelager befleckt und das Haus so entweiht,
Weil entweder in blinder Liebe sein unfrommes Sinnen
Brannte, oder weil träg, fruchtlosen Samens der Sohn
Und man einen mit einem muskulöseren Etwas
Suchen mußte, den Gurt offen der Jungfrau zu sehn.«

Einen hervorragenden Papa beschreibst du, von großer
Sittlichkeit, der dem Sohn so ins Ehebett pißt.

»Doch nicht dies allein mit angesehn zu haben,
Meldet Brixia dir am Chineischen Berg,

Das mit langsamer Flut durchzieht der gelbliche Mella,
   Liebevoll Mutterstadt meines Verona genannt.
Brixia sagt, mit Postumius hatte die Frau ein Verhältnis,
   Mit Cornelius auch, Ehebruch trieb sie mit zwein.
Wie nun, wendet man ein, kannst du, die Türe, das wissen?
   Die von der Schwelle des Herrn nie sich wegrühren darf,
Nie auf dem Markte plauschen, nein, hier in den Oberbalken
   Eingelassen das Haus öffnet und wieder verschließt?
Oft hab' ich zugehört, wenn sie mit heimlicher Stimme
   Den Dienstmädchen die Schmach, die sie begangen, verriet,
War sie allein mit ihnen, und diese Namen erwähnte;
   Daß ich Zunge und Ohr habe, fiel ihr nicht ein.
Einen nannte sie noch, den aber will ich nicht nennen,
   Daß er die Augenbraun nicht, die roten, erhebt.
Lang ist der Mensch, ihm trug einmal mit erlogenem Bauche
   Eine gefälschte Geburt große Prozesse ein.«

(in: Gedichte, dt. M. Brod)

Pietro Aretino

DIE VISITE

Antonia: Wenn du doch zur Sache kämst! Ich habe eine Ungeduld in mir, wie's Kindchen, das darauf wartet, daß die Amme ihm die Brust ins Mündchen schiebe. Mir läuft das Wasser im Munde zusammen wie am Osterabend beim Eierschälen, wenn man das lange Fasten hinter sich hat.

Nanna: Es kommt ja schon! Ich war also allein geblieben; in den Baccalaur hatte ich mich schon verliebt, denn es schien mir nicht recht, es anders zu machen, als es im Kloster Brauch war. Da dachte ich denn dran, was ich in den fünf oder sechs Stunden seit meinem Eintritt ins Kloster gesehen und gehört hatte; und in der Hand hielt ich die Glasstange. Ich äugelte mit ihr wie Jemand, der zum ersten Mal die greuliche Eidechse erblickt, die in der Chiesa del Popolo aufgehängt ist, und ich war über das Ding verblüffter als über die ungeheuerlichen Gräten jenes Riesenfisches, der bei Corneto auf den

Sand geworfen war. Ich konnte mir nicht erklären, warum die Schwestern so große Stücke darauf hielten. Während ich mich nun mit solchen Gedanken beschäftigte, hörte ich auf einmal ein schallendes Gelächter, das einen Todten hätte aufwecken können. Das Lachen wurde immer lauter, und ich beschloß daher nachzusehen, woher es wohl käme. Ich stand also auf und legte erst ein Ohr an eine Ritze; dann, da man im Dunkeln mit einem Auge besser sieht als mit zweien, machte ich das linke zu und guckte mit dem rechten durch ein Loch zwischen zwei Ziegeln, und da sah ich – Ha ha ha!

Antonia: Was denn? Was sahst du denn? Bitte bitte, sag' mir's doch!

Nanna: Ich sah in der Nebenzelle vier Nonnen, den Ordensgeneral und drei Mönchlein wie Milch und Blut, die zogen dem ehrwürdigen Vater den Priesterrock aus und bekleideten ihn dafür mit einem Atlaswamms. Auf die Tonsur setzten sie ihm eine goldgewirkte Haube und darüber ein Sammtbarett, das über und über mit Glasperlen besetzt und mit einem weißen Federbusch geschmückt war. Dann gürteten sie ihm ein Schwert um, und der selige General lallte trunkene Worte und ging breitbeinig wie Held Bartolomeo Coglioni in der Kammer auf und ab. Unterdessen hatten die Nonnen ihre Röcke und die Mönche ihre Kutten ausgezogen, und drei von den Nonnen zogen die Mönchskutten, die Mönche aber zogen die Nonnenkleider an. Die Vierte aber legte den Talar des Generals an und setzte sich mit feierlicher Würde hin und spielte den Kirchenfürsten, der den Klöstern ihre Gesetze giebt.

Antonia: Eine schöne Orgie!

Nanna: Wart nur – jetzt fängt es ja erst an schön zu werden.

Antonia: Wie so denn?

Nanna: Nun, der ehrwürdige Vater rief die drei Mönchlein heran und lehnte sich auf die Schulter des Einen, der ein schlank aufgeschossener zartgebauter Jüngling war. Von den beiden Anderen ließ er sich das Hähnchen aus dem Nest holen – das ließ aber gar traurig das Köpfchen hängen. Doch der gewandteste und hübscheste von den beiden Brüderchen legte es auf seine flache Hand und streichelte es mit der anderen Hand, wie man einer Katze den Schwanz streicht, bis sie vom Schnurren in's Fauchen geräth und sich schließlich nicht mehr halten läßt. Da richtete denn auch das Hähnchen sich stolz empor. Der wackere General aber kriegte die hübscheste und jüngste von den

Nonnen zu packen, schlug ihr die Röcke über den Kopf zurück und ließ sie sich mit der Stirn auf die Bettstelle aufstützen. Dann hielt er mit seinen Händen sanft ihre Hinterbacken auseinander – es sah aus, wie wenn er die weißen Blätter seines Meßbuches aufschlüge – und betrachtete ganz hingerissen ihren Popo. Der war aber auch weder ein spitzes Knochengerüst noch ein schwabbeliger Fettklumpen, sondern gerade die richtige Mitte: ein bißchen zitterig und schön rund und schimmernd wie beseeltes Elfenbein; die Grübchen, die man mit solchem Vergnügen an Kinn und Wangen schöner Frauen sieht, sie zierten auch diese beiden Backen, die so zart waren wie eine Mühlenmaus, die in lauter Mehl geboren und aufgewachsen ist. Und so glatt waren alle Glieder des Nönnchens, daß die Hand, die man ihr auf die Lende legte, sofort bis an die Waden herunterfuhr, wie der Fuß auf dem Eise ausrutscht, und Haare sah man auf ihren Beinen so wenig wie auf einem Ei.

ANTONIA: Da verbrachte wohl der Vater General den ganzen Tag mit seiner andächtigen Bewunderung, heh?

NANNA: I, Gott bewahre! Er tunkte seinen Pinsel in den Farbtopf – nachdem er ihn vorher mit Spucke gesalbt hatte – und ließ sie sich drehen und winden, wie die Weiber in den Geburtswehen sich winden oder wenn sie das Mutterweh haben. Und damit der Nagel recht fest stäke, gab er seinem Spinatfreund, der hinter ihm stand, einen Wink; der löste ihm die Hosen, daß sie ihm auf die Hacken fielen, und setzte Seiner Ehrwürden VISIBILIUM das Klystier an. Der General aber verschlang mit seinen Augen die beiden anderen Knaben, die sich die beiden Nonnen recht bequem über's Bett gelegt hatten und ihnen die Sauce im Mörser verrieben. Das war ein großer Kummer für die vierte Schwester, die ein bißchen triefäugig und etwas schwärzlich von Haut war, weshalb Keiner etwas von ihr hatte wissen wollen. Sie wußte sich aber zu helfen. Sie füllte den gläsernen Tröster mit Wasser – man hatte dem hohen Herrn etwas zum Händewaschen warm gemacht – setzte sich auf ein Kissen, das sie auf die Erde legte, und stemmte die Fußsohlen gegen die Wand. Dann setzte sie die Riesenschalmei an und stieß sie sich in den Leib – es war wie wenn ein Degen in die Scheide fährt! Ich war von all der Wonne des Zuschauens ganz aufgelöst und streichelte mein Mäuschen mit der Hand, wie im Januar die Katzen auf den Dächern den Steiß an einander reiben.

ANTONIA: Hahaha! Und wie endete der Spaß?

NANNA: Nachdem er nun 'ne halbe Stunde lang raus- und reingerutscht war, sagte der Prälat: »Wir wollen's jetzt alle zusammen machen. Komm her, mein Junge, und küsse mich, und auch du, meine Taube!« Die eine Hand hielt er nun an die Dose der Engelsnonne, mit der anderen liebkoste er die Hinterbacken des hübschen Jungen und dabei küßte er bald ihn, bald sie, und machte dazu ein so schmerzverzogenes Gesicht, wie auf Belvedere die Marmorfigur von dem Mann, der inmitten seiner beiden Söhne von den Schlangen getödtet wird. Schließlich fingen sie alle zusammen an zu schreien: die Nonnen und die Mönchlein auf dem Bett und der General nebst Unterlage und Rückendeckung und auch die Überzählige mit der venezianischen Glasrübe. Taktmäßig wie Kurrendesänger oder wie Schmiede, die auf das Eisen hämmern, schrieen sie los: »Ach! Ach!« und »Küsse mich!« und »Dreh dich besser zu mir her!« »Die süße Zunge!« »Gib mir sie doch!« »Da hast du sie!« »Stoß feste!« »Wart, es kommt schon!« »Oh, da ist's!« »Drücke mich!« »Hilf mir doch!« – und das Alles bald halblaut, bald in den höchsten Tönen und in allen Klängen der Tonleiter. Und das war ein Augenverdrehen, ein Stöhnen, ein Schieben und ein Strampeln, daß Bänke und Schränke und Bett und Tisch und Stühle hin und her schwankten wie Häuser bei einem Erdbeben.

ANTONIA: Fein!

NANNA: Und auf einmal da gab's gleichzeitig acht Seufzer tief aus Leber, Lunge, Herz und Seele des Ehrwürdigsten Undsoweiter, der Nonnen und der Mönche. Und diese Seufzer machten einen so starken Wind, daß sie acht Fackeln würden ausgeblasen haben. Und mit diesem Seufzer sanken sie alle erschöpft zu Boden wie Betrunkene, die der Wein niederwirft. Ich war von all dem Zugucken ganz kreuzlahm; vorsichtig zog ich mich von der Spalte zurück, setzte mich aufs Bett und sah mein Glasding an.

ANTONIA: Halt mal 'n bißchen! Das mit den acht Seufzern ist doch kaum glaublich!

NANNA: Du klaubst zu sehr am Wort herum; höre doch nur weiter!

ANTONIA: Na, dann bitte.

NANNA: Als ich nun das Glasding ansah, fühlte ich mich ganz aufgeregt – und das war wohl auch kein Wunder, denn beim Anblick solcher Sachen, wie ich sie gesehen, hätte sich wohl selbst bei den Eremiten von Camaldoli was geregt. Und von dem Betrachten des Glasdings fiel ich IN TENTATIONE, ET LIBERA NOS A MALO. Ich konnte dem Stachel des

Fleisches, der mich aufs Blut peinigte, nicht länger widerstehen. Leider hatte ich kein warmes Wasser wie die Nonne, der ich die richtige Anwendung des krystallenen Stengels abgesehen hatte; aber Noth macht erfinderisch: ich pinkelte ganz einfach in das Ding hinein.

ANTONIA: Wie machtest du denn das?

NANNA: Es war ein Löchelchen drin, um das warme Wasser hineingießen zu können. Na, um die Sache nicht allzu lang zu machen: fix hob ich mir die Röcke hoch, stemmte das dicke Ende der Stange gegen den Bettrand und setzte mir die Spitze an; dann ließ ich sachte, sachte den Stachel eindringen. Es juckte mächtig, denn das Ding hatte einen dicken Kopf; ich fühlte daher zugleich Schmerz und süße Wonne. Aber die Wonne überwog und nach und nach belebte sich der gläserne Stachel. Und ganz von Schweiß überströmt faßte ich mir einen Löwenmuth und stieß ihn mir so tief hinein, daß er aufs Haar gänzlich in meinen Tiefen verschwunden wäre. Und wie er so hineindrang, da glaubte ich Todes zu sterben, aber dieser Tod war süßer als das ewige Leben.

(aus: Hetärengespräche, dt. H. Conrad)

John Cleland

LERNEN DURCH BEOBACHTUNG

Eines Tages befand ich mich etwa gegen zwölf Uhr mittags zufällig in Mrs. Browns Ankleidezimmer und hatte kaum eine halbe Stunde auf dem Ruhebett gelegen, als ich ein Rumoren in der Schlafkammer hörte, die von dem Ankleidezimmer nur durch zwei Glastüren mit gelben Damastvorhängen getrennt war. Die Vorhänge waren nur so wenig zugezogen, daß man alles übersehen konnte, was im Nebenzimmer vorging. Augenblicklich erhob ich mich und schlich leise an die Tür, wo ich mich so postierte, daß ich alles genau sehen, aber selbst nicht entdeckt werden konnte. Da erschien auch schon die Vorsteherin unseres Klosters mit einem jungen, schlanken Grenadier, der wie ein Herkules gebaut war, kurz: ein Bursche, wie ihn sich nur die in diesen Dingen erfahrenste Dame aus ganz London aussuchen konnte.

Still und unbeweglich stand ich auf meinem Posten, damit auch nicht das geringste Geräusch meine Neugier verriet und unsere Vorsteherin herbeirief.

Aber ich hatte keinen Grund zu derlei Befürchtungen, denn sie war so sehr mit ihrer eigenen Angelegenheit beschäftigt, daß sie für nichts anderes in der Welt Aufmerksamkeit hatte.

Es war sehr komisch, wie sich die unbeholfene, fette Gestalt auf das Bett gegenüber der Tür warf. Ich konnte auf diese Weise all ihre Reize bewundern.

Ihr Liebhaber setzte sich neben sie. Er schien kein Mann der Worte zu sein, dafür aber über einen um so größeren Appetit zu verfügen, denn er ging gleich zu den wesentlichen Dingen über, gab ihr ein paar herzhafte Küsse, steckte seine Hände in ihren Busen und öffnete den Schnürleib, aus dem die Brüste hervorquollen und fast bis zum Nabel herabfielen. Nie zuvor hatten meine Augen etwas derart Ungeheuerliches gesehen: eine weiche, schlaffe, ineinanderfließende Masse graugelben Fleisches. Dieser arme Schlucker schien sich indes ausgiebig an ihnen zu weiden und versuchte immer wieder vergebens, eine von ihnen mit seiner Hand zu bedecken, die nicht viel kleiner war als eine Schöpsenkeule. Nachdem er eine Zeitlang auf diese Weise mit ihr herumgespielt hatte, legte er sie sanft nieder, hob ihre Unterröcke hoch und breitete sie über ihr breites, vom Alkohol gerötetes Gesicht.

Als er zur Seite trat, um seine Weste und seine Beinkleider aufzuknöpfen, hingen ihre fleischigen Schenkel herab, und die ganze liebliche Landschaft breitete sich vor meinen Augen aus: ein gähnender Schlund, umgeben von gräulichem Buschwerk, der an den Proviantsack eines Bettlers erinnerte.

Aber bald wurden meine Augen von einem anderen Gegenstand abgelenkt, der meine ganze Aufmerksamkeit auf sich zog.

Ihr rüstiger Hengst hatte sich aufgeknöpft und zog jetzt jenes nackte, steife, wunderliche Werkzeug hervor, das ich noch nie zuvor gesehen hatte und entsprechend fasziniert anstarrte. Meine Sinne waren schon zu sehr erregt, zu sehr auf das Feuer in mir konzentriert, als daß ich mehr bemerkt hätte als die Struktur dieses Instruments, von dem mir der Instinkt der Natur jetzt besser als alles, was ich bereits darüber gehört hatte, sagte, welches Vergnügen von ihm zu erwarten sei.

Der junge Liebhaber säumte indes nicht lange, gab seinem Werkzeug zwei oder drei Schwünge und warf sich über sie. Jetzt war mir sein Rücken zugewandt, und ich konnte nur aus seinen Bewegungen schließen, daß er sein Ziel nicht verfehlt hatte. Das Bett zitterte, die Vorhänge rauschten, so daß ich die Seufzer, das Gemurmel und schmachtende Ächzen, das den Vorgang von Anfang bis Ende begleitete, nicht hören konnte. Dieser Anblick und die dazu gehörigen Laute drangen bis in mein Innerstes und ließen jede Ader in mir wie Feuer glühen, so daß ich kaum atmen konnte. Die Unterhaltung mit den Mädchen und Phoebes eingehende Beschreibungen hatten mich so weit vorbereitet, daß es ein Wunder gewesen wäre, wenn meine Unschuld hier nicht ihren letzten tödlichen Schlag bekommen hätte.

Während die beiden in der Hitze der Aktion verharrten, stahl sich meine Hand fast von selbst unter meine Röcke, und meine Finger, die wie Feuer waren, griffen nach dem Mittelpunkt all meiner Empfindungen. Mein Herz klopfte zum Zerspringen, ich konnte kaum noch atmen, preßte meine Schenkel zusammen, drückte die Lippen jener jungfräulichen Öffnung und ahmte, so gut ich es vermochte, die Handbewegungen Phoebes nach, bis ich endlich den kritischen Punkt erreichte und die Ekstase den schmelzenden Fluß hervorbrachte, mit dem die Natur das Übermaß der Lust auslöscht.

Danach waren meine Sinne wieder kühl genug, um das Spiel des glücklichen Paares weiterhin beobachten zu können.

Der junge Bursche hatte sich kaum erhoben, da sprang die alte Dame voll jugendlicher Kraft, die ihr die Erfrischung wohl verliehen hatte, auf und hieß ihn niedersitzen. Nun begann sie ihn zu küssen, seine Wangen zu streicheln und mit seinen Haaren zu spielen. All das ließ er fast gleichgültig und unbeteiligt über sich ergehen. Er war jetzt ganz anders als vorher. Meine fromme Wirtin hatte indes ein Hilfsmittel bereit, zu dem sie Zuflucht nehmen konnte. Sie sperrte eine kleine Kiste mit Branntwein auf, die neben dem Bett stand, und ließ ihn einen kräftigen Schluck tun. Nach einem kurzen Gespräch sank Madame wieder auf dem Bett nieder und knöpfte dem jungen Burschen, der etwas seitab stand, mit der größten Unverschämtheit die Beinkleider auf, schob sein Hemd hoch und zog seine Geschichte hervor, die jetzt ganz eingeschrumpft und klein geworden war, ein schlaffes Ding, das kaum sein Haupt zu heben vermochte. Aber die erfahrene Matrone brachte es durch die Wärme ihrer Hand bald so weit, daß es anschwoll und wieder so aufrecht stand, wie ich es vorher gesehen hatte. Jetzt bewunderte ich von neuem, und diesmal mit besserer Sicht, die Struktur dieses männlichen Hauptteils. Der glühend rote, unverhüllte Kopf, der weiße Schaft und das buschige bräunliche Haar, das seine Wurzel überdeckte, der runde, niederhängende Beutel, all das fesselte meine Aufmerksamkeit und erneuerte meine Hitze. Da die Hauptsache jetzt auf dem Punkt angelangt war, auf den sie ihn haben wollte, legte sie sich, damit ihre Mühe nicht vergeblich wurde, nieder und zog ihn sanft über sich. Und dann beendeten sie den letzten Auftritt auf dieselbe Weise wie den ersten.

Als es vorüber war, gingen sie liebevoll miteinander hinaus. Doch zuvor hatte die alte Dame ihm noch ein Geschenk von drei oder vier Goldstücken, soweit ich sehen konnte, gemacht, denn er war nicht nur ihr Liebling, sondern er gehörte seiner Geschicklichkeit halber fest zum Haus. Nur hatte sie mich bislang sorgfältig vor ihm verborgen gehalten, damit er nicht die Geduld verlor und darauf bestand, vor dem Lord an die Reihe zu kommen. Und dieses Recht hätte ihm die Dame des Hauses aus vielerlei Gründen schlecht verweigern können, denn jedes Mädchen des Hauses fiel ihm der Reihe nach zu. Madame bekam nur hin und wieder etwas von ihm ab, gewissermaßen als Dank für die Unterstützung, die sie ihm gewährte und deren er sich kaum rühmen durfte.

Sobald ich sie die Treppe hinuntergehen hörte, stahl ich mich in mein Zimmer, in dem man mich glücklicherweise nicht vermißt hatte. Hier konnte ich endlich etwas freier atmen und mich ganz den Gefühlen hingeben, die das Gesehene in mir erweckt hatte. Ich legte mich auf mein Bett, streckte mich aus, und heiße, drängende Begierde überkam mich, jene Gefühle zu zerstreuen oder zu besänftigen, die nach einem einzigen Ziel strebten: dem Mann. Ich tastete über das Bett, in der Suche nach etwas, das ich in meinem Wachtraum festhalten konnte, und als ich nichts fand, hätte ich vor Enttäuschung weinen können. Jede Faser meines Körpers glühte. Zuletzt nahm ich Zuflucht zu dem einzigen Mittel, das mir im Augenblick zur Verfügung stand, zu dem Spiel meiner Finger. Aber die zu enge Bühne bot nicht genug Raum für die Handlung, und die Schmerzen, die meine Finger bei ihrem Versuch einzudringen, verursachten, erweckten in mir eine Befürchtung, die mich nicht eher ruhen ließ, bis ich sie Phoebe mitgeteilt und ihre Erklärung darüber gehört hatte.

(aus: Fanny Hill, dt. E. Nosbüsch)

Anaïs Nin

DES BLICKES ZITTERNDES BEGEHREN

Louis konnte nicht schlafen. Er wälzte sich im Bett auf den Bauch, barg das Gesicht im Kopfkissen und rieb sich an den heißen Laken, als liege er auf einer Frau. Als diese Reibung jedoch die Glut in seinem Körper nur schürte, hielt er inne.

Er stieg aus dem Bett und sah auf die Uhr. Zwei Uhr nachts. Was konnte er tun, seine fiebernde Erregung zu lindern? Er verließ sein Atelier. Der Mond schien so hell, daß er die Straßen deutlich erkennen konnte. Im Ort, einem Küstendorf der Normandie, gab es zahlreiche kleine Hütten, die man für eine Nacht oder eine Woche mieten konnte. Louis wanderte ziellos umher.

Dann sah er, daß in einer Hütte Licht brannte. Sie stand abseits, im Wald. Es verwunderte ihn, daß jemand noch so spät auf war. Lautlos, der Klang seiner Schritte vom Sand verschluckt, näherte er sich. Die Jalousien waren heruntergelassen, aber nicht fest geschlossen; daher konnte er ins Zimmer hineinsehen. Und seinem Blick bot sich eine höchst erstaunliche Szene: ein sehr breites Bett, überhäuft mit Kissen und zerwühlten Decken, als habe auf ihm bereits ein Kampf stattgefunden; ein Mann, der wie ein Pascha im Harem bequem an einem Kissenberg lehnte, gelassen und zufrieden, nackt, die Beine ausgestreckt; und eine Frau, ebenfalls nackt, von der Louis nur den Rücken sah, die sich vor diesem Pascha wand und schlängelte und so großes Vergnügen an dem fand, was sie mit ihrem Kopf zwischen seinen Beinen tat, daß ihr Hinterteil bebte und zuckte, daß sich die Muskeln ihrer Beine spannten, als mache sie sich sprungbereit.

Dann und wann legte der Mann ihr die Hand auf den Kopf, als wolle er ihrer Raserei Einhalt tun: Er versuchte, sich ihr zu entziehen. Da sprang sie jedoch behende auf und kauerte sich über sein Gesicht. Jetzt machte er keine Bewegung mehr. Sein Gesicht befand sich unmittelbar unter ihrem Geschlecht, das sie ihm, vorgebeugt und den Bauch herausgepreßt, offen darbot.

Da er sich unter ihr nicht rühren konnte, war sie es, die sich seinem Mund näherte, der sie bis jetzt noch nicht erreicht hatte. Louis sah, wie das Geschlecht des Mannes sich aufrichtete und anschwoll, wie er versuchte, sie ganz zu sich herabzuziehen. Doch sie verhielt dicht über ihm und genoß den Anblick ihres eigenen schönen Leibes, ihrer Haare und ihres Geschlechts, die seinem Mund so nahe waren.

Dann senkte sie sich langsam auf ihn nieder und beobachtete mit geneigtem Kopf, wie sein Mund zwischen ihren Beinen verschwand. Diese Stellung behielten sie sehr lange bei. Louis befand sich in so großer Erregung, daß er das Fenster verlassen mußte. Wäre er länger geblieben, er hätte sich zu Boden werfen und sein brennendes Verlangen stillen müssen, und das wollte er nicht.

Allmählich hatte er das Gefühl, daß in jeder Hütte etwas vor sich ging, an dem er gern teilgenommen hätte. Er schritt jetzt schneller aus, verfolgt von dem Bild des Mannes und der Frau, des runden, festen Leibes der Frau, als sie sich über den Mann hockte . . .

Kurz darauf erreichte er die Dünen und ihre Einsamkeit. In der klaren Nacht glänzten sie wie schneeige Hügel. Hinter ihnen lag das Meer, dessen Brandung er hörte. Im weißen Mondlicht ging er weiter. Und sah eine Gestalt, die leichten und schnellen Schrittes vor ihm einhereilte. Es war eine Frau. Sie trug eine Art Cape, das der Wind wie ein Segel blähte, und schien von ihm vorwärtsgetrieben zu werden. Er würde sie niemals einholen können.

Sie eilte dem Meer zu. Er folgte ihr. Lange wanderten sie durch die schneeweißen Dünen. Am Wasser warf sie die Kleider ab und stand nackt in der Sommernacht. Sie lief in die Brandung. Louis machte es ihr nach, zog sich ebenfalls aus und warf sich ins Wasser. Da erst entdeckte sie ihn. Zunächst verhielt sie sich still. Doch als sie im Mondlicht deutlich den jungen Körper, den schönen Kopf und sein Lächeln sah, schwand ihre Angst. Er schwamm auf sie zu. Sie lächelten einander an. Sein Lächeln war sogar bei Nacht blendend; genau wie das ihre. Sie konnten kaum etwas anderes erkennen als das Lächeln und die Umrisse des vollkommen gestalteten Körpers des anderen.

Er näherte sich ihr. Sie duldete es. Plötzlich schwamm er geschickt und graziös über sie hinweg, berührte kurz ihren Körper und war vorbei. Sie schwamm weiter, und er wiederholte das Manöver. Dann richtete sie sich auf, er tauchte und schwamm zwischen ihren Beinen hindurch. Sie lachten. Beide bewegten sich leicht und sicher im Wasser.

Er war zutiefst erregt und schwamm mit steifem Glied. Sie näherten sich einander, geduckt wie zum Kampf. Er drängte sich an sie, und sie spürte seinen straffen, gespannten Penis. Er schob ihn zwischen ihre Beine. Sie berührte ihn. Seine Hände suchten sie, liebkosten sie überall. Dann zog sie sich abermals zurück, und er mußte sie schwimmend fangen. Wieder lag sein Penis leicht zwischen ihren Beinen; dann zog er sie fester an sich und wollte in sie eindringen. Sie riß sich los und lief aus dem Wasser in die Dünen. Tropfend, vor Nässe glänzend, lachend verfolgte er sie. Die Wärme beim Laufen entzündete sein Feuer von neuem. Sie fiel in den Sand, und er warf sich auf sie.

Und dann, in dem Moment, da er sie am heftigsten begehrte, versagte plötzlich seine Kraft. Wartend lag sie da, lächelnd und feucht, doch sein Verlangen welkte dahin. Louis war verwirrt. Seit Tagen schon quälte ihn das Verlangen. Er wollte diese Frau nehmen und konnte es nicht. Er war zutiefst gedemütigt.

Seltsamerweise wurde ihr Ton zärtlich. »Wir haben viel Zeit«, sagte sie. »Geh nicht fort. Es ist schön, so.«

Ihre Wärme ging auf ihn über. Sein Verlangen kehrte nicht wieder, aber es war schön, sie zu spüren. Die Körper aneinandergeschmiegt, lagen sie da, sein Bauch auf dem ihren, sein Schamhaar das ihre reibend, ihre Brüste gegen seine Brust gedrückt, ihr Mund auf den seinen gepreßt. Dann glitt er langsam von ihr herab, um sie zu betrachten – ihre langen, glatten Beine, ihr volles Schamhaar, ihr langes Haupthaar, ihren breiten, lächelnden Mund.

Er hockte da wie ein Buddha. Sie beugte sich vor und nahm seinen kleinen, erschlafften Penis in den Mund. Mit einer Hand berührte sie seine Hoden, mit der anderen bewegte sie seinen Schwanz hin und her, umschloß ihn und rieb ihn sanft. Sie rutschte näher, nahm den Penis und führte ihn zwischen ihre Beine. Behutsam rieb sie ihn an ihrer Klitoris, immer wieder. Louis beobachtete ihre Hand; er dachte, wie schön sie doch sei, die den Penis hielt, als wäre er eine Blume. Sein Glied regte sich, wurde aber nicht steif genug, um in sie einzudringen.

An der Öffnung ihres Geschlechts sah er, im Mondlicht glitzernd, die Feuchtigkeit ihres Verlangens erscheinen. Sie rieb weiter. Die zwei Körper, beide schön, beugten sich über diese köstliche Bewegung; der kleine Penis spürte die Berührung ihrer Haut, ihres heißen Fleisches, genoß die Reibung.

»Gib mir deine Zunge«, forderte sie und beugte sich vor. Ohne mit dem Reiben aufzuhören, nahm sie seine Zunge in den Mund und berührte die Spitze mit ihrer eigenen. Jedesmal, wenn der Penis ihre

Klitoris berührte, berührte ihre Zunge die seine. Und Louis fühlte, wie die Wärme zwischen seiner Zunge und seinem Penis hin und her strömte.

Mit rauher Stimme verlangte sie: »Streck deine Zunge heraus, ganz weit!«

Er gehorchte. Abermals rief sie: »Ganz heraus! Ganz weit . . .« – wie im Fieber –, und als er gehorchte, durchzuckte ein Gefühl seinen Körper, als recke sich sein Penis der Frau entgegen, strecke sich bis in sie hinein. Sie ließ ihren Mund offen, zwei schlanke Finger um seinen Penis gelegt, die Beine erwartungsvoll gespreizt.

Louis befand sich in höchster Erregung, das Blut jagte durch seinen Körper bis in den Penis. Der sich versteifte.

Die Frau wartete. Sie nahm sein Glied nicht sofort. Sie ließ ihn dann und wann mit seiner Zunge die ihre berühren. Sie ließ ihn hecheln wie einen läufigen Hund, sein ganzes Sein sich öffnen, sich ihr entgegenrecken. Er betrachtete den roten Mund ihres Geschlechts, offen und wartend, und plötzlich wurde er so sehr von der Heftigkeit seines Verlangens geschüttelt, daß sich sein Penis endlich ganz aufrichtete. Er warf sich, seine Zunge in ihrem Mund, auf sie und stieß kraftvoll in sie hinein.

Aber wieder vermochte er nicht zu kommen. Lange wälzten sie sich hin und her. Schließlich erhoben sie sich, nahmen ihre Kleider unter den Arm und gingen weiter. Louis' Schwanz war hart und groß, und sie freute sich an dem Anblick. Dann und wann warfen sie sich in den Sand, er nahm sie, stieß in sie hinein und verließ sie wieder, feucht und heiß. Als sie dann weitergingen, sie vor ihm her, umfing er sie mit beiden Armen und warf sie zu Boden, so daß sie auf allen vieren kauerten wie Hunde. Er kreiste in ihr, er stieß und vibrierte, er küßte sie und preßte ihre Brüste mit den Händen.

»Willst du es? Willst du es?« fragte er sie atemlos.

»Ja, gib es mir, aber mach es langsam, noch nicht kommen! So hab ich's gern – immer und immer wieder.«

Sie war so naß und fieberheiß! Sie schritt dahin und wartete auf den Moment, da er sie in den Sand werfen und sie wieder nehmen, da er sie aufwühlen und dann verlassen würde, bevor sie gekommen war. Jedesmal neu fühlte sie seine Hände an ihrem Körper, den warmen Sand auf ihrer Haut, seinen liebkosenden Mund, den liebkosenden Wind.

Als sie dahinwanderten, nahm sie seinen aufgerichteten Penis in die

Hand. Einmal hielt sie an, kniete vor ihm nieder und nahm seinen Penis in den Mund. Er stand vor ihr, den Bauch ein wenig vorgereckt. Ein anderes Mal preßte er sein Glied zwischen ihre Brüste, machte aus ihnen ein Kissen für seinen Penis, hielt ihn fest und ließ ihn in dieser weichen Umarmung hin und her gleiten. Schwindelnd, bebend, atemlos von diesen Liebkosungen, schritten sie weiter.

Dann erblickten sie ein Haus und blieben stehen. Er bat sie, sich in den Büschen zu verbergen. Er wollte kommen; vorher wollte er sie nicht gehen lassen. Sie war sehr erregt, aber sie wollte sich zurückhalten und auf ihn warten.

Als er diesmal in ihr war, begann er zu zittern, bis er, wild und heftig, endlich kam. Um selber auch zur Erfüllung zu kommen, stieg sie fast auf ihn. Sie schrien gemeinsam.

Als sie sich anschließend ausruhten und rauchten, während die Morgendämmerung heraufstieg und ihre Gesichter aus dem Dunkel hob, wurde es ihnen zu kühl, und sie bedeckten sich mit ihren Kleidern. Die Frau, den Kopf von Louis abgewandt, erzählte ihm eine Geschichte.

Als sie einmal in Paris war, wurde gerade ein russischer Radikaler gehängt, der einen Diplomaten umgebracht hatte. Sie wohnte damals auf dem Montparnasse, frequentierte die Cafés und hatte den Prozeß, wie all ihre Freunde, mit leidenschaftlichem Interesse verfolgt, weil dieser Mann ein Fanatiker war, auf die Fragen, die man ihm stellte, dostojewskische Antworten gab und den Prozeß mit großer, fast religiöser Tapferkeit durchstand.

Zu jener Zeit wurden Schwerverbrecher noch hingerichtet. Gewöhnlich geschah dies bei Morgengrauen, wenn noch niemand wach war, auf einem kleinen Platz in der Nähe des Santé-Gefängnisses, wo zur Zeit der Revolution die Guillotine gestanden hatte. Und wegen der Polizeiposten konnte man nicht dicht herankommen. Gewöhnlich waren nur wenige Menschen bei diesen Hinrichtungen zugegen. Bei der des Russen jedoch, so lautete der Entschluß der Studenten und Künstler von Montparnasse, wollten sie, da die Gefühle so aufgewühlt waren, allesamt zugegen sein. Die ganze Nacht hindurch blieben sie wach, warteten und betranken sich.

Sie selbst hatte mit ihnen zusammen gewartet, hatte sich mit ihnen betrunken und befand sich im Zustand höchster Erregung und Furcht.

Zum erstenmal sollte sie einen Menschen sterben sehen. Zum erstenmal sollte sie Augenzeugin einer Szene sein, die sich während der Revolution immer und immer wieder abgespielt hatte.

Gegen Morgen begab sich die ganze Bande zu dem Platz, rückte gemeinsam so weit vor, wie es das von Polizisten gespannte Seil erlaubte. Sie selbst wurde von ganzen Wogen drängender und schiebender Menschen bis zu einer Stelle getragen, die ungefähr zehn Meter vom Blutgerüst entfernt war.

Dort stand sie, gegen das Seil gepreßt, und beobachtete alles mit fasziniertem Entsetzen. Dann wurde sie von der Menge von ihrem Platz verdrängt. Auf Zehenspitzen konnte sie jedoch immer noch etwas sehen. Die Leute keilten sie von allen Seiten her ein. Der Gefangene wurde mit verbundenen Augen herbeigeführt. Wartend stand der Henker da. Zwei Polizisten hielten den Mann gepackt und geleiteten ihn langsam die Stufen zum Schafott empor.

In diesem Moment spürte sie, daß jemand sich weit heftiger an sie preßte als notwendig. In ihrer zitternden Erregung empfand sie den Druck nicht einmal als unangenehm. Ihr ganzer Körper war aufgewühlt. Außerdem konnte sie sich kaum rühren, so eingezwängt war sie von der Menge der Neugierigen.

Sie trug eine weiße Bluse und einen Rock, der, wie es der damaligen Mode entsprach, seitlich von oben bis unten durchgeknöpft war – einen kurzen Rock und eine Bluse, durch die man ihre rosa Wäsche sehen und die Form ihrer Brüste erahnen konnte.

Zwei Hände umspannten ihre Taille, sie fühlte deutlich den Körper eines Mannes und spürte sein hartes, steifes Begehren an ihrem Gesäß. Sie hielt den Atem an. Ihr Blick war fest auf den Mann geheftet, der gleich gehängt werden sollte, und das machte ihren Körper auf schmerzhafte Weise nervös. Gleichzeitig griffen die Hände nach ihren Brüsten und preßten sie.

Einander widerstreitende Gefühle machten sie schwindlig. Sie rührte sich nicht, wandte auch nicht den Kopf. Jetzt tastete eine Hand nach der Öffnung ihres Rockes und fand die Knöpfe. Bei jedem Knopf, den die Hand öffnete, keuchte sie auf vor Angst und Erleichterung. Die Hand wartete, um zu sehen, ob sie protestierte, dann machte sie sich am nächsten Knopf zu schaffen. Sie selbst regte sich nicht.

Dann schoben beide Hände mit einer Geschicklichkeit und Geschwindigkeit, die sie nicht erwartet hätte, ihren Rock so herum, daß sich die Öffnung hinten befand. Inmitten dieser wogenden Menge fühlte sie jetzt nichts mehr als den Penis, der sich langsam durch den Schlitz ihres Rockes schob.

Ihr Blick blieb auf den Mann gerichtet, der das Schafott erklomm, und der Penis gewann mit jedem Schlag ihres Herzens ein wenig mehr Boden. Er hatte sich durch den Rock geschoben und teilte nunmehr den Schlitz ihres Höschens. Wie warm und fest und hart er an ihrem Fleisch war! Der Verurteilte stand auf dem Schafott; die Schlinge wurde ihm um den Hals gelegt. Der Schmerz, den sein Anblick auslöste, war so stark, daß die fleischliche Berührung eine Erleichterung war, etwas Warmes, Tröstendes. Ihr schien, daß dieser Penis, der zwischen ihren Gesäßhälften pulsierte, etwas ganz Wunderbares war, das man festhalten mußte, das Leben, das Leben, das sie festhalten mußte, während sie vom Tod gestreift wurde . . .

Ohne ein Wort legte der Russe den Kopf in die Schlinge. Ihr Körper erbebte. Der Penis schob sich tiefer zwischen die weichen Falten ihrer Gesäßbacken, drängte unaufhaltsam in ihr Fleisch.

Sie zitterte vor Angst, aber es war das Zittern des Begehrens. Als der Verurteilte ins Leere und in den Tod stürzte, begann der Penis in ihr heftig zu zucken und spie sein warmes Leben aus.

Die Menge preßte den Mann gegen sie. Sie hatte fast aufgehört zu atmen, und als ihre Angst sich in Glück verwandelte – ungezügeltes Glück darüber, das Leben zu spüren, während ein Mensch starb –, wurde sie ohnmächtig.

Nach dieser Geschichte schlummerte Louis ein. Als er erwachte, erfüllt von sinnlichen Träumen, vibrierend unter einer imaginären Umarmung, sah er, daß die Frau fort war. Er vermochte ihren Spuren im Sand zu folgen; nach einer Weile aber verschwanden sie in dem bewaldeten Teil, der zu den Hütten führte, und so hatte er sie wieder verloren.

(Die Frau in den Dünen, dt. G. Stege. Die Schlußsituation entspricht einer berühmten Episode bei Casanova.)

Gisela Elsner

GROSSE KINDERAUGEN

Am Waldrand des zweiten Waldes setzte sich meine Mutter mit ihrem grünen Kostüm auf die grüne Wiese, den Rücken dem Wald, das Gesicht der Sonne zu. Und während sie sich ihre Schuhe auszog, setzte ich mich neben sie, und während ich mir meine Schuhe auszog, nahm mein Vater den Rucksack vom Rücken, und setzte sich dann neben mich.

So saßen wir in einer Reihe, die Rücken dem Wald zu, die Gesichter der Sonne zu, wenn sie zwischen den grauen Wolken hervorkam, und wir aßen und wir tranken das hierher Geschleppte.

Wenn mein Vater nicht hersah, befühlte ich vorsichtig meine Fersen, versuchte ich, meinen Socken herunterzuziehen. »Es ist nicht zu fassen!« rief dann mein Vater. »Hat der die Hände schon wieder an den Füßen! Hab dich nicht so!« Nach mehreren mißglückten Versuchen, zog ich mir die Schuhe an. Meine Füße waren so angeschwollen, daß ich Mühe hatte, sie hineinzuzwängen. »Ich muß eben mal«, sagte ich und ich hinkte mit offenen Schnürsenkeln, mit gekrümmten Zehen in den Wald.

Außer zwei Fahrrädern am Wegrand, einem Damenfahrrad und einem Herrenfahrrad, die so gegeneinander gelehnt standen, daß sie nicht umfielen, sah ich anfangs nichts, was nicht in einen Wald gehört. Ich ging auf einen der wenigen Büsche zu, damit ich mir meine Füße in Ruhe besehen konnte. Beim Gehen drehte ich mich immerzu nach meinen Eltern um. Reglos saßen sie, mir die Rücken zugekehrt. Sie hoben sich kaum ab vom Wald in ihrer grünen und braunen Kleidung. Hinter dem Busch hörte ich es rascheln. Zwischen den Blättern sah ich etwas Graues sich heben und senken und heben, in regelmäßiger Folge. Ich schlich mich um den Busch herum. Dahinter lagen, als wäre nicht Platz genug gewesen für zwei in diesem Wald, ein Mann und eine Frau übereinander. Sie lagen Bauch auf Bauch, obenauf der Mann, untendrunter die Frau. Der Mann in grauem Rock und grauen Hosen war von hinten ganz zu sehen. Und weil er länger war als sie, und weil er dicker war als sie, bedeckte er den Leib der Frau. Die Frau streckte ihre nackten Arme und Beine so weit sie konnte von sich. Reglos und nicht einmal bemüht, ihn abzuschütteln, und nur hin und wieder die Arme den mit Mücken und Mückenstichen bedeckten Beinen oder die mit Mücken und Mückenstichen bedeckten Arme, und dies über seinem Rücken, einander nähernd, um sich zu kratzen, ertrug sie die Last des Mannes. Sie blickte, den Kopf zur Seite gelegt, das Gesicht abgewendet, zwischen den Bäumen hindurch in die Ferne, ohne den geringsten Anflug von Wut oder Verdruß, ja nicht einmal erstaunt, sondern so, als ginge sie das Ganze nichts an, als wäre es üblich, übereinander zu liegen in einem Wald, darin eine Dorfgemeinde nebeneinander Platz gefunden hätte. So schwer allerdings, wie von hinten her betrachtet, war die Belastung von der Seite aus gesehen nicht. Denn unten lag der Mann mit den Beinen zwischen den Beinen der Frau auf dem Boden. Denn oben, rechts und links neben den Schultern der Frau, stemmte der Mann die gestreckten Arme gegen den Boden. Und so berührten sich nur die Bäuche der beiden. Von den Bäuchen aufwärts, je weiter es den Köpfen zu ging, vergrößerte sich der Abstand zwischen ihnen. Die einzige Verbindung zwischen ihren Oberkörpern war eine Krawatte, die dem Mann aus dem Rock hing. Ihre Köpfe waren zwei Köpfe weit voneinander entfernt.

Der Mann hob und senkte und hob sein Gesäß ohne Unterlaß. Er glotzte mit rotem Gesicht und rotangelaufenen Augen über den Kopf der Frau hinweg auf den Waldboden. Er keuchte so heftig, daß einer, der ihn nicht sah, meinen konnte, er wäre es, der die Last zu tragen hatte.

»Da ist schon wieder wer«, sagte die Frau.

»Das vergällt einem alles!« sagte der Mann atemlos. Er sah mich verstört, das Gesäß eingezogen und unbewegt, über die Schulter hinweg an. »Scher dich fort, du Balg!« rief er. »Deinetwegen fange ich nicht noch einmal von vorne an!«

Kaum hatte er das gerufen, hörte ich hinter mir eilige Schritte. »Daß du dich nicht schämst, da hinzuschauen!« rief mein Vater, packte, noch ehe ich mich umwenden konnte, meinen Hals mit beiden Händen, drehte ihn herum, so daß ich mit verrenktem Hals in die entgegengesetzte Richtung sah. Dort stand meine Mutter spinatgrün zwischen den Bäumen, sah, das Gesicht gesenkt und abgewendet, in ihre Handtasche hinein. Mein Vater zerrte mich, ohne mir Zeit zu lassen, mich umzudrehen, die Hände an meinem Hals, zu ihr hin. Und während ich rückwärts ging, die Augen vorausgerichtet, ging mein Vater vorwärts, die Augen zurückgerichtet.

»Legen Sie sich doch gleich auf den Weg!« rief er. »Dann sieht man Sie schon von weitem!«

»Wer hinschaut«, rief der Mann recht atemlos, »der ist selber schuld! Schließlich haben Sie die Wahl zwischen vier Himmelsrichtungen und hinaufschauen können Sie immer noch, wenn Ihnen der Ausblick nirgendwo gefällt!«

»Werden Sie nicht unverschämt!« rief mein Vater.

»Geh runter«, sagte die Frau. »Mir reicht's jetzt!«

»Das brauchst du mir nicht zweimal zu sagen!« rief der Mann. Ich hörte es rascheln.

»Sie schämen sich wohl nicht, Ihre Schweinigeleien am hellichten Tag zu treiben!« rief mein Vater.

»Laß doch laß«, sagte meine Mutter. Sie ging langsam weiter.

»Sie haben sich wohl noch nie die Hose aufgeknüpft, wie!« rief der Mann. »Sie haben sich Ihr Balg wohl selbst gebastelt, wie!«

»Mich«, rief die Frau unter dem Geschepper eines davonfahrenden Fahrrads, »mich kriegst du so schnell nicht mehr unter dich!«

Der Mann lachte böse auf.

»Du wirst so schnell keinen mehr auf dich kriegen«, rief er, »dafür sorge ich. Wem glaubst du denn, macht so was Spaß, wenn eine sich nicht sträubt, wenn eine sich hinlegt ohne Widerspruch, reglos liegt wie eine Lahme, nicht ein bißchen zappelt, wenn eine keinen Schnaufer tut!«

Als wir meine Mutter erreichten, fuhr der Mann auf dem Fahrrad davon. Mein Vater ließ meinen Hals los. Der Rucksack hing ihm schlaff über dem Rücken. Meine Mutter richtete ihr rotes Gesicht auf den Weg.

»Was«, sagte ich und ich wollte fragen, was denn der Mann und die Frau getan hatten.

»Halt deinen Mund!« sagte mein Vater.

»Sie haben etwas getan«, sagte meine Mutter, »was man nicht tut!« Dann gingen meine Eltern noch rascher weiter als zuvor.

Hinter diesem zweiten Wald waren wieder Wiesen mit gelben Blumen und Getreidefelder, Weizenfelder vielleicht. Der Weg lief auf einen dritten Wald zu, einen Kiefern- oder Föhrenwald, wie der erste und der zweite Wald, falls es Föhren- oder Kiefernwälder waren.

Der Schmerz an meinen Fersen hatte sich gleichmäßig über meine Füße verteilt. Sie stachen und brannten und hingen so heiß, so schwer untendran, daß ich Mühe hatte, sie zu heben, daß ich häufig gegen Steine stieß.

»Sieh dich um!« sagte mein Vater. »Es ist eine abwechslungsreiche Landschaft.«

(aus: Die Riesenzwerge)

Ernst Glaeser

DIE ENTHÜLLUNG DES GEHEIMNISSES

Am nächsten Abend, meine Eltern freuten sich über meine schnelle Gesundung, erbot ich mich freiwillig, bei dem Metzger D. Wurst zu holen. Der Kalmück stand in dem weißgeplätteten Laden, um ihn eine Schürze, die blutgefleckt war. Obwohl er noch nicht beim Schlachten der Tiere helfen durfte, trug er doch mit Vorliebe diese blutige Schürze. Er schnitt Fleischwurst auf, und ich kaufte bei ihm ein halbes Pfund, obwohl meine Mutter ausdrücklich Leber- und Blutwurst bestellt hatte. Der Kalmück schnitt mir einen Kringel ab, ich zitterte ein wenig, als ich sah, wie er hart an seinem Nagel und den Fingerspitzen mit dem Messer vorbeifuhr.

»Du«, flüsterte ich ihm zu, als er die Wurst abwog, »du, ich will dich etwas fragen.« Der Kalmück schielte mich von der Seite an. Ich wurde sehr rot. Als er das sah, nickte er und wickelte die Wurst ein.

Ich stand zwischen zwei geschlachteten Kälbchen, deren Hinterbeine auf scharfe Haken gespreizt waren. Ihr braunes weißgeflecktes Fell durchzogen schmale Blutbäche, zu Fäden geronnen, ihre Köpfe waren abgesägt. Hinter der Theke stand der Metzger und hieb mit einem kleinen Beil in Knochen und blutwarmes Fleisch. Manchmal spritzte ein Fetzchen ab und blieb mit leichtem Klatsch an der Wand hängen. Der Kalmück wischte sich die Hände und kam auf mich zu. Unter der Schürze trug er eine braune Manchesterhose, seine Schuhe waren mit Blut bespritzt. Ich stand vor dem Kälbchen, meine Fleischwurst unter dem Arm, der Kalmück sagte: »In fünf Minuten ist Ladenschluß. Wart' draußen am Kriegerdenkmal auf mich.« »Ja«, flüsterte ich, »es ist etwas sehr Wichtiges, niemand darf es hören.« Da lächelte der Kalmück, er zog den grauen Mund so weit auseinander, daß er feucht wurde, »ich weiß, was du willst. Der kleine S. hat mir erzählt, was du ihn neulich gefragt hast«. »Nein du, das nicht, ich will was anderes wissen.« »Also wart' draußen.« Ich ging und stellte mich neben das Denkmal. Wieder wußte ich vor diesem Denkmal nicht, was ich tun sollte. Denn ich hatte gemerkt, daß der Kalmück meinte, ich wolle mit ihm baden gehen.

Nach fünf Minuten kam der Kalmück. Er trug immer noch die Schürze. Er führte mich hinter das Denkmal, wo eine Reihe Tannen standen, die den Blick von der Straße verdeckten. Dort faßte er mich um den Hals, ich roch den Blutdunst seiner Schürze, er zwang mich auf eine Bank, dabei krallten sich seine Nägel in meinen Oberarm. »Ich hab immer gedacht, du hättest es mit dem kleinen Major, aber wenn du zu mir kommst, lehr' ich dich viel mehr.«

»Nein«, sagte ich, »ich will nicht mit euch baden gehen.«

Er hielt sein Gesicht ganz nahe dem meinen, ich hatte große Mühe, seinem Atem auszuweichen. Seine Hände preßten mich fest an sich, er begann schon mich anzugreifen, da flüsterte ich ihm unter Überwindung des Geruchs seiner Schürze ins Ohr: »Du, ich möcht' einmal mit zusehen, wenn du in der Sandkaute mit den polnischen Mädchen spielst.«

Da lachte der Kalmück und ließ mich los: »Spielen nennst du das! Ich tu sie doch ...« Und er sagte ein unanständiges Wort.

»Ja«, sagte ich, »das will ich einmal sehen.«

»Willst du es selbst tun? Ich kann es dir besorgen.«

»Nein«, flüsterte ich, »nur sehen ...«

»Ach so bist du«, sagte der Kalmück, lehnte sich wichtig zurück, dann nach einer Pause hörte ich ihn: »Das kostet zwei Mark.« Ich erschrak.

»Und außerdem mußt du mir noch etwas geben, meinst du, ich täte dich da einfach so zugucken lassen? Für das Weib zwei Mark, ich bin mit einer zufrieden.«

»Ich habe kein Geld«, wimmerte ich, »warum muß man Geld dazu haben?«

»Meinst du, die Mädchen täten das umsonst. Die verdienen zu wenig, um anständig zu sein.«

»Aber wenn du es tust?«

»Das kostet zwei Mark und ist noch billig, in der Großstadt muß man fünf bezahlen.«

»Deshalb haust du die Buben und nimmst ihnen das Taschengeld ab?!«

»Auch deshalb«, sagte der Kalmück und stand sehr gleichmütig auf.

»Also, wie ist's? Hast du Geld?«

»Heute nicht«, stotterte ich. »Gut«, sagte der Kalmück, »wenn du es bis zum Freitag hast, treffen wir uns in der Schule und am Abend gehen wir zur Sandkaute, dort kannst du zugucken.« Dann ging er in seiner Schürze zurück nach dem Haus seines Vaters, an dessen Front in goldenen Buchstaben zu lesen war: »Metzgerei mit elektrischem Betrieb. Spezialität: Eisbein.«

Ich packte meine Wurst und lief mit doppelter Schnelligkeit nach der Wohnung meiner Eltern. Ich war sehr traurig. Wo sollte ich drei Mark herbekommen? Ich hätte sechs Monate mein Taschengeld sparen müssen. Den Inhalt meiner Sparkasse, die ein grüner Apfel aus Ton war, hatte ich für die letzten Weihnachtsgeschenke verbraucht. Drei Mark! Das Geheimnis ist teuer und meine Rache an Hilde geht über meine Verhältnisse. Ich hatte bisher noch nicht gewußt, daß man Geld braucht, um die Wahrheit zu erfahren.

*

Als ich meiner Mutter die Wurst ablieferte und sie anlog, Leber- und Blutwurst seien alle, sah ich sie den Rest des Geldes in eine Schublade im Küchentisch schieben, die sie nachher nicht abschloß. Zwischen Kupfer- und Nickelmünzen leuchtete ein Dreimarkstück. Dann aßen wir zu Nacht. Ich mußte immer an das Dreimarkstück denken. Manchmal, wenn meine Mutter mich ansah, wurde ich rot.

Nach dem Essen behauptete ich, müde zu sein! Mein Vater fand das sehr vernünftig, denn ich sei Rekonvaleszent. Ich ging zu Bett und lag dort zwei Stunden wach. Bis ich meine Eltern im Schlafzimmer sprechen und meinen Vater die Plumeaus zurecht schlagen hörte. Eine Viertelstunde später hörte ich ihre Atemzüge. Mein Vater schnarchte.

Ich stand auf. Leise in minutenlangen Bewegungen öffnete und schloß ich meine Tür. Im Nachthemd stand ich auf dem Gang. Es war natürlich Mond da und die Zweige des Nußbaums warfen unruhige Schatten an das Fenster. Ich schlich. Von meinem Zimmer bis zur Küche brauchte ich zehn Minuten. Als im Eßzimmer die Uhr schlug, gab ich mich verloren. Es kam aber niemand zu dem Geräusch. Im Hof schrien ein paar Katzen. Die Tür zur Küche stand auf. Auch ein Fenster. Es war Durchzug, mein Hemd blähte sich. Fahl von Mondstrahlen überspielt, stand der Tisch in der Mitte. Als ich vor ihm war, hatte ich Mut. Die Schublade ging leicht auf. Zwischen den kleinen Münzen faßte ich das Dreimarkstück. Ein paar Zehner klirrten, als ich es nahm. Ich lief zurück, sehr schnell, meine Hand, in der das Geld lag, schwitzte. Ich verbarg das Geld in meinem Ranzen zwischen den Blättern des Leitfadens für deutsche Geschichte.

Dann schlief ich ein.

Am nächsten Morgen in der Schule winkte ich dem Kalmück. Als ich ihm das Dreimarkstück zeigte, nickte er und sagte: »Gut, also Freitag um sechs an der Pappel.« Es war die gleiche Pappel, die auch Hilde liebte.

*

An jenem Freitag ging ich zu Ferd auf das Gut, auch Leo war da, August arbeitete in der Meierei. Ferd hatte einen Reitanzug bekommen mit Ledereinsatz in den Hosen. Leo hatte Fieber, deshalb blieben wir in der Stube, obwohl Ferd gern geritten wäre. Der Major saß in seinem Arbeitszimmer mit Dr. Hoffmann. Sie stritten sich heftig. Einmal hörte ich das Wort Krieg, es interessierte mich gar nicht. Um fünf verabschiedete ich mich, wir hätten Besuch zu Hause. Ferd brachte mich zum Tor. Er sagte: »Leo stirbt bald, gestern kam wieder Blut.« Ich gab ihm die Hand, mit der andern hielt ich das Dreimarkstück in der Tasche fest.

»Warum weinst du?« hörte ich Ferd.

»Ach«, log ich, »weil Leo sterben muß.« In Wahrheit war ich von einer schweren Eifersucht gepackt, auf Leo, auf Ferd, auf Leos kommenden Tod, der ihn nur noch mehr mit Ferd verband, auf Ferds Reitanzug, auf sein Fohlen, auf seinen Vater –.

Da legte Ferd sehr zärtlich seinen Arm um mich, er ging ein wenig mit mir die Anfahrtsstraße hinab und wischte mir mit seinem Taschentuch die Tränen von den Backen. »Geh nur«, sagte er, »ich weiß, warum du weinst, ich bin dir nicht böse, daß du den Schwur gebrochen hast, du bist eben neugieriger als ich, deswegen mußt du auch mehr weinen . . .«

»Ferd«, rief ich, »ich will dir alles sagen.« Er aber schüttelte den Kopf.

»Damit ist dir doch nicht geholfen. Du bleibst auch so mein Freund.«

»Ferd!« Ich wollte seine Hand streicheln, aber ich wagte nicht, das Dreimarkstück loszulassen.

Und während ich es berührte und seine kalte Fläche dauernd zwischen den Fingern rieb, dabei wie ein beglückender Refrain Ferds Wort »du bleibst auch so mein Freund« in meinem Kopf abrollte, fragte ich ihn: »Du, hast du Geld bei dir?«

»Ja«, sagte Ferd, »soll ich dir etwas pumpen?«

»Nein wechseln . . .«

»Wieviel?«

»Drei Mark.«

Er zog ein blaues Ledersäckchen aus der Tasche und zählte mir drei einzelne Markstücke auf die Hand. Ich gab ihm meinen Taler. In diesem Augenblick bildete ich mir ein, kein Dieb mehr zu sein. Dann trennten wir uns.

Ich hielt den Weg zur Stadt, bis Ferd außer Sichtweite war. Dann lief ich, um den Umweg wettzumachen. Als ich an die Pappel kam, war der Kalmück schon da. Er trug den braunen Manchesteranzug.

»Hast du das Geld?« Ich klingelte mit meinen neuen Markstücken in der Tasche.

»Gib's her!« Ich wich zurück.

»Wie, du willst es jetzt schon haben? Ich habe doch noch gar nichts gesehen!«

»Mach keine Umstände! Das Geld her!« Er packte mich am Arm.

»Wo ist denn das Mädchen? Erst muß ich das Mädchen sehen!«

Der Kalmück führte mich an eine Weißdornhecke, schlug ein paar Zweige zurück, drunten in der Sandkaute, in einer braunen Höhle saß eine der polnischen Arbeiterinnen, sehr fett und in einer blauen Bluse aus geblümten Kattun. »Die ist es«, zischte der Kalmück, »die läßt sich . . .«

»Weiß sie, daß ich mit zusehe?«

»Nein, du bleibst ruhig hier sitzen und bewegst dich nicht, bis alles vorbei ist.«

»Wie lange dauert es?«

»Drei Minuten.«

»Was?! Drei Minuten?!« flüsterte ich. »Drei Minuten für das ganze Geheimnis . . .«

»Also, das Geld her!« Der Kalmück griff nach meiner Tasche.

Ich wehrte mich verzweifelt.

Wir rangen. Wegen des Dickichts konnte der Kalmück seine Körperkräfte nicht ausnutzen. Außerdem boxte ich ihm zweimal empfindlich in die Hüfte.

»Warum gibst du das Geld nicht her?« Er frug schon weniger barsch. »Erst muß ich es sehen«, keuchte ich, »dann gebe ichs dir.«

»Das ist unmöglich.« Der Kalmück lehnte sich zurück und machte ein großartiges Gesicht. Ich hockte in dem Gestrüpp zwischen Dornen und schlangenhaften Zweigen, durch eine Lücke sah ich die Polin, die hohe Stiefel an hatte und aus Langeweile in der Nase bohrte. In der anderen Hand hielt sie eine Schafgarbe. Sie steckte sie an die Brust. Dann begann sie sich mit einem zerbrochenen Kamm zu frisieren. Sie sang dazu.

»Also, wie ist's? Gibst du das Geld?«

»Ja«, sagte ich, »tut sie's auch wirklich, wie alle Erwachsenen?«

»Natürlich«, grinste der Kalmück, »darin sind sich alle gleich.«

»Ist es auch das wirkliche Geheimnis?«

»Du kannst es ja selber probieren.«

»Nein, nein, ich will es nicht tun, ich will es nur wissen.«

Da lachte der Kalmück. »Du weißt es noch gar nicht?«

Ich schüttelte den Kopf. Der Kalmück rückte sehr vertraulich an mich heran. »Ach so, du willst Bescheid wissen, damit du es deinem Mädchen zeigen kannst.« »Ja«, log ich. »Gut«, sagte der Kalmück. »Wenn du mir versprichst, einmal mit baden zu gehen, dann mache ich es, daß du alles genau siehst.«

Ich versprach es ihm. Er stand auf. »Aber das Geld brauche ich vorher.« Ich hielt ihm zwei Mark hin. Er betrachtete sie genau, dann sagte er: »Und meine Mark?« »Die geb ich dir nachher.« »Du traust mir nicht?« »Doch«, sagte ich, »aber ich will sehen, ob es auch das wirkliche Geheimnis ist . . .«

»Geheimnis!« prustete der Kalmück, »du hast aber komische Vorstellungen.«

Ich saß regungslos zwischen den Zweigen. »Also gut, wenn du es nicht glaubst, daß ich es kann, gibst du mir die Mark nachher.« »Wenn es das richtige Geheimnis ist«, antwortete ich. »Garantiert«, sagte der Kalmück und schlüpfte aus dem Strauch.

Ich sah nach der Polin. Sie hockte im Sand und begann, sich die Bluse aufzuknöpfen, als der Kalmück vor ihr stand. In seiner Hand hielt er mein Geld. Er setzte sich neben sie, das Mädchen legte sich zurück. Da gab ihr der Kalmück meine Markstückchen. Sie steckte sie in einen gehäkelten Beutel. Der Kalmück zog seinen Rock aus. Sie sprachen nichts. Ich sah durch die Zweige. Plötzlich begann das Mädchen zu lachen, sie faßte den Kalmück und warf ihn an sich. Dabei stellte sie die Beine, der Kalmück faßte ihren Kopf und drückte ihn in den Sand. Er wälzte sich über sie, wo vorher der Rock war, sah ich nur nacktes Fleisch. Dann taten sie, als würden sie ringen. Die Polin kreischte, der Kalmück lag auf ihr, sie hatten beide rote Gesichter.

Ich saß im Strauch und dachte, wann kommt das Geheimnis? Auch der Kalmück hat mich betrogen.

Ich war gar nicht erregt, nicht einmal neugierig, denn was ich sah, schien mir ein langweiliger Ringkampf.

Ich beschloß, dem Kalmück die Mark nicht zu geben.

In diesem Augenblick hörte ich einen Schrei, als stürze ein Vogel ab, es war die Polin, sie hielt den Kalmück mit nackten Beinen, sie riß ihn am Haar, ihre Arme schlugen Kurven in den Sand, sie bog sich, ihr Gesicht war auf einmal sehr schön, sie schrie in einem furchtbar hilflosen Ton, ich sah ... alles was der Kalmück tat, seine Hose war gerutscht, es war nichts mehr zu verbergen, das ist es also ... dort ... und damit ...

Und wieder kam der Schrei, diesmal sehr quälend, der Kalmück hatte die Polin gefaßt unter den Achseln und riß die ohnmächtig Schreiende hin und her. Ich sah zwei halbnackte Körper sich im Sand wälzen, ich sah sie verbunden, aber in ihrer Verbundenheit kämpften sie, als wollten sie sich erwürgen. Sie haßten sich. Sie schlugen gegeneinander. Sie schrien. Sie wollten sich töten!!

Plötzlich schrie auch ich um Hilfe ... »Hiiiiiijauau!!« rief ich. Es war derselbe Ton, den die Polin während des Ringkampfes mit dem Kalmück ausgestoßen hatte. Hiiiijau ... Ich sah das Geheimnis und schrie um Hilfe ... Ich hatte Angst, es geschähe ein Mord ...

Drunten in der Sandkaute sprangen zwei Gesichter hoch. Die Polin war in halbnackter Verwirrung, hinter ihr stand der Kalmück, seine Hosen lagen in Klumpen um seine Füße, ich sah seine ermüdeten Genitalien. Hiiiiiijauau!! Ich sprang aus dem Busch. In warmem Aufschlag fiel ein Vogelnest auf die Erde. Ich war im Feld. In braunen Furchen lief der Weg. Ich rannte. »Das Geheimnis«, schrie es in mir, »das Geheimnis, sie werden sich töten ...« Ich raste. Ich rannte, um für die Polin Hilfe zu holen. Hiiiiiijauau ... Immer gellte dieser Schrei in meinen Ohren. »Das Geheimnis ist Mord«, dachte ich, »sie hassen sich dabei . . .« Ich lief, als müßte ich alle Menschen vor dem Geheimnis retten. Ich lief auf das Gut zu. Ich wollte zu Ferd.

Zu Leo, zu August, zu dem Major und auch zu dem Fohlen . . .

»Sie würgen sich«, wollte ich schreien, »sie würgen sich und rufen um Hilfe . . .«

Hiiiiiijauau . . .!!

Als ich in der Sichtnähe des Guts war, spürte ich in meiner Tasche das Markstück, das dem Kalmück gehörte. Es lag eingerollt in meinem Taschentuch. Ich duckte mich zwischen ein grünes Roggenfeld und begriff, daß ich dem Kalmück ausgeliefert war. Wenn er zu meinem Vater liefe und ihm alles erzählte, mein Vater mich faßte und die Mark in meiner Tasche fände – woher sollte ich eine Mark haben?! Alles wäre offenbar, mein Diebstahl, und weshalb ich ihn tat. Der Kalmück aber könnte sagen, ich hätte ihn bestochen, in die Sandkaute zu gehen, eigentlich sei ich der Täter, weil ich das Geld hatte. Und das Mädchen hätte für mein Geld so um Hilfe geschrien.

Sicher würde mein Vater dem Kalmück glauben, denn er hatte doch neulich im Kriegerverein den Zaren gespielt.

Als ich mich umsah, fand ich die Gestalt des Kalmück in scharfem Lauf nach der Stadt. Die Polin ging in breiter Silhouette nach den roten Bauten des Guts. Im Licht des beginnenden Abends sah sie größer aus, als sie war.

(aus: Jahrgang 1902)

Peter Salomon

BÜCHSENLICHT

Sie standen sich
vollbekleidet gegenüber
jeder am Rande
des Geruchsfeldes
des anderen.
Es war die Zeit der
»bürgerlichen Dämmerung«

oder / mit anderen Worten:
Sie standen
»im Büchsenlicht«.
Sie sprachen
nichts miteinander.
Dann, in Sandalen
durch den taunassen Stadt-
garten, daß die Strümpfe
Wasser zogen, nachhause.
Sehr langsam / und
nah! Ich am Fernglas
wünschte mir
ein paar neue Worte

(Ohne Titel)

Peter Weiss

DER SCHATTEN DES KÖRPERS DES KUTSCHERS

Schwer gegen die Müdigkeit und gegen den Wunsch, den Bleistift niederzulegen und diese Aufzeichnungen aufzugeben, ankämpfend, denke ich an den vor drei Tagen und drei Nächten liegenden Abend zurück, und setze mit der Beschreibung dieses Zurückdenkens fort, und die vierte Nacht beginnt schon, nachdem die Abendmahlzeit abgeschlossen ist und ich mich von den in der Diele versammelten Gästen zurückgezogen habe, sich anzubahnen, die vierte Nacht nach dem Abend an dem der Kutscher, nachdem wir uns von der Geselligkeit in der Diele in unsere Zimmer begeben hatten, der Haushälterin, die die Kaffeebecher in die Küche trug und ins Abwaschbecken stellte, in die Küche folgte und dort mit ihr, was ich, mich aus dem Fenster lehnend und die Nachtluft einsaugend, an den durch das Küchenfenster auf den Hof fallenden Schatten sah, blieb. Die Schatten wurden, wie ich berechnete, von der Lichtquelle der in der Mitte der Küche befindlichen herabziehbaren Lampe geworfen, und in Anbetracht der Lage der Schatten mußte die Lampe, wahrscheinlich zur Erhellung des Fußbodens, den die Haushälterin zu putzen gedachte, ungefähr bis zur Brusthöhe herabgezogen worden sein; so sah ich deutlich über dem Schatten des Fensterbrettes den Schatten der Kaffeekanne hervorragen, und seitwärts, etwa vom Platz aus an dem die Haushälterin bei den Mahlzeiten zu sitzen pflegt, beugte sich der Schatten der Haushälterin mit vorgestrecktem Arm über den Tisch und ergriff den Schatten der Kaffeekanne. Nun legte sich der Schatten des Kutschers, niedrig aus der Tiefe der Küche hervortretend, und über den Schatten der Tischkante, der in gleicher Höhe mit dem Schatten des Fensterbrettes lag, hinauswachsend, neben den Schatten der Haushälterin; der Schatten seiner Arme streckte sich in den Schatten des Arms der Haushälterin hinein, auch der Schatten des anderen Arms der Haushälterin schob sich in den zu einem Klumpen anschwellenden Schatten der Arme, worauf sich die Schattenmasse des Körpers der Haushälterin der Schattenmasse des Körpers des Kutschers näherte und mit ihr zusammenschmolz. Aus dem unförmig zusammengeballten, dichten Gefüge der Körperschatten ragte nur der Schatten der hochgehobenen Hand der Haushälterin, in der sie die Kaffeekanne trug, hervor. Der Schatten der Kaffeekanne schaukelte hin und her, auch der Schatten der Körper schwankte hin und her, und zuweilen zeichneten sich die Schatten der Köpfe, dicht im Profil ineinander verklebt, über dem Klumpen der Leiber ab. Der Schatten der Kaffeekanne löste sich, nach einer heftigen Seitwärtsbewegung der Körper, vom Schatten der Hand, und fiel herab; einige Sekunden lang lösten sich die Schatten der Körper voneinander, der Körper der Haushälterin zeigte sich mit der vorgewölbten Linie der Brüste, zurückgeneigt über den Tisch, und der Schatten des Kutschers öffnete sich, hoch aufgerichtet, fuchtelnd und wie mit Flügeln schlagend, die Masse des Schattens des Mantels von sich abwerfend. Nachdem der Mantelschatten über den Körperschatten des Kutschers hinabgeflattert war warf sich der Körperschatten des Kutschers wieder nach vorn, und der Schatten des Körpers der Haushälterin stieß sich ihm entgegen, dabei griffen die Schatten der Arme der Haushälterin in den Schatten des Körpers des Kutschers hinein, über ihn hinaus, um ihn herum, und die Schatten der Arme des Kutschers bohrten sich in den Schatten des Körpers der Haushälterin hinein und um ihn herum. Mit zerrenden, ruckhaften Bewegungen drehten und wandten sich die Schatten der Leiber weiter der Mitte des Schattens der Fensterkante und Tischkante zu; die

Schatten der Beine der rückwärts über dem Tisch liegenden Haushälterin ragten mit gebeugten Knieen über den vorkriechenden Schatten des Kutschers auf, und der Schatten des auf den Knieen liegenden Kutschers hob sich über den Schatten des Bauches der Haushälterin. Die Schatten der Hände des Kutschers drängten sich in den Schatten des Rockes der Haushälterin ein, der Schatten des Rockes glitt zurück und der Schatten des Unterleibes des Kutschers wühlte sich in den Schatten der entblößten Schenkel der Haushälterin ein. Der Schatten des einen Armes des Kutschers war in den Schatten seines Unterleibes hineingebogen und zog daraus einen stangenartigen Schatten hervor, der, der Form und Lage nach, seinem Geschlechtswerkzeug entsprach; diesen aufragenden Schatten stieß er, nachdem die Schatten der Beine der Haushälterin sich hoch über den Schatten der Schultern des Kutschers gelegt hatten, in den schweren, prallen Schatten des Unterleibes der Haushälterin hinein. Der Schatten des Unterleibes des Kutschers hob und senkte sich, in immer schneller werdendem Rhythmus, über den mittanzenden Schatten des Körpers der Haushälterin, während die Schatten der Köpfe des Kutschers und der Haushälterin in den Profillinien ineinander verbissen waren. Schließlich bog sich der Schatten des Körpers der Haushälterin hoch auf, und der Schatten des Leibes des Kutschers warf sich mit gesammelter Gewalt in den Schatten des Leibes der Haushälterin hinein, worauf die Schatten der beiden Leiber, ineinander vergehend, niederbrachen und ausgestreckt auf dem Schatten des Tisches liegen blieben, von tiefen Atemzügen gehoben und gesenkt. Nach einer Weile richtete sich der Schatten des Kutschers vom Schatten der Haushälterin auf, und auch der Schatten der Haushälterin richtete sich auf, und an den weiteren Bewegungen der Schatten sah ich, daß sowohl der Kutscher wie auch die Haushälterin den Tisch verließen und sich in die Tiefe der Küche hineinbegaben, wo mir ihr Vorhaben verborgen blieb. Kurze Zeit nachdem sie vom Tisch aufgestanden waren hörte ich wie die Küchentür geöffnet wurde, und dann sah ich den Kutscher und die Haushälterin die Küchentreppe hinab und über den Hof auf den Wagen zu gehen. Der Wagen war in der Dunkelheit nicht zu erkennen, nur den Geräuschen nach konnte ich darauf schließen, daß der Kutscher den Wagen und das Pferd zur Rückfahrt rüstete, und bald begannen auch die Deichsel, das Zaumzeug und die Räder zu knarren, und die Schritte des Pferdes stampften auf dem Weg und entfernten sich immer mehr, wie auch das

Knarren und Quietschen und Klappern des Wagens, bis es ganz in der nächtlichen Stille verging. Auch dieses, daß das Pferd, nach dem langen Weg den es den größten Teil des Tages mit der Last von Kohlen zurückgelegt hatte, noch in der auf diesen Tag folgenden Nacht den gleichen Weg noch einmal bewältigen sollte, gab mir zu denken, so daß ich in dieser, drei Tage und bald vier Nächte hinter mir liegenden Nacht, nicht zum Schlafen kam

(aus: Der Schatten des Körpers des Kutschers)

Alexander Kluge

AUFREGEN STATT ERREGEN

Als das billigste Mittel, in den Lagern Massensterilisationen durchzuführen, erschien 1943 Röntgenbestrahlung. Zweifelhaft war, ob die so erzielte Unfruchtbarkeit nachhaltig war. Wir führten einen männlichen und einen weiblichen Gefangenen zu einem Versuch zusammen. Der dafür vorgesehene Raum war größer als die meisten anderen Zellen, er wurde mit Teppichen der Lagerleitung ausgelegt. Die Hoffnung, daß die Gefangenen in ihrer hochzeitlich ausgestatteten Zelle dem Versuch Genüge leisteten, erfüllte sich nicht.

Wußten sie von der erfolgten Sterilisation?

Das war nicht anzunehmen. Die beiden Gefangenen setzten sich in verschiedene Ecken des dielengedeckten und teppichbelegten Raumes. Es war durch das Bullauge, das der Beobachtung von außen diente, nicht zu erkennen, ob sie seit der Zusammenführung miteinander gesprochen hatten. Sie führten jedenfalls keine Gespräche. Diese Passivität war deshalb besonders unangenehm, weil hochgestellte Gäste sich zur Beobachtung des Versuchs angesagt hatten; um den Fortgang des Experiments zu beschleunigen, befahl der Standortarzt und Leiter des Versuchs, den beiden Gefangenen die Kleider fortzunehmen.

Schämten sich die Versuchspersonen?

Man kann nicht sagen, daß die Versuchspersonen sich schämten. Sie blieben im wesentlichen auch ohne ihre Kleidung in den bis dahin eingenommenen Positionen, sie schienen zu schlafen. Wir wollen sie ein bißchen aufwecken, sagte der Leiter des Versuchs. Es wurden Schallplatten herbeigeholt. Durch das Bullauge war zu sehen, daß beide Gefangenen auf die Musik zunächst reagierten. Wenig später verfielen sie aber wieder in ihren apathischen Zustand. Für den Versuch war es wichtig, daß die Versuchspersonen endlich mit dem Versuch begannen, da nur so mit Sicherheit festgestellt werden konnte, ob die unauffällig erzeugte Unfruchtbarkeit bei den behandelten Personen auch über längere Zeitabschnitte hin wirksam blieb. Die am Versuch beteiligten Mannschaften warteten in den Gängen des Schlosses, einige Meter von der Zellentür entfernt. Sie verhielten sich im wesentlichen ruhig. Sie hatten Weisung, sich nur flüsternd miteinander zu verständigen. Ein Beobachter verfolgte den Verlauf des Geschehens im Innenraum. So sollten die beiden Gefangenen in dem Glauben gewiegt werden, sie seien jetzt allein.

Trotzdem kam in der Zelle keine erotische Spannung auf. Fast glaubten die Verantwortlichen, man hätte einen kleineren Raum wählen sollen. Die Versuchspersonen selbst waren sorgfältig ausgesucht. Nach den Akten mußten die beiden Versuchspersonen erhebliches erotisches Interesse aneinander empfinden.

Woher wußte man das?

J., Tochter eines Braunschweiger Regierungsrates, Jahrgang 1915, also etwa 28 Jahre, mit arischem Ehemann, Abitur, Studium der Kunstgeschichte, galt in der niedersächsischen Kleinstadt G. als unzertrennlich von der männlichen Versuchsperson, einem gewissen P., Jahrgang 1900, ohne Beruf. Wegen P. gab die J. den rettenden Ehemann auf. Sie folgte ihrem Liebhaber nach Prag, später nach Paris. 1938 gelang es, den P. auf Reichsgebiet zu verhaften. Einige Tage später erschien auf der Suche nach P. die J. auf Reichsgebiet und wurde ebenfalls verhaftet. Im Gefängnis und später im Lager versuchten die beiden mehrfach, zueinanderzukommen. Insofern unsere Enttäuschung: jetzt durften sie endlich, und jetzt wollten sie nicht.

Waren die Versuchspersonen nicht willig?

Grundsätzlich waren sie gehorsam. Ich möchte also sagen: willig.

Waren die Gefangenen gut ernährt?

Schon längere Zeit vor Beginn des Versuchs waren die in Aussicht genommenen Versuchspersonen besonders gut ernährt worden. Nun lagen sie bereits zwei Tage im gleichen Raum, ohne daß Annäherungsversuche festzustellen waren. Wir gaben ihnen Eiweißgallert aus Eiern zu trinken, die Gefangenen nahmen das Eiweiß gierig auf. Oberscharführer Wilhelm ließ die beiden aus Gartenschläuchen anspritzen, anschließend wurden sie wieder, frierend, in das Dielenzimmer geführt, aber auch das Wärmebedürfnis führte sie nicht zueinander.

Fürchteten sie die Freigeisterei, der sie sich ausgesetzt sahen? Glaubten sie, dies wäre eine Prüfung, bei der sie ihre Moralität zu erweisen hätten? Lag das Unglück des Lagers wie eine hohe Wand zwischen ihnen?

Wußten sie, daß im Falle einer Schwängerung beide Körper seziert und untersucht würden?

Daß die Versuchspersonen das wußten oder auch nur ahnten, ist unwahrscheinlich. Von der Lagerleitung wurden ihnen wiederholt positive Zusicherungen für den Überlebensfall gemacht. Ich glaube, sie wollten nicht. Zur Enttäuschung des eigens herangereisten Obergruppenführers A. Zerbst und seiner Begleitung ließ sich das Experiment nicht durchführen, da alle Mittel, auch die gewaltsamen, nicht zu einem positiven Versuchsausgang führten. Wir preßten ihre Leiber aneinander, hielten sie unter langsamer Erwärmung in Hautnähe aneinander, bestrichen sie mit Alkohol und gaben den Personen Alkohol, Rotwein mit Ei, auch Fleisch zu essen und Champus zu trinken, wir korrigierten die Beleuchtung, nichts davon führte jedoch zur Erregung.

Hat man denn alles versucht?

Ich kann garantieren, daß alles versucht worden ist. Wir hatten einen Oberscharführer unter uns, der etwas davon verstand. Er versuchte nach und nach alles, was sonst totsicher wirkt. Wir konnten schließlich nicht selbst hineingehen und unser Glück versuchen, weil das Rassenschande gewesen wäre. Nichts von den Mitteln, die versucht wurden, führte zur Erregung.

Wurden wir selbst erregt?

Jedenfalls eher als die beiden im Raum; wenigstens sah es so aus. Andererseits wäre uns das verboten gewesen. Infolgedessen glaube ich nicht, daß wir erregt waren. Vielleicht aufgeregt, da die Sache nicht klappte.

Will ich liebend Dir gehören,
kommst Du zu mir heute Nacht?

Es gab keine Möglichkeit, die Versuchspersonen zu einer eindeutigen Reaktion zu gewinnen, und so wurde der Versuch ergebnislos abgebrochen. Später wurde er mit anderen Personen wieder aufgenommen.

Was geschah mit den Versuchspersonen?

Die widerspenstigen Versuchspersonen wurden erschossen.

Soll das besagen, daß an einem bestimmten Punkt des Unglücks Liebe nicht mehr zu bewerkstelligen ist?

(Ein Liebesversuch)

VII.

GEDANKENSTRICHE

Täglich sehnt ich,
nächtlich träumt ich

F. W. BERNSTEIN

Theobald Röthing
INTERPUNKTION

Was ist die Liebe? Sprich!
Ein Fragezeichen sicherlich.
Vielleicht auch ein Gedankenstrich,
Der an dem schönsten Punkte sich
Erhebt und plötzlich wunderlich
Ausrufungszeichen wird für dich.

(Liebeserklärung)

Joachim Ringelnatz
TRAUMBOCK

Schließe deine Säume
Oben und unten am Rock.
Was ich von dir träume
Träumt ein Bock.

(aus: Letztes Wort an eine Spröde)

Heinrich von Kleist
GEDANKENSTRICH

Eben als die russischen Truppen, unter einem heftigen Haubitzenspiel, von außen eindrangen, fing der linke Flügel des Kommandantenhauses Feuer und nötigte die Frauen, ihn zu verlassen. Die Obristin, indem sie der Tochter, die mit den Kindern die Treppe hinabfloh, nacheilte, rief, daß man zusammenbleiben und sich in die unteren Gewölbe flüchten möchte; doch eine Granate, die, eben in diesem Augenblicke, in dem Hause zerplatzte, vollendete die gänzliche Verwirrung in demselben. Die Marquise kam, mit ihren beiden Kindern, auf den Vorplatz des Schlosses, wo die Schüsse schon, im heftigsten Kampf, durch die Nacht blitzten und sie, besinnungslos, wohin sie sich wenden solle, wieder in das brennende Gebäude zurückjagten. Hier, unglücklicherweise, begegnete ihr, da sie eben durch die Hintertür entschlüpfen wollte, ein Trupp feindlicher Scharfschützen, der, bei ihrem Anblick, plötzlich still ward, die Gewehre über die Schultern hing, und sie, unter abscheulichen Gebärden, mit sich fortführte. Vergebens rief die Marquise, von der entsetzlichen, sich untereinander selbst bekämpfenden, Rotte bald hier-, bald dorthin gezerrt, ihre zitternden, durch die Pforte zurückfliehenden, Frauen zu Hilfe. Man schleppte sie in den hinteren Schloßhof, wo sie eben, unter den schändlichsten Mißhandlungen, zu Boden sinken wollte, als, von dem Zetergeschrei der Dame herbeigerufen, ein russischer Offizier erschien und die Hunde, die nach solchem Raub lüstern waren, mit wütenden Hieben zerstreute. Der Marquise schien er ein Engel des Himmels zu sein. Er stieß noch dem letzten viehischen Mordknecht, der ihren schlanken Leib umfaßt hielt, mit dem Griff des Degens ins Gesicht, daß er, mit aus dem Mund vorquellendem Blut, zurücktaumelte; bot dann der Dame, unter einer verbindlichen, französischen Anrede, den Arm und führte sie, die von allen solchen Auftritten sprachlos war, in den anderen, von der Flamme noch nicht ergriffenen, Flügel des Palastes, wo sie auch völlig bewußtlos niedersank. Hier – traf er, da bald darauf ihre erschrockenen Frauen erschienen, Anstalten, einen Arzt zu rufen; versicherte, indem er sich den Hut aufsetzte, daß sie sich bald erholen würde; und kehrte in den Kampf zurück.

(aus: Die Marquise von O....; vgl. hierzu den in den Fellbacher Beiträgen 12/1981 mitgeteilten Brief Gottfried Benns an Susanne Fricker: »Erinnern Sie sich Kleists ›Marquise von O....‹ (der mit den vier Punkten, und ein O mußte es auch sein), als der russische Offizier nach heftigem Haubitzenspiel, zerplatzter Granate und nach den Scharfschützen mit übergehängten Gewehren und nach einem ins Gesicht gestoßenen Degengriff der Marquise den Arm bot – und dann war sie schwanger. Dieser Gedankenstrich des preußischen de Sade dürfte der gewaltigste der deutschen Literaturgeschichte sein«.)

Alkaios

PÜNKTCHEN PÜNKTCHEN

.... geliebte....
.... liebreizend anzuschaun
du läßt im flinken Lauf nach .....
. . . .
...... grüne Kürbisse unter (?).....
... sie, die recht weich sind, betastete

.... nachts ...
.... vergoß
.... kein rechter; ....
.... nirgendwo ... verloren sie
.... des Gewinnes
. . . .

(aus: Weinlieder, Fragmente, dt. M. Treu)

Karoline von Günderrode

LEBENSSÄFTE: ÄGYPTEN. DER NIL

Ägypten

Blau ist meines Himmels Bogen,
Ist von Regen nie umzogen,
Ist von Wolken nicht umspielt,
Nie vom Abendthau gekühlt.

Meine Bäche fließen träge
Oft verschlungen auf dem Wege,
Von der durst'gen Steppen Sand,
Bei des langen Mittags Brand.

Meine Sonn' ein gierig Feuer,
Nie gedämpft durch Nebelschleier,
Dringt durch Mark mir und Gebein
In das tiefste Leben ein.

Schwer entschlummert sind die Kräfte,
Aufgezehrt die Lebenssäfte;
Eingelullt in Fiebertraum
Fühl' ich noch mein Dasein kaum.

Der Nil

Aber ich stürze von Bergen hernieder,
Wo mich der Regen des Himmels gekühlt,

Tränke erbarmend die lechzenden Brüder
Daß sich ihr brennendes Bette erfüllt.

Jauchzend begrüßen mich alle die Quellen;
Kühlend umpfange ich, Erde, auch dich;
Leben erschwellt mir die Tropfen, die Wellen,
Leben dir spendend umarme ich dich.

Theueres Land du! Gebährerin Erde!
Nimm nun den Sohn auch den liebenden auf,
Du, die in Klüften gebahr mich und nährte,
Nimm jetzt, o Mutter! den Sehnenden auf.

(aus: Werke)

Jean Paul Jacobs

DIE BÄRENHÄUTERIN

Die Bärenhäuterin fühlte sich plötzlich müde. Sie betrachtete ihre eleganten, blutverschmierten Hände. Die graue Sonne, die ganz nah über ihrem verwirrten Kopf schwebte, roch nach verfaultem Fisch. Fluchend bäumten sich die Wellen der Ägäis empor. Der Page lief entsetzt davon. Die Bärenhäuterin setzte sich in den Sand und weinte. In Brüssel war es kalt, sehr kalt. Magritte schlief. Ginette saß regungslos auf einem Stuhl und starrte in das dunkle Zimmer. Iannis von Skinoussa lag im Sterben. So war es damals; es schien mir, als dauerte es eine Ewigkeit. Die Katzen lagen erdrosselt im Mülleimer. Paganini betrat auf Zehenspitzen den Salon der Grande Conne. Er wollte ihr seine neueste »Délicatesse pour nous deux« vorspielen; er wollte ihr zeigen, was Musik wirklich vermag, und wie man nach einem langen traumhaften Solo ein Kilo Kaviar verputzt, ohne den Mund zu öffnen. Sie haben einen gefährlichen zweiten Mund, pflegte er ihr zu sagen. Und sie pflegte zu antworten, Monsieur, ich habe auch einen guten Auspuff, einen erlesenen Geschmack und einen potenten Macker; worauf er immer gleich nach Hause rannte und in sein elfenbeinernes Klavier biß. Der Salon war leer. Entsetzlich!! Sein Herz begann zu flattern, seine Hände bluteten. Grande Conne, rief er, oh komm in den Grünen Salon, in dem einst die Kapriziösen saßen! Wir wollen stöhnen und seufzen und Ärgernis erregen! Komm, wir wollen uns winden und uns verschämt in die Ecken stellen, dort, wo einst die schleimigen Kapriziösen in ihren Putenhäuten standen! *Oh komm! Oh komm, meine süße Fabergé-Hure!!* Wir wollen uns zerfleischen und an die alten Sonatinen denken! Wie gerne haben wir uns früher hier die Biere gegenseitig ins Gesicht geschüttet und uns von den versteinerten Prinzessinnen erzählt! *Oh komm!* Niemand antwortete. Taumelnd verließ er das düstere Haus. Ein paar Stunden später betrat er, immer noch bleich und unkenntlich, den Zwiebelfisch, trank drei Flaschen Champagner und bestellte sich einen Bischof à la Turque, also einen der fickt, ohne zu meckern. Der Bischof wurde gebracht, aber er gefiel ihm nicht. Nehmen Sie diesen Bischof weg, sagte er pikiert, und bringen Sie mir ein Air de Bravour très à la Hollandaise! Die Köchin roch nicht gut, und der Papagei fiel von der Stange. Kurios, kurios, murmelte der merkwürdige Gast. Als der erste Stern vom Himmel fiel, stieg die blaue Schäferin von Paganini und kämmte sich die Haare. Wenn Sie ein durchsichtiges Kleid tragen würden, sagte er, dann wären Sie unsterblich. Schade um mich, antwortete die Schäferin und rammte ihm eine Fußspitze in den Mund. Und X sagte zu ihrer Freundin Z, die gerade auf ein Täßchen Mäuseblut vorbeigekommen war, ich glaube, Liebste, wir müssen Rossini, Paganini und all diese Typen mal einladen. Eine gute Idee, sagte Z, aber wäre es nicht besser, wir häkelten noch eine Weile, denn das Häkeln ist mir süß, und ich kann dabei so schön an den Tod denken. Nein, sagte X, vergiß deinen bittersüßen Abschied vom Leben, laden wir lieber all diese irren Typen ein, machen wir uns einen schönen Abend, so wie die Demoiselles d'Avignon! Und dann umarmten sich beide und rochen ein wenig an ihrem neuen Hündchen. Der Butler stand etwas hilflos und geziert in seinen schwarzen Nylons an eine Säule gelehnt. Die Strapse und die Mailänder Stöckelschuhe schmückten ihn mit einem leicht alpinen, vorweihnachtlichen Glanz. Erkälten Sie sich nicht, sagte die vorbeirauschende, frisch gepeitschte Zofe, ziehen Sie lieber diese Pfauenfeder hier an; es wird immer kälter, und viele, viele Pharaone werden auferstehen und uns merkwürdige Geschichten erzählen! Haben Sie denn gar keine Angst? Am Abend dieses stürmischen Tages kamen alle zu Monsieur Händels Première Séance sur l'Absurdité de la Musique et le Ridicule des Poètes. Händel war guter Laune und absolut devot. Er hatte den König mitgebracht. Der König war sehr klein und traurig. Er wurde immer kleiner und immer trauriger. Händel wurde immer dicker und immer froher. Man muß dick und reich sein, um gute und erhabene Musik zu machen, sagte er, ich schlage vor, wir diskutieren über Sphärenmusik und Teufelsmasken, anschließend regeln wir die Probleme des Metrums und des Takts, der Haut und des Silberblicks. Ich sah mir die Leute an. Sie waren alle furchtbar geil und geschminkt. Sie gefielen mir. Paganini klopfte an die Tür. Gott mit Ihnen, sagte der listige Pförtner, die Grande Délirante erwartet Sie, und dennoch, Monsieur, es ist alles so maßlos traurig, nicht wahr, und viel mehr Schmerz und Unsicherheit können wir eigentlich nicht vertragen, nicht wahr, Monsieur? Sehen Sie, die fette Metis steigt eben vom Olymp herab!!! Ich möchte Sie mal nackt sehen, hauchte mir X in den Mund. Wie lang soll er denn sein, fragte ich höflich, und wie dick soll er denn werden? Aber genau in dem Augenblick, wo ich mich meiner etwas tristen Nacktheit zu schämen begann, erblickte ich Paganini, Böcklin und Adalbert Stifter, die im Hain mitten unter den schwarzen Nymphen tanzten. Oho, dachte ich, da geschieht Wunderbares; das ist schöner als alles je Geahnte! Du mußt zu diesen feinen Männern gehen und ihnen gestehen, wie sehr Du sie liebst. Durch die sanft aneinandergekuschelten Rehlein schlich sich langsam der Tag heran. Die Sonne stand über dem Kopf Ovids, und es erklang ein Horn, oh ein Horn, von seltener Gülde und Aufgeblasenheit! Es war wie in Österreich vor dem Einmarsch Napoléons. Es war wie in einem schmierigen, uralten Literaturalmanach, wo alle die verzeichnet sind, die nie eine Zeile geschrieben haben. Es geht nicht um Totficken, sagte Paganini, es geht um gut ficken, gut essen und soft sein. Wir sind alle soft, riefen die Damen, wir sind soft, und wir lieben die keuschen Sonnenuntergänge am Kap Sunion! Nehmen Sie diese Violine, sagte Paganini zu seiner Nachbarin, und streicheln Sie sie. Sie wird Ihnen antworten; und so könnten Sie Ihrem Freund antworten, wenn er Sie, ganz Ihren Wünschen gemäß, gut bestiegen hat, und die Kanarienvögel zufrieden sind. Der Tenor saß in der Scheiße, und die Schauspielerin, die den Leichnam Robespierres spielen sollte, blieb ratlos in den verworrenen Gedanken Lord Byrons hängen. Es wird Krieg geben, sagte der Dampfschiffer zur Dampfschifferin, und ich sage Dir, Frau, Dante wird mit allen Engeln der Hölle über uns herziehen! Händel lächelte und streichelte wie besessen X'ens Waden. Der Hund fickte den Polizisten, und Paganini dachte, wenn Du jetzt nicht anklopfst, dann wird die Nacht mies und einsam, einsam wie eine Nacht aus Kot und Urin. Unterm Arm trug er den in Gips gegossenen Kopf des Herodes Atticus. Ganz langsam zog der Schwan seine Kreise. Der vierte Stern fiel vom Himmel, und die bei lebendigem Leib abgezogene Haut des Planeten brüllte vor Lust. Die Forelle lag im Ei und sehnte sich nach den Strahlen des königlichen Einhorns. Ich rede kalt mit mir selbst, sagte der Koch und schlug sich den Löffel gegen die Stirn. Das königliche Einhorn stand in seinem Glanz auf einem dreitausend Meter hohen Dom. Hinter dem Dom war noch ein Dom, und hinter diesem wiederum einer und so weiter. Es waren unendlich viele Dome, und zwischen ihnen lagen die Frauen, die bewußtlos vor Schönheit waren. Es gibt viele schöne Frauen, sagte der Countertenor, aber es gibt nur einen guten Koch, und das ist Artaxerxes, der Barfüßige und Schleimige!!!! Kurz nach dem Beginn der sechstägigen Fuge verließen einige Perverse den Salon. Sie waren über alle Maßen traurig und wollten schnell nach Hause. Aber der Prinz aus Tirol war nicht dumm! Er deckte flugs die Dame auf, und siehe, sie war nackt und schamlos. Es bekam allen gut. Von fern erklang wehmütig der Andachtsjodler, djo djo iri, djo djo iri, djo djo riridi, jo e djo iri! Das Essen schmeckte dem Koch, und der Papagei hatte wieder einen fröhlichen Abend. Die Schäferin stieg vom Mond herab und trällerte ein Liedchen. Die Epheben waren entzückt. Auch für sie und Paganini war es eigentlich ein schöner Abend. In der Ferne tobte der Krieg; grausame Völker näherten sich mit Riesenschritten den Tempeln der Leichten und Flüchtigen Ängste. Die Dichter flohen aufs Land. Aber die Musik war gut, so gut!

(aus: Die Bärenhäuterin)

Gerhard Mensching

ES KOCHT IN MIR

Ich habe mir freilich oft überlegt, abends, vor dem Einschlafen, allein im Bett, unsere Schlafzimmer sind ja schon lange getrennt, ob ich nicht mal etwas anfangen sollte. Immer wieder habe ich mir das ausgemalt. Du hast eine hübsche Referendarin zum Tee mitgebracht. Ihr wollt ein wenig fachsimpeln, jedenfalls du willst es. Ich bereite natürlich den Tee, sage ein paar hübsche kleine Dinge, erzähle eine Teeanekdote, reiche Gebäck, Linzerteig-Ringerln, Zitronenmonde, Vanillekipferln, selbstgebacken, und die kleine Referendarin lächelt mich ganz verträumt an. Ich stelle die Teekanne auf den Rechaud, sage noch etwas über das schwüle Wetter, wünsche einen schönen Nachmittag und ziehe mich zurück. Abends im Bett denke ich die Sache dann weiter. Ich treffe sie scheinbar zufällig vor der Schule, wo ich scheinbar zufällig auf meine Frau warte, wobei mir dann einfällt, daß sie ja noch gar nicht kommen kann, weil sie heute eine Vertretungsstunde hat. Ich darf sie begrüßen, die Referendarin, wir kennen uns ja in aller Unschuld, ich darf sie zum Mittagessen einladen. Elly wird dann ja auch kommen, und ich koche immer mehr, als aufgegessen wird. Sie braucht sich also nicht zu genieren. Und dann fangen wir natürlich schon mit dem Essen an. Weiß der Teufel, wo die Elly heute bleibt. Beim Nachtisch sind wir schon sehr guter Laune, und dann schlage ich mir vor den Kopf: daß ich das überhaupt vergessen habe! Die Elly kommt ja heute überhaupt nicht zum Essen. Die fährt ja heute zu ihrer Tante und ist erst am Abend wieder zurück. Vielleicht glaubt die kleine Referendarin jetzt schon nicht mehr ganz, daß alles der Zufall so eingerichtet hat.

Ich sehe in ihren Augen, daß sie geküßt werden will. Ich stehe auf, gehe zum Buffet, als wollte ich die Likörflasche holen, um ihr noch ein Gläschen einzuschenken, aber plötzlich stehe ich hinter ihr, hebe mit beiden Händen ihren Kopf, biege ihn etwas nach hinten, küsse sie. Nun schnurrt das alles ab: der zweite Kuß, nach dem überraschtbeseligten nun inniger, der dritte bereits ganz wild. Das Gleiten vom Stuhl auf den Teppich. Streichelungen, erst edel-keusche, die Ehrlichkeit des Gefühls bekräftigend, dann eindeutige. Kein Büstenhalter. Aha. Da hatte ich doch richtig gesehen. Dann ab ins Bett und so weiter. Die Elly kommt ja nicht vor Abend. Und dann bin ich, wenn sie, wieder und wieder abschiedsgeküßt, gegangen ist, für einige Stunden sehr fröhlich und ausgelassen. Ich habe eine Geliebte! Und dann kommt dieser ganze Rattenschwanz hinterher. Treffpunkte, Schlafgelegenheiten, offene Aussprachen oder keine, ihre Verwandten, ein fester Freund, der zu lockern wäre, vielleicht sogar ein Ehemann. Scheidungserwägungen, Auseinanderdividieren. Austausch des verbrauchten Ehefrauenmodells gegen ein neues. Die zu verdrängende Erkenntnis, daß jetzt alles so ähnlich wieder von vorn losgeht.

Ich liege im Bett und male es mir aus. Ich sehe mich mit der neuen

Frau eine neue Wohnung einrichten, Polstergarnituren ausprobieren, Gardinen bestellen. Ach, dieser süße kleine Schreibtisch! Nein! – Lieber etwas flüchtig Berauschendes. Eine andere Ehefrau, die eben nur mal ein bißchen fremdgehen will, auch keine Lust hat zu verliebtem Seelenernst. Es gibt ja genug geile Weiber. Auch nicht! Diese öde Herumfickerei! Ich stelle es mir vor und habe schon die Lust verloren, ehe meine Phantasie so richtig in Fahrt gekommen ist. Ich will es eben flüchtig, aber nicht oberflächlich.

Oft ahnst du gar nicht, in welche Gefahr du dich bringst. Ungeniert, meinst du, kann man selbst hübsche Schülerinnen nach Haus mitbringen, um in gemütlicher Atmosphäre etwas mit ihnen zu besprechen. Seit einiger Zeit kann ich mich nur noch mühsam beherrschen, während ich Tee und Gebäck reiche, damit ich nicht irgend etwas grauenhaft Unanständiges zu deinen Schutzbefohlenen sage.

Zum Beispiel die kleine Gisa. Ich habe schon darauf gewartet, daß sie aufbrechen wird. Neulich, du wirst dich nach über zwanzig Jahren wohl kaum noch an sie erinnern, neulich sah ich sie unvermutet wieder, als sie bei uns irgend etwas abholen sollte. Ich öffnete ihr die Tür und war ganz perplex, weil ihr plötzlich Brüste herausgeknallt waren.

»Na, Gisa«, wollte ich fast sagen, »da hat dir der Klapperstorch zum Geburtstag aber ein paar hübsche Möpse geschenkt. Dafür läßt du ihn doch sicher bald in deinem Nestchen wohnen.«

Ich habe es natürlich nicht gesagt, aber ich werde zunehmend schamloser. Helma Peters, deiner patenten Kollegin, die so gern zum Schwatzen kommt, hätte ich neulich um ein Haar an den Busen gefaßt. Es war eine tolle Gelegenheit: sie beugte sich über die Lehne eines Gartenstuhles und stützte sich mit den Händen links und rechts auf die Armlehnen. Locker hingen die beiden gebräunten Portionen im dünnen Kleidchen. Mein Gott! Was hätte das für ein Geschrei gegeben, wenn ich zugefaßt hätte. Gewalt gegen Frauen! Man liest es immer wieder. Da formiert sich ein starker, weiblicher Abwehrwille gegen die Grapscher, die Zudringlinge. Unglaublich! Munter werden die Signalflaggen gehißt, und kommt dann einer angeschwänzelt, wird im Chor geschrien. Sie wollen eben beides zugleich sein: begehrtes Sexualobjekt und Kämpferin für die Emanzipation von den bösen Männern. Komischer Kampf. Statt sich zu panzern wider den Feind, reißt man sich die Bluse auf.

(aus: Rotkäppchen und der Schwan)

Heinrich Heine

MIJNHEER MIT DEM BRUCHBAND

Wie oft, in meiner Wohnung zu Leiden, konnte ich mich ganze Stunden lang in die häuslichen Szenen zurückdenken, die der vortreffliche Jan dort erlebt und erlitten haben mußte. Manchmal glaubte ich, ich sähe ihn leibhaftig selber an seiner Staffelei sitzen, dann und wann nach dem großen Henkelkrug greifen, »überlegen und dabei trinken, und dann wieder trinken, ohne zu überlegen«. Das war kein trübkatholischer Spuk, sondern ein modern heller Geist der Freude, der nach dem Tode noch sein altes Atelier besucht, um lustige Bilder zu malen und zu trinken. Nur solche Gespenster werden unsere Nachkommen zuweilen schauen, am lichten Tage, während die Sonne durch die blanken Fenster schaut und vom Turme herab keine schwarzdumpfe Glocken, sondern rotjauchzende Trompetentöne die liebliche Mittagsstunde ankündigen.

Die Erinnerung an Jan Steen war aber das Beste oder vielmehr das einzig Gute an meiner Wohnung zu Leiden. Ohne diesen gemütlichen Reiz hätte ich darin keine acht Tage ausgehalten. Das Äußere des Hauses war elend und kläglich und mürrisch, ganz unholländisch. Das dunkle, morsche Haus stand dicht am Wasser, und wenn man an der anderen Seite des Kanals vorbeiging, glaubte man eine alte Hexe zu sehen, die sich in einem glänzenden Zauberspiegel betrachtet. Auf dem Dache standen immer ein paar Störche, wie auf allen holländischen Dächern. Neben mir logierte die Kuh, deren Milch ich des Morgens trank, und unter meinem Fenster war ein Hühnersteig. Meine gefiederten Nachbarinnen lieferten gute Eier; aber da ich immer, ehe sie deren zur Welt brachten, ein langes Gackern, gleichsam die langweilige Vorrede zu den Eiern, anhören mußte, so wurde mir der Genuß derselben ziemlich verleidet. Zu den eigentlichen Unannehmlichkeiten meiner Wohnung gehörten aber zwei der fatalsten Mißstände: erstens das Violinspielen, womit man meine Ohren während des Tags belästigte, und dann die Störungen des Nachts, wenn meine Wirtin ihren armen Mann mit ihrer sonderbaren Eifersucht verfolgte. Wer das Verhältnis meines Hauswirts zu meiner Frau Wirtin kennenlernen wollte, brauchte nur beide zu hören, wenn sie miteinander Musik machten. Der Mann spielte das Violoncello, und die Frau spielte das sogenannte Violon d'Amour; aber sie hielt nie Tempo und war dem Manne immer einen Takt voraus und wußte ihrem unglücklichen Instrumente die grellfeinsten Keiflaute abzuquälen; wenn das Cello brummte und die Violine greinte, glaubte man ein zankendes Ehepaar zu hören. Auch spielte die Frau noch immer weiter, wenn der Mann längst fertig war, daß es schien, als wollte sie das letzte Wort behalten. Es war ein großes, aber sehr mageres Weib, nichts als Haut und Knochen, ein Maul, worin einige falsche Zähne klapperten, eine kurze Stirn, fast gar kein Kinn und eine desto längere Nase, deren Spitze wie ein Schnabel sich herabzog und womit sie zuweilen, wenn sie Violine spielte, den Ton einer Saite zu dämpfen schien.

Mein Hauswirt war etwa fünfzig Jahr alt und ein Mann von sehr dünnen Beinen, abgezehrt bleichem Antlitz und ganz kleinen, grünen Äuglein, womit er beständig blinzelte, wie eine Schildwache, welcher die Sonne ins Gesicht scheint. Er war seines Gewerbes ein Bruchbandmacher und seiner Religion nach ein Wiedertäufer. Er las sehr fleißig in der Bibel. Diese Lektüre schlich sich in seine nächtlichen Träume, und mit blinzelnden Äuglein erzählte er seiner Frau des Morgens beim Kaffee, wie er wieder hochbegnadigt worden, wie die heiligsten Personen ihn ihres Gespräches gewürdigt, wie er sogar mit der allerhöchst heiligen Majestät Jehovas verkehrt und wie alle Frauen des Alten Testamentes ihn mit der freundlichsten und zärtlichsten Aufmerksamkeit behandelt. Letzterer Umstand war meiner Hauswirtin gar nicht lieb, und nicht selten bezeugte sie die eifersüchtigste Mißlaune über ihres Mannes nächtlichen Umgang mit den Weibern des Alten Testamentes. Wäre es noch, sagte sie, die keusche Mutter Maria oder die alte Marthe oder auch meinethalb die Magdalene, die sich ja gebessert hat – aber ein nächtliches Verhältnis mit den Sauftöchtern des alten Lot, mit der sauberen Madam Judith, mit der verlaufenen Königin von Saba und dergleichen zweideutigen Weibsbildern darf nicht geduldet werden. Nichts glich aber ihrer Wut, als eines Morgens ihr Mann im Übergeschwätze seiner Seligkeit eine begeisterte Schilderung der schönen Esther entwarf, welche ihn gebeten, ihr bei ihrer Toilette behülflich zu sein, indem sie, durch die Macht ihrer Reize, den König Ahasverus für die gute Sache gewinnen wollte. Vergebens beteuerte der arme Mann, daß Herr Mardochai selber ihn bei seiner schönen Pflegetochter eingeführt, daß diese schon halb bekleidet war, daß er ihr nur die langen, schwarzen Haare ausgekämmt – vergebens! die erboste Frau schlug den armen Mann mit seinen eignen Bruchbändern, goß ihm den heißen Kaffee ins Gesicht, und sie hätte ihn gewiß umgebracht, wenn er nicht aufs heiligste versprach, allen Umgang mit den alttestamentarischen Weibern aufzugeben und künftig nur mit Erzvätern und männlichen Propheten zu verkehren.

Die Folge dieser Mißhandlung war, daß Mynheer von nun an sein nächtliches Glück gar ängstlich verschwieg; er wurde jetzt erst ganz ein heiliger Roué; wie er mir gestand, hatte er den Mut, sogar der nackten Susanna die unsittlichsten Anträge zu machen; ja, er war am Ende frech genug, sich in den Harem des König Salomon hineinzuträumen und mit dessen tausend Weibern Tee zu trinken.

(aus: Aus den Memoiren des Herren von Schnabelewopski)

Franziska Waldner

TÄGLICH SEHNT ICH, NÄCHTLICH TRÄUMT ICH

Täglich sehnt ich, nächtlich träumt ich
Mich zur alten Roma hin,
Träumend dünkt ich oft mich eine
Glückliche Sabinerin;
Sah in jedem blöden Jüngling
Einen ritterlichen Römer,
Glaubte, mich in jedem Falle
Mit Gewalt zu nehmen käm er!

Und ich harrt in banger Sehnsucht
Zwanzig – dreißig – vierzig Jahr,
Und ich staunte, daß mein Römer
Nimmer noch gekommen war.
Monde kamen, Jahre gingen,
Und ich ward mit jedem älter,
Und mit jedem ward mein Glaube
An die Römer – immer kälter.

Und die Welt lernt ich erkennen,
Und sie schien mir öd und leer:

Unter heutigem Geschlechte
Gibt es keine Römer mehr!
Nur mattherzige Sabiner
Sind die Männer all auf Erden,
Denn fast jeder denkt: Es kann ihm
Seine Frau – gestohlen werden!

Artemidor

VON DEN GESCHLECHTLICHEN TRAUMBILDERN

Das Kapitel über den Geschlechtsverkehr gliedert man am besten in der Weise, daß man zuerst denjenigen bespricht, der im Einklang mit Natur, Gesetz und Sitte steht, dann den gesetzwidrigen und schließlich den widernatürlichen. Hinsichtlich des nach dem Gesetz erlaubten Geschlechtsverkehrs gilt folgendes: Seiner eigenen Frau beizuwohnen, wenn sie einwilligt, dazu Lust hat und sich gegen den Verkehr nicht sträubt, ist für alle ohne Ausnahme gut; denn die Gattin bedeutet das Handwerk des Träumenden oder sein Geschäft, aus dem er Lust und Freude schöpft, dem er wie seiner Frau vorsteht und das er leitet. Das Traumgesicht bezeichnet also den materiellen Nutzen, den man aus seinen Tätigkeiten zieht; denn ebenso wie der Liebesgenuß bereitet auch materieller Gewinn den Menschen Freude. Sträubt sich aber die Gattin oder ist sie nicht zu Willen, bedeutet es das Gegenteil. Dasselbe gilt von der Geliebten.

Der Verkehr mit Hetären in Bordellen bedeutet einerseits einen kleinen Skandal und geringfügige Ausgaben; denn Männer, die sich mit diesen Personen einlassen, schämen sich und zahlen obendrein. Andererseits sind Hetären im Hinblick auf jedes Vorhaben von guter Vorbedeutung; sie werden ja von einigen die »Geschäftstüchtigen« genannt, und sie geben sich ohne Widerstreben preis. Ein gutes Zeichen ist es ferner, wenn man ein Freudenhaus betreten und ungeschoren wieder verlassen kann, denn das Gegenteil zeigt Unheil an. Ich kenne jemand, dem es träumte, er gehe in ein Bordell hinein und finde nicht mehr heraus, und wenige Tage darauf starb er, wobei das Traumerlebnis sich ganz folgerichtig an ihm erfüllte; denn ein Freudenhaus wird ebenso wie ein Friedhof ein gemeiner Ort genannt, und viel menschlicher Samen geht da zugrunde. Es gleicht also ganz natürlich dieser Ort dem Tod. Die Frauenzimmer jedoch haben mit dem Ort nichts gemein; sie selbst bedeuten Glück, nur der Ort nicht. Deshalb ist es günstiger, im Traum herumstreichende Hetären zu sehen. Glückbringend sind auch die, welche vor dem Bordell ihre Reize zur Schau stellen, die etwas verkaufen und den Liebeslohn kassieren, gleichgültig, ob man sie nur sieht oder mit ihnen verkehrt.

Wähnt man, eine unbekannte Frauensperson zu beschlafen, und ist diese wohlgewachsen, anmutig, kostbar und fein gekleidet, mit goldenen Halsketten behängt und bietet sie sich selbst an, so ist das für den Träumenden ein gutes Zeichen und kündigt ihm einen großen Erfolg in seinen Unternehmungen an; ist es aber ein altes, häßliches, mißgestaltetes und in Lumpen gehülltes Weibsbild, das sich übel aufführt und sich nicht hergeben will, so bedeutet es das Gegenteil von dem, was die vorige bedeutet. Unbekannte Frauenspersonen haben nämlich als Abbilder von Unternehmungen zu gelten, die für den Träumenden einen Ausgang nehmen werden. Je nachdem das Frauenzimmer geartet ist und sich gibt, dementsprechend wird die Unternehmung des Träumenden sich abwickeln. Gut ist es ferner, seiner eigenen Sklavin oder seinem eigenen Sklaven beizuwohnen; denn die Sklaven machen das Vermögen des Träumenden aus. Deshalb bedeuten sie ihm ganz natürlich Befriedigung in seinem Vermögen, das größer und ansehnlicher wird. Übel dagegen ist es, von einem Haussklaven gebraucht zu werden, weil man Verachtung und Schaden von ihm zu gewärtigen hat. Dasselbe gilt, wenn einem solches von seinem Bruder widerfährt, gleichgültig, ob er jünger oder älter ist, oder von einem persönlichen Feind.

Träumt man, mit einer gut bekannten und befreundeten Frau zu verkehren, in die man verliebt ist und die man begehrt, so hat das Traumerlebnis infolge der entfachten Leidenschaft keine Bedeutung. Hat der Träumende aber kein Verlangen nach der Frau, beschert es ihm etwas Gutes, falls die Betreffende vermögend ist; denn in jedem Fall wird der Mann von der Frau, die er im Traum erblickte, unmittelbar oder mittelbar einen Nutzen haben. Ganz natürlich ist eine, die sich selbst anbietet, auch mit ihrer Habe freigebig. Häufig bringt dieses Traumgesicht dem Träumenden, weil er in die Geheimnisse der

Frau eingedrungen ist, Vorteil; denn solch eine Frauensperson gibt die Möglichkeit, auch das Geheimste zu berühren.

Nichts Gutes bringt es, wegen des Gesetzes, eine gesetzlich Verheiratete zu beschlafen. Dieselben Strafen, die das Gesetz über den beim Ehebruch Ertappten verhängt, zieht auch das Traumgesicht nach sich. Dagegen ist es für eine Frau von Nutzen, von einem Bekannten, sei er wer er sei, in Anspruch genommen zu werden. Einem Mann wiederum bringt es Vorteil, von einem reicheren und älteren gebraucht zu werden; denn von solchen Personen bekommt man gewöhnlich etwas; übel dagegen ist es, wenn einem solches von einem jüngeren oder bettelarmen widerfährt; denn solchen Leuten pflegt man noch etwas dazuzugeben. Dasselbe bedeutet es, wenn der, welcher in Anspruch nimmt, zwar älter, aber ein Bettler ist.

Träumt einer, sein Glied mit den Händen zu erigieren, wird er einen Sklaven oder eine Sklavin gebrauchen, weil die Hände, die dabei betätigt werden, Hilfsdienste leisten. Besitzt er keine Sklaven, wird er Schaden erleiden, wegen der nutzlosen Ausscheidung des Samens. Ich kenne einen Sklaven, dem es träumte, er masturbiere seinen Herrn; er wurde Betreuer und Erzieher von dessen Kindern; denn er hatte das Glied seines Herrn, das dessen Kinder bezeichnet, in die Hand genommen. Ein anderer wiederum ist mir bekannt, der träumte, dasselbe widerfahre ihm von seiten seines Herrn. Er wurde an eine Säule gebunden, erhielt eine Tracht Prügel und wurde auf diese Weise von seinem Herrn gestreckt.

Hinsichtlich des gesetzwidrigen Geschlechtsverkehrs hat man folgendermaßen zu entscheiden: Seinen noch nicht fünfjährigen Sohn zu gebrauchen bedeutet diesem den Tod, wie ich häufig festgestellt habe; diese Auslegung ist ganz folgerichtig, weil das Kind verdorben wird; »Verderben« nennen wir aber den Tod. Ist der Junge älter als fünf Jahre, aber noch nicht zehn, wird er erkranken, während der Träumende sich unbedacht in Geschäfte einlassen und dadurch ruinieren wird. Denn der vor der Reife mißbrauchte Knabe wird infolge seines zarten Alters Schmerzen leiden und dadurch erkranken, der Vater aber sich wegen seiner Unvernunft ruinieren; denn niemand, der gesunden Menschenverstand besitzt, denkt daran, seinen Sohn oder überhaupt einen Knaben dieses Alters zu gebrauchen. Ist der Sohn aber über die Kinderjahre hinaus, wird der Vater, falls er arm ist, ihn in die Schule schicken, den Unterricht sich etwas kosten lassen und sich so für ihn verausgaben. Hat ein Reicher dieses Traumerlebnis, wird er seinem Sohn viel zuwenden und vererben und ihm auf diese Weise von seiner Fülle abgeben. Glück bringt es, wenn der Träumende sich mit seinem schon erwachsenen Sohn, falls dieser in der Fremde lebt, einzulassen glaubt; denn der Traum bedeutet, daß beide zusammenkommen und miteinander verkehren werden, wegen der Bedeutung des Ausdruckes »Verkehr«. Übel dagegen ist es, wenn der Sohn daheim ist und mit dem Vater zusammenlebt; Vater und Sohn werden sich zwangsläufig trennen, weil der Geschlechtsverkehr unter Männern meistenteils abwendig erfolgt. Wird man von seinem eigenen Sohn gebraucht, wird man empfindlichen Schaden durch ihn erleiden; freilich wird ihn auch der Sohn zu spüren bekommen. Träumt jemand, sich mit seinem eigenen Vater einzulassen, wird er seine Heimat als Verbannter verlassen oder sich mit seinem Vater überwerfen; entweder wird der Vater selbst sich von ihm abwenden, oder seine Mitbürger, die dasselbe bedeuten wie der Vater.

Sein ganz kleines, noch nicht fünfjähriges Töchterchen (...), ist es aber jünger als zehn, bedeutet es dasselbe wie beim Sohn. Ist das Mädchen heiratsfähig, wird es einen Mann ehelichen, und der Träumende wird es aussteuern und auf diese Weise der Tochter von seiner Fülle mitteilen. Ich kenne jemand, der diesem Traumerlebnis zufolge seine Gattin verlor, wobei das Traumgesicht sich ganz folgerichtig erfüllte. Denn von da ab führte die Tochter ihm den Haushalt und nahm damit die Pflichten von Gattin und Tochter wahr. Wähnt jemand, mit seiner verheirateten Tochter zu verkehren, so wird diese sich von ihrem Mann trennen und zum Vater zurückkehren, so daß sie nunmehr mit ihm zusammenlebt und mit ihm verkehrt. Gut ist es für einen Armen, der eine reiche Tochter hat, wenn er diese beschläft; er wird große Zuwendungen von ihr erhalten und so seine Lust an ihr haben. Häufig machten reiche Väter nach diesem Traumgesicht auch gegen ihren Willen größere Ausgaben für die Aussteuer ihrer Töchter, und kranke Väter starben und ließen ihre Töchter als Erben zurück. Von der Schwester zu sprechen erübrigt sich; sie bedeutet dasselbe wie die Tochter. Günstig ist es für den Träumenden, wenn er seinen Bruder, sei er älter oder jünger, gebraucht; er wird ihn überflügeln und geringschätzig behandeln. Wer sich mit einem Freund einläßt, wird sich mit ihm verfeinden, zuvor aber Schaden durch ihn erleiden.

(aus: Das Traumbuch, dt. K. Brackertz)

Gerhard Mensching

DAS GEHEIMNIS DES STROHKÖFFERCHENS

Wieviel Kurzweil und überraschende Begegnung bringt doch das Reisen! Wohl bleiben mancherlei Beschwernisse und zuweilen auch ein heftiger Ärger nicht aus, doch zeigt es sich nicht selten, daß gerade diejenigen Vorkommnisse, über die man besonders sich erregt, weil sie den vorgenommenen Plan durcheinanderbringen oder gar zunichte machen, oft eine Wendung nehmen, die alle ungünstigen Empfindungen vergessen läßt. Im nachhinein preist man dann gar ein Mißgeschick, weil ohne sein Eintreten ein besonderes, vielleicht unvergeßliches Erlebnis gleichfalls nicht eingetreten wäre.

Wie verwünschte ich an jenem Novembertag die Ungeschicklichkeit unseres Postillons, der nicht mehr allzu fern von Baden-Baden, dem Ziel meiner Reise, in einer Kurve den Wagen umwarf, so daß ihm die Achse brach. Nachdem alle Reisenden dankbar festgestellt, daß außer ein paar Beulen und Kratzern kein ernstlicher Schaden entstanden war, machte sich, so ist nun einmal die menschliche Natur beschaffen, sogleich Unmut breit, daß es unmöglich sein werde, an diesem Abend noch die Reise zu endigen. Ehe ein neues Gefährt heran war, würde so viel Zeit vergangen sein, daß sich der Aufbruch nicht mehr lohnte. Wir konnten froh sein, daß ein Fuhrmann, der mit leerem Lastwagen des Weges kam, sich erbot, unser Gepäck und auch uns auf sein unbequemes Fahrzeug zu nehmen und bis Gaggenau zu fahren, wo er uns den Gasthof »Zum Ochsen« für die Nacht sehr angelegentlich empfahl.

Verdrießlich, nach einem durchaus nicht unangenehmen Hirschragout, saß ich in der Gaststube vor einem Glas Württemberger Weines und schaute der flinken Kellnerin zu, welche die unerwarteten Gäste mit großer Freundlichkeit bediente. Auch war sie nicht unansehnlich, und ich versuchte, mich ein wenig dadurch zu erheitern, daß ich mir in der Phantasie ein Bild von ihr malte, das sie gänzlich ohne Hüllen zeigte. Es war ein müßiges Vergnügen, das wußte ich selber, denn es würde mir nicht gelingen, die hübsche Magd, auf die ich, je länger ich ihr zusah, immer heftigere Lust bekam, mir für diese Nacht zu verbinden. Ich trank, um möglichst oft das Vergnügen ihrer Bedienung zu haben, ein Glas nach dem anderen, und so kam es, daß der Wein, als der Abend später wurde, meine Zunge löste und ich, ganz gegen meine sonst recht schweigsame und Fremden gegenüber eingezogene Art, den jungen Kaufmann ansprach, der neben mir am Tische saß und schon viele Stunden lang in einem Buche gelesen hatte, wobei er dem Weine gleichfalls unermüdlich zusprach.

Ich machte ihm gegenüber eine lockere Bemerkung über das entzückende Mädchen, aber dieses Thema schien ihn nicht im mindesten einzuladen. Mit säuerlicher Miene gab er mir einige halbwegs höfliche Antworten und vertiefte sich sogleich wieder in seine Lektüre.

»Ei«, sagte ich, nun schon recht bezecht, indem ich das Buch an mich nahm und seinen Titel betrachtete, »was lesen Sie denn da? Schopenhauer? Das ist aber nun keine belustigende Lektüre für einen angehenden Erfolgs- und Weltmann.«

Er lächelte nachsichtig, und ich bedauerte ihn im stillen recht herzlich, weil er mir nun ganz fraglos als ein Patient erschien, der von der philosophischen Krankheit befallen war. Wie sehr irrte ich! Aber der geneigte Leser wird es mir nachsehen, daß ich nicht darauf kam, was es mit ihm auf sich hatte, denn zu unerhört in der Tat war das Schicksal, das ihm begegnet war, als daß man es auch mit der tollsten Phantasie hätte erfinden können. Es dauerte lange, ehe er sich mir offenbarte, noch viele Gläser roten und weißen Württemberger Weins mußte die schöne Kellnerin herbeitragen, ehe sich seine Zunge löste und er mir mit leiser Stimme von seinem Leid erzählte.

Jung verheiratet und mit seinem geliebten Weibe alle Freuden des Ehelebens durchkostend, war er vor drei Jahren beim Stöbern auf dem Boden des Hauses, das er vor kurzem für sie beide und spätere Kinder erworben hatte, hinter einem Dachbalken auf ein altes, halbverschimmeltes Büchlein gestoßen, das er mit hinuntergenommen und zusammen mit seiner jungen Frau an mehreren vergnüglichen Abenden mit der größten Belustigung entziffert und gelesen hatte. Dieses Büchlein enthielt, und das war der Grund für ihre Heiterkeit, allen Ernstes Anweisungen zur Zauberkunst, als sei das alles lern- und machbar und schon oft erprobt worden. Besonders einläßlich war dort ein Verfahren geschildert, mittels dessen man sich klein und wieder groß zaubern konnte. Natürlich glaubten sie davon kein Wort, beschlossen aber doch, eines Abends den Anweisungen zu folgen und zum Spaß die beschriebenen Vorkehrungen zu einer Verkleinerung zunächst einmal der Frau zu treffen. Wer beschreibt die Überraschung des Mannes, als plötzlich vor ihm auf dem Tisch die eigene Ehefrau lag, nur eine Spanne lang und nackt, denn das Kleid, auf das sich der Zauber nicht auswirken konnte, hatte sie zuvor ausziehen müssen. Er betrachtete das kleine Wesen mit dem größten Vergnügen, nahm es in die Hand, wendete es hin und her und schaute nach, ob alles daran war, was ihn in originaler Größe immer wieder aufs neue entzückt hatte. Nichts fehlte, und er mußte feststellen, daß ihre Weiblichkeit auch als verkleinertes Spielzeug ihren Reiz keineswegs eingebüßt hatte, ja daß es fast noch mehr in seinen Hosen zog und drängte. Währenddessen verwunderte sich das Weiblein über die plötzliche Größe der Gläser und Teller auf dem Tische und spähte schaudernd von der Kante in den gähnenden Abgrund hinunter. Da fiel ihm ein, daß sie einmal in einer Laune, die ihn etwas verletzt hatte, auch wenn die Bemerkung, wie sie versicherte, keinesfalls von Unzufriedenheit zeugen sollte, Bezug nehmend auf gute Feen und freie Wünsche, geäußert hatte, daß sie, sollte ihr einmal eine Fee einen Wunsch freistellen, ihn dazu verwenden würde, ihm einen etwas größeren Schwanz zu bescheren. Daran nun dachte er, und weil es sich gerade so schön streckte und bäumte da unten, öffnete er kurz entschlossen den Latz und legte den Michel vor ihr auf das damastene Tischtuch.

Da war sie nun höchlichst entzückt, umfing den strammen Schaft mit beiden Armen und hängte sich daran, und er trug sie im Zimmer herum. Dann schwang sie sich auf das Glied, als sei es ein Pferd, und begann darauf, sich mit den Händen haltend in der locker umspannenden Haut, vorwärts und rückwärts rutschend, zu reiten mit festem Schenkelschluß, daß seine Säfte wallten und schließlich hinausschossen in breitem Strahl in die Kompottschale, die er sorgsam herbeigerückt hatte.

Das war eine schöne Abwechslung und neuartige Pfiffigkeit im Leben ihrer Ehe, aber freilich: das ungeheure Glied war doch ein wenig zu groß für ihre verlangende Scheide, und so mußte er sich gleichfalls auf ihre Größe zaubern, um eindringen zu können in sie, wie die Natur es vorgesehen hatte. Aber diese Verkleinerung bot doch nichts Neues, denn wenn auch ihre Umgebung gewachsen erschien ins Riesenhafte, so waren sie beide zueinander doch wieder in gleichem Maße, und der Wunsch nach gesteigerter Fülle, der durch die Umarmung des monumentalen Phallus jählings wieder erwacht war, ließ sich nur mühsam durch den gewohnten Umfang befriedigen.

Nun suchten sie eifrig in dem alten Buche nach Zauberformeln für das Vergrößern einzelner Körperteile, aber da ließ sich durchaus nichts finden. Es war überhaupt nur der Körper als Ganzes zu verkleinern oder wieder zur alten Größe zu bringen. Einzelne Körperteile ließen sich mit Hilfe des Zauberbuches nur verkleinern, nicht aber vergrößern. Da kam der schlauen, lüsternen Frau ein rettender Einfall. Ein Verkleinern im einzelnen kann ein Vergrößern im Ganzen sein, überlegte sie. Wenn ihr Mann nun den Schwanz so verkleinerte, daß er immer noch recht groß war für sie, wenn sie ihren ganzen Körper verkleinerte, lief es darauf hinaus, daß ihr der Stengel größer vorkommen mußte, als er vorher gewesen, und wenn nach dieser Verkleinerung des einzelnen Teiles ihr Mann anschließend den übrigen Körper den Maßen des ihren anglich, dann war doch erreicht, wonach ihr Sinnen stand: zwei gleiche Körper mit einem ungleich größeren Lustspender.

Gesagt, getan. Erst verminderte die Frau vermöge des Zauberspruchs ihre Größe auf eine Spanne, dann ließ er das Glied schrumpfen, das sie derweil in den Armen, dann in den Händen hielt, bis sie »halt! halt!« rufend das Zeichen zur Beendigung des Abnehmens gab. Nun fühlte sie sich wirklich angenehm und hinlänglich ausgefüllt. Und jetzt verminderte der Mann, wieder mit Hilfe des vorgesehenen Zauberspruches, seine Körpergröße, um ihr auch im übrigen gewachsen zu sein. Aber da hatten sich beide verrechnet, denn nun schrumpfte auch noch das Glied in gleichem Maße und war überhaupt zu nichts mehr zu gebrauchen. Ein kümmerliches Hängselchen war es nur noch, mit dem bloßen Auge nicht mehr auszumachen. Er mußte sich also wieder groß zaubern, um wenigstens dem Zwergenmaße genügen zu können. Soviel sie sich aber auch mühten, den einmal als einzelnes Teil verkleinerten Schwanz wieder zu seiner ursprünglichen, wenn auch beanstandeten Größe zu bringen, es blieb vergebens. Im ganzen Buche fand sich kein Spruch, keine Vorkehrung, das zu erreichen, was für die Körper im ganzen ja doch möglich war. Nun erst entdeckten sie, daß dem Buch einige Seiten fehlten. Zu vorschnell waren sie an die Arbeit gegangen, in der törichten Hoffnung, daß jeder Zauber sich auch wieder werde aufheben lassen.

Es blieb ihnen nichts anderes übrig, als fortan nur so miteinander zu verkehren, daß die Frau sich verkleinerte und, in den unteren Haaren des Riesen sich festkrallend, das Teil sich einverleibte, das nur in diesem Zustand der Ungleichheit ihr gleich und angenehm war. Sie beteuerte, es mache ihr nichts aus, in solch waghalsiger Bergsteigerstellung zu lieben. Die Eheleute erfanden dann auch noch einen Gürtel, den er sich anlegte, an dem sie mit Seilen sich befestigen konnte, um ohne Sorgen um jähen Absturz sich der Liebe hingeben zu können.

Er jedoch hatte wenig Freude davon. Die Lust am kleinen Frauchen war recht bald verflogen, und wenn sie es einmal umgekehrt versuchten, also wenn er sich verkleinerte und sie ihre natürliche Größe behielt, so war das auch eine mühsame, ängstliche und gefährliche Arbeit, denn nun mußte er mit seinem ganzen Körper tun, wozu er sonst seinen fleißgen Diener einsetzen konnte, mußte in selbeigener Person einfahren in den Berg und dort wirken und schaffen, hinauf und hinunterfahren, in ewiger Gefahr, wegzuglitschen, zu ersticken oder zu ertrinken.

So schilderte mir der junge Kaufmann seine Leiden mit immer beredteren Worten, und längst war die Gaststube geleert, und die schöne Kellnerin gähnte und sah schon längst nicht mehr so fröhlich zu uns herüber. Auch ein weiteres Glas Wein wollte sie uns nicht mehr bringen. Da unterstützten wir einander gegenseitig, um unser Lager aufzusuchen. Vorher aber trieb es uns noch einmal auf den nächtlichen Hof hinaus, wo wir gegen die Mauer den verwandelten Wein entließen.

»Wollen Sie einmal«, begann er während unseres Geschäftes mit zaghafter Stimme, »wollen Sie sich einmal überzeugen, daß ich Ihnen kein Märlein vorgelogen habe.« Und er nahm meine Hand und führte sie durch seinen Hosenschlitz an die Stelle, wo man seine Männlichkeit unter Beweis stellen kann. Aber da war nur gar nichts zu fühlen, und wenn das Fehlen des erwarteten Gehänges sogleich zu der Meinung verführte, man habe es mit einer Frau zu tun, so bot sich dem tastenden Finger auch nicht Furche oder Spalte. Es war verwirrend. Schließlich, die Suche wurde peinlich, schließlich entdeckte ich da etwas zwischen den Kräuselhaaren, etwas wie ein Würmchen, nicht unähnlich einer ausgepellten Nordseekrabbe.

»Ist es das?« fragte ich flüsternd.

»Ja, das ist es. Nun sehen Sie, daß ich kein Seemannsgarn gesponnen habe.«

»Alle Wetter«, sagte ich, »das ist kleiner als bei einem Neugeborenen. Und das haben Sie erst seit kurzem und nicht etwa schon seit Geburt?«

»Ich schwöre«, lallte der junge Kaufmann.

»Aber ein Grund zum Verzagen ist es doch auch wiederum nicht«, sagte ich, während wir beide uns unsere Hosen wieder zuknöpften, »Sie können jede Frau besitzen, die Sie wollen. Sie müssen sie eben nur zuvor kleinzaubern.«

»Eben das ist ja die Perfidie. Meinem Weib gefällt der Zustand sehr wohl, und sie läßt mich nun auch ganz unbesorgt auf Geschäftsreisen gehen. Sie weiß, daß ich ihr nicht untreu werden kann und für ewig nur auf sie und ihr winziges Körperchen angewiesen bleibe, wenn es mir überhaupt zu vögeln beliebt.«

»Wie das? Sie haben doch den Zauberspruch, der Ihnen jede Frau in die rechte Größe bringt.«

»Nein, den habe ich nicht. Das Buch hat meine Frau eines Tages verbrannt, wohl wissend, daß ihr aus diesem Gefahr drohen könnte.«

»Und wie zaubert sie sich nun selber mal klein mal groß?«

»Überhaupt nicht. Sie hat sich entschlossen, klein zu bleiben, um immer bei mir sein zu können. In einem kleinen Strohköfferchen begleitet sie mich auf allen meinen Fahrten. Auch jetzt befindet sie sich oben auf meinem Zimmer und wartet bereits ungeduldig auf mich. Schlafen Sie gut, mein Herr. Sie sind der erste und werden der einzige bleiben, dem ich mein Leid geklagt habe, und auch das nur, weil wir so viel getrunken haben. Mein Gott, wie ist mir schlecht!«

Er wankte zum Gasthaus zurück und tastete sich die enge Stiege hinauf nach oben in seine Kammer, die unmittelbar neben der meinen war. Auch ich begab mich zur Ruhe und horchte angestrengt auf Geräusche von nebenan. Ich hörte ein Flüstern und Wispern, ein Rascheln und Stöhnen, dann wurde es still. Noch lange mußte ich über seine seltsame Erzählung nachdenken.

Am nächsten Morgen, als der Schaden am Postwagen behoben und wir alle nach dem Frühstück gegen Baden-Baden rollten, saß er mir gegenüber und hatte wirklich ein kleines Strohköfferchen auf den Knien liegen. Der Blick jedoch war so, daß ich es nicht riskierte, ihn zu fragen, ob sie da drinnen sei. In Baden-Baden trennten wir uns fast wie Fremde . . .

(Das Leid der Verkleinerung)

Harlan Ellison

HERR UND HUND

I

Ich war mit Blood, meinem Hund, draußen. Seit einer Woche ärgerte er mich. Er nannte mich nur Albert und kam sich dabei sehr originell vor. Umwerfend komisch: ha, ha. Ich hatte ihm ein paar Wasserratten gefangen, die dicke grüne und einige gelbbraune, und außerdem einen herrenlosen manikürten Pudel, der sich einem Unterstädter von der Leine gerissen hatte. Blood hatte sich sattgefressen und war trotzdem unerträglich. »Mach schon, du Hurensohn«, befahl ich ihm. »Verschaff mir ein anständiges Loch.« Blood gurgelte tief in seiner Hundekehle. »Lustig, wenn du scharf wirst«, sagte er.

Vielleicht lustig genug, um ihm einen Tritt in den Hintern zu geben.

»Such! Ich mein' es ernst.«

»Schäm dich, Albert. Nach allem, was ich dir beigebracht habe.«

Aber er wußte, daß ich am Ende meiner Geduld war. Widerwillig begann er sich umzusehen. Er setzte sich auf die brüchigen Reste einer Bordkante, seine Augenlider zuckten und schlossen sich, und sein behaarter Körper spannte sich. Nach einer Weile ließ er sich langsam auf seine Vorderbeine nieder, schob sie weit nach vorne, bis er flach auf dem Bauch lag, und legte seinen zottigen Kopf auf die ausgestreckten Pfoten. Die Spannung ließ nach, und er begann zu zittern, als würde er nach einem Floh beißen. So trieb er es fast eine Viertelstunde. Zuletzt rollte er sich auf den Rücken und wandte seinen schwarzen, unbehaarten Bauch dem Nachthimmel zu, wobei er seine Vorderpfoten wie eine Gottesanbeterin kreuzte und seine ausgestreckten Hinterbeine spreizte. »Tut mir leid«, sagte er, »nichts in Aussicht.«

Es war zum Verrücktwerden. Ich hatte nicht übel Lust, ihm einen Tritt zu geben, aber ich wußte, daß er sein Bestes versucht hatte. Ich war recht unglücklich, denn ich wollte unbedingt bumsen, aber was sollte ich machen. »Schon gut«, erwiderte ich resigniert. »Lassen wir es.«

Er warf sich herum und sprang schnell auf.

»Was willst du jetzt tun?« fragte er.

»Hier können wir nicht viel tun – oder?« sagte ich ziemlich sarkastisch. Mit betonter Unterwürfigkeit ließ er sich wieder vor meinen Füßen nieder.

Ich lehnte mich an den zusammengeschmolzenen Stummel eines Laternenpfahls und dachte an Mädchen. Es war zum Heulen. »Wir könnten ins Kino gehen«, schlug ich vor. Blood blickte über die Straße zu den dunklen Tümpeln in den unkrautüberwucherten Kratern und schwieg. Er wartete darauf, daß ich »Gut, gehen wir!« sagen würde, denn er ging genauso gern ins Kino wie ich.

»Gut, gehen wir!«

Er sprang auf und folgte mir mit hängender Zunge, keuchend vor Glückseligkeit. Lauf nur und freu dich, du Scheinheiliger, heute bekommst du kein Popkorn.

Die Flickers waren eine Roverbande, die es im Filzen zu nichts gebracht hatte. Sie hatte sich etwas Bequemeres ausgedacht und fuhr damit recht gut. Die Bande bestand aus kinobesessenen Jungen, die das Rasengrundstück besetzt hatten, auf dem das Metropoltheater stand. Niemand versuchte, das Theater in die Luft zu sprengen, denn wir alle brauchten Kinos, und solange sie Filme besorgten und diese auch aufführten, erfüllten sie eine Aufgabe – sogar für Solos wie mich und Blood. Besonders für uns.

Ich mußte meine .45er und meinen Browning am Eingang abgeben. Rechts neben dem Kartenhäuschen befand sich eine kleine Nische. Zuerst kaufte ich unsere Eintrittskarten. Sie kosteten für mich eine Konservenbüchse Oscar Meyer, Philadelphia, und für Blood eine Sardinendose. Dann wiesen mich die Posten der Flickers hinüber zur Nische, und ich gab meine Waffen ab. Ich sah, daß aus einer lecken Röhre an der Decke Wasser herabtropfte und sagte zum Posten, einem großen Burschen mit Lederwarzen auf Gesicht und Lippen, er solle meine Kanonen an einen trockenen Platz schieben. Er beachtete mich nicht. »He, du mutterfickende Kröte, schieb mein Zeug auf die andere Seite ... Es rostet schnell ... Und wenn ich einen einzigen Fleck finde, schlag' ich dir den Schädel ein!«

Er wollte zurückmaulen und blickte zu den Posten mit den Maschinenpistolen. Ich wußte, daß mein Eintrittspreis verloren war, wenn sie mich jetzt hinauswarfen. Aber die Posten machten keine Anstalten einzugreifen – wahrscheinlich weil sie nicht vollzählig waren. Daraufhin schob die Kröte meinen Browning an das andere Ende des Gewehrrechens und hängte meine .45er darunter.

Blood und ich gingen in den Zuschauerraum.

»Ich möchte Popkorn.«

»Schlag es dir aus dem Kopf.«

»Komm, Albert. Kauf mir Popkorn.«

»Ich bin blank. Du kannst auch ohne Popkorn leben.«

»Du bist ein Scheißknicker.« Ich zuckte mit den Schultern: Mochte er betteln, soviel er wollte.

Der Zuschauerraum war gerammelt voll. Ich war froh, daß die Posten mir nur die Pistolen abgenommen hatten. Es war beruhigend, Schlagbolzen und Messer in den geölten Futteralen meiner Gesäßtasche zu fühlen. Blood fand zwei Plätze nebeneinander. Wir drängten uns in die Reihe und traten dabei den Burschen auf die Füße. Irgend jemand fluchte, aber ich achtete nicht weiter darauf. Ein Dobermann knurrte. Bloods Fell sträubte sich, aber er ließ sich nicht herausfordern. Man mußte immer auf der Hut sein, selbst auf einem so neutralen Boden wie dem Metropoltheater. (Ich hörte einmal von einer Sache, die sie im Alten Low's Granada im Südbezirk drehten. Endete mit zehn oder zwölf Rovern und ihren toten Promenadenmischungen. Das Theater brannte nieder, und mehrere gute Cagney-Filme wurden durch das Feuer vernichtet. Daraufhin hatten die Roverbanden ein Abkommen getroffen, wonach Kinogebäude zu Freistätten erklärt wurden. Seither hatte es sich gebessert, aber es gab immer wieder einen Rabauken, der sich nicht beherrschen konnte.)

Sie gaben ein dreifaches Programm. *Gemeine Behandlung* mit Dennis O'Keefe, Claire Trevor, Raymond Burr und Marsha Hunt war der älteste der drei Filme. Er war etwa 1948, also vor sechsundsiebzig Jahren, gedreht worden – Gott allein weiß, wie das verdammte Ding so lange zusammenhielt. Der Film rutschte von den Transporträdern, und sie mußten alle fünf Minuten die Vorführung unterbrechen um zurückzuspulen. Aber die Handlung war gut. Drehte sich um einen Solo, den eine Roverbande betrogen hatte und der nun auf Rache aus war. Gangster, Pöbel, eine Menge Schlägerei und Schießerei. Wirklich gut!

Der zweite Streifen war 2007 – zwei Jahre vor meiner Geburt – während des dritten Weltkriegs gedreht worden und nannte sich *Geruch eines Chinesen.* Nichts Besonderes, außer ein paar spannenden Mann-gegen-Mann-Gefechten. Schöne Szenen mit Kampfwindhunden, die mit Napalmwerfern ausgerüstet waren und eine chinesische Stadt in Brand steckten. Blood war hingerissen, obwohl wir diesen Film bereits gesehen hatten. Er bildete sich nicht wenig darauf ein, daß hier seine Ahnen vorgeführt wurden, und er wußte auch, daß ich es ihm nicht abnahm.

»Können wir hier keine Puppe aufreißen?« flüsterte ich ihm zu. Er verstand sofort, sagte aber nichts. Er wechselte nur seine Sitzhaltung und verfolgte mit Behagen, wie die Hunde die Stadt versengten. Mir war stinklangweilig.

Ich wartete auf den Hauptfilm.

Schließlich kam er. Er war eine Wucht, eine scharfe Sache aus den späten Siebzigern. Er hieß *Große schwarze Lederspalten.* Begann ganz toll. Zwei Blondinen in schwarzen Lederkorsetts und Schnürstiefeln, die bis an die Gabelung ihrer Schenkel reichten, mit Peitschen und Masken, hatten sich einen schmächtigen Burschen geschnappt. Eine von ihnen saß auf seinem Gesicht, während die andere ihn unten bearbeitete. Ich wurde ganz scharf.

Rund um mich begannen Solos mit sich selbst zu spielen. Ich war im Begriff, ebenfalls ein wenig zu wichsen, als Blood mich anstieß und ganz sanft sagte, so wie er es immer tat, wenn er etwas Besonderes witterte: »Eine Puppe ist im Kino.«

»Du spinnst«, antwortete ich.

»Wenn ich dir aber sage, daß ich sie rieche! Sie ist hier, Mann.«

Ich blickte mich unauffällig um. Fast alle Sitze des Theaters waren von Solos mit ihren Hunden besetzt. Wenn sich eine Puppe hereingeschmuggelt hätte, dann hätte es einen Aufstand gegeben. Sie hätten sie in Stücke gerissen, noch ehe ein Junge in ihr gewesen wäre.

»Wo?« fragte ich leise.

Um mich wichsten die Solos weiter und stöhnten, als die Blondinen ihre Masken abnahmen und eine von ihnen dem schmächtigen Jungen eine große, hölzerne Ramme in den Hintern stieß.

»Gib mir eine Minute Zeit«, sagte Blood. Er konzentrierte sich. Sein Körper war gespannt wie ein Draht. Er schloß die Augen, und seine Schnauze bebte. Ich ließ ihm Zeit.

Es war möglich. Es war nicht ausgeschlossen. Ich wußte, daß sie in den Unterstädten wirklich stupide Filme drehten, der gleiche Mist, den sie früher in den dreißiger und vierziger Jahren machten, langweiliges Zeug mit frischverheirateten Ehepaaren, die in Doppelbetten schliefen. Filme in der Art von Myrna Loy und George Brent. Und ich wußte auch, daß dann und wann eine Puppe aus einer dieser gutbürgerlichen Unterstädte heraufkam um zu sehen, was ein scharfer Film war. Ich hatte davon gehört, doch war es mir noch nie in einem Filmtheater begegnet.

Und die Aussichten, daß es sich ausgerechnet im Metropol ereignen würde, waren gering. Ins Metropol kamen eine Menge Halbseidene. Wohlgemerkt, ich habe nichts dagegen, wenn Jungen es untereinander treiben – verdammt, ich kann es verstehen. Es gibt eben nirgends genügend Puppen. Aber mir geht diese Rammelei tüchtig auf die Nerven, weil man dauernd irgendeinen schwächlichen, eifersüchtigen Bruder am Hals hat. Man muß für ihn jagen, und er glaubt, es sei damit getan und abgegolten, daß er seinen nackten Arsch hinhält. Das ist genauso mies, wie wenn man eine Nutte mit sich herumschleppt. Und außerdem macht es in den größeren Roverbanden böses Blut. Aus diesem Grund habe ich da nie mitgemischt. Schön, »nie« ist zuviel gesagt, aber doch schon eine lange Zeit nicht mehr.

Angesichts der vielen Schwulen glaubte ich nicht, daß sich ein Mädchen ins Metropol verirren würde. Schwer zu sagen, wer sie sich zuerst geschnappt hätte, die Hengste oder die Stuten.

Aber wenn sie schon hier war, warum konnten sie dann die anderen Hunde nicht wittern?

»Dritte Reihe vor uns, Eckplatz«, sagte Blood. »Angezogen wie ein Solo.«

»Wie kommt es, daß du sie riechst und die anderen Hunde nicht?«

»Du vergißt, wer ich bin, Albert.«

»Ich hab' es nicht vergessen, aber ich kann es einfach nicht glauben.«

Im Grunde meines Herzens glaubte ich es doch. Wenn ein Junge so dumm war wie ich und ein Hund wie Blood ihn so vieles gelehrt hatte, dann glaubte er ihm alles. Man widerspricht seinem Lehrer nicht.

Nicht, wenn er einem lesen und schreiben, addieren und subtrahieren und alles, was früher einmal als gescheit galt, beigebracht hatte. Obwohl so was jetzt kaum noch Bedeutung hatte.

(Das Lesen ist eine recht gute Sache. Man kann es brauchen, wenn man irgendwo einen Vorrat Konserven findet, etwa in einem ausgebombten Supermarkt. Man kann sich leichter sein Zeug auswählen. Vor allem passierte es auf diese Weise nie, daß ich aus Versehen rote Beete in Dosen mitnahm. Scheiße, ich hasse rote Beete!)

Ich glaubte tatsächlich, daß er hier drinnen eine Puppe aufspüren konnte und die anderen Köter nicht. Er hatte mir das Ganze tausendmal erklärt. Es war seine alte Masche. »Geschichte« nannte er es. Aber ich war nicht so blöd. Ich wußte, was Geschichte war. Das war das Zeug, das sich in früheren Jahren ereignet hatte.

Und doch hörte ich die Geschichte lieber direkt von Blood, statt daß er mich eines dieser vergammelten Bücher lesen ließ, die er immer mit sich herumschleppte. Und diese besondere Geschichte servierte er mir zu jeder Zeit, deckte mich über und über mit ihr ein, bis ich sie auswendig konnte, Wort für Wort. Ich lernte sie rein mechanisch.

Und wenn ein Köter einen alles lehrt, was man wissen muß, und wenn er es immer wieder erzählt, dann glaubt man ihm zuletzt auch. Allerdings ließ ich das diesen Laternenbewässerer nie wissen.

II

Was er mir immer wieder erzählt hatte, war folgendes:

Vor fünfzig Jahren, noch bevor der Dritte Weltkrieg richtig begonnen hatte, lebte in Cerritos, Los Angeles, ein Mann namens Buesing. Er richtete Hunde als Wächter, Spähposten und Angreifer ab. Dobermänner, Doggen, Schnauzer und japanische Akitas. Er besaß eine vierjährige Deutsche Schäferhündin mit Namen Ginger, die im Rauschgiftdezernat von Los Angeles eingesetzt wurde. Sie witterte Marihuana, wo immer es auch versteckt war. Man machte einen Versuch mit ihr und brachte 25 000 Schachteln in ein Kaufhaus. Fünf von ihnen enthielten Marihuana, das man mit Zellophanpapier versiegelte, dann mit einer Zinnfolie und mit schwerem Packpapier umschloß und schließlich in drei getrennte, versiegelte Schachteln verpackte. Innerhalb von sieben Minuten hatte Ginger alle fünf Pakete gefunden.

Zur gleichen Zeit, als Ginger im Einsatz war, hatten Zellenforscher etwa hundertfünfzig Kilometer weiter nördlich in Santa Barbara Rükkenmarkflüssigkeit des Delphins gewonnen, weiterentwickelt und Chacma-Pavianen sowie Hunden injiziert. Man hatte zusätzliche chirurgische Eingriffe vorgenommen. Das erste erfolgreiche Resultat dieser Experimente war Ahbhu, ein zweijähriges Puli-Männchen gewesen, das telepathisch Sinneseindrücke weitergeben konnte. Durch Kreuzungen und fortgesetzte Experimente erhielt man schließlich die ersten Gefechtshunde, gerade zur rechten Zeit, um sie im Dritten Weltkrieg einzusetzen. Auf kurze Entfernungen telepathisch ansprechbar, leicht zu lenken, in der Lage, Benzin, Truppen, Giftgase oder

Strahlungen aufzuspüren, wenn sie die menschlichen Überwacher auf diese Fährten setzten, wurden sie zum Schockkommando einer neuen Art der Kriegsführung. Die Zuchtwahl hatte sich bezahlt gemacht. Dobermänner, Windhunde, Akitas, Pulis und Schnauzer entwickelten immer mehr telepathische Fähigkeiten.

Ginger und Ahbhu waren Bloods Vorfahren.

Er hatte es mir mehr als tausendmal erzählt. Er hatte mir diese Geschichte so oft erzählt, wie man sie ihm erzählt hatte. Ich glaubte ihm und glaubte ihm doch wieder nicht so ganz – bis jetzt.

Vielleicht war dieser kleine Bastard doch etwas Besonderes.

Ich nahm den Solo aufs Korn, der drei Reihen vor mir auf dem Eckplatz hockte. Ich konnte verdammt wenig bemerken. Der Solo hatte seine (ihre?) Kappe abgenommen und die Felljacke halb herabgezogen.

»Bist du sicher?«

»So sicher wie nur etwas. Es ist ein Mädchen.«

»Wenn schon – aber sie spielt mit sich selbst wie ein Junge.«

Blood kicherte. »Sieh mal einer an«, sagte er sarkastisch.

Der geheimnisvolle Solo blieb sitzen, als wieder die *Gemeine Behandlung* anlief. Das konnte dafür sprechen, daß es ein Mädchen war. Die meisten Solos und alle Mitglieder der Roverbanden waren nach dem scharfen Film gegangen. Ein Schwuler kniete vor seinem Freund und blies ihm einen ab, aber ich glaube nicht, daß sich die beiden Homos viel darum scherten, ob ein Mädchen im Theater war oder nicht. Das Kino füllte sich nicht mehr von neuem. Die Ausgänge standen offen; er (sie) konnte gehen, woher er (sie) gekommen war. Ich sah mir die *Gemeine Behandlung* ein zweites Mal an. Blood schlief ein.

Als der geheimnisvolle Solo aufstand, ließ ich ihm Zeit, die Waffen zu holen, falls er welche abgegeben hatte. Dann zog ich Blood an seinem großen, zottigen Ohr und sagte: »Gehen wir.« Er schlurfte hinter mir den Gang entlang.

Ich holte die Pistolen und trat auf die Straße. Leer.

»Schön. Such! Wohin ist sie gegangen?«

»Nach rechts.«

Während wir losgingen, lud ich den Browning mit Munition aus dem Patronengürtel. Ich konnte niemanden im Ruinenfeld der ausgebombten Häuser entdecken. Eine lausige, gottverdammte Gegend, dieser Teil der Stadt. Aber seit die Flickers das Metropol betrieben, brauchten sie nichts mehr auszubessern, um für ihren Lebensunterhalt zu sorgen. Erstaunlich: Die Drachen hatten ein Machtkartell inne und erhielten von den anderen Roverbanden Tribute; Teds Clique mußte sich um die Sammelbecken kümmern, die Bastinados arbeiteten wie Feldarbeiter auf den Marihuanaplantagen, die Barbados Blacks verloren jedes Jahr mehrere Dutzend Bandenmitglieder beim Reinigen der über die ganze Stadt verteilten Strahlungsgruben, und die Flickers mußten nur dieses Filmtheater führen.

Wer immer ihr erster Anführer gewesen war, als sich vor – ich weiß nicht wie vielen – Jahren wildernde Solos zu Roverbanden zusammengeschlossen hatten, eines muß ich ihm zugestehen: Er war ein verdammt heller Kopf. Er wußte, welche Einrichtungen man brauchte.

»Hier ist sie abgebogen«, sagte Blood.

Ich folgte ihm, als er dem Stadtrand zustrebte, der blaugrünen Strahlung, die noch immer von den Bergen herabflimmerte. Ich wußte jetzt, daß er recht hatte. Da draußen lag der Zugangsschacht zur Unterstadt. Es war also ein Mädchen, wunderbar.

Bei dem Gedanken strafften sich meine Arschbacken. Ich wurde steif. Fast ein Monat war vergangen, seit Blood diese Solo-Nutte im Keller der Markthalle aufgestöbert hatte. Sie war dreckig gewesen, und ich hatte mir von ihr Filzläuse geholt, aber einerlei: Sie war eine Frau gewesen. Und nachdem ich sie erst gefesselt hatte, berammelte ich sie mehrere Male, und sie war ziemlich gut gewesen. Sie hatte auch Spaß daran, obwohl sie mich anspuckte und schrie, sie würde mich umbringen, wenn sie wieder loskäme. Ich ließ sie gefesselt zurück, um sicherzugehen. Als ich in der vorletzten Woche vorbeischaute, war sie weg.

»Paß auf«, warnte Blood und wich einem Krater aus, der sich nur vage gegen die Schatten ringsum abhob. Irgend etwas bewegte sich in dem Krater.

Während wir uns weiter einen Weg durch das Niemandsland bahnten, überlegte ich mir, warum alle außer einer Handvoll Solo-Nutten und den Weibern in den Roverbanden Jungen waren. Der Krieg hatte die meisten Mädchen getötet, und das waren die üblichen Kriegsfolgen – wenigstens hatte es Blood behauptet. Die Dinger, die geboren wurden, waren selten eindeutig männlich oder weiblich und mußten an die Wand geschleudert werden, sobald man sie aus dem Mutterleib gezogen hatte.

Die wenigen Puppen, die sich nicht mit den Mittelklassen in die Unterstädte verzogen hatten, waren hartgesottene Einzelgängernutten wie die in der Markthalle; zäh, flachsig und von der Art, daß es einem wie ein Rasiermesser ins Fleisch schnitt, wenn man in sie eindrang. Der Kampf um ein Paar Schenkel wurde härter und härter, je älter ich wurde.

Aber dann und wann hatte eine Puppe genug davon, Eigentum einer Roverbande zu sein, oder fünf, sechs Roverbanden schlossen sich zusammen und überfielen eine arglose Unterstadt; oder – so wie diesesmal – ein Mädchen der Mittelklasse in den Unterstädten wurde von dem Verlangen heraufgetrieben, einen scharfen Film zu sehen.

Ich wurde steif. Junge, ich konnte es kaum erwarten.

III

Hier draußen gab es nur leere Ruinen. Ein ganzer Häuserblock war flachgestampft worden, als sei eine Stahlpresse vom Himmel gekommen und hätte mit einem einzigen *Wumm* alles unter sich pulverisiert. Die Puppe war erschreckt und fickrig, ich sah es ihr an. Sie bewegte sich zögernd, sprunghaft und sah sich ängstlich nach allen Seiten um. Sie wußte, daß sie in einem gefährlichen Land war. Mann, wenn sie gewußt hätte, wie gefährlich.

Am Ende des plattgedrückten Häuserblocks stand ein vereinzeltes Gebäude, das durch Zufall dem Bombensegen entgangen war. Sie schlüpfte hinein, und eine Minute später sah ich einen Lichtstrahl herumtasten. Vielleicht eine Taschenlampe.

Blood und ich überquerten die Straße und traten in die Finsternis, die das Gebäude umgab. Es waren die Überreste eines CVJM.

Das hieß: Christlicher Verein Junger Männer. Blood half mir beim Buchstabieren.

Aber was zum Teufel war ein Christlicher Verein Junger Männer? Manchmal schafft die Fähigkeit des Lesens mehr Probleme als das Analphabetentum.

Ich wollte sie nicht herausholen: Drinnen konnte ich sie genausogut bumsen wie anderswo. Ich ließ Blood als Wachtposten direkt neben der Treppe, die in das Gebäude führte, und schlich um das Haus herum. Überflüssig zu sagen, daß sämtliche Türen und Fenster geborsten waren. Es war kein Kunststück, einzusteigen. Ich zog mich an einem Fenstersims hoch und ließ mich innen hinabfallen. Finsternis.

Kein Laut, außer dem Geräusch ihrer Schritte im anderen Teil des ehemaligen CVJM. Ich wußte nicht, ob sie bewaffnet war, mußte also auf der Hut sein. Ich hing mir den Browning um und zog die .45er hervor. Ich wollte losballern können, denn in Häusern wie diesem trieb sich immer Gelichter herum.

Vorsichtig tastete ich mich durch den Raum, eine Art Garderobe. Der Fußboden war mit Glassplittern und Steinen bedeckt. Meine Segeltuchschuhe machten kein Geräusch, als ich mich vorwärtstastete.

Die Tür hing lose an einem Scharnier, und ich schob mich durch die Öffnung.

Nun befand ich mich in der Schwimmhalle. Das große Becken war leer, in dem flacheren Teil waren die Kacheln gesprungen. Es stank bestialisch – kein Wunder, denn entlang der einen Wand lagen Leichen oder das, was von ihnen übriggeblieben war. Irgend ein lausiger Sanitäter hatte sie hier verstaut, statt sie zu verbrennen. Ich band mein Taschentuch um Mund und Nase und ging weiter.

Durch einen schmalen Gang mit gesprungenen Glühbirnen an der Decke verließ ich die Schwimmhalle an der gegenüberliegenden Seite. Mondlicht schimmerte durch die zerbrochenen Fenster. Ich konnte sie jetzt sehr gut hinter der Tür am Ende des Gangs hören. Ich arbeitete mich immer dicht an der Wand bis zur Tür vor. Sie stand einen Spalt offen, war aber durch herabgefallene Latten und Mörtel blockiert. Sicher würde es Krach machen, wenn ich versuchte, sie aufzuziehen. Ich mußte den richtigen Augenblick abwarten.

An die Wand gepreßt, konnte ich sie gut beobachten. Sie befand sich in einer großen Turnhalle, von deren Decke Strickleitern herabhingen. Sie hatte eine große, quadratische Taschenlampe mit acht Lichtzellen auf den Rücken eines Sprungpferds gestellt. Ich entdeckte verschiedene Barren und ein etwa zweieinhalb Meter hohes Reck, dessen Stahl ganz mit Rost überzogen war. Schaukelringe, ein Trampolin und eine große hölzerne Balancierstange. An einer Seite waren Sprossenwände und Schwebebalken, waagrechte und schräge Leitern und ein paar Teilstücke eines Sprungkastens.

Sie hatte ihre Männerkleider abgelegt. Fröstelnd stand sie da, mit nichts als ihren Haaren bedeckt. Ja, es war eiskalt, und ich konnte die Gänsehaut auf ihrem Körper erkennen. Sie mochte fünfzehn, sechzehn Jahre alt sein, mit hübschen Titten und schlanken Beinen. Sie bürstete sich ihr Haar, das weit über den Rücken hinabfiel. Beim Licht der

Taschenlampe konnte ich nicht recht unterscheiden, ob sie rotes oder kastanienbraunes Haar hatte. Jedenfalls war sie keine Blondine, und das war gut, denn ich stand auf Rotfüchse. Wirklich, sie hatte schöne Titten. Sie strich das lange, weiche und gewellte Haar nach hinten, und ich konnte ihr Profil sehen.

Die Kleider, die sie getragen hatte, waren auf dem Boden verstreut, und das, was sie anziehen wollte, lag auf dem Sprungpferd. Sie trug kleine Schuhe mit hohen Absätzen.

Ich konnte mich nicht bewegen. Ganz plötzlich bemerkte ich es: Ich konnte mich nicht mehr bewegen. Sie war schön, wirklich schön. Ich bekam einen großen Ständer, während ich sie reglos betrachtete, die ausladenden Kurven ihrer Hüften, das Spiel der Muskeln, die ihre Titten anhoben, als sie sich über den Kopf fuhr, um ihr Haar nach unten zu bürsten. Es war wirklich verrückt, wie mein Ständer nach außen drängte, während ich die Puppe mit den Augen verschlang. Ein tolles Weib, genau meine Kragenweite.

Ich wollte am liebsten immer nur dastehen und sie anschauen. Die anderen, die Blood bisher für mich aufgespürt hatte, waren kalter Kaffee gewesen. Ich hatte sie einfach bearbeitet. Auch die üppigen Nutten in den scharfen Filmen zählten nicht. Keine wie diese, so zart und sanft, selbst mit ihrer Gänsehaut. Ich hätte sie die ganze Nacht anstarren können.

Sie legte die Bürste nieder, griff nach dem Kleiderstoß und streifte sich einen Schlüpfer über. Dann nahm sie ihren BH und legte ihn um. Das hatte ich noch bei keiner Puppe gesehen. Sie zog ihn verkehrt herum um die Taille und verhakte ihn vorn. Dann drehte sie ihn, bis die Körbchen vorn waren, zog ihn hoch und schlüpfte zuerst mit der einen, dann mit der anderen Brust hinein. Schließlich zog sie die Bänder über die Schulter. Sie griff nach ihrem Kleid. In diesem Augenblick schob ich einen Teil des Lattenwerks zur Seite und packte die Tür, um sie mit einem Ruck aufzureißen.

Sie hatte das Kleid bereits über den Kopf gezogen, und ihre Hände suchten die Ärmel, so daß sie für eine Sekunde wie gefesselt war. Ich warf mich gegen die Tür, die krachend und splitternd nachgab. Ein schweres Schürfen – ich sprang in den Raum und stürzte mich auf sie.

Sie begann zu schreien, während ich ihr schon das Kleid vom Leib riß.

Sie sah mich wild an, ganz wild. Große Augen. Ich konnte nicht sagen, von welcher Farbe, denn sie lagen im Schatten. Feine Gesichtszüge, ein großer Mund, eine feine Nase und Backenknochen wie meine, hoch und vorstehend, und ein Grübchen in ihrer rechten Wange. Sie starrte mich erschrocken an.

Und dann fühlte ich, daß ich etwas zu ihr sagen mußte. Es war wirklich wie verhext: Ich wußte nicht, was. Nur irgend etwas. Es tat mir leid, sie so erschreckt zu sehen, aber was zum Teufel konnte ich dafür! Schließlich wollte ich sie vergewaltigen und konnte ihr nicht gut sagen, sie solle sich nicht so anstellen. Und im übrigen war sie ja freiwillig heraufgekommen. Trotzdem wollte ich ihr sagen: He, hab keine Angst, ich will mich nur auf dich legen. (Das war mir früher nie passiert. Ich hatte nie das Verlangen gehabt, einer Puppe etwas zu sagen; einfach rein in sie, und damit hatte es sich.)

Aber es ging vorüber. Ich stellte ihr ein Bein, gab ihr einen Stoß, und sie ging wie eine Säule zu Boden. Ich richtete meine .45er auf sie, und ihr Mund rundete sich wie ein o. »Ich werd' jetzt über dich gehen. Vielleicht sollte ich eine von diesen Ringermatten holen, dann ist's weicher und bequemer, stimmt's? Und wenn du wegrennen willst, schieß' ich dir ein Bein ab, und du wirst trotzdem gefickt, außer daß du ein Bein los bist.« Ich wartete um zu sehen, wie sie auf meine Worte reagierte. Sie nickte zuletzt sehr zögernd, so daß ich weiterhin meine Automatik auf sie richtete. Ich ging hinüber zu dem großen, staubigen Mattenstapel und zog die oberste Matte herab.

Ich schleppte sie zu ihr und warf sie so auf den Boden, daß die sauberere Seite oben war. Dann dirigierte ich das Mädchen mit der Mündung meiner .45er auf die Matte. Sie setzte sich nieder, die Arme nach rückwärts gestemmt, beugte die Knie und starrte mich an.

Ich öffnete den Reißverschluß meiner Hose und fing an, sie auf einer Seite herunterzuziehen, da merkte ich, daß sie mich plötzlich komisch ansah. Ich unterbrach das Ausziehen. »Warum siehst du mich so an?«

Ich war wütend. Ich wußte nicht warum, aber ich war es.

»Wie heißt du?« fragte sie. Ihre Stimme war zart und samtweich, als wäre von ihrer Kehle an alles mit Samt oder etwas Ähnlichem ausgekleidet.

Sie sah mich unausgesetzt an und wartete auf meine Antwort. »Vic«, sagte ich. Es schien ihr nicht zu genügen.

»Vic, und weiter?«

Ich verstand zunächst nicht, was sie meinte. Dann aber kapierte ich.

»Vic. Einfach Vic. Das ist alles.«

»Schön. Aber wie heißen deine Eltern?«

Ich begann zu lachen und beschäftigte mich wieder mit meinen Jeans. »Junge, bist du eine dumme Nutte«, sagte ich und lachte noch mehr. Sie sah mich beleidigt an, und das brachte mich wieder auf die Palme. »Hör auf, mich so anzuglotzen, oder ich schlag' dir die Zähne ein.«

Sie legte die Hände in den Schoß.

Endlich hingen die Hosen um meine Knöchel. Sie wollten sich nicht über die Segeltuchschuhe streifen lassen. Ich mußte auf einem Fuß balancieren, um vom anderen den Schuh zu ziehen. Es war ziemlich kompliziert, sie gleichzeitig mit der .45er in Schach zu halten. Aber ich schaffte es.

Ich stand nun von der Hüfte abwärts splitternackt vor ihr, mit meinem Ständer und allem, und sie saß dicht vor mir, die Beine gekreuzt und die Hände noch immer im Schoß.

»Zieh das Zeug aus«, befahl ich ihr.

Sie blieb eine Weile regungslos, und ich glaubte schon, ich würde Ärger mit ihr haben. Doch dann griff sie nach hinten und öffnete den BH. Es knackte, als sie den Verschluß löste. Sie kippte ein wenig nach rückwärts und zog den Schlüpfer vom Hintern.

Plötzlich sah sie nicht mehr erschrocken aus. Sie betrachtete mich sehr genau, und ich stellte fest, daß ihre Augen blau waren. So verrückt es auch klingen mag . . .

Ich konnte es nicht tun. Nicht so richtig. Ich wollte sie ficken, aber sie war so sanft und schön und schaute mich die ganze Zeit unverwandt an. Keiner der Solos, die ich jemals getroffen hatte, würde es mir abnehmen, aber ich hörte mich zu ihr sprechen, während ich dastand wie ein Hirnverbrannter, einen Schuh ausgezogen und die Jeans um meine Knöchel. »Wie heißt du?«

»Quilla June Holmes.«

»Komischer Name.«

»Meine Mutter sagt, er sei früher in Oklahoma nicht so ungewöhnlich gewesen.«

»Kommen deine Leute von dort?«

Sie nickte. »Vor dem Dritten Weltkrieg.«

»Die müssen jetzt ganz schön alt sein.«

»Stimmt. Aber sie sind o.k.«

Während wir uns unterhielten, wurden wir allmählich zu Eiszapfen. Ich sah, daß sie vor Kälte zitterte. »Schön«, sagte ich als Einleitung, um mich zu ihr zu legen. »Ich glaube wir fangen lieber an –«

Verdammt. Dieser idiotische Blood. Gerade in diesem Augenblick kam er von draußen hereingestürzt. Er rutschte über Latten und Mörtel, zog eine Staubfahne nach sich und landete neben uns auf dem Arsch. »Was ist los?« fragte ich.

»Mit wem sprichst du?« fragte das Mädchen.

»Mit ihm. Mit Blood.«

»Mit dem Hund?«

Blood fixierte sie kurz und beachtete sie dann nicht weiter. Er war im Begriff, etwas zu sagen, aber das Mädchen unterbrach ihn. »Dann stimmt es also, was man erzählt ... Ihr könnt mit Tieren sprechen ...«

»Willst du ihr die ganze Nacht zuhören, oder willst du wissen, warum ich reingekommen bin?«

»Schön. Warum bist du hier?«

»Du sitzt in der Klemme, Albert.«

»Laß den Firlefanz. Was ist los?«

Blood drehte den Kopf in Richtung Haupteingang. »Roverbanden. Haben das Gelände umstellt. Schätze fünfzehn bis zwanzig, vielleicht auch mehr.«

»Wie zum Teufel wissen sie, daß wir hier sind?«

Blood sah betrübt drein und ließ den Kopf hängen.

»Nun?«

»Irgendein anderer Köter muß sie im Theater gerochen haben.«

»Prächtig.«

»Was nun?«

»Wir müssen es ausbaden. Oder hast du vielleicht bessere Vorschläge?«

»Nur einen.«

Ich wartete. Er grinste.

»Zieh deine Hosen hoch.«

(aus: Des Menschen bester Freund, dt. R. Bergmann)

Dieter Walter

AUF DEM PLANET DER FRAUEN

Die Frauen versorgten unsere Wunden mit einer wohltuenden Salbe. »Morgen ist der Schmerz vorbei«, hörte ich eine Stimme hinter mir sagen. Bei Tagesanbruch ging ich mit Phalli, der die Nacht sehr unruhig geschlafen hatte, zum Koiital-Amt. Die Brunftwochen hatten endgültig begonnen.

Im Eingangsraum wartete eine Menge Männer vor einem Pult, an dem eine ältere Frau saß und Notizen machte.

»Lizenz?« fragte sie mich, als ich an der Reihe war.

Ich wies auf meine »Mammarossa«.

»Name? Geboren: wann und wo?«

Ich mußte eine Menge Personalien angeben und auf Fragen antworten, die mitunter recht peinlich waren. Doch hatte ich mich schon so in Bastarda eingelebt, daß ich mich über nichts mehr wunderte.

Schließlich erhielt ich einen Stempel auf den Unterarm. »Kontrollstelle 36« stand da.

Phalli führte mich in einen Raum, der mich an die Waschkauen der Bergleute früherer Zeit erinnerte. Wir entkleideten uns völlig und zogen unsere Kleidungsstücke an einer Kette zur Decke hinauf. Danach kamen wir in einen Raum, in dem viele Männer auf Holzbänken saßen und warteten. Einige von ihnen onanierten oder betätigten sich homosexuell.

»Warum warten die nicht?« fragte ich Phalli. »Wenn die sich hier schon befriedigen, dann können sie doch hinterher nicht mehr . . .«

»Doch. In den nächsten drei Wochen besitzen alle bastardianischen Männer eine unerschöpfliche Potenz.«

Es dauerte nicht lange, da wurde am Ende des Raumes eine Flügeltür geöffnet. Alle Anwesenden stürzten dorthin. Der Männerstrom riß mich einfach mit. Ich verlor Phalli aus den Augen.

An der Tür stand eine etwa sechzigjährige Frau und ließ sich die gestempelten Unterarme zeigen. Sie trug eine dottergelbe Uniform, und auf einer Armbinde las ich das Wort »Brunftkontrolle«. Ich sollte dieses Wort noch fürchten lernen.

Ich ging einen schmalen Korridor entlang, dessen Ende so weit entfernt war, daß ich es fast nicht sehen konnte. An der linken Seite befand sich eine Tür neben der anderen. Jede Tür besaß eine kleine

Klappe, durch die man in den dahinter liegenden Raum schauen konnte. Manche der vor mir gehenden Männer hoben solche Klappen hoch, schauten hindurch oder gingen dann weiter – oder öffneten die Tür und verschwanden mit erhobenen Schwänzen.

Ich schaute durch eine dieser Klappen. Au weia! Da bestieg jemand gerade eine Frau – aber so wild, wie ich es in meinem Leben noch nicht gesehen hatte. Der Kerl war ja noch gar nicht in sie gedrungen, da hatte er schon seinen ersten Orgasmus!

Plötzlich meldete mir ein Schmerz, daß mir jemand ins Hinterteil getreten hatte. Ärgerlich drehte ich mich um und blickte in das faltige Gesicht einer dottergelben Kontrolleurin.

»Stehn Sie nicht rum! Tun Sie Ihre Pflicht und gehen Sie in eine Kabine!« fauchte sie mich an und stieß mich in einen Raum hinein, wo ich auf einer riesigen, fetten Frau landete. Mein Kopf klemmte sich zwischen ihren Puddingbrüsten ein. Wenn sie mich nicht wieder herausgezogen hätte, wäre ich sicherlich erstickt.

»Oh, wie niedlich!« sagte sie mit der näselnden Stimme einer Fischverkäuferin (was sie aber nicht sein konnte, denn solche niedrigen Frauenberufe gab es auf Bastarda nicht) und wurstelte dabei an meinem Männerstolz herum. Ich beschloß, ihr zu beweisen, daß da gar nichts niedlich war, und ritt sie so wild, wie ich es vorhin bei dem Kerl in der Nachbarkabine gesehen hatte. Allerdings fand mein dünner Schornsteinfegerbesen recht wenig Widerstand in ihrem weiten Kamin, und ich kam mir recht verloren vor. Zum Glück war sie recht geschickt in der Technik des Gegenstoßes (»Kontrapunkt« nennt man das in der Musik), so daß ich bald mit der Arbeit fertig war. Mit einem an der Wand hängenden riesigen Spermatuch wischte ich mich trokken, und da wurde auch schon die Tür aufgerissen.

»Fertig?« keuchte ein stiernackiger Muskelmann, dessen Schwanz, wenn er nach unten gehangen hätte, gewiß seine Knie hätte berühren können. »Raus – jetzt bin ich dran!«

Ich verzog mich auf den Gang, und da ich eine der Kontrolleurinnen nahen sah, rannte ich von Tür zu Tür, erblickte vollbeschäftigte Ficker – und da, eine noch nicht besetzte Frau. Ich eilte hinein und wollte mich pflichtgemäß über sie hermachen, aber sie war noch angekleidet.

»Du bist der erste«, sagte sie. »Du mußt mich ausziehen.« Sie nahm einen Bindfaden, und nachdem sie mich mit einem Judogriff auf den

Boden gelegt hatte, band sie mir Hände und Füße auf dem Rücken zusammen. In kniender Stellung mußte ich sie mit dem Mund entkleiden. Ihre Jacke aufknöpfen. Die duftende Bluse, unter der ich bereits die festen Brüste fühlte. Der Gürtel ihrer Hose.

»Schneller!« Wütend gab sie mir ein paar Ohrfeigen. Ihre spitzen Fingernägel brannten sich in mein Gesicht ein. Keuchend strebte ich dem Fußboden zu, ihre Hose mitziehend, richtete mich wieder auf, um den Schlüpfer herabzuholen, dann bückte sie sich, damit ich den dünnen BH entfernen konnte (den sie ohnehin nur der Konvention zuliebe trug), und nun lag sie nackt auf dem Fliesenfußboden neben mir.

Ich wartete darauf, daß sie mich entfesselte, aber sie forderte mich mit ein paar Ohrfeigen auf, sie endlich zu begatten. Ich machte also ein paar schaukelnde Bewegungen, krümmte mich, spannte meinen Körper wie einen Flitzebogen und schnellte dann empor, um klatschend auf dem gewünschten Ort, nämlich auf ihr, zu landen. Aber wie sollte ich jetzt weitermachen? Meine Hände und Beine konnte ich nicht benutzen. Brutal riß sie an meinem Schwanz, den ihre Schenkel gierig verschlangen, und dann gab sie mir einen Stoß, so daß ich wie ein Schaukelpferd auf und nieder wippte. Aha, so gings.

Als ich meine Pflicht getan hatte, schnitt sie mich los, und ich flüchtete auf den Gang hinaus. Mensch, brannten meine Eier! Kaum hatten die Brunftwochen begonnen, fühlte ich mich völlig ausgesaugt. Man wird halt älter.

Langsam schritt ich den Gang entlang und blickte mal in diese, mal in jene Tür.

»Drückeberger!« schnauzte mich eine Stimme an. Verdammt, die Dottergelben hatten mich entdeckt! Drei alte Weiber zerrten mich zum Ende des Ganges, wo über einer Doppeltür die Buchstaben »Orgiensaal« prangten. Ich wurde in den Raum hineingestoßen und befand mich sogleich inmitten eines unbeschreiblichen Getümmels; ich sah nichts weiter als eine Menge von Armen, Beinen, Bäuchen, Schwänzen, Füßen, Zungen und schweißtriefenden Gesichtern. Jemand zog an meinem Heinrich, und da wurde es schon schwarz um mich herum. Mein Schwanz befand sich abwechselnd in verschiedenen Fotzen, Ärschen und Mündern. Ebenso wanderte mein Mund in den verschiedensten Gegenden umher. Ich hatte bestimmt zwanzig verschiedene Sorten von Schamhaaren zwischen den Zähnen, und fünf- oder sechsmal wurde ich gemolken, ohne daß ich den Verbraucher meiner Sahne überhaupt zu Gesicht bekam.

Fünf Stunden mochten vergangen sein, und der Orgienknäuel hatte sich nicht im geringsten gelockert. Ich muß mich inzwischen schon ziemlich in der Mitte befunden haben, denn es gelang mir nicht, eine Wand zu erreichen, die wenigstens einen Teil meines Körpers vor diesen gierigen Löchern und Schwänzen gerettet hätte. Ich war völlig erschöpft, hungrig und durstig. Ich hatte es bald heraus, wie man Schwänze erhaschte, die bald vor dem Zerbersten waren: sah ich einen, der sich vor meinen Augen rasend schnell in einer Vagina bewegte, zerrte ich ihn heraus und schob ihn zwischen meine Zähne. So bekam ich etliche Ladungen ab, die wohl meinen Hunger stillten, mich aber umso durstiger machten. Ich saugte an einer vorübergleitenden Brust, aber sie war leer – ebenso wie alle Brüste, die ich danach erwischte. In der Zwischenzeit hatte man mich wieder ein paarmal entleert – fast ohne daß ich es gemerkt hatte. Es konnte ohnehin nicht mehr viel gewesen sein. Da hängte sich so ein gieriger Saugmund an meinen schmerzenden Schlappmann, versuchte mit Gewalt noch etwas herauszubekommen. Mein Herz schlug wild, und plötzlich wußte ich nichts mehr.

(aus: Bastarda)

Hans Pleschinski

PEST UND LUST

Während draußen mit heiserem Gekrächz zwei Krähen starrgefroren von den Dachzinnen in die Tiefe fielen, schloß Irene von Kolberg voll innerer Glut die Augen.

Auf ihren Lippen leise das Wort »Minne«, sah die Komturstochter den blank geschienten Mann immer näher und näher auf sich zukommen, sich alsbald zu ihren Füßen aufstellen, breitbeinig über sie treten, sich mit schmirgelnden Stahlgelenken zu ihren Hüften niederknien, und schon spürte sie, wie unter seinem gleißenden Panzer er ganz nackt war. Mit beiden Händen hob sie ihm den schweren Helm samt Federbusch vom Kopf und sah das weichste Lockenhaar über seine eisernen Schultern wallen. Die Spitze seines Geschlechts, die sie warm und weich unter der ovalen, eisernen Schamkapsel hervor an ihrem Bauch rühren fühlte, bekam Kraft und begann ein zartes Bohren in ihrem Nabel. Lange Seufzer und ein »Min Trobador«-Gelispel kamen über ihre Lippen, ihre Finger faßten um die Lederriemen am Bauchpanzer des jungen Ritters und zogen und schüttelten, daß sein hoch erhobener Kopf lächelnd vor und zurück wippte. Mit einem Ruck riß sie den knienden Mann zu sich, und in all seinem Harnisch schmetterte er ihr schwer auf die lustvoll nackte Brust. Stich rein, stich doch, stich mich tot, daß es mir oben zum Hals wieder rauskommt, bohr zu, treib das Monstrum hinein, pfähl mir deinen stummen Drachen durch den Bauch, stöhnte sie, spieß sie auf, die hohe Fürstin, und sie wühlte durch das blonde Haar, oh, welche Lust mit diesen jungen Rittern, hei, wie blank und stramm die kalte Eisenhaut, gib den Federbusch, ich freß ihn dir, ja, pack meine Gurgel mit der Eisenhand, schlag deiner Irene-Stute nur die Sporen in die Flanke, ei, wie der Fleischberg hüpft, hei, ein Balken, ein Lindwurm, den du trägst, rutsch rauf, Arsch und Maul gehören zusammen wie Peter und ...

»Irene!« rief der blasse Jüngling in den plötzlich wieder akzeptierten Christiane-Ausspruch, »Irene!« und richtete sich langsam im Bettkasten auf, daß er steil über dem Busen der Markgräfin zu knien kam, die nichts vernommen zu haben schien und ihm statt dessen mit beiden Händen zwischen die Beine fuhr. »Irene!« hub er wieder an, als spüre er nichts. »Ich bin tot, bin ein Toter, ich bin tot, seit mehr als sechs Jahrhunderten tot. Geh, Irene, ganz abgewetzt schon wirst du im Westchor von Sankt Georg die Grabplatte des Sebastian von Ulrichsdorf finden, eingesunken zwischen den Bodenplatten. Unkenntlich, Irene, sind schon Inschrift und mein steinernes Abbild. Ich starb doch im Jahre 1348, als die Pest nach Kolberg kam. Irene, wende sie ab! Hilf! ...«

Kalt lief der Markgräfin der Speichel aus dem Mund, und nur schlaff hingen ihr die Fingerspitzen zwischen den apfelfrischen Arschbacken. »Du mußt die Stadt säubern!« redete es von oben auf sie nieder, »daß die Ratten verschwinden. Du mußt Licht schaffen, Desinfektion und deine Ärzte schulen. Irene, du brauchst Elektrizität, daß alles modern und heller sei. Hier!« und der hart auf ihr kniende Ritter zog mit einem Griff eine Tablettenröhre mit Antibiotika und eine strahlende Glühbirne unter seinem Brustpanzer hervor. »Neuzeit! Neuzeit!« rief er laut mit Flehen aus, »lösch sie aus, diese Elendszeit.

Laß mich doch nicht sterben an der Pest, ich bin doch erst neunzehn, laß mich mit dir tanzen gehen und Platten hören und nach New York hinüberfliegen ...«

Mit einem fürchterlichen Rülpsen wachte die Markgräfin auf. Sie fand sich aufrecht im Bett sitzen. Ihr war speiübel, ihre Stirn war feucht, mit der rechten Hand umklammerte sie noch immer das Quarzrohr mit dem Sankt-Pedro-Zahn.

Das kaum durchgestandene emotionale Wechselbad bebte in der norddeutschen Reichsfürstin nach. Sie heulte los, denn da saß sie nun mutterseelenallein, ohne den jungen Ulrichsdorf in ihrem Alkoven.

Ihr Tränenfluß strömte noch heißer, als sie sich gewahr wurde, daß nun ja bald der keckste junge Knappe dem hereinbrechenden Schwarzen Tod ausgeliefert sein würde. »Alles rafft er hin, alle, die Wüstenei macht er aus dieser Welt!« schrie sie jammernd auf und sah vor ihrem geistigen Auge Brüste, glänzende Augensterne, üppige Hoden, spielende Kinder, schimmerndes Haar, schwatzende Mütter und kesse Nasenspitzen zu einem Schleim zerfallen.

Noch nirgendwo hatte die von Venedig, Genua und Lucca heraufziehende Seuche haltgemacht. Frankfurt rauchte, Prag lag darnieder, Mainz war kalt, und vom so nahen Stettin ging auch schon böse Kunde.

Das Rascheln der Mäuse in ihrem Bettstroh, ja nun auch das an die gottbefohlene Ewigkeit gemahnende Geklapper der vom Wind bewegten Alkovenflügel brachten die Markgräfin wieder zu etwas mehr Besinnung. Der Mensch mußte handeln, mit seinen Händen fest in die Speichen des Höllenrads greifen, und sie hatten in Kolberg die rudimentärsten Maßnahmen gegen die Beulenpest schließlich schon getroffen: Die fünf ansässigen Juden waren ins Verlies geworfen, ihre Barschaft den Barfüßigen Karmelitern von Körlin überlassen, zwei Zigeuner gevierteilt, ehe sie die Brunnen hätten vergiften können, ja, auch die Ärzte hielten ihre Schnabelmasken und Schwefelbecken parat, die Bewegung des Saturn war völlig unter astrologischer Kontrolle, der Etat fürs Passionsspiel aufgestockt.

Bei der Erinnerung an den Moment, in dem der holde und ihr unbekannte Sebastian von Ulrichsdorf merkwürdige Dinge unter seinem Brustharnisch hervorgezogen hatte, riß Irene trotz aller einlullenden Vorkehrungen, trotz aller bitterkalten Dunkelheit um ihre

Lagerstatt, weit und verstört die Augen auf. Nicht eher als jetzt hallte ihr das Wort »Neuzeit« durch die Ohren. Jetzt war doch neue Zeit.

Die Markgräfin verfiel in ein hastiges Grübeln. Sie stieß die Alkoventüren auf. Messerscharf schnitt ihr der Wind ins Gesicht. »Das ist nicht der denkbar höchste Standard«, sagte sie. »Der Sturm, der durch die Schießscharten in mein finsteres Bett braust und mir mit vierzig das Fleisch mürbe gemacht haben wird, wenn mich nicht schon früher bei fünf Monaten Pökelfleisch im Jahr der Skorbut holt ... oder die Pest.«

Mit dem Finger, den sie auf die geöffnete Bettklappe gesetzt hatte, malte sie wehenden Haares in die darauf liegende Staubschicht jene eigentümlichen Wörter des Ritters, des Geists: E-leck-tri-sitet und Desin-vek-zion.

Verwundert sah sie dort im dünnen Mondlicht beides von ihr hingeschrieben. Dann schüttelte sie den Kopf. »Ich träume!« sprach sie laut: »Ich, die Markgräfin von Kolberg, geboren Sankt Bonifaz Anno Domini 1315, träume, was es nicht gibt.« Beruhigt über diese aus keiner Ursache beruhigende Feststellung, grimmig über den – sie wollte beinahe sagen satanischen – Aberwitz ihres Nachtmahrs, klappte sie ihr Bett wieder zu, legte sich ostentativ müde zurück und kuschelte ihren Kopf ans Keilkissen. »Scheißspiel«, nuschelte sie, »die Bocksfüßler sollten eine gottesfürchtige und regierende deutsche Burgfrau in Ruhe ihre Sorgen überschlafen lassen. Als ob ich mich nicht schon genug placken müßte ... Auch noch den Himmel stürmen sollen, um das Nicht-Mögliche herunterzuholen; wie's ist, soll's nun mal sein ...«

»Irene! Hier, Irene, schau, das soll übers Jahr alles Moder sein und Grabesschlick?«

Die Markgräfin wollte eben ein abwehrendes »Weg, kusch!« ausrufen, konnte aber nicht, verspürte, daß warm und fest ein zweites Lippenpaar auf ihren Lippen lag. Rings um ihr Gesicht, das soeben noch den Himmel nicht hatte stürmen wollen, erkannte sie eine flimmernde, sie berauschende Gardine aus blondgelocktem Haar. Gelähmt blieb sie unter diesem wunderherrlichen Zelt liegen und wisperte alle hellen und dunklen Vokale. In ihre vulkanische Leibesmitte schob ein Glied sich ein, und kühles Eisen hob und senkte sich auf ihrem Bauch. »Hast du es behalten, Irene: Desinfektion, Elektrizität, Antibiotika!« Der

Mund, der das sprach, war so süß und feucht auf den ihren geleimt, daß sie stumm alles mitgesprochen hatte. »Komm, Irene, dies ist die helle Welt!«

Weit sprangen die Alkovenverschläge auf. Licht blendete herein. Wärme legte sich nieder. Musik war erklungen. Auf sein federndes Glied gespießt, wurde die Markgräfin von ihrem Bezwinger emporgehoben und langsam vor ihm her aus dem Bettkasten in die Kemenate geschoben.

(aus: Pest und Moor)

VIII.

DIE KLASSISCHE SAU

Dreck! – dreck! – o dreck!

REINER ZIMNIK

Johann Wolfgang Goethe

HANSWURSTS HOCHZEIT

ODER

Der Lauf der Welt

EIN MIKROKOSMISCHES DRAMA.

Kilian Brustfleck tritt auf.
Hab ich endlich mit allem Fleis
Manchem moralisch politischem Schweis
Meinen Mündel Hanswurst erzogen
Und ihn ziemlich zurechtgebogen.
Zwar seine tölpisch schlüffliche Art
So wenig als seinen kohlschwarzen Bart
Seine Lust in den Weeg zu scheissen
Hab nicht können aus der Wurzel reissen.
Was ich nun nicht all kunt bemeistern
Das wusst ich weise zu überkleistern
Hab ihn gelehrt nach Pflichtgrundsäzzen
Ein paar Stunden hintereinander schwäzzen
Indess er sich am Arsche reibt
Und Wurstel immer Wurstel bleibt.
Hab aber auch die Kunst verstanden
Auszuposaunen in allen Landen
Ohne iust die Backen aufzupausen
Wie ich thät meinen Telemach lausen
Dass in ihm werde dargestellt
Das Muster aller künftgen Welt.
Hab dazu Weiber wohlgebraucht
Die's Alter hett wie Schincken geraucht
Denen aber von speckigen Jugendtrieben
Nur zähes Leder überblieben.
Zu ihnen thät auf die Banck mich sezzen
Und lies sie volle Stunden schwäzzen
Dadurch wurden sie mir wohl geneigt
Von meinem grosen Verstand überzeugt
In Wochen und Kunckelstuben Geschnatter
Rühmen sie mich ihren Herrn Gevatter.

Und ich thus ziementlich erwiedern
Doch ein's liegt mir in allen Gliedern
Dass ich, es ist ein altes Weh,
Nicht gar fest auf meinen Füssen steh.
Immer besorgt der möge mich prellen,
Der habe Lust mir ein Bein zu stellen,
Und so mit all dem politischen Sinn
Doch immer Kilian Brustfleck bin.

*

K. B.

Es ist ein groses wichtigs Werck.
Der ganzen Welt ein Augenmerck
Dass Hanswurst seine Hochzeit hält
Und sich eine Hanswurstin zugesellt.
Schon bey gemeinen schlechten Leuten
Hats viel im leben zu bedeuten
Ob er mit einem gleichgesinnten
Sich thut bey Tisch und Bette finden
Aber ein Jüngling der Welt bekann[t]
Von Salz- bis Petersburg genannt
Von so vorzüglich edlen Gaben
Was muss der eine Gattin haben!
Auch meine sorge für deine Jugend
Recht geschnürt und gequetschte tugend
Erreicht nur hier das höchste Ziel
Vor war nur alles Kinder spiel
Und iezt die Stunde Nacht geschwind
Wird, ach wills Gott, dein Spiel ein Kind.
O höre meine letzten Worte
Wir sind hir ruhig an dem Orte
Ein kleines Stündgen mir gehör –
Wie aber was ihr horcht nicht mehr
Ihr scheinet hier zu langeweilen
ihr steht und rollt mit eurem Kopfe
Streckt euren Bauch so ungeschickt.
Was thut die Hand am Laz was blick[t]
ihr abwärts nach dem rothen Knopfe

H. W.

So viel mir eigentlich bekannt
Wird das Stück Hanswursts Hochzeit genannt.
So lass mich denn auch schalten und walten
Ich will nun hin und Hochzeit halten.

K. B.

Ich bitt euch nur gedult genommen
Als wenn das so von Hand zu Munde ging
Wie könnte da ein Stück draus kommen
Und wär der Schade nicht gering.
Nein was der Wohlstand will und lehrt
Es ehre der Mensch, so wird er geehrt.
Die Welt nimmt an euch unendlichen Theil
Nun seid nicht grob wie die Genies sonst pfle[gen]
Und sagt nicht etw[a]: ah meintwegen
Es hat doch nicht so mächtig Eil.
Was sind nicht alles für Leute geladen
Was ist nicht noch zu sieden und zu braten
Es ist gar nichts an einem Feste
Ohne wohlgeputzte Vornehme G[äst]e

H W

Mich däucht das grösst bey einem Fest
Ist wenn man sichs wohl schmecken lässt
Und ich hab keinen Appetiet
Als ich nähm gern Ursel auf n Boden mit
Und aufm Heu und aufm Stroh
Jauchtzen wir in dulci iubilo.

K B

Ich sag euch was die deutsche Welt
An grosen Nahm[en] nur enthält
Kom[mt] alles heut in euer Haus
Formirt den schönsten Hochzeit schmaus

H. W.

Ich mögt wohl meine Pritsche schmieren
Und sie zur Thür hinaus formiren
Indess was hab ich mit den Flege[ln]
Sie mögen fressen und ich will vögeln

K. B

Ach an den Worten und Maniren
Muss man den Ewgen wurstel spüren
Ich habs dem Himmel seys geklagt
Euch doch so öffter schon gesagt.
Dass ihr euch sittlich stellen solt
Und thut dann alles was ihr wo[lt]
Kein leicht unfertig Wort wird von der welt vertheidi[gt]
Doch thut das niedrigste und sie wird nie beleidigt
Der Weise sagt: der weise war nicht klein
Nichts Schein[en] aber alles seyn
Doch ach wie viel geht nicht an euch verlohre[n]
Zu wieviel grosem wart ihr nicht gebohren
Was hofft man nicht was ihr noch leisten sollt

H. W.

Mir ist ia alles recht nur lasst mich ungeschore[n].
Ich bin ia gern berühmt so viel ihr immer wollt
Redt man von mir ich wills nicht wehre[n]
nur muss michs nicht in meine[m] Wesen stör[en]
Was hilfts dass ich ein dummes leben führe
Da hört die Welt was rechts von mir
Wen man ihr sagt dass um von ihr
Gelobt zu [seyn] ich mich genire.

K. B

Mein Sohn ach das verstehst du nicht
Der gröste Mann schiss er dir ins Gesicht
So kenntest du ihn nur von seiner stinckge[n] Seite
Und so sind eben alle Leute.
Der gröste Maz kocht oft den besten Brey.
Weis er den gut zu präsentiren

Und iedem lind ins Maul zu schmier[en]
Fährt er ganz sicher wohl dabey
Soll ie das Publikum dir seine Gnade schencke[n]
So muss es dich vorher als einen Mazzen dencken.

H. W.

Das müsst ihr freylich besser wissen
Den[n] ihr habt euch gar viel des Ruhms beflissen
Und drum den Wohlstand nie verlezt
Viel lieber in die Hosen geschissen
als euch an einen Zaun gesezt.

*

Hanswurst Bräutigam.
Ursel Blandine Braut.
Ursel mit dem kalten Loch Tante.
Kilian Brustfleck Vormund H. W.
Hans Arsch von Rippach
Hans Arschgen von Rippach. empfindsam.
Matzfoz von Dresden.
Tölpel von Passau
Reckärschgen } Nichten
Schnuckfözgen }
Herr Urian Kuppler
Mstr Hämmerlein
Loch König
Winde Hals
Jfr Klunde [?] Puzmacherinn
Maulaff
Peter Sauschwanz
Schweinigel
Scheismaz
Lauszippel
Grindschiepel
Rotzlöffel } Pagen
Gelbschnabel }
Schwanz Kammerdiener
Hundsfutt wird extemporisirt auch Gastrolle.
Claus Narr Vetter

Simplizissimus kommt von der Reise um die Welt.
Hans Tap ins Mus. Stamhalter
Quirinus Schweinigel bel esprit
Thoms Stinckloch Nichts gerings
Jfr Rabenas
Blackscheiser. Poet.
Fraz Reisemarschall
Hans Hasenfus
Schindluder
Saufaus
Vollzapf
Dr. Saft.
Faullenz.
Schlucker
Hungerdarm
Schlüffel
Schlingel
Flegel
Fladen Candidat.
Mag. Sausack Pastor Loci
Stinckwiz Kammeriuncker
Hans Dampf Haushofmeister
Jfr. Flöhhot.
Hauslümmel Hausknecht
Bieresel Kellerknecht
Mlle Firlefanz
Hosenscheiser } Pathen der Braut.
Leckarsch }
Rauch Else
Runkunkel Alt.
Sprizbüchse
Lapparsch Original
Nimmersatt
Carl Behagel
Dr. Bonefurz
Anne Flans Maulaffens Liebschafft
Haareule
Herr Bumbam

Blaufincke Pritschmeister
Eulenspiegel
Fozzenhut
Dreckfincke
Saumagen
Faselhans
Kropfliesgen
Piphan } NB.
Margretlin. }
Schnudelbutz
Furzpeter
Hundeiunge.
Schwerenöther Proiecktmacher.
Grobian.
Steffen Rundhut.
Mazpumpes genannt Kuhfladen. Juncker
Staches
Schlingschlangschlodi kommt von Ackademien.
Heularsch.

*

Maztasche
Marzebille
Genserich Cammerjuncker
Schwager Mistbeet
Hengefrizze Page
Dummerich
Lumpenhund
Lappsack
Schlings[ch]lan[gschlodi]
Schlottich
Riepel
Maz v. Weimar
Schindknochen
Vetter Michel guter Gesellschaffter aber hunde dumm.
Schnips Jfr Arschloch
Langhans
Groshans

Hans Schiss
Peter Leckars
Piezgens Barbara
Lausewenzel
Kläms Töffel Klämsenlaberig
Runcks
Sauranzen
Nonnenfürzgen
Musgretgen
Sauranzen
Hundefutter [?].
Galgen Schwengel
Sau Strick
Voll Sack
Bruder Liederlich
Hans Kaßper.
Schnips
Hemdelemper.
SchweinPelz

*

Eulenspiegel
Fotzenhut
Dreckfincke
Saumagen
Faselhans
Blaufincke – halb[?]
klein Hanswurst
beym Freyschmausen [?]
Hundsfut Gast Rolle
Ahlke Pöleke [?] die dumm [?] ist und war
n'a [?]. . . . [?] . . [?] pretensi[on]
Kropfliesgen. von Harz
Metze [?] Dreyhaar Alte Hure Kuppler[in]
Schlins[ch]lanschlodi. kommt von Akad[emien]
Metze Magen Regenwurm
Ganz Magen
Wurstfresser aus dem Scheishaus.

Piphahn.
Margretlin Mad[re] de tuti i Santi
Galloch Schalloch
Leisekentritt. Schleicher.
Lauseangel. Laus. Angel.
Hengst mensch von einer Prinzeß

Dramatis Personae von Hans Wurstens Hochzeit.

Hanswurst, Bräutigam
Ursel Blandine, Braut.
Ursel mit dem kalten Loch
Klingelt's nicht so klapperts doch } Tante
Kilian Brustfleck.
Hans Arsch von Rippach.
Matz Fotz von Dreßden.
Reck-Aerschgen.
Schnuck-Fötzgen. } Nichten.
Herr Urian. Kuppler
Mstr Hämmerlein.
Loch-König.
Wende Hals.
Jungfer Klunde.
Hans Maulaff.
Stacks

Figuranten

Peter Sauschwanz.
Scheißmatz.
Lauszippel
Grindschiepel.
Rotzlöffel.
Gelschnabel. } Pagen.
Schwanz Kammerdiener.
Hundsfott [wi]rd extemporisirt.
Claus Narr. Vetter.
Simplicissimus, Kommt von der Reise um die Welt.
Hans Tap ins Mus. Stammhalter
Quirins Schweinigel. – Bel Esprit.

Thoms Stinckloch. – Nichts Geringes.
Jgfr. Rabenas.
Joseph Blackscheißer. Poet.
Fratz. Ober Hofmeister Reise Marschall.
Hans Hasenfuß.
Schindluder.
Saufaus. – Vollzapf.
Fladen. Gast
Lau[?] Scherwenzel. Hochzeitbitter und Vorschneider.
Mag. Sausack. Past. Loci.
Stinckwitz. Kammerjunker.
Hans Dampf. Maitre d'hotel.
Schwanz Jgfr. Flöhot.
Hauslümmel und Bieresel, Haus und Kellerknecht.
Mlle Firlefanz.
Hosenscheißer und Leckarsch. Pathen der Braut.
RauchElse.
Spritzbüchse.
Runckunkel [?]
Jgfr. Wurstnickel.
Lapparsch. – Original.
Schlucker. – Schmarotzer. NB. Man raisonnirt über ihn, und nimmt ihm n[ich]ts übel.
Nimmersatt. – Freßer.
Carl Behagel. Parfümeur und handelt mit Brustthee.
Doctor Bonefurtz.
Anne Flanz. Maulaffens Liebschafft.
Haareule. Hochaufgesetzt und doch zottlicht
Runckunckel. Alt.

Sich einen Moralischen Bruch heben.

Und politisch an dem Ast dich hälst der iust so lang dich trägt als du ihn brauchst.

durch K. BrFl Glas kan niemand sehn.

Was prägt man ihnen angelegen ein
Sie sollen glücklich, und gegen uns danckbaar seyn

Ach bester Graf uns [?] tröstet schon
Unser Gewissen und Pension.

Ich seh erstaunend scharf
durchs Glas versteht sich

Ich seh am Stab und an dem Flor
Sie wollen schon so zeitig nach dem Garten.
Sie kommen mir so übernächtig vor

Gr

Der Schlaf lies mich bis gegen Morgen warten.

Kl

Nicht mindest Lebensart
Es ist ein Grobian uns lässt er meistens lauern
Und räckelt sich indess mit iedem dumm[en] Bauern

G.

Ach alles trüg ich noch viel ehr
Wenn nur mein Herz nicht zu sensibel wär.

*

Man muss alert und rasch darhinter seyn
Nur einen Regenwurm zu fangen.

*

Das geht denn auch mit euch wohl an.
Euer fahles Wesen, schwanckende Positur
Euer Trippeln und Krabeln und Schneider Natur
Euer ewig lauschend Ohr
Euer Wunsch hinten und Vorn zu glänzen
Lernt freylich wie ein armes Rohr
Von iedem Winde Reverenzen.
Aber seht meine Figur
Wie harmonirt sie mit meiner Natur
Meine Kleider mit meinen sitten
Ich bin aus dem Ganzen zugeschnitten

Mir ist das liebe Wertherische Blut
Immer zu einem Probirhengst gut
Den lass ich mit meinem Weib spazieren
Vor ihren Augen sich abbranliren

Und hinten drein komm ich bey Nacht
Und vögle sie dass alles kracht
Sie schwaumelt oben in höhern Sphären
Lässt sich unten mit Marcks der Erde nähren
Das giebt Jungs Leibseelig brav
Allein macht ich wohl ein Schweinisch Schaf.

Ihr habt den H. . . t abgewiesen
Lasst mir die Sch. . . . . aus dem Haus
Jener krakeelt sich selbst hinaus
Niemand gesellt sich gern zu diesen.
Er wird jede Gesellschaft stören:
Der Narr kann seinen Namen nicht hören,
Wird ihm der in's Gesicht genannt,
Gleich ist er an allen Enden entbrannt,
Er will gleich alles zusammenschmeissen,
Will ein für allemal nicht so heisen.
Was sollen wir uns mit ihm zausen!
Mag der Narr mit sich selber hausen!

Die drey dicken Schweine die mit dem Postmeister zancken und wollen mit 2 Pferden gefahren seyn.

Pritschmeisters Politick Spitzruthen zu laufen durch die Buben [?]

dass ich mit all dem politischen Sinn
doch immer Kilian Brustfleck bin.
In Wochen und Kunckelstuben Geschnatter
rühmen sie mich ihren Herrn Gevatter.
Schlüffel und Schlingel
Sau
Schüplich [?]
Kränzgen [?]

Die Verwandtschaft von Hans Arsch und von Faullenz
Dr Safft verliebt in Schnukf[özgen] und Reckärsch[gen]

Zu denen thät mich auf die Bank hinsetzen
Und lies sie volle Stunden schwäzzen
Dadurch wurden mir wohl geneigt
Von meinem Grosen Verstand überzeucht
Und thät indessen wie ich kunnt
Meine Griffe all wohl begunnt
Schlucker und Hungerdarm der 1. Schluckt der 2 frisst steckt auch ein
will ich mich wohl durchfressen liebt W u r s t n i c k e l n des Nahmens willen
Schweinigel hält die Strohkranz Rede. Faullenz kuppelt ihm die
Reck[ärschgen] und Schnuck[fözgen].

Peter Sauschwanz kommt auf den Gedanken H. W. zu Ehren auf den
Hochzeit Abend
Wie sich der Herr besser m a c h t
Und um den Schwanz herum das
durch . . . . . [?]
Arsch lecken
Und er beleckt beschnüffelt
den Beiskorb vor machen
Und hinten wo am Arsch die Hoden klunckern
Das Rückgrad sich biegt die Beine sich anziehn
da[s] rothe Stücklein aus der Scheide treibt
Und der ganze Kerl herlicher wird
Beleckt iede ihrer Brüste
Hizzig. der Schwanz sich krümt.
das eingreifen der Pfoten
Hächzen Der unendliche ausdruck von Geilheit in Verbiegen und
Verschmiegen der ganzen Natur
Anbiegen und anschmiegen

Sauschwanzens Rosskäferheit
Schweinigel ein Zotenreisser
Mutter ich mögt ein Ding haben Ein Ding mit nem Polnischen Bock

Max Pumpes Kuhfladen und dessen Erbschafft

Trauschein Stechzettel
— Rutschart.
— Wahrzeichen

Bey dem Wirth zur goldnen Laus
Da wird seyn der Hochzeitschmaus.

(in: Der junge Goethe)

Wolfgang Amadeus Mozart

DRECK! – O DRECK! O SÜSSES WORT!

Mademoiselle
ma tres chere Cousine!

sie werden vielleicht glauben oder gar meynen ich sey gestorben! – – ich sey Crepirt? – oder verreckt? – doch nein! meynen sie es nicht, ich bitte sie; denn gemeint und geschissen ist zweyerley! – wie könnte ich denn so schön schreiben wenn ich tod wäre? – wie wäre das wohl möglich? – – – wegen meinem so langen stillschweigen will ich mich gar nicht entschuldigen, denn sie würden mir so nichts glauben; doch, was wahr ist, bleibt wahr! – ich habe so viell zu thun gehabt, daß ich wohl zeit hatte, an das bäsle zu denken, aber nicht zu schreiben, mithin hab ichs müssen lassen bleiben.

Nun aber habe ich die Ehre, sie zu fragen, wie sie sich befinden und sich tragen? – ob sie noch offens leibs[1] sind? – ob sie etwa gar haben den grind? – – ob sie mich noch ein bischen können leiden? – ob sie öfters schreiben mit einer kreiden? – ob sie noch dann und wan an mich gedencken? – ob sie nicht bisweilen lust haben sich aufzuhenkken? – ob sie etwa gar bös waren? auf mich armen narrn; ob sie nicht gutwillig wollen fried machen, oder ich lass bei meiner Ehr einen krachen! doch sie lachen – – victoria! – – unsre arsch sollen die friedenszeichen seyn! – ich dachte wohl, daß sie mir nicht länger wiederstehen könnten. ja ja, ich bin meiner sache gewis, und sollt ich heut noch machen einen schiss, obwohl ich in 14 Tägen geh nach Paris. wenn sie mir also wolln antworten, aus der stadt Augsburg dorten, so schreiben sie mir baldt, damit ich den brief erhalt, sonst wenn ich etwa schon bin weck, bekomme ich statt einen brief einen dreck. dreck! – – dreck! – o dreck! o süsses wort! – dreck! – schmeck! – auch schön! – dreck, schmeck! – dreck! – leck – o charmante! – dreck, leck! das freüet mich! – dreck, schmeck und leck! – schmeck dreck, und leck dreck! – – Nun um auf etwas anders zu kommen; haben sie sich diese fasnacht schon braf lustig gemacht. in augsburg kann man sich dermalen lustiger machen als hier. ich wollte wünschen ich wäre bey ihnen, damit ich mit ihnen recht herumspringen könnte. Meine Mama und ich, wir empfehlen uns beyde dem H: Vatter und frau Mutter, nebst dem bäsl, und hoffen das sie alle 3 recht gesund und wohlauf seyn mögen. wir sind es gott lob und danck. das glaub nicht. desto besser, besser desto. apropos: wie stehts mit der französischen sprache? – darf ich bald einen ganz französischen brief schreiben? – von Paris aus, nicht wahr? – sagen sie mir doch, haben sie den spunicunifait noch? – das glaub ich. Nun muß ich ihnen doch noch bevor ich schliesse, denn ich muß bald endigen, weil ich Eile habe, denn ich habe izt just gar nichts zu thun; und dann auch, weil ich keinen Plaz mehr habe, wie sie sehen; das Papier ist schon bald gar; und müd bin ich auch schon; die finger brennen mich ganz vor lauterschreiben; und endlich auch wüst ich nicht, wenn auch wircklich noch Plaz wäre, was ich noch schreiben sollte, als die historie, die ich ihnen zu erzählen im sinn habe. hören sie also. es ist noch nicht lange, das es sich zugetragen hat; es ist hier im land geschehen. es hat auch hier viell aufsehens gemacht, denn es scheint ohnmöglich; man weis auch, unter uns gesagt, den ausgang von der sache noch nicht. also, kurz zu sagen, es war, etwa 4 stunde von hier, das ort weis ich nicht mehr – – es war halt ein dorf oder so etwas; Nu, das ist endlich ein ding, ob es tribsterill[2] wo der dreck ins meer rinnt, oder burmesquick[2] wo man die krummen arschlöcher dräht, war; mit einem wort, es war halt ein ort. da war ein hirt oder schäfer, der schon ziemlich alt war, aber doch noch robust und kräftig dabey aus=sah; der war ledig, und gut bemittelt, und lebte recht vergnügt, ja, das muß ich ihnen noch vorher sagen, ehe ich die geschichte auserzähle, er hatte einen erschröcklichen ton, wen er sprach; man muste sich allzeit fürchten, wenn man ihn reden hörte. Nu, um kurz von der sache zu reden, so müssen sie wissen – er hatte auch einen hund den er Bellot nannte, einen sehr schönen grossen hund, weis mit schwarzen flecken. Nu, eines tages, gieng er mit seinen schaafen daher, deren er 11 tausend unter sich hatte; da hatte er einen stock in der hand, mit einem schönen rosenfarben stockband. denn er gieng niemahlen ohne stock. das war schon so ein gebrauch; nun weiter. da er so eine stunde gieng, so war er müde, und sezte sich bey einen fluß nieder. Endlich schlief er ein, und da traumte ihm er habe seine schaaf verlohren, und in diesen schrocken erwachte er, und sahe aber zu seiner grösten freüde alle seine schaafe wieder. endlich stund er auf, und gieng wieder weiter, aber nicht lang; denn es wird kaum eine halbe stunde vorbeygegangen seyn, so kamm er zu einer brücke, die sehr lang war, aber auf beyden seiten gut geschützt war, damit man nicht hinab fallen könne; nu, da betrachtete er seine heerde; und weil er dann hinüber muste, so fieng er an seine 11 tausend schaaf hinüber zu treiben.

Nun haben sie nur die gewogenheit, und warten bis die 11 tausend schaaf drüben sind, dann will ich ihnen die ganze histori auserzählen. ich habe ihnen vorher schon gesagt, daß man den ausgang noch nicht weis. ich hoffe aber, daß, bis ich ihnen schreibe, sie gewis darüber sind; wo nicht, so liegt mir auch nichts daran; wegen meiner hätten sie herüben bleiben können. sie müssen sich schon unterdessen so weit begnügen; was ich davon gewust habe, das hab ich geschrieben. und es ist besser, daß ich aufgehört habe, als wenn ich etwas dazugelogen hätte. da hätten sie mir etwa die ganze schistorie nicht geglaubt, aber so – – glauben sie mir doch – die halbe nicht. nun muß ich schliessen, ob es mich schon thut verdriessen, wer anfängt muß auch aufhören, sonst thut man die leute stöhren, an alle meine freünde mein Compliment, und wers nicht glaubt, der soll mich lecken ohne End, von nunan bis in Ewickeit, bis ich einmahl werd wieder gescheid. da hat er gwis zu lecken lang, mir wird dabey schier selbsten bang, ich fürcht der dreck der geht mir aus, und er bekommt nicht gnug zum schmaus. Adieu bääsle. ich bin, ich war, ich wär, ich bin gewesen, ich war gewesen, ich wär gewesen, o wenn ich wäre, o daß ich wäre, wollte gott ich wäre, ich wurde seyn, ich werde seyn, wenn ich seyn würde, o das ich seyn würde, ich wurde gewesen, ich werde gewesen seyn, o wenn ich gewesen wäre, o daß ich gewesen wäre, wolltegott ich wäre gewesen, was? – ein stockfisch.

addieu ma chere Cousine, wohin? – ich bin der nämlich wahre vetter

Mannheim den 28ten febro 1778 Wolfgang Amade Mozart

1 offens leibs: offenen Leibes, regelmäßiger Stuhlgang; hier freilich auch anders deutbar.
2 tribsterill, burmesquick: Abwandlungen zweier Orte: Treffentrill und Wurmannsquick.
(aus: Mozart-Briefe)

Phantasien in drei priapischen Oden
dargestellt und im Wettstreit verfertigt von Bürger, Voß und Stolberg.
Letzterer erhielt die Dichterkrone.

Gottfried August Bürger

AN DIE FEINDE DES PRIAPS

Es knallet alles was lebet,
Was in den Lüften schwebet,
Es knallt die ganze Welt;
Ein Mädchen von zwölf Jahren,
Mit zwanzig Stoppelhaaren,
Der Fuchsschwanz schon gefällt.

Was machen nicht für Mienen?
Die Hasen und Kaninchen,
Was tut der Sperling nicht?
Der Hengst macht junge Füllen,
Der Boll hat seinen Willen,
Wenn ihn der Kitzel sticht.

Der Elefant von hinten,
Weis auch das Loch zu finden,
Der Kater braucht kein Licht;
Der Bär bohrt seine Frau,
Mit Lust wohl in den Rauh,
Warum denn Menschen nicht?

Selbst Juno mußte lachen,
Als Jupiter wollt machen,
Ihr einen dicken Bauch;
Doch läßt sie sich's gefallen,
Und läßt sich tapfer knallen,
Bei einem Rosenstrauch.

Diana, müd vom Jagen,
Läßt sich den Spieß behagen,
Sie steckt ihn selbst hinein.
Doch, wer ihr will gefallen,
Der muß dabei vor allen
Recht wohl beschlagen sein.

Merkur, der Götterbote!
Ist auch von solchem Schrote:
  Wenn er ausfliegen soll,
Besucht er jede Nymphe
Und gibt ihr wackre Trümpfe,
  Sprützt ihr die Büchse voll.

Auch Cupido, der Kleine,
Greift Venus zwischen die Beine,
  Sein Schwänzchen wird ihm hart;
Er sprützt den edlen Samen,
In aller Götter Namen,
  Der Mutter in den Bart.

Vulkan, in seiner Kammer,
Mit seinem Schmiedehammer,
  Muß auch mit an den Tanz;
Sein Schwanz wenn er geschwollen,
Hält fünf und zwanzig Zollen,
  O auserlesener Schwanz!

Charon, beim Überfahren,
Fuchst alles rauch von Haaren,
  Schont auch die Votzen nicht;
Pluto fuchst Proserpinen,
Und Luchse fuchst Luchsinnen,
  Warum denn Menschen nicht?

Ihr Nonnen und ihr Pfaffen!
Ihr sollt beisammen schlafen,
  Läßt Messe, Messe sein;
So oft die Glocken läuten,
So oft sollt ihr euch reiten,
  Steckt ihn fein tief hinein.

Bemerket diese Worte,
Ihr Jungfern aller Orte,
  Hört meine Lehren doch;
Verlaßt die samtnen Dinger,
Und steckt statt eurem Finger,
  Den rechten Schwanz ins Loch.

Johann Heinrich Voss

AN PRIAP

Leckt Votzen, Ihr neun Pindars-Luder,
Leckt mit Apoll, der schläfrig geigt;
Und dessen kleiner matter Bruder,
Nur durch das Fingern aufwärts steigt:
Priap! beseele meine Leier,
Und gönne ihr das rege Feuer,
Das sich durch deine Klöt ergeußt:
Und durch die aufgeschwollenen Röhren,
Um deine Wollust zu vermehren,
Dickschäumend in die Votze fleußt.

Kommt Hurenbuben, kommt zusammen,
Zeigt euren Mut und fuchst euch satt,
Ein Schauspiel setzt mich jetzt in Flammen,
Das nie der Himmel schöner hat:
Ich sehe Brüste, Zitzen strotzen,
Nebst tausend auserlesenen Votzen,
Von kaltem Bauer überschwemmt;
Ich sehe tausend Klöte glänzen,
Bei tausend auserlesenen Schwänzen,
In feiste Lenden eingestemmt.

O, reiz mich oft mit solchen Bildern,
Du meiner Sehnsucht Gegenstand;
Die Wollust ist nie genug zu schildern,
Die nur zu sehn mein Herz empfand.
Priap! Dir bau ich einen Tempel,
Und vögle andern zum Exempel
Zwölfmal, den Altar einzuweihn;
Statt Gold soll kalter Bauer glänzen,
Und Votzenhaar die Tür umkränzen,
Mein Schwanz soll Hoherpriester sein.

Mensch, Adler, Wolf und Walfisch lehren,
Wie man beständig vögeln soll;

Der Sperling ist nie genug zu ehren,
  Denn der ist immer samenvoll.
Kurz, alles muß gevögelt werden,
Die Votz enthält was man auf Erden,
  Erhabenes nur denken kann;
Sie zeigt sich, – tausend Schwänze starren,
Der Weise vögelt mit dem Narren,
  Der Bürger mit dem Edelmann.

Sind meine Klöt nur voll von Feuer,
  Und macht mein Schwanz sein Meisterstück,
Dann bin ich reich bei einem Dreier,
  Und scheiße fast auf alles Glück.
Zufrieden und entfernt vom Neide,
Seh ich in meinem schlechten Kleide,
  Die Pracht der großen Herren an,
Weil der, der auf dem Throne sitzet,
Wenn er den Samen von sich sprützet,
  Nicht mehr als ich, empfinden kann.

Seht auf Athens erhab'nen Plätzen,
  Melkt sich ein Schwanz der Zyniker;
Die Menge sieht ihn mit Ergötzen
  Und steht mit Ehrfurcht um ihn her.
Es läßt sich Sturm und Donner hören,
Doch nichts kann unsern Weisen stören,
  Obgleich der Himmel kracht und blitzt;
Er fähret fort mit langen Zügen,
Bis daß er taumelnd für Vergnügen,
  Den edlen Samen von sich sprützt.

O, fuchste man doch in der Hölle,
  Euch Furien – dich, Zerberus!
Euch Parzen – und dich Schiffsgeselle;
  Euch fuchst ich bloß zum Überfluß.
Weil aber dieser Wunsch vergebens,
So fuchs ich hier die Zeit des Lebens,
  Und tret alsdann die Wallfarth an;
Doch wird es mich am meisten beugen,

Wenn ich den Pluto sehe geigen,
Und selber nicht mehr vögeln kann.

So magst du mich nur immer quälen,
Furcht, Unglück, wie auch du nur willst;
Mich rührst du nicht, nur niedern Seelen
Sind, wenn du Trost mit Gram erfüllst.
Ich will mich wie mein Schwanz erheben,
Und über Glück und Unglück schweben
Mit stoischer Gelassenheit;
Man mag mich fliehn, man mag mich hassen,
Wird mir mein steifer Schwanz gelassen,
So sterb ich mit Zufriedenheit.

*

Friedrich Leopold Graf zu Stolberg

WAHL MEINER KÜNFTIGEN GATTIN UND IHRER EIGENSCHAFTEN

Vivat, wer ohn' allen Eckel,
Auch den ärgsten Gassen-Reckel,
Frisch durch Läuse, Schorf und Dreck
Fuchst ins Teufels Namen weg.

Nicht weiß wie Milch und Blut, gepudert und frisiert,
Und mit dem reichsten Schmuck von Frankreich ausgeziert,
Nein, ruprigt, ledergelb und schmierig wie ein Schwein,
Soll die, die ich mir einst zur Gattin wähle sein.

Mich reizt kein braunes Haar, in Locken sanft gewunden,
Worin sich mancher schon im Netz verstrickt, gefunden,
Nein, sträubig und mit Schorf, mit Läusen wohl geziert,
Und blutroth sei ihr Haar, mit gelben Talg geschmiert.

Nicht schalkhaft lächelnde, nicht große blaue Augen,
Gemacht der Liebe Geist aus ihnen einzusaugen,
Nein, eitern müssen sie, wie Drachenaugen glühn,
Und hoch am Tränenquell ein gelber Pettig blühn.

Nicht griechisch, nicht antik, von Phideas gerissen
Nein, stumpf und unpolirt, schon faulend und beschissen,
Soll Ihre Nase sein, mit Finnen übersäet,
Und stinkend wie die Pest in einem Lazarett.

Ein langes Ohr, aus dem ein Strom von Unrat fließt,
Und wie aus dem Vesuv die Lava sich ergießt,
Ein leckeres Gemisch von Pettig, Blut und Salz,
Mit Schweiß und Grind vermischt und gelbem Ohrenschmalz.

Ein schiefes Maul, verbaut mit platten Lippen,
An dessen Eingang her, zwei Reihen großer Klippen
Zwei Hauer, so wie dort des Herkul's Säulen stehn,
Und da den Höllenpfuhl, hochprangend übersehn.

Es krön' ein Hasenschart den Quell von faulen Düften,
Die alles um sich her verheeren und vergiften,
Der ohne Unterlaß in zähen Geifer schwimmt,
Und durch den stets ein Rotz ins Maul den Eingang nimmt.

Es gleiche jeder Zahn verbrannten Palisaden,
Und sei ein Aufenthalt der Würmer und der Maden,
Ganz hohl und kohlenschwarz in Scharbock eingehüllt,
Und mit verfaultem Fleisch und Läusen angefüllt.

Ein Hals, geschickt um die Anatomie zu lehren,
Ein Kopf und eine Brust, die doch in allen Ehren,
Den zweien Zitzen gleicht, und schrumpfig hangend platt,
An diesem sitzt der Krebs, wenn die den Fistel hat.

Ein schlaffer Bauch gehängt auf zweien spitzen Hüften,
Filzläuse weiden hier in unzählbaren Triften,
Ihr Puckel gleiche dem, von einem Elefant,
Auf welchem Rad und Pfahl, und Galgen eingebrannt.

Der Sitz des Schreckens sei die ungeheure Votze,
Zerschrumpft und ohne Haar, verklebt mit grünem Rotze,
An der seit Jahren schon manch kalter Bauer hängt,
Mit Tripper, weißen Fluß und Schanker untermengt.

Stets muß ein dicker Schleim aus dieser Quelle träufen,
Und sich zu Händen hoch an ihre Öffnung häufen,

Bis an den Lenden sich der Strom hinübergießt,
Und halb mit trägem Lauf ins Arschloch überfließt.

Zwei eingebogne Knie mit krummen Säbelbeinen,
Die wie ein römisch X sich zu durchkreuzen scheinen,
Und weil das Ende sich zum Anfang reimen muß,
Den Knochenfraß am Bein, und den Verschwind am Fuß.

So soll die Gattin sein, die ich mir einst erwähle,
Bös, eigensinnig, falsch, von teuflerischer Seele,
Dumm muß sie wie ein Rind, doch voller Tücke sein.
Zerlumpt und bettelarm, doch stets voll Brantewein.

Und soll sie vollends gar mein ganzes Herz besiegen,
Muß sie die Schwerenot des Tages zehnmal kriegen,
Mit jedem Hurenwirt und jedem Tambur gehn,
Und immer oben an, auf ihrer Liste stehn.

Werd ich dies Urbild einst, auf dieser Runde finden,
Dann werd ich und nicht eher, auf ewig mich verbinden,
Alsdann darf ich mich nicht, noch fürs betrügen scheun,
Und werde glücklicher als tausend Männer sein.

Sie träumten Engel sich, und fanden doch mit Schrecken,
Wie unter Engel sich auch Teufel oft verstecken,
Ganz anders wird es mir mit dieser Gattin gehn,
Ich träumte Teufel mir, und werde Engel sehn.

(Die Verfasserschaft nicht restlos geklärt.)

Friedrich Schlegel

ZEHN SONETTE

Um meiner Mannheit Tiefgang auszuloten,
Ging ich mit nacktem Glied zu Keuschgesinnten.
Ich glaubte, diese deutlichste der Finten
Sei zwingender als Zahlen oder Zoten.

Ich trat zu Mädchen unversehns von hinten,
Sprach sanft sie an und spielte den Zeloten.
Dann fragt' ich plötzlich, wann sie denn den roten
Gewaltherrn hätten und wie lang sie minnten.

Sie sehn verdrehten Auges auf den Stecken,
Der ihnen doch galant entgegensteht.
Ich hebe Röcke, sie darauf zu stülpsen,

Zuerst wollt' würgen, schreien sie und rülpsen,
Dann fließt die Lust und alles Weh vergeht,
Bis sie zu tief gekitzelt drauf verrecken.

*

Du meine Hand bist mehr als alle Weiber,
Du bist stets da, wie keine Frau erprobt,
Du hast noch nie in Eifersucht getobt,
Und bist auch nie zu weit, du enger Reiber.

Ovid, mein Lehrer weiland, hat dich recht gelobt,
Denn du verbirgst in dir ja alle Leiber,
Die ich mir wünsche. Kühler Glutvertreiber,
Dir hab' ich mich für immer anverlobt.

Ich stehe stolz mit dir im Raume
Und streichle meine bläulichrote Glans;
Schon quirlt sich weiß der Saft zum Schaume.

So zieh' ich aus Erfahrung die Bilanz:
Die Zweiheit freut mich nur im Wollusttraume,
Sonst paart sich meine Faust mit meinem Schwanz.

*

Der rauhe Ost, der früh nach Rom mich jagte,
Wurd dort zum Zephyr hyacinthner Lüste.
Und keiner, der nur immer Mädchen küßte,
Rühm seinen Schwanz, daß er im Himmel ragte.

Auch mich erregen noch die herben Brüste,
Kampan'scher Mädchen, doch wie oft verzagte

Mein Meerschaum an dem fremden Golf und klagte,
Daß ohne recht Verständnis diese Küste.

Wie anders schmiegte sich der Arsch des Knaben
Dem Schwanz in liebend rundlichem Gehaben!
Kein Weib hat so behende mit der Zunge,

Die Eichel mir geleckt wie dieser Junge.
O könnt ich doch an deinem Marmorhintern,
Mein Knabe, viele Monde überwintern!

*

Von allen Männern, die dich je bedrohten,
Bin ich der Geilste. Sieh mich zitternd an.
Ich zerre deine Brüste Spann für Spann
Und werde sie auf deinem Rücken knoten. –

Auch deine Füße knüpfe ich daran
Und binde deine weißen kleinen Pfoten,
Und wenn den Leib du röchelnd mir geboten
Bewunderst du in mir den starken Mann.

Und wenn du schreist, dann schlitz ich deinen runden
Und weichen Leib mir auf mit kaltem Streiche,
Dann saugen sich die Lippen deiner Wunden

Um meinen Schwanz, daß ich vor Lust erbleiche.
Jedoch mein Glück, es reift nicht aus zu Stunden:
Du riechst schon sehr, mein Opfertier, nach Leiche.

*

So liegst du gut! Gleich wird sich's prächtig zeigen,
Wie klug mein Rat. Ich schiebe meinen Dicken
In dein bemoostes Tor. Man nennt das »Ficken«.
Du fragst: warum? Davon laß mich jetzt schweigen!

Schon seh' ich Schmerz in deinen blauen Blicken.
Das geht vorbei. Du mußt zurück dich neigen,
Gleich wird dein Blut dir jubeln wie die Geigen
Von Engeln, welche ihre Brüste schicken

In bebender Musik zum Ohr der Welt.
Famos! Du einst dich mir in bravem Schaukeln,
Die Schenkel schmiegen pressend, es umgaukeln

Mich Düfte, die mich locken in die Unterwelt.
Ein Stoß und Schrei! – die weißen Glieder zittern
Im Kampf wie Apfelblüten in Gewittern.

*

Ich flehe dich um Wunden und um Male
Von deinen Händen, die mich heilig sprechen.
Du sollst das Glied, das du gesaugt, zerbrechen,
Das steif geragt in deine Kathedrale.

Schlürf aus den Quell, der einst in weißen Bächen
In deinen Kelch gespritzt beim Bacchanale.
Gieß jetzt die letzte Kraft in deine Schale,
An meinem Blute magst du dich bezechen!

Nimm scharfe Peitschen und geglühte Zwingen,
Schlag fester und zerquäle meine Hoden!
Laß tiefsten Schmerz das höchste Glück mir bringen!

Mein Stöhnen preist dich brünstiger als meine Oden,
Und wenn die letzten Schreie dich umschlingen,
Hörst du den Dank der seligen Rhapsoden.

*

Der Müllerbube schiebt hinauf zur Mühle
Auf seinem Karren einen Mühlenstein,
Und in die Öffnung schob er glatt hinein
Sein steifes Glied und schaffte so sich Kühle.

Die blonde Müll'rin sieht's im Sonnenschein,
Und trotz der unerträglich dumpfen Schwüle
Läuft sie hinab, daß prüfend sie's befühle.
Sie faßt und fühlt, es ist von Fleisch und Bein.

»Na hör mein Junge«, ruft sie sehr brutal,
»Was soll die Schweinerei mit deinem Schweif?
Ist das die Prüfung, die ich dir befahl,

Ob du auch würdig wärest für mein Bett?«
Doch er zeigt nur die Inschrift um den Reif,
Und ach! sie liest gerührt: »Elisabeth«.

*

Ich wurd erlöst zum Weltweib umgeschaffen,
Des irren Wandrers letzte höchste Feier.
Ich rag' ins Dämmerlicht verhüllt vom Schleier
Der Sterne mit den beiden Mondagraffen.

Zur Erde send ich meinen Himmelsgeier,
Der ruft die letzten geilen Menschenaffen.
Ich werde meine Röcke höher raffen
Und alle grüßen als willkommene Freier.

Ich höre schon ihr heisres Brunstgeschrei,
Die Schweife zucken und die Zungen lallen,
Begattend dünken sie sich schicksalsfrei.

Doch, werden sie in meine Scheide fallen,
Dann will ich sie Kometen gleich mit kurzen
Und hellen Knallen in den Weltraum furzen.

*

Verschüchtert von des Purpurbetts Umschattung
Horcht die Prinzessin in die schwarzen Ecken.
Ihr dünkt ein schalkhaft kichernd Necken
Ein seltsam Künden fürstlicher Begattung.

Der Prinz harrt zweifelnd seiner Kraft Erwecken
Und früh vertaner Jugend Rückerstattung;
Wie peinlich würde heute die Ermattung
Die junge Frau aus der Umarmung schrecken!

Er droht des frechen Narren hüstelnd Lachen,
Flucht seiner Jugend mondbeglänztem Nachen
Und glaubt nicht mehr an schwarzer Kräuter Sieden.

Denn selbst die sonst so treuen Kanthariden,
Sie haben ihren Wirkungspol verrückt
Und reichen nur, daß er den Nachtstuhl schmückt.

Ich höre fern das Plätschern deiner Wasser,
Ich fühl' mein Herz in meine Hode sinken.
Es drängt mich, wieder dein Pipi zu trinken,
Weil ich ein ruchlos raffinierter Prasser.

Man lügt, daß deine gelben Quellen stinken!
Mich macht dein Duft, wenn ich sie schlürfe, blasser.
Ich möcht' ein Kieselstein, ein ewig nasser,
In deinen Fluten selig schimmernd blinken.

So wirst du mir, Geliebte, ganz zu eigen,
Wie brünstig in des Marterbergs Ersteigen
Im Abendmahle Einer Gott verwandt.

In deiner Krypta ein verschwiegner Brand,
Laß züngeln mich in allen roten Winkeln
Und zischend sterben in topasnem Pinkeln.

(Die Verfasserschaft nur höchstwahrscheinlich.)

Arno Holz

OHO! SOSO

Die kleine Kloris wollte /
oho!
daß ich sie küssen sollte /
soso.
Das Mihder stund ihr offen /
oho!
so hatt ich sie bedroffen /
soso.
Im Lazz die beyde Schlehen /
oho!
kunt ich ihr grade sehen /
soso.
Darzwischen stach dem Mäußgen /
oho!

ein kleines Nelken-Sträußgen /
soso.
Ihr Mund auff meinem jukkte /
oho!
worbey sie nicht mahl zukkte /
soso.
Du lihber / lihber Junge!
oho!
Sie biß mir auff die Zunge /
soso.
Nicht Indjens Pärlen-Pläzze /
oho!
dauscht ich for solche Schmäzze /
soso.
Darbey so kam mein Finger /
oho!
ihr an die beyde Dinger /
soso.
Sie waren brall wie Zwettschen /
oho!
ich hub sie an zu knettschen /
soso.
Da kunte sie's nicht lassen /
oho!
mich gleich-falls zu ümbfassen /
soso.
Gern sah ich solche Driebe /
oho!
schon rein aus Menschen-Liebe /
soso.
Was nüzzen mir wo Beeren /
oho!
wenn andre sie verzehren /
soso.
Flinck glitt ich rischel-ruschel /
oho!
ihr in die Purpur-Muschel /
soso.

Ümb mich in ihre Gaben /
oho!
rächt innig zu begraben /
soso.
Erst dhat sie wie Dorinde:
oho!
»Nein / wie ich sowaß finde!«
soso.
Doch bald so kunt ich spühren /
oho!
ihr wonnigliches Rühren /
soso.
Die Läden draussen knarrten /
oho!
sie wusste hundret Arten /
soso.
So zekkten sich nicht Spatzen /
oho!
sie lihbten sich zwo Razzen /
soso.
Cupido wikkel-wakkel /
oho!
Cupido hihlt die Fakkel /
soso.
Biß *Titan* wihder strahlte /
oho!
und uns mit Goldt bemahlte /
soso.

(Er verlustirt sich über die kleine Kloris. Ode Jambica, aus: Schäfer Daffnis)

Rainer Maria Rilke

SIEBEN GEDICHTE UND NOCH EINS

I

Auf einmal faßt die Rosenpflückerin
die volle Knospe seines Lebensgliedes,
und an dem Schreck des Unterschiedes
schwinden die [linden] Gärten in ihr hin

II

Du hast mir, Sommer, der du plötzlich bist,
zum jähen Baum den Samen aufgezogen.
(Innen Geräumige, fühl in dir den Bogen
der Nacht, in der er mündig ist.)
Nun hob er sich und wächst zum Firmament,
ein Spiegelbild das neben Bäumen steht.
O stürz ihn, daß er, umgedreht
in deinem Schooß, den Gegen-Himmel kennt,
in den er wirklich bäumt und wirklich ragt.
Gewagte Landschaft, wie sie Seherinnen
in Kugeln schauen. Jenes Innen
in das das Draußensein der Sterne jagt.
[Dort tagt der Tod, der draußen nächtig scheint.
Und dort sind alle, welche waren,
mit allen Künftigen vereint
und Scharen scharen sich um Scharen
wie es der Engel meint.]

III

Mit unsern Blicken schließen wir den Kreis,
daß weiß in ihm (die) wirre Spannung schmölze.
Schon richtet dein unwissendes Geheiß
die Säule auf in meinem Schamgehölze.

Von dir gestiftet steht des Gottes Bild
am leisen Kreuzweg unter meinem Kleide;
mein ganzer Körper heißt nach ihm. Wir beide
sind wie ein Gau darin sein Zauber gilt.

Doch Hain zu sein und Himmel um die Herme
das ist an dir. Gieb nach. Damit
der freie Gott inmitten seiner Schwärme
aus der entzückt zerstörten Säule tritt.

IV

Schwindende, du kennst die Türme nicht.
Doch nun sollst du einen Turm gewahren
mit dem wunderbaren
Raum in dir. Verschließ dein Angesicht.
Aufgerichtet hast du ihn
ahnungslos mit Blick und Wink und Wendung.
Plötzlich starrt er von Vollendung,
und ich, Seliger, darf ihn beziehn.
Ach wie bin ich eng darin.
Schmeichle mir, zur Kuppel auszutreten:
um in deine weichen Nächte hin
mit dem Schwung schooßblendender Raketen
mehr Gefühl zu schleudern, als ich bin.

V

Wie hat uns der zu weiße Raum verdünnt.
Plötzlich besinnen sich die Überflüsse.
Nun sickert durch das stille Sieb der Küsse
des bittren Wesens Alsem und Absynth.

Was sind wir viel, aus meinem Körper hebt
ein neuer Baum die überfüllte Krone
und ragt nach dir: denn sieh, was ist er ohne
den Sommer, der in deinem Schooße schwebt.
Bist du's bin ich's, den wir so sehr beglücken?
Wer sagt es, da wir schwinden. Vielleicht steht
im Zimmer eine Säule aus Entzücken,
die Wölbung trägt und langsamer vergeht.

VI

Wem sind wir nah? Dem Tode oder dem,
was noch nicht ist? Was wäre Lehm an Lehm,

formte der Gott nicht fühlend die Figur,
die zwischen uns erwächst. Begreife nur:
das ist mein Körper, welcher aufersteht.
Nun hilf ihm leise aus dem heißen Grabe
in jenen Himmel, den ich in dir habe:
daß kühn aus ihm das Überleben geht.
Du junger Ort der tiefen Himmelfahrt.
Du dunkle Luft voll sommerlicher Pollen.
Wenn ihre tausend Geister in dir tollen,
wird meine steife Leiche wieder zart.

VII

Wie rief ich dich. Das sind die stummen Rufe,
die in mir süß geworden sind.
Nun stoß ich in dich Stufe ein um Stufe
und heiter steigt mein Samen wie ein Kind.
Du Urgebirg der Lust: auf einmal springt
er atemlos zu deinem innern Grate.
O gieb dich hin, zu fühlen wie er nahte;
denn du wirst stürzen, wenn er oben winkt.

UND NOCH EINS

(Da ich dir schrieb, sprang Saft
auf in der männlichen Blume,
die meinem Menschentume
reich ist und rätselhaft.

Fühlst du, da du mich liest,
ferne Zärtliche, welche
Süße im weiblichen Kelche
willig zusammenfließt?)

(Sieben Gedichte. Alles ist Spiel, aber Spiele. – Hier hat sich der Großmagier des deutschen Kunstkitsches die Larve mitleidlos vom Gesicht gerissen, nachdem er – phallend, ach – »noch mit Knabensteife an die blumige Geliebte stieß«.)

Joachim Ringelnatz

PIPI

Es drängt mich, dein Pipi zu trinken,
und sieh, nun trinke ich bereits.
O welch Genuß bei deinem Beinespreiz,
o wie die Wasser hurtig blinken.
Ich möchte ganz darin versinken.
– Es ist nicht wahr, daß deine Wasser stinken. –
Nun hörst du auf? O pfui, welch Geiz!

(aus: Werke; vgl. Schlegel.)

Bertolt Brecht

HINTERM ABTRITT HAT'S GESTUNKEN

3 GEDICHTE

Über die Vitalität

1

Die Hauptsache ist die Vitalität.
Die habt ihr nach Branntweingenuß
Ein gesundes junges Weib, das geht
Auf die Vitalität, weil es muß.

2

Die Weiber liegen zu Klumpen geballt
Die Peitsche nehmt ihr mit ihnen ins Bett!
Doch geht's auch im Grünen: das heißt, es geht halt
Mit der nötigen Vitalität.

3

Die Vitalität, die schafft es auch
Beim dümmsten Engel. Die Vitalität.
So daß er euch rasend auf seinem Bauch
Um die letzten Dinge anfleht.

4

Die Vitalität, sie befaßt sich nicht
Mit der Seele und dem Gemüt.
Sie befaßt sich mehr mit dem zweiten Gesicht.
Und dem Weib als Gestüt.

5

Der Vitalität sind die Folgen egal.
Die Vitalität macht sich alles bequem.
Es gibt keine Hemmung. Z. B. Baal
War als Mensch nicht angenehm.

Darum bitt ich Gott früh und spät
Um Vitalität.

*

Über die Verführung von Engeln

Engel verführt man gar nicht oder schnell.
Verzieh ihn einfach in den Hauseingang
Steck ihm die Zunge in den Mund und lang
Ihm untern Rock, bis er sich naß macht, stell
Ihn das Gesicht zur Wand, heb ihm den Rock
Und fick ihn. Stöhnt er irgendwie beklommen
Dann halt ihn fest und laß ihn zweimal kommen
Sonst hat er dir am Ende einen Schock.

Ermahn ihn, daß er gut den Hintern schwenkt
Heiß ihn dir ruhig an die Hoden fassen
Sag ihm, er darf sich furchtlos fallen lassen
Dieweil er zwischen Erd und Himmel hängt –

Doch schau ihm nicht beim Ficken ins Gesicht
Und seine Flügel, Mensch, zerdrück sie nicht.

*

Sauna und Beischlaf

Am besten fickt man erst und badet dann.
Du wartest, bis sie sich zum Eimer bückt

Besiehst den nackten Hintern, leicht entzückt
Und langst sie, durch die Schenkel, spielend an.

Du hältst sie in der Stellung, jedoch später
Sei's ihr erlaubt, sich auf den Schwanz zu setzen
Wünscht sie, die Fotze aufwärts sich zu netzen.
Dann freilich, nach der Sitte unsrer Väter
Dient *sie* beim Bad. Sie macht die Ziegel zischen
Im schnellen Guß (das Wasser hat zu kochen)
Und peitscht dich rot mit zarten Birkenreisern
Und so, allmählich, in dem immer heißern
Balsamischen Dampf läßt du dich ganz erfrischen
Und schwitzt dir das Geficke aus den Knochen.

(Die beiden Sonette, so die Anmerkung W. Hechts, wurden von Brecht scherzhafterweise mit »Thomas Mann« gezeichnet.)

Karol Kröpcke

ABGANG

Er stellte seine Pinkelmaschine ab,
die ihr zwischen den Schenkeln oben
den Rasen begossen hatte
und das übrige Moos
in den Achseln, schließlich noch
ihren schwarzen Skalp in seinen
Händen – mir reicht's und ließ
sich endlich auf ihr
nieder, in der Pfütze,
die eine entleerte Blase
hinterläßt, und schob,
was er hatte, ohne Vorhaut
dorthin, wo es ihre Anatomie
möglich machte,
mit Vorsatz allmählich,
allmählich so tief
wie möglich in Möse und Mastdarm

und überall in günstige Körperstellen,
bis er ihr ruhig im Halse stecken
blieb und sein Sack ihr
ins Gesicht schlug
als das Eiweiß abging,
und sie schluckte, was er ihr
zu bieten hatte.

(Bürgerliche Gedichte, IV)

IX.

NICHTS GEGEN MASTURBATION

Das ist Sex mit jemandem, der mir nahesteht

FRIEDRICH KARL WAECHTER

Rocco und Antonia

DAS VERGNÜGEN IST GANZ MEINERSEITS

Pimmel Pammel Rimmel Rammel. Oese Möse. Strubbelvotze. Stinktierchen, Votzenhürchen.

Nichts. Früher kam's mir schon bei Abzählreimen, oder zumindest bekam ich Lust. Ich sagte die Sauereien vor mich hin, und dann lachte ich, wenn ich mit meinen Leuten beisammen war. War ich alleine, dachte ich sie mir, sagte die halblaut vor mich hin und fuhr mir dann mit der Hand ganz ganz schnell in die Höschen, ein Auge zur Tür gerichtet und die Ohren so gespitzt, daß ich das Treppenhaus brausen hörte. Es war immer ein großer Schreck. Und die Hand hätte ich mir hinterher immer am liebsten abgehackt, aber es war trotzdem schön, eine große feuchte Glückseligkeit, ein kleiner erstickter Schrei. Jetzt aber ist es, auch wenn ich allein bin, als ob ich unter lauter Menschen wär: ich muß lachen. Das heißt, ich muß gar nicht lachen, ich lach, weil ich ja eigentlich nie allein bin, immer ist jemand da, auch wenn niemand da ist, immer gibt es so ein verdammtes Arschloch, das mir dreinredet.

Großmächtiger aufgeblasener Schwanz, knallharter Pimmel, mit der weichen Samthaut und dem unverschämten Glatzkopf: siebene von der Sorte hab ich schon in der Hand gehabt. Großen Eindruck haben sie mir nicht gemacht. Aber es sind nicht alle gleich, manche sehen krank und manche gesund aus. Zum Beispiel die faltigen einerseits und die schön glatten andererseits. Uff, ich geb's auf, mir kommt's doch nicht: ich zieh mir den Pyjama aus und leg mich auf den Rücken, als ob ich tot wäre.

Leichenhalle: Marmortisch.

Penetranter Geruch von Desinfektionsmitteln. Starres Licht. Drükkende Stille. Antonia P., sechzehn Jahre alt, Nationalität italienisch, Geschlecht weiblich, liegt hier aufgebahrt. (Ich zieh mir das Laken über das Gesicht.) Geräusch von Schritten: es nähert sich in gesammeltem Schmerz eine Gruppe von Personen, angeführt von einem ziemlich gutaussehenden Mann in weißem Kittel und mit der abgestumpften Miene des Leichenbeschauers (einer, der inmitten des Todes lebt, muß schon sehr vergeistigt sein). Hinter ihm, der Reihe nach: Mamma in ihrem schwarzen Kostüm, das sie sich letztes Jahr hat machen lassen (scheußlich, aber hoffentlich hat sie so viel

Geschmack, mir jedenfalls nicht gleichen zu wollen, wenn ich hier in der Leichenhalle liege), leichenblaß und endlich mal ungeschminkt. Papà, leicht keuchend, betupft sich seinen Stiernacken mit einem weißen Taschentuch und scheint dem Herzschlag nahe. Tante Bice, die vertrocknete alte Jungfer, läßt sich auch keine Kleinigkeit entgehen. (Warum zum Teufel die bloß gekommen ist, wo sie mich doch nicht ausstehen kann?) Und dann, als letzter, das einzige wirklich gebrochene Herz, Er: Blue jeans und Pulli. (Die wollten ihn erst nicht reinlassen, aber Er, resolut wie er ist, sagte: »Entweder ich krieg sie zu sehen, oder ich bring mich um auf der Stelle.« Da machten sie ihm Platz und schauten ihn respektvoll an.) Der Mann im weißen Kittel zieht das Leichentuch zurück. Mein Haar liegt weich über den Marmor verstreut. Sie haben es gewaschen, um das verkrustete Blut daraus zu entfernen, und jetzt liegt es da, blond und sonnendurchflirrt wie Seide. Mein Gesicht ist ganz blaß und entspannt, ohne auch nur einen Pickel (ich glaub, die Toten haben keine). Die Stille zerreißt in Schluchzen. Nur Er weint nicht: ganz wie Bogart ballt er die Fäuste (die Knöchel, glaub ich, pflegen in solchen Fällen weiß zu werden), er begreift, daß er mich seit jeher geliebt hat, sein Geschlechtsteil bläht sich in der Hose, er berührt es, indem er mich anschaut, ganz benommen von den Desinfektionsmitteln, und findet mich hinreißend schön. In demselben Augenblick faßt er den Entschluß, meinen Leichnam zu rauben und ihn zu besitzen. Zwei-, drei-, tausendmal, bis er ganz ausgelaugt von den vielen Orgasmen stirbt, wie wenn er sich in lauter kleine Todesströme auflösen würde und dabei den Tod selbst durchdringt. (Ich spüre eine leichte Wärme zwischen den Nieren unten und eine Art Müdigkeit im Kreuz und weiß, daß ich soweit bin.) »Wie ist es geschehen?« fragt mein Vater, mit brüchiger Stimme. »Sie war zu Pferde im Park Villa Borghese, plötzlich hat man aus einem Auto auf sie geschossen, das Pferd ist zusammengebrochen und sie selbst gestürzt und mit dem Kopf aufgeschlagen.« Mamma bricht in heilloses Schluchzen aus, Tante Bice bringt sie weg unter Stoßseufzern, sicher wird sie ab morgen behaupten, daß sie am meisten von allen gelitten hat, und sie hätte ja schon immer gesagt, man solle mich nicht im Park reiten lassen.

Ich konzentriere mich auf sein Gesicht. Ich verschönere ihn im Geiste: der Bart ist ihm gewachsen, er ist ein bißchen weniger rot als die Haare, seine umringten dunklen Augen stehen ihm gut. Sie machen ihn tiefsinnig und reif, er legt sich die Hand auf seinen flachen Bauch, wo sich kaum sichtbar eine Haarlinie vom Schambein bis zum Nabel hochkräuselt. Er knöpft sich die Hose auf, nimmt ihn in die Hand und beginnt wütend daran zu zerren, ohne den Blick von meinem Leichnam zu wenden, und bricht schließlich in Tränen aus. Vielmehr, er heult. Stirbt. Leidet. Er wird in den Kerker geworfen, gefoltert, beschuldigt, die Leichen junger Frauen für seine satanischen Experimente geraubt zu haben, sie verurteilen ihn zum Tode, aber vorher noch reißen sie ihm ... Ah, endlich sind wir soweit: das Bett brennt unter mir, mit einem gespannten Finger folge ich den Schreien meiner Muschi, vor und zurück und immer tiefer, bis ich nur mehr ein Schmatzen höre, dann erklimme ich schließlich mein Hügelchen (der Abzug, der trigger: wie mir diese Wortwindungen gefallen, so viel schweinischer als die Wörter selber sind sie), und ich fahre darüber, immer weiter, von rechts nach links, horizontal, mit Geschmeidigkeit, Geduld und Begierde, immer mehr, bis ich rase, während sich mir der Rücken aufbäumt wie bei den Katzen, und ich denke weiter an mich als Tote, an die Blumen, die Leichenfeier, an Ihn, der einen Monat lang nicht zur Schule gehen wird, und an die anderen, die mit gedämpfter Stimme von mir reden werden.

Sobald alles am Höhepunkt angelangt ist, schließe ich die Augen, um mich weniger zu schämen.

(aus: Schweine mit Flügeln, dt. W. S. Baur)

Johann Wolfgang Goethe

BESORGUNG

Was ich am meisten besorge: Bettina wird immer geschickter,
Immer beweglicher wird jegliches Gliedchen an ihr;
Endlich bringt sie das Züngelchen noch ins zierliche F ...
Spielt mit dem artigen Selbst, achtet die Männer nicht viel.

(in: Epigramme, Nachträge)

BESORGUNG UND NOTSTAND

Najaden und Dryaden standen einst Priapus zu Gebot,
und wenn ihn früher ein Gelüst befiel, so stillte er es schnell.
Doch jetzt ist alles anders, jetzt juckt oft mich ganz umsonst das Fell;
mir scheint, die Nymphen sind jetzt ausgestorben, samt und sonders tot.
Und wenns auch schimpflich ist, ich lege, daß ich nicht gar platzen muß,
entschlossen meine Sichel weg und schaff mir mit der Hand Genuß!

(in: Carmina Priapea, dt. C. Fischer)

Johann Wolfgang Goethe

DAS TRÜGERISCHE KUNSTPRODUKT

Indem er sprach und seine Rede zu beschwörenden Deklamationen steigerte, hatte Eduard das leichte Tuch von Charlottens Busen gelöst und ihre Brust, über die rhythmisch seine Hände strichen, den Takt der Rede skandierend, dem Freunde dargeboten. Der saß stumm wie Charlotten. Fern wie von einer Bergesspitze erschienen dem Hauptmann Tal und aufgespitzte Höhen dieser Hügel, Vulkanen gleich, die er auf seinen Reisen erfahren, wie sich aus schlafenden Hügeln die Feuerglut rosafarben am Gipfel entlud, alles Leben verbergend unter erstarrendem Grau.

Jawohl! versetzte der Hauptmann: diese Fälle sind allerdings die bedeutendsten und merkwürdigsten, wo man das Anziehen, das Verwandtsein, dieses Verlassen, dieses Vereinigen gleichsam übers Kreuz wirklich darstellen kann; wo vier, bisher je zwei zu zwei verbundene Wesen, in Berührung gebracht, ihre bisherige Vereinigung verlassen und sich aufs neue verbinden. In diesem Fahrenlassen und Ergreifen, in diesem Fliehen und Suchen glaubt man wirklich eine höhere Bestimmung zu sehen; man traut solchen Wesen eine Art von Wollen und Wählen zu und hält das Kunstwort Wahlverwandtschaften für vollkommen gerechtfertigt.

Gut! versetzte Charlotte; ich will es also nur gestehen, daß ich seit diesem Nachmittage entschlossen bin, Ottilien zu berufen.

Indem sie dies sagte, erhob sich Charlotte, deckte die Hände sanft über den immer noch bloßen Busen und ging langsamen Schrittes hinaus. Nie hatte ein Bild dem Hauptmann ein größeres Verlangen eingeflößt als diese Hände, die mühelos, wie Blütenblätter, die schwere Fülle hoben und zwischen sich als ein geheimes Zeichen zwei steile Spitzen lugen ließen, die ihn in der Farbe an reife, regennasse Erdbeeren gemahnten.

Der merkwürdige, durchaus unerwartete Verlauf des Abends hatte Charlotte verwirrt, der ungewohnte Weingenuß erregt. Noch immer spürte sie, als sie sich in ihrem Schlafgemache entkleidete, den ernsten Blick des Hauptmannes auf ihrem Busen, bei welchem Gedanken sie aufs neue erbebte. Ihre ganze Natur war im Aufstande begriffen. Alle Sicherheit, die fröhlich-tätiges Behagen ihr bisher gewährte, schien von ihr gewichen und einer unerhörten, verbotenen Lust das Feld geräumt zu haben, die nach Jahren der Bescheidung nun Besitz von ihr ergriff. Nach ihrer ersten, mehr gezwungenen als gewollten Verheiratung mit einem gütigen, gleichwohl entschieden älteren Manne hatte sie in der nach dessen Tod erfolgten Verbindung mit Eduard die Freuden des Fleisches nur noch mäßig und mehr der Pflicht als sinnlicher Neigung folgend zu genießen vermocht. Nun durchfuhr sie, da sie beim Auskleiden den eigenen Körper auch nur berührte, schaudernd ein durchaus unheiliges Feuer. Ein geheimer Befehl schien sie, da sie sich unruhig auf ihrem Lager von der einen zur anderen Seite wand und drehte, aufzufordern, das leichte Nachtgewand zu schürzen und mit der Hand jenen krausen Hügel zu bedecken, in dem ein zweiter Frühling seinen Quell entspringen ließ. Im dichten Gebüsch entdeckte ihre Hand die verschwiegensten Pfade, stieg hügelan und hügelab und gelangte, nachdem sie abwechselnd dichtes Gehölz und fruchtbare Umgebung erforscht, an das Vorwerk, das an der Höhe, mitten im Holze, gar vertraulich lag. Dort unmittelbar am feucht-düsteren Eingang der Schlucht verweilte sie und ließ es sich, auf und nieder schreitend, an diesem heiter gelichteten Vorsprung, den frische Feuchte benetzt hatte, wohlig sein. Aber wie stets das unbedachte Behagen der Gefahr eng benachbart ist, mangelte es auch hier an der gebotenen Vorsicht, und sie geriet immer näher an den Rand jenes Abgrundes, der sie in lange nicht erforschte Tiefen hinabzuziehen drohte, indem er sich immer weiter und lockender öffnete. Eine Schwüle, dumpf und drohend, lag über dem bewaldeten Hügel und den lichten, fruchtbar strotzenden Auen der Umgebung, deren leises Beben auf die Kraft der Einbildung ebenso zurückzuführen war wie auf ein untergründiges Grollen.

Charlotte hielt inne; es ward ihr nicht bewußt, daß sie sich erhob, ein verborgenes Fach ihres Schrankes öffnete und jenes wohlbehütete Gerät entnahm, das ihr die Vorsteherin als höchst bedenkliche Beigabe zu ihrem Brief, Ottiliens Zustand betreffend, übersandt hatte. Im Glauben, die Szene habe sich um nichts verändert, fand sich Charlotte wieder in jener lieblichen Gegend, diesem duftenden, gewitterschwülen Gulliverreiche auf ihrem Lager. Dort jedoch, wo sich unter freundlich glänzender Anhöhe eine Schlucht dunkel öffnete, schien jetzt eine Cyclopenfaust in einen lohenden Feuerschlund gefahren. War's ein Urweltarm: die wächserne Gerätschaft, die wie der Blitz aus verhangenem Himmel mit gespaltener Keulenspitze am Vorwerke vorbei in die Tiefe fuhr, von mächtiger Kraft wieder hinausgetrieben wurde und abermals und abermals, den Vorsprung schier mit sich reißend, im Ungeahnten versank? Ein Naturereignis in der Tat, vergleichbar nur mit vesuvischen Schwefelfeldern, auf welchen, Blasen schlagend und giftige Dämpfe entlassend, die armselige Planetenkruste unter den unkeuschesten Lauten den Schleim der Hölle ausspeit.

Aber was sich wie ein Abenteuer der entfesselten *Natur* gebärdete – war es doch *Kunst,* die jene lieblich-anmutige Gegend aufs heftigste erschütterte, einen Aufstand der Unterwelt hervorrief, die unter tobendem Beben den klaffenden Erdspalt in zitternder Zerstörung zurückließ. Und wie der Wald nach dem Gewitter lag das Gelaub nun da: schwer, feucht und duftend. Rinnsale verließen den ergiebigen Quell und suchten, Schlünde meidend, ihren Weg über glänzende Auen.

Charlotte fand sich, die widernatürliche Gerätschaft mit der Rechten umklammernd, auf ihrem Lager wieder. Natur, so schien es, hatte in ihr alles, was Kunst beschönigt, besiegt. Mit einer müden Geste, in der Verachtung sich ebenso zeigte wie Trauer, hielt sie das trügerische Kunstprodukt, ein Schein der Nachahmung und verwerfliche Mimesis, über die Flammen des Nachtlichts, in dem der genäßte Besiegte zischend schmolz, um schließlich, mit schweren Tropfen seine Härte aufgebend, das Feuer zu löschen.

(aus: Die Wahlverwandtschaften)

Vladimir Nabokov

AN DIE LINKE GESÄSSHÄLFTE

Mein Herz schlug wie eine Trommel, als sie sich neben mich auf das Sofa setzte – kühler Rock, der sich bläht und wieder zusammensinkt – und mit der glänzenden Frucht spielte. Sie warf sie in die sonnendurchstäubte Luft und fing sie wieder auf – sie machte ein hohles, glattes Plop.

Humbert Humbert fing ihr den Apfel im Flug weg.

»Geben Sie ihn zurück«, bat sie und ließ die marmorierte Röte ihrer Handteller sehen. Ich hielt ihr den Köstlichen hin. Sie griff nach ihm und biß hinein, und mein Herz war wie Schnee unter dünner karmesinroter Schale, und mit der äffchenhaften Geschicklichkeit, die für dies amerikanische Nymphchen so bezeichnend war, entriß sie meinem lockeren Griff die Zeitschrift, die ich gerade geöffnet hatte (wie schade, daß man das merkwürdige Hin und Her, die monogrammhafte Verschränkung unserer gleichzeitigen oder sich überschneidenden Bewegungen nicht hat filmen können). Geschwind, kaum behindert durch den entstellten Apfel, den sie in der Hand hielt, durchblätterte Lo wild die Seiten, auf der Suche nach etwas, das sie Humbert zeigen wollte. Fand es schließlich. Ich heuchelte Interesse und brachte ihr meinen Kopf so nah, daß ihr Haar meine Schläfe berührte und ihr Arm meine Wange streifte, als sie ihren Mund mit dem Handgelenk abwischte. Des goldbraunen Nebels wegen, durch den ich auf das Bild blickte, ließ meine Äußerung auf sich warten, und sie rieb und klopfte ihre nackten Knie ungeduldig gegeneinander. Verschwommen kam folgendes in Sicht: ein surrealistischer Maler lag rücklings hingegossen an einem Strand und neben ihm, ebenfalls rücklings und halb im Sand vergraben, ein Gipsabguß der Venus von Milo. »Das Bild der Woche« hieß die Unterschrift. Ich riß ihr das obszöne Ding weg. Im nächsten Augenblick fuchtelte sie in einem gespielten Versuch, es wiederzubekommen, über mir herum. Ich hielt sie an dem schmalknochigen Handgelenk fest. Das Journal flatterte wie ein verstörtes Geflügel auf den Boden. Sie wand sich los, ringelte sich zurück und lehnte sich tief in die rechte Ecke des Sofas. Und dann streckte das unverschämte Kind mit vollkommener Selbstverständlichkeit seine Beine über meinen Schoß.

Ich war jetzt in einem Zustand der Erregung, der an Wahnsinn grenzte; aber ich hatte auch die Schläue eines Wahnsinnigen. Auf dem Sofa sitzend, gelang es mir dank einer Reihe verstohlener Bewegungen, meine verborgene Lust mit ihren arglosen Gliedern in Einklang zu bringen. Es war nicht leicht, die Aufmerksamkeit des kleinen Mädchens abzulenken, während ich die geheimen Anpassungen vornahm, die den Erfolg des Kunstgriffs sichern sollten. Unter lautem Sprechen, bei dem ich hinter meinem Atem zurückblieb und ihn wieder einholte, unter der Vorspiegelung plötzlicher Zahnschmerzen, um die Pausen in meinem Geplapper zu erklären – und immerfort das innere Auge eines Besessenen auf das ferne goldene Ziel gerichtet, verstärkte ich vorsichtig die zauberhafte Reibung, die, wenn auch nicht tatsächlich, so doch in der Vorstellung, die physisch nicht zu entfernende, aber psychologisch leicht lösliche Textur der stofflichen Trennungsschicht (Pyjama und Schlafrock) zwischen dem Gewicht von zwei sonnengebräunten Beinen, die quer über meinem Schoß lagen, und dem verborgenen Tumor einer unsagbaren Leidenschaft verschwinden ließ. Da ich im Fluß meines Geplappers auf etwas nett Mechanisches gestoßen war, deklamierte ich mit einer leichten Abwandlung den Text eines damals beliebten, albernen Schlagers – meine Carmen, meine Carmen, und die Nächte, die warmen, und die Bars und der Barman; ich wiederholte dieses automatische Gereimsel immerfort und hielt sie (besonders durch die Abwandlungen) im Bann, und die ganze Zeit war ich in tödlicher Angst, daß Gott eingreifen und mich unterbrechen könne, mir die goldene Last fortnehmen, die zu spüren all mein Sein sich konzentrierte, und diese Angst zwang mich, in den ersten paar Minuten schneller vorzugehen, als es sich mit vorsätzlich moduliertem Genuß verträgt.

Und die Nächte, und der Barman und die Carmen wurden bald von ihr übernommen; ihre Stimme hielt und berichtigte die Melodie, die ich verstümmelt hatte. Sie war musikalisch und apfelsüß. Ihre Beine, wie sie so über meinem sich rührenden Schoß lagen, zuckten ein wenig – ich streichelte sie. Da lag sie in die rechte Sofaecke gekuschelt, beinah hingerekelt – Lola, die Halbflügge, die ihre paradiesische Frucht verspeiste, durch ihren Saft hindurchsang, einen Pantoffel verlor, die Ferse ihres bloßen Fußes mit der heruntergerutschten Socke gegen den Stapel alter Illustrierter rieb, die links von mir auf dem Sofa lagen –, und jede ihrer Bewegungen, jedes Wenden und Biegen half mir, das Geheimsystem der taktilen Übereinkunft zwischen dem

Unhold und der Holden zu verbergen und zu verbessern – zwischen meinem geknebelten, berstenden Unhold und der Holdheit ihres Grübchenkörpers in seinem unschuldigen Kattunkleid.

Unter meinen huschenden Fingerspitzen fühlte ich, wie der winzige Flaum an ihrem Schienbein sich ganz leicht sträubte. Ich verlor mich in der glimmenden und doch gesunden Glut, die wie ein Sommerglast um die kleine Haze hing. Daß sie doch bliebe, daß sie bliebe . . . Als sie sich anhob, um das Kerngehäuse ihres abgenagten Apfels in den Kamin zu werfen, schob sich ihr junges Gewicht, schamlose unschuldige Schenkel und rundes Hinterteil, in meinen gespannten, gequälten, heimlich arbeitenden Schoß; und plötzlich überkam meine Sinne eine geheimnisvolle Wandlung. Ich gelangte auf eine Seinsebene, wo nichts galt außer dem Lustgebräu, das in meinem Körper gärte. Was als genußreiche Dehnung meiner innersten Wurzeln begonnen hatte, wurde zum glühenden Prickeln, das sich jetzt in einem Zustand absoluter Sicherheit, Zuversicht, Zuverlässigkeit befand, der nirgends sonst im bewußten Leben zu finden ist. Nun, da die tiefe, heiße Süße gesichert und auf gutem Wege zur äußersten Verzückung war, wußte ich, daß ich mich zurückhalten durfte, um die Glut zu verlängern. Lolita war ganz mit sich selbst beschäftigt. Die einverstandene Sonne pulste in den bereitgestellten Pappeln; wir waren wunderbar und himmlisch allein; ich beobachtete sie – rosig, golden bestäubt – hinter dem Schleier meiner beherrschten Lust, die sie nicht wahrnahm, die ihr fremd war, und die Sonne lag auf ihren Lippen, und ihre Lippen formten anscheinend noch immer die Worte ihres Carmen-Barman-Reimgeklingels, das mein Bewußtsein nicht mehr erreichte. Alles war jetzt bereit. Die Nerven der Lust waren bloßgelegt. Die Krauzeschen Korpuskeln gerieten in die Phase der Raserei. Der geringste Druck würde genügen, das ganze Paradies zu entfesseln. Ich hatte aufgehört, Humbert der Hund zu sein, der triefäugige, degenerierte Köter, der den Stiefel umklammerte, welcher ihm gleich einen Tritt geben wird. Ich war dem Bereich des Lächerlichen entrückt, jenseits von Vergeltungsmöglichkeiten. In meinem selbstgeschaffenen Serail war ich ein strahlender, kraftstrotzender Türke, der, seiner Verfügungsfreiheit voll bewußt, absichtlich den Augenblick hinausschiebt, in dem er die jüngste und zarteste seiner Sklavinnen genießen wird. Am Rande des Wollustabgrundes schwebend (dies Ausbalancieren eines physiologischen Gleichgewichts, das sich mit gewissen Kunsttechniken vergleichen läßt), echote ich fortwährend Worte, die mir der Zufall eingab – Barman, Erbarmen, meine Carmen, Ahahamen –, wie jemand, der im Schlaf spricht und lacht, und dabei glitt meine glückliche Hand, so hoch wie der letzte Schatten von Anstand es nur irgend zuließ, ihr sonniges Bein hinauf. Am Tage vorher hatte sie sich in der Diele an der schweren Kommode gestoßen und »sieh doch nur!« – keuchte sie – »sieh nur, was du gemacht hast, was du dir da getan hast, ach, sieh doch nur«; denn da war, ich schwöre es, wirklich eine gelblich-violette Stelle auf ihrem holden Nymphchenschenkel, den meine mächtige, behaarte Hand massierte und langsam umfaßte, und da sie nur sehr spärliche Unterkleidung trug, schien nichts meinen muskulösen Daumen daran zu hindern, die heiße Vertiefung ihrer Leiste zu erreichen – so wie man ein kicherndes Kind kitzelt und streichelt – nur so – und: »ach, das ist gar nichts«, rief sie mit plötzlich schriller Stimme, und sie wand und drehte sich und warf den Kopf zurück, und ihre Zähne lagen auf ihrer glitzernden Unterlippe, als sie sich halb von mir abkehrte, und mein stöhnender Mund – meine Herren Geschworenen – erreichte fast ihren bloßen Nacken, während ich die letzte Zuckung der längsten Ekstase, die Mensch oder Monstrum je erfahren hatte, an ihrer linken Gesäßhälfte verebben ließ.

(aus: Lolita, dt. H. Hessel u. a.)

Albert de Routisie

DAS WIRD ZUR LAST

Einfach teuflisch war dieser verfluchte Schwanz. Zuerst sieht das nach nichts aus. Es ist einem ganz wurst. Dann geht die Zeit dahin. Das wird zu einer Last. Sich erheben, sich setzen. Mir wird übel davon. Nicht richtig, aber nach dem Mittagessen, eine . . . eine Verdauungsstörung, ein Bedürfnis, sich mühselig zu bewegen. Ich habe eigentlich ein sehr ruhiges Temperament. Regelmäßig. Nicht riesig. Weit entfernt von amoureusen Heldentaten. Wenn ich das gemacht habe, habe ich nicht immer Lust, es wieder zu machen. Oft wird er schlecht steif. Aber was ich schlecht vertrage, ist eine längere Enthaltsamkeit. Das hängt vielleicht mit dem Kreislauf zusammen. Inzwischen macht mich das ganz schön fertig. Unmöglich, an irgendetwas zu denken. Wirklich, in C . . . wäre es besser gewesen zu pimmeln. Aber was man hier an Schenkeln sah. Offiziersliebchen, die sich zu Tode langweilten, wenn ihre Hodenträger mit ihnen übten. Man hätte ihnen was zu trinken anbieten und ein Plauderstündchen einlegen müssen. Da hätte ich noch mehr über die Garnison gehört. Ich hatte schließlich genug von falschen Intrigen, hohlen Tugenden und unechter Verteidigung. Nein, keine Geduld. Es wäre besser gewesen zu pimmeln. Das kann man wohl sagen, wahrscheinlich geht für euch damit die Sache in Ordnung. Ich. Also ich holte mir ein bißchen einen runter, und da in diesem Teufelszimmer sehr schlechte Luft war, neigte ich mich aus dem Fenster und beobachtete die Straße. Ach, keine verliebte Eingebung stieg mit dem dünnen Küchengeruch, der unserem heldenhaften Lothringen so eigentümlich ist, vom Pflaster herauf. Ich mochte mich noch so sehr im Spiegel betrachten, von vorn, im Dreiviertelprofil, im Profil. Mit der Hand über die Hoden streichen. Mir den Pimmel bis zum Weinen pressen. Ich bin nun einmal so, man muß sich damit abfinden. Da stand ich nun mit meinem lächerlichen steifen Anhängsel. Ich sah mich voller Scham an. Und mit einer gewissen Wut. Ich stopfte mir feuchte Taschentücher in die Hose. Zu den Tischzeiten befand ich mich regelmäßig in einer unmöglichen Situation, und ich mußte allerlei gymnastische Künste anwenden, damit ich zum Essen hinuntergehen konnte, ohne das Schamgefühl der ganzen Familie gründlich zu beleidigen.

Ein Traum erlöste mich schließlich ein wenig von dieser ununterbrochenen Übererregung. Sechs Frauen, die bis zum Gürtel strikt bekleidet waren, umgaben mich, während ich beschäftigt war, die Taue, die das Gerüst eines im Bau befindlichen Hauses zusammenhielten, an einen Ring zu knoten, an den man auch ein Pferd gebunden hatte. Sie bildeten einen Reigen um mich herum und legten nach vorn gebeugt eine der anderen den Arm um die Taille, um mit der linken Hand das Knöpfchen ihrer Nachbarin zu betasten, während ihre Zungen nach rechts den Arsch derjenigen durchwühlten, die sich hin und her wanden, um sie zu berühren. In meinem Traum war das ganz natürlich, und alles drehte sich. Und die Mädchen streiften mich mit ihren gewölbten Vulven. Ich war mit einer kurzen Leinenunterhose bekleidet, und ich fühlte, wie ich einen sagenhaften Steifen erreichte. Eine Alte, die auch da war und einen mit zahlreichen religiösen

Medaillen geschmückten Rosenkranz trug, nahm mein Glied in ihren Mund und ich erwachte in der allergrößten Beschämung. Also, davon kann man wirklich einen Kater bekommen. Dann dieses Unbehagen in den Laken, die klebrigen Haare und die Zeit, die man braucht um endlich aufzustehen und sich zu waschen. Meine Ruhe dauerte nicht einmal vierundzwanzig Stunden. Dazu ein schreckliches Gefühl von Pfuscherei, von Ekel und von allerhand sonst noch. Nach drei Tagen wieder ein neuer Traum. Als ich wieder in meinem Unrat lag, beschloß ich, ins Bordell zu gehen.

(aus: Irène, dt. J. Walther-Dulk/R. Weisert)

Théophile Gautier

EINSAMKEIT

Ich krieg wahnsinnig einen hoch. Aus meiner Hose
Hol ich meinen Schwanz, der das Häubchen abwirft
Von seinem Champignon.
Mittags um zwölf, allein im Zimmer.
Beim Tête-à-tête mit seinem Glied
Das ist Verhängnis!

Mein Uhrenmännlein schlägt mir den Unterleib:
In irgendwas muß ich hinein,
Arsch, Mund oder Votze.
Aber ich seh meine Nachbarin nicht
Wie sie ihren mörderisch geilen Blick wirft
Von ihrem Balkon.

Vergeblich richtet der Süße seine Federn auf:
Im Haus ist nicht ein Rock,
Keine Seele.
Meine Latte in der Faust, zweideutige Haltung
Mir fehlt das Loch, so beschwör ich dich,
Witwe Handgelenk.

Große Masturbationsvenus
Einsame Trösterin
Der Verliebten
Da mir meine Geliebte fehlt
gib mir zumindest, in meiner Not
Deine schalen Lüste.

Verleih mir diese geschickte Hand
Die mit festem Kosen es versteht
Das Instrument zu erfassen.
Und laß die Spermapumpe spielen
zwischen ihren Fingern, die sie fest schließt
Wie eine Vagina.

Zeig mir, ich bin da Neuling,
Dies Spiel, das Tissot Laster nennt,
Dies versteckte Spiel
Das Cupido als Kind praktiziert
Wobei er seinen erotischen Pfeil fortschießt
Weit weg von Psyche.

Mit den Füßen auf den Kaminsims gestützt,
Bring ich mich erst langsam in Fahrt,
Und dann presto:
Ich entwickle meine Ekstase,
Indem ich meinen Pfahl poliere von unten den Schaft hoch
bis zum Kapitell.

Aber die Schimäre öffnet die Tür.
Eine Frau tritt ein mit großer Brust,
Gewaltigen Hüften,
Streift Hemd und Unterröckchen ab
Schiebt unter meine Nase ihren dicken Kluten
Mit gewellten Härchen;

Dann dreht sie sich lächelnd um,
Und ich weiß nicht worein ich dringe
Sie bietet mir ihren Arsch.
Rubens, du mußt dich,
Bei der vollen Rundheit dieser Arschbacken
in deiner Kunst geschlagen geben!

Doch ich ergreif sie bei den Hüften,
Und spreize ihre weißen Schenkel
  Mit meinem Knie;
Schon macht meine siegreiche Latte
Die Spalte der Aprikose gewaltsam auf
  Und dort ihr Loch.

Sie kneift den Arsch zusammen, hebt die Kruppe,
Die Füße in der Luft wie in einer Gruppe
  Von Clodion.
Sie absorbiert meine ganze Latte
Und findet Messalinas
  Verzückte Stellungen.

Eine Flut des Prostatalikörs
Der die Tür des Tempels benetzt
  Schäumt an den Ufern;
Unter dem Stoß des Schwanzes, der sie treibt
Schreit sie bei jeder Erschütterung:
  Oh! Mach doller!

Die Augen trüb, blaß vor Lust,
spießt sie sich auf bis zum Heft
  Wie einstmals
Die Mädchen des Gottes Priapus
Auf dem Grund einer Höhle sich
  Das hölzerne Instrument in den Bauch stießen.

Ich durchdringe sie durch und durch.
Die Verzückung naht: ein Strahl von Ficke
  Ein heißer Strahl,
Durchläuft meinen Dolch wie eine Lava,
Spritzt hoch, fällt, und mit seinem Schleim
  Beschmiert er meine Eichel.

Als ich meine Tube gut ausgequetscht habe,
Sehe ich den Sukkubus fortfliegen
  Mit seinen schönen nackten Brüsten,
Ich werde schlaff, ich laß ihn hängen,
Bedaure meine Opfergabe
  Verkehrte Venus.

An meinen Fingern verbreitet sich in Flächen,
Schon kalt, die weiße Flüssigkeit;
Alles ist vorbei,
Und ich opfre für dein Mikroskop
Das Resultat meines Anfalls,
Spallanzani.

(dt. M. Brodhead, in: Heimlichkeiten der Männer, auf dessen Nachwort von K. Theweleit und M. Langbein sehr hingewiesen wird.)

Martial

BIOLOGISCHER IRRTUM

Ponticus, daß du dir nie ein Weib nimmst, immer die Linke
wählst als Lieb und die Hand zärtlich als Freundin dir dient,
hältst du für nichts? Ein Frevel, o glaube mir, ist es, ein großer,
wie du selber ihn kaum in deinem Herzen begreifst.
Einmal naht' einem Weib der Horatier, drei zu erzeugen,
einmal Mars, da gebar Ilia Zwillinge ihm.
Alles wär ja dahin, hätten beide sich selber befriedigt
und den schnöden Genuß nur ihren Händen vertraut.
Glaub mir, es ruft die Mutter Natur dir selber zu: »Was du
da mit den Fingern vertust, Ponticus, das ist ein Mensch!«

(dt. R. Helm)

Georges Bataille

DAS KEUCHEN IM SCHRANK

Seit jener Zeit war Simone der Manie verfallen, Eier mit dem Hintern zu zerbrechen. Dazu setzte sie sich so hin, daß ihr Kopf auf dem Sitz eines Sessels zu liegen kam, ihr Rücken sich an die Lehne schmiegte und ihre gekrümmten Beine sich zu mir hin öffneten, während ich mir den Schwanz rieb, um ihr meinen Samen ins Gesicht zu spritzen. Sodann legte ich ihr das Ei auf das Loch: sie fand Vergnügen daran, es in der tiefen Spalte hin und her zu bewegen. Und in dem Moment, da der Samen hervorschoß, zerbrachen die Hinterbacken das Ei, und die Lust überwältigte sie, während ich, mein Gesicht in ihren Arsch tauchend, in der überfließenden Schmutzlache verging.

Es blieb nicht aus, daß ihre Mutter unserem Treiben auf die Spur kam. Aber diese unendlich sanftmütige Frau, die selbst ein exemplarisches Leben führte, begnügte sich damit, als sie uns das erste Mal überraschte, dem Spiel wortlos zuzuschauen, so daß wir sie nicht einmal bemerkten: ich kann mir vorstellen, daß sie vor Schreck nicht den Mund aufbekam. Doch als wir fertig waren (und schnell die Unordnung beseitigen wollten), erblickten wir sie: sie stand in der offenen Tür.

– Tu so, als hättest du sie nicht gesehen, sagte Simone zu mir und fuhr fort, ihren Arsch abzutrocknen.

Dann verließen wir, ohne Eile, das Zimmer.

Einige Tage darauf, als Simone und ich im Gebälk einer Garage herumturnten, pißte sie auf ihre Mutter hinunter, die unter ihr stehengeblieben war, ohne sie gesehen zu haben. Die alte Dame trat zur Seite und sah uns mit so traurigen Augen an, mit so entgeisterter Miene, daß unsere Lust erwachte. Simone, die in Gelächter ausbrach, streckte mir, auf allen vieren, ihren Arsch entgegen. Ich entblößte sie, und trunken, sie vor ihrer Mutter nackt zu sehen, begann ich mich zu befriedigen.

Nachdem wir Marcelle eine Woche lang nicht mehr gesehen hatten, trafen wir sie eines Tages auf der Straße. Das blonde Mädchen, schüchtern und in naiver Frömmigkeit befangen, errötete so tief, daß Simone sie mit ungewohnter Zärtlichkeit umarmte.

– Entschuldige, Marcelle, sagte sie leise. Was neulich geschah, war böse. Aber das soll uns nicht hindern, daß wir jetzt Freunde werden. Ich verspreche dir: wir werden nie wieder versuchen, dich zu berühren.

Marcelle, die über keinerlei Willenskraft verfügte, war einverstanden, uns zu begleiten und bei Simone in Gesellschaft einiger Freunde von uns Tee zu trinken. Aber statt Tee tranken wir Champagner im Überfluß.

Der Anblick der errötenden Marcelle hatte uns erregt. Wir waren uns einig, Simone und ich, wir wußten, daß uns nichts mehr zurückhalten würde. Außer Marcelle waren noch drei andere hübsche Mädchen und zwei Jungen gekommen. Wir waren also zu acht, und der älteste von uns war noch keine siebzehn Jahre. Das Getränk tat seine Wirkung, aber außer Simone und mir war niemand in der Weise erregt, wie wir es uns vorgestellt hatten. Ein Phonograph half uns aus der Verlegenheit. Simone begann, allein einen frenetischen Ragtime zu tanzen, und zeigte ihre Beine bis zum Arsch. Die anderen Mädchen, aufgefordert, es ihr gleichzutun, waren viel zu ausgelassen, um sich noch zu zieren. Gewiß, sie hatten Schlüpfer an, aber die verbargen nicht viel. Nur Marcelle, berauscht und schweigsam, weigerte sich zu tanzen.

Simone, die so tat, als ob sie vollständig betrunken sei, knüllte ein Tischtuch zusammen, hielt es in die Höhe und schlug eine Wette vor: – Wollen wir wetten, sagte sie, daß ich in dieses Tischtuch vor euch allen Pipi mache?

Im Grunde war es eine Gesellschaft alberner junger Leute, die gern den Mund vollnahmen. Einer der Jungen ging auf die Wette ein. Den Preis sollte später der Gewinner bestimmen. Ohne Zögern näßte Simone das Tischtuch. Und in ihrer Dreistigkeit riß sie es in Fetzen, so daß die jungen Narren vollends aus der Fassung gerieten.

– Da ich mir den Preis aussuchen kann, sagte Simone zu dem Verlierer mit heißer Stimme, ziehe ich Ihnen jetzt vor allen die Hosen herunter.

Das war nicht weiter schwierig. Nachdem die Hose herunter war, zog Simone ihm auch das Hemd aus (um ihn nicht der Lächerlichkeit preiszugeben). Noch war indes nichts Schwerwiegendes geschehen: kaum daß Simone den Schwanz ihres Gegenspielers mit leichter Hand gestreichelt hatte. Doch sie dachte nur an Marcelle, die mich anflehte, sie gehen zu lassen.

– Wir haben dir versprochen, dich nicht zu berühren, Marcelle, warum also willst du gehen?

– Darum, sagte sie hartnäckig. (Eine panische Angst bemächtigte sich ihrer).

Plötzlich, zum Schrecken aller, stürzte Simone zu Boden. Eine wie toll sich steigernde Verwirrung versetzte sie in Aufruhr. Mit zerzausten Kleidern, den Arsch in der Luft, rollte sie wie unter einem epileptischen Anfall vor den Füßen des Jungen hin und her, dem sie die Hose ausgezogen hatte, und stammelte zusammenhanglose Worte:

– Piß auf mich ... piß mir in den Arsch, rief sie wieder und wieder, als sei sie am Verdursten.

Marcelle sah dem Schauspiel starr zu: sie war tief errötet. Ohne mich anzusehen, sagte sie zu mir, sie wolle ihr Kleid ausziehen ... Ich streifte es ihr ab und befreite sie von ihrer Wäsche; den Strumpfhaltergürtel und die Strümpfe behielt sie an. Nachdem sie sich von mir widerstrebend hatte streicheln und auf den Mund küssen lassen, durchquerte sie das Zimmer wie eine Nachtwandlerin, steuerte auf einen großen normannischen Schrank zu und schloß sich darin ein (im Vorübergehen hatte sie Simone ein paar Worte ins Ohr geflüstert).

Sie wollte sich in diesem Schrank befriedigen und flehte uns an, wir sollten sie allein lassen.

Hier muß gesagt werden, daß wir inzwischen alle betrunken waren und einer den andern an Verwegenheit übertrumpfte. Ein Mädchen lutschte den Schwanz des nackten Jungen. Simone stand mit hochgerafftem Rock da und rieb ihre Hinterbacken an dem Schrank, aus dem man das heftige Keuchen der sich befingernden Marcelle hörte.

Plötzlich geschah etwas Irres: ein seltsames Wassergeräusch, dann das Erscheinen eines Rinnsals und schließlich eines Baches unter der Schranktür. Die unglückselige Marcelle hatte in den Schrank gepißt, als die Lust sie überwältigte. Der Ausbruch trunkenen Gelächters, der darauf folgte, ging in eine Orgie niedersinkender Körper, stampfender Beine und in die Luft gestreckter Hintern, durchnäßter Röcke und spritzenden Spermas über. Das Gelächter hörte sich wie unfreiwilliges Schlucken und Prusten an, vermochte jedoch kaum den Sturm auf die Ärsche und Schwänze aufzuhalten. Dann aber hörte man die traurige Marcelle einsam und immer lauter schluchzen in ihrem selbstgewählten Pissoir, das ihr jetzt als Gefängnis diente.

Eine halbe Stunde später, als ich nicht mehr ganz so betrunken war, kam mir die Idee, Marcelle aus dem Schrank herauszuhelfen. Das unglückliche Mädchen war verzweifelt. Sie zitterte und klapperte mit den Zähnen vor Fieber. Als sie mich erblickte, bezeigte sie einen krankhaften Abscheu. Ich war bleich, blutbefleckt, liederlich gekleidet. Hinter mir lagen, in wildem Durcheinander, schmutzige nackte Körper auf dem Boden. Zwei von uns hatten sich an Glassplittern geschnitten und bluteten; ein Mädchen erbrach sich; wir waren von einem so gewaltsamen, unbändigen Lachen geschüttelt worden, daß der eine seine Kleidung, der andere seinen Sessel oder die Dielen bepißt hatte. Der so entstandene Gestank von Blut, Sperma, Urin und Erbrochenem ließ einen schaudernd zurückweichen, doch mehr noch erschreckte mich der Schrei, der aus Marcelles Kehle hervorbrach. Simone allerdings schlief – mit unbedecktem Leib, die Hand auf ihrem Fell, das Gesicht befriedigt.

Marcelle, die stolpernd und unter wirren Lauten durch das Zimmer gestürzt war, wich, nachdem sie mich ein zweites Mal angesehen hatte, vor mir zurück wie vor dem Tod. Sie sank zu Boden und stimmte eine Litanei unmenschlicher Schreie an. Diese Schreie brachten mich erstaunlicherweise wieder zu mir. Leute würden angelaufen kommen, das war unvermeidlich. Nicht daß ich daran dachte zu fliehen oder den Skandal nach Möglichkeit zu vermindern. Im Gegenteil, entschlossen öffnete ich die Tür: welch ein Schauspiel, welch unerhörte Lust! Leicht kann man sich die Schreckensrufe vorstellen, die Schreie, die unangemessenen Drohungen der Eltern, als sie das Zimmer betraten: das Schwurgericht, das Zuchthaus, das Schafott wurden unter flammenden Reden und krampfhaft ausgestoßenen Verwünschungen heraufbeschworen. Auch unsere Freunde hatten angefangen zu jammern. Ja, sie steigerten sich in einen Rausch von Schreien und Tränen: man hätte meinen können, sie seien wie Fackeln in Brand gesteckt worden.

Und dennoch, welch ein Greuel! Es schien, als könnte nichts dem tragikomischen Wahnsinn dieser Narren ein Ende machen. Die noch immer nackte Marcelle hörte nicht auf, unter wilden Gesten ein unmögliches moralisches Leiden und ein unmögliches Schaudern in Schreie zu übersetzen; sie biß ihrer Mutter ins Gesicht, in die Arme, die sich vergebens bemühte, sie zu zähmen.

Der jähe Einbruch der Eltern hatte vollends zerstört, was ihr noch an Vernunft geblieben war. Man mußte die Polizei zu Hilfe holen. Das ganze Viertel wurde Zeuge eines unerhörten Skandals.

(Der normannische Schrank, in: Die Geschichte des Auges, dt. M. Luckow)

Günter Steffens

DIE ANNÄHERUNG AN DAS GLÜCK

Und dort, salva venia, habe ich mir einen abgewichst; was sage ich, einen; mindestens dreimal habe ich mich dorthin stehlen müssen, stündlich, wie ein Quartaner in den Pausen; ich dachte schon, man müßte es mir ansehen können, ich kannte mich nicht mehr, nicht mehr wieder an diesem Tag. Was willst Du, die Geschichte meiner Liebe zu Dir wäre nicht vollständig ohne das (noch unvollständiger, heißt das, als sie sowieso sein wird, denn es gibt keine vollständigen Geschichten, absolut keine, sage ich Dir). Es war eine der wenigen Reverenzen, die ich Dir erwiesen habe (so wie die andere, ähnliche, bei einer gewissen Taxifahrt von Barcelona nach Castelldefels, als ich Dir erlaubte, mir einen von der Palme zu schütteln, in Deckung hinter dem Buch über Gaudí, das ich Dir gerade gekauft hatte, im Anschluß an die Besichtigung der Sagrada Familia, dieses Bündels verrückter Maiskolben). Aber was, aber nein, aber ach nein, Du warst es nicht, obwohl es von Dir herkam. Keine Rede davon, daß ich mich in einsamer Gedankenfreiheit an Dir vergnügt hätte hinter der klickend verriegelten Lokustür (seidigglänzender, fliederfarbener Schleiflack, falls diese Farbe, dieser Glanz nicht bloß von der vibrierenden Rückansicht der »Kuchentante« her in meinen Augen hängengeblieben war) nein, so leicht hatte ich es nicht einmal in Deiner Abwesenheit mit Dir. Sondern ein fast fremdes Paar (nämlich der Mann aus der Galerie, der knackige Bursche, den ich für Waidmann hielt, vorerst noch, und die Frau, die Dich bei mir, will sagen in mir, vertrat, wenn Du weg warst, obgleich sie gewissen anderen eher glich als Dir) hatte mitten in meinem Kopf sein fliederfarbenes Bett aufgeschlagen und hätte mich glatt zu seinem Voyeur gemacht, wenn es mir nicht gelungen wäre, diese Rolle einem anderen zuzuschieben, der zwar durchaus meine Kreatur (oder meine Kreation), aber eben doch nicht ganz mit mir identisch war, und von ihm, einem Dritten also, empfing ich (Voyeur des Voyeurs) eine doppelt und dreifach fremde Lust, die mich aber, so schien es mir, merkwürdigerweise nur vermöge dieser Distanzierung, dieser Entferntheit von mir, so mächtig ergreifen konnte, daß ich (der Vierte, das fünfte Rad, der Kiebitz des Kiebitzes) in die Lage kam, den simpel-realen Niederschlag der komplizierten imaginären Ausschweifung in nassen, klebrigen Papierknäueln unter mich ins Becken schleudern zu müssen, und das nicht nur einmal. Nie, mußte ich denken, nie hätte ich an Dir (ich selbst an Dir selbst) eine Lust finden können wie die, die zwar von Dir herkam, aber nur über diese Staffel von stellvertretenden Ausgeburten (durch die hindurch ich Dich liebte, Dich fickte, in hochmütiger, erbärmlicher, keuchender Ausgeschlossenheit) zu mir gelangen konnte. Ich mochte das nicht; das ist zu wenig gesagt, es war mir zuwider; auch das ist noch zu wenig. Die Hände zitterten mir davon.

(aus: Die Annäherung an das Glück)

Raimund Petschner
PENTHOUSE

Er schob seinen Bauch wie einen prall aufgeblasenen Ballon vor sich her. BOSTON GIANTS war mit dicken roten Buchstaben auf die Brust seines T-shirts gedruckt. Schweißtriefend, mit vollgestopften Hertie-Tüten in beiden Händen, setzte er Fuß vor Fuß. Carl sah, daß auf dem T-shirt-Rücken eine 24, wie eine Startnummer, aufgedruckt war.

Außer Hertie hatte alles zu, mitten auf der Straße sonnte sich eine Katze, niemand störte sie, niemand war unterwegs außer dem Boston Giant, und der verschnaufte gerade, im Schatten eines Hauses an die Wand gelehnt.

Carl zog die Vorhänge zu. Die pralle Sonne, durch den Stoff gefiltert, tauchte das Zimmer in ein mildes Honiglicht. Er schloß die Tür ab, wollte für sich sein, nackt sein.

Als er die Unterhose runterstreifte, pendelte sein Schwanz heraus. Er fuhr mit der Hand durch die Arschspalte, grub sich etwas hinein, dann streichelnd über die Eier bis an die Schwanzspitze. Er zog die Haut ein Stück zurück, schnupperte den Saftgeruch, während der Schwanz zitternd, nickend, vibrierend sich aufrichtete und ihn anglotzte mit seinem uralten zerknautschten Gesicht. Er hätte ihn gern in den Mund genommen.

Carl legte sich auf die Matratze und überlegte, ob er die PENTHOUSE-Ausgabe mit der ganz bestimmten Frau auf der Mittelseite (›Miss Barbara Ann‹) nehmen sollte. Barbara-Ann's Gesicht war mit

Haar verstruwwelt bis auf den Mund, der feucht und geöffnet war – und so war auch ihre Möse zwischen den träge gespreizten Beinen: alles aufgefaltet, offen, feuchtschimmernd wie gerade gefickt. Aber er hätte wieder aufstehen und das Heft suchen müssen, und außerdem sah er Miss Barbara Ann's Möse vor sich, die über seinem Mund hockte, während die Zunge zwischen all den nassen rosa Fältelungen kreiste und wie ein Bolzen in das heiße, schleimige, salzig schmekkende Loch eintauchte. Er bohrte den Finger in sein eigenes Loch, tief hinein, bis es schmerzte, wunderschön wehtat, während er mit der anderen Hand den Schwanz sanft rubbelte, der schon glitschte an der Spitze und zitterte, als wolle er immer noch steifer werden.

Irgendwie kam ihm die Lust, durchgefickt zu werden, Barbara Ann zu sein, Möse weit aufgespreizt, besinnungslos offen, es reingeschoben zu kriegen, egal was, hart und heiß reingeschoben. Durchgefickt. Neben der Matratze lag ein Bleistift, der hatte einen dieser komischen silbrigen Bleistiftverlängerer dran. Er steckte das Ding mit der Metallspitze ins Hinternloch, bohrte es rein und weiter rein, bis es irgendwo im kribbelnden nassen Arsch versank. Er spreizte die Beine weit auseinander, schrie. Das machte ihn an Frauen so wild, jetzt war er selber die Frau. Das Metall eiskalt in seinem Hintern oder siedendheiß, er griff danach, drehte daran, schob es noch tiefer rein,

es kam ihm von hinten, sauste durch Schenkel und Bauch und spritzte zum Schwanz heraus.

Wenig später stellte er fest, daß der Bleistiftverlängerer sich in seiner Hinternschleimhaut verhakt hatte. Das Gehirn arbeitete plötzlich sehr nüchtern. Die Öffnung, mit der dies Ding über den Bleistift gezogen wird, hat einen Wulst, der an einer Stelle unterbrochen wird durch eine Längsritze, die es anpaßbar macht für verschieden dicke Bleistifte. An der Stelle zwischen dem Wulst und der Längsritze ist das Metall scharfkantig, und genau dort mußte es sich verhakt haben.

Er zog den Bleistift heraus. Sobald er an der Verlängerungsspitze zog, tat es entsetzlich weh.

Er riß, drehte, schob, zog, nichts half. Blieb liegen, die Hand sinnlos an dem verfluchten Metall. Sein eigener kalter Schweiß ekelte ihn.

Er sah den Arzt vor sich, im weißen Kittel, mit der leutseligen Frage: – Na, was fehlt uns denn? –, während er das Sprechzimmer beträte, mit der Verlängerungsspitze im Arsch.

Er war bereit, wie ein Schwein zu bluten, wenn er's nur schaffen würde, dies Ding selber rauszukriegen. Riß panisch daran. Biß die Zähne zusammen.

Telefon.

– Nicht abnehmen –, dachte er, – ich bin nicht da, bin einfach für niemanden da, bis ich's geschafft habe, das mit der Verlängerungsspitze –

Aber es hörte nicht auf zu klingeln. Irgendjemand war verrückt geworden oder wußte genau, daß er zu Hause war. Er hatte die Hand im Arsch und drehte das Ding nach links, das tat weh, er drehte in die andere Richtung, das war kaum noch auszuhalten. Mit Schere und Spiegel sich selbst operieren, vielleicht?

Und das verdammte Telefon gab keine Ruhe.

Er griff hinter sich und nahm den Hörer ab – Guten Tag, Herr Ratschek! Ich hoffe, ich störe nicht ... –, gedrückte, besorgte Frauenstimme, – es geht um die Versetzung von Matthias, und ich wollte mich mal erkundigen, ob er bei Ihnen in Mathe - - -

Herr Ratschek sagte, Matthias müsse viel üben. Besonders den Dreisatz. Man werde in der nächsten Woche, voraussichtlich Donnerstag, eine Arbeit schreiben. Diese sei entscheidend für Matthias' Zeugnisnote, die zwischen 4 und 5 schwanke, und damit auch für die Versetzung. Matthias sei hochintelligent, nur habe er in letzter Zeit keine Lust, einfach keine Lust.

(Ratschek, in: Zu spät um Angst zu haben)

Lukian

EINE LÖSUNG

Aber eh ich den Mond wieder verlasse, muß ich euch doch erzählen, was ich während meines dortigen Aufenthalts Neues und Außerordentliches bemerkt habe. Das erste ist, daß die Seleniten nicht von Weibern, sondern von Männern geboren werden; denn hier heiraten die Männer einander, und das weibliche Geschlecht ist ihnen etwas so unbekanntes, daß sie nicht einmal in ihrer Sprache ein Wort dafür haben. Ihre Einrichtung ist diese: Jeder Selenit wird geheiratet, bis er fünfundzwanzig Jahre alt ist, von dieser Zeit an aber heiratet er selbst.

Ihre Leibesfrucht tragen sie nicht wie die Jungfrauen bei uns im Bauch, sondern in der Wade. Sobald ein junger Selenit empfangen hat, fängt ihm die Wade an, dicker zu werden; einige Zeit darauf wird die Geschwulst aufgeschnitten, und man zieht die Kinder tot heraus; sobald sie aber mit offenem Munde den Winden ausgesetzt werden, fangen sie an zu atmen, zu leben. Ich vermute, daß das Wort Beinbauch sich von diesem Volke herschreibt und sich auf diese sonderbare Eigenschaft bezieht, die Kinder, anstatt, wie andernorts gebräuchlich und vorschriftsmäßig im Leib – in der Wade zu tragen. Was aber noch viel sonderbarer ist: es gibt eine Art Wesen bei ihnen, Baummenschen genannt, die auf folgende Weise entstehen. Man schneide einem Mann den rechten Hoden aus und pflanze den linken in die Erde; nach und nach wächst hieraus ein sehr großer fleischiger Baum, der die Gestalt eines sehr priapischen Phallus, aber dabei Zweige und Blätter hat; seine Frucht sind Eicheln von der Größe eines Rieseneies. Diese Früchte werden, wenn sie reif sind, abgebrochen und die Menschen herausgeknackt. Diese Baummenschen sind aber von Natur ohne Geschlechtsteile und also genötigt, sich künstliche anzusetzen, die ihnen eben die Dienste tun, als ob sie natürlich wären. Die Reicheren lassen sich solche von Elfenbein machen, die Armen aber müssen sich mit hölzernen begnügen.

(aus: Der wahren Geschichte erstes Buch, dt. A. Ehrenstein)

X.

DAS 6. UND DER SEX

Engel
haben keinen Tripper

HILKE RADDATZ

Wilhelm Goebel

EIN WORT AN DIE FRAUEN

Ein »gläubiges« Fräulein, das verlobt war, sagte mit der größten Seelenruhe zu seiner Freundin: »Ich habe mit meinem Bräutigam ausgemacht, daß wir keine Kinder haben wollen.« Solche Frauen erniedrigen sich zu Ehedirnen und sind für den Mann eine Versucherin und eine Reizung zu schwerer Sünde. Gerät er auf Abwege, dann tragen sie die Schuld.

Es gibt heute eine gottvergessene Art von Weibern, die den heiligen Mutterberuf verhöhnt und gemein zu machen sucht. Diese Art behauptet kühn und frech, es stehe allein der Frau zu, darüber zu entscheiden, ob und wie weit sie die ehelichen Pflichten übernehmen wolle, da sie in erster Linie die Folgen zu tragen habe. Es ist, nebenbei gesagt, eine merkwürdige Logik, wenn jemand darüber entscheiden will, ob er *Pflichten* erfüllen will oder nicht.

Es ist durchaus zu verurteilen, wenn jemand nachher nicht erfüllen will, was er doch zu erfüllen gelobt hat. Sehr viele Ehen sind durch die *Frauen* zu tief unglücklichen gemacht worden. *Manche Frau hat ihren Mann auf dem Gewissen.* Sie wird es einmal mit vor Gottes Gericht verantworten müssen, daß er zum Ehebrecher und Trinker geworden ist. Die Auflehnung gegen die Erfüllung der ehelichen Pflicht verletzt und empört den Mann aufs tiefste.

Überall da, wo zwischen Mann und Frau das rechte biblische Verhältnis herrscht, wird sich auch diese Sache ganz von selbst regeln. Wenn die Frau in würdevoller Demut sich dem unterwirft, was Gott 1. Mose 3, 16 gesagt hat: »Er soll dein Herr sein«, wenn sie eingedenk ist der apostolischen Mahnungen Eph. 5, 22–24: »Die Weiber seien untertan ihren Männern als dem Herrn; denn der Mann ist des Weibes Haupt, gleichwie auch Christus das Haupt ist der Gemeinde, und er ist seines Leibes Heiland. Aber wie nun die Gemeinde ist Christo untertan, also auch die Weiber den Männern in allen Dingen«, und 1. Petri 3, 1: »Die Weiber sollen ihren Männern untertan sein«, und Kol. 3, 18: »Ihr Weiber, seid untertan euren Männern in dem Herrn, wie sich's gebühret«, wenn sie diese Stellung wirklich einnimmt, dann wird sie ihrem Mann gern in allem zu Willen sein, was nicht gegen Gottes Wort und Gottes Ordnung ist. Sie wird in dieser Stellung aber auch einen wunderbar machtvollen Einfluß auf ihren Gatten gewinnen.

(aus: Der Rabe 6)

Friedrich E. Freiherr von Gagern

MANN UND FRAU

Die Frau sehnt sich danach, den geliebten Mann in sich aufzunehmen. Der Mann hat das Streben, in sie eindringend mit ihr zu verschmelzen. Damit entsprechen beide ihrer charakterlichen Verschiedenheit. Der Frau ist das Gewähren, Erleiden, Empfangen, Tragen, Gebären, Nähren und Bewahren zugeordnet. Der Mann hingegen ist mehr schöpferisch, zeugend, gestaltend, werbend, angreifend und eindringend. So ist im Seelischen vorgebahnt, was im Leiblichen zum Ausdruck kommt und sich zu vollziehen vermag. Aber im Bereich der Liebe bleibt das Bestimmende immer das Unkörperliche, deshalb dürfen wir nicht vergessen, daß der Leib ohne das Geistige in uns nur der Gestalt nach Mensch ist, dem Wesen nach Organismus. Verachten wir ihn darum nicht: »Wißt ihr nicht, daß euer Leib Tempel des Heiligen Geistes ist, der in euch wohnt.« (1. Kor. 6, 19).

(aus: Mann und Frau, 90.–101. Tausend, 1967)

Tihamer Tóth

VERWESUNG BEI LEBENDIGEM LEIBE

Der unsittliche Verkehr mit verdorbenen Frauen führt zu besonderen Krankheiten. Mein Sohn, die Feder erzittert in meiner Hand, da ich davon schreibe; denn ich muß über die verhängnisvolle Tragödie vieler junger Leben sprechen, von der du bis jetzt vielleicht nichts gehört hast, aber ich muß sie erwähnen, damit du weißt, wohin dich eine einzige unbedachte Tat führen kann. Damit du nicht – wie schon andere mußten – jenen Augenblick verfluchen mußt, in dem du bei verkommenen Mädchen zum ersten Mal auf unsittlichen Wegen die Wonne genießen wolltest.

Wisse also, mein Sohn, daß du durch den geschlechtlichen Verkehr mit solch armen, gefallenen Frauen, die sich diesem traurigen Leben ergeben haben, dir eine Krankheit holen kannst – es genügt eine einzige Gelegenheit – deren Zerstörungswerk dein Körper ein ganzes Leben hindurch tragen muß, für die es vielleicht keine Heilung gibt; die dein Blut vergiften und die du als furchtbares und verfluchtes Vatererbe, – wenn du eine Familie gründen würdest – auf deine Gattin, deine armen Kinder, Kindeskinder, auf eine ganze Geschlechterfolge übertragen könntest. Sie werden sie bekommen und werden das Andenken ihres Vaters, dessen jugendlichen Ausschweifungen ihnen dieses furchtbare Erbe gebracht haben, verfluchen.

Und weißt du, mein Sohn, wie erschreckend weit diese Krankheiten unter den Menschen verbreitet sind? Wer diese Sünde mit einer gefallenen Frau begeht, der bekommt – nach der Feststellung der Ärzte – die eine oder andere Art der Geschlechtskrankheiten. Weißt du, daß heute bereits die ehrenhaften Gesellschaftskreise mit heißem Bemühen nach Mitteln suchen, um sich gegen dieses ansteckende Gift zu schützen? Ein Plan ist aufgetaucht, wonach alle Bewohner des Landes überprüft werden müßten und diejenigen, bei denen diese Krankheit festgestellt wurde, gebrandmarkt werden: ein Warnzeichen zum Schutze der ehrenhaften Menschen; ihr sollt vor diesem Unglücklichen fliehen. Es gibt drei Arten der Geschlechtskrankheiten. Und weißt du, daß eine dieser Krankheiten, die Syphilis, allein mehr Opfer fordert unter den Menschen als Pest, Cholera und Gelbes Fieber zusammengenommen? Und doch, nicht wahr, mit welchem Schrecken denken wir an die Pest?

Wer sich in dieser Krankheit befindet, dessen Leben wird – nach der Statistik der Lebensversicherungsgesellschaften – mit zehn Jahren kürzer, auch wenn er sich kurieren läßt.

Der an Syphilis Erkrankte bekommt hohes Fieber, an seinem Körper brechen Wunden auf, herber Schmerz schneidet durchs Gebein und peinigt seine Muskeln, heftige Kopfschmerzen quälen ihn; Haut-, Augenlid-, Speicheldrüsenentzündungen und Darmkrankheiten kommen; eine große Mattigkeit überkommt ihn, und dennoch findet er keinen Schlaf.

Er wird zum Spielball der verschiedensten Krankheiten, denen gegenüber alle Widerstandskraft fehlt. Wenn aber diese Krankheit fortschreitet, so wird infolge der Wunden der Gaumen durchlöchert, das Nasenbein verfault oft, und das Gesicht des Kranken wird verzerrt. Die Knochen werden zerbrechlich.

Noch gefährlicher ist es, daß die Herzadern erkranken und der Kranke von einem furchtbaren Herzkrampf befallen wird; wenn aber die aus der linken Herzkammer kommende Hauptarterie erkrankt ist, erträgt sie nicht mehr den Blutdruck, sie erweitert sich immer mehr und platzt schließlich. Der arme Kranke probiert jedes Mittel; er möchte seine Gesundheit wieder herstellen. Manchmal sieht es so aus, als wenn er vollkommen geheilt wäre. Auch der Arzt glaubt das. Da – nach Jahren – tritt diese Krankheit wieder auf, weil die in seinem Organismus latenten Bazillen aufleben. Rückenmarkschwindsucht, Verblödung, Paralizis und Blindheit treten auf. Von einer vollkommenen Genesung kann bei dieser Krankheit kaum die Rede sein. Und der Mensch, der in seinen Studienjahren die schönsten Hoffnungen weckte, geht jämmerlich und elend als Last der Menschheit und seiner Familie zugrunde.

Mit welchen wahnsinnigen Schmerzen die Rückenmarkparalyse einhergeht, wie wahnsinnig es auf das Bewußtsein des Kranken wirkt, daß die Paralyse von Tag zu Tag fortschreitet, der unaufhaltsamen Verblödung entgegen, an deren Ende das Irrenhaus steht, von all dem will ich nichts mehr sagen. Ach, wenn nur alle jungen Menschen diese furchtbare Tragödie vor Augen hätten, wenn sie zum ersten Mal sich »Genuß« verschaffen wollen! *Für einige Augenblicke »Genusses« unter Umständen Rükkenmarkparalyse und das Irrenhaus* . . . Das ist wahrlich kein gutes Geschäft!

Und glaube ja nicht, daß ich übertreibe und dich bloß erschrecken will. Sag nicht, daß, wenn diese Krankheiten wirklich so gefährlich wären, man von ihnen eigentlich viel mehr und viel öfter hören müßte, daß man dann wissen müßte, auch dieser oder jener sei daran gestorben. Denn es ist nur ganz natürlich, daß derjenige, der an einem solchen Übel leidet, es vor allen verstecken wird. Andererseits raffen diese Krankheiten sehr oft *unter einem ganz anderen Namen* ihre Opfer dahin! Nur die Ärzte sind Zeugen jener furchtbaren Tragödie, die sich unter den Menschen abspielt; nur sie könnten es bezeugen, in wieviel Fällen die eigentliche Ursache für die Lungen-, Leber-, Blutgefäße-, Gehirn- und Knochenerkrankungen sowie für die vorzeitige Arterienverkalkung die Syphilis war.

»Auf dem Höhepunkt seines segenvollen Wirkens, im fünfundvierzigsten Jahr seines Lebens, nach langem und qualvollem Leiden ist er im

Herrn entschlafen ... Die Familie kann vor soviel Leid nicht einmal mehr Tränen vergießen. Beim Begräbnis wird der frühverstorbene höhere Beamte von einem Verein nach dem anderen verabschiedet. Sein Totengräber aber ist die *spirochaeta pallida* genannte Bakterie, die vor allem solche Jugendliche befällt, welche sich selbst nicht beherrschen können. Diese sind der Meinung, daß etwas, was von außen nicht zu sehen ist, auch gar nicht existiert. Während sie jedoch mit ungestörter Gesundheit erwachsen, entwickelt sich auch diese Bakterie latent mit ihnen. In genau fünfzehn Jahren ist sie vollends ausgebildet, und sobald der einst so leichtsinnige junge Mensch in den Besitz seiner vollen Kräfte gelangt ist und er mit vierzig, fünfundvierzig Jahren das schöpferische Alter erreicht hat, eilt er mit roten Wangen und starken Muskeln dem Grab zu. Die Bakterie hat ihre Virulanz erreicht und beendet jäh alle seine Blüte. Auf dem Höhepunkt des Lebens, inmitten des schöpferischen Alters muß derjenige unter großen Qualen ins Grab steigen, der die Worte der Heiligen Schrift nicht gehört hat: du sollst nicht Unkeuschheit treiben.« (Walter: Sonnenstrahlen, 1931).

Schau dir die umseitige Tabelle mit besonderer Aufmerksamkeit an; sie wurde auf Grund der Daten der Gothaer Lebensversicherungsgesellschaft von der in Berlin residierenden »Deutschen Gesellschaft zur Bekämpfung der Geschlechtskrankheiten« zusammengesetzt. Du kannst daraus klar ersehen, daß jene, die einmal an der Syphilis erkrankt waren (auch wenn sie geheilt sind!) in einer viel größerer Zahl an allen möglichen Krankheiten sterben als jene, die niemals geschlechtskrank waren. Wenn wir nämlich die durchschnittliche Sterbezahl mit 100 annehmen (sie wird durch die senkrechte punktierte Linie angezeigt), kannst du ersehen, daß ausgenommen die Erkrankungen durch Tuberkulose, die geheilten Syphilitiker an allen Übeln in einer unverhältnismäßig hohen Zahl sterben, besonders aber an Verblödung, an Rückenmarkerkrankung und an Aneurysme.

Die alten griechischen Sagen erzählen von irgendeinem stierköpfigen Monster mit menschlichem Leib, den König Minos auf der Insel Kreta in den Labyrinth gesperrt hat und dem er jede Woche sieben heranwachsende Athener Jünglinge und sieben Mädchen vorwarf. Das ist bloß eine Sage. Aber alle Verheerungen durch dieses märchenhafte Monster ist nichts, verglichen mit der fluchbeladenen Zerstörung der Sünde der Unkeuschheit, die heute unter uns unzählbare Scharen der Jugend unaufhaltsam in den schrecklichen Strudel des seelischen und leiblichen Untergangs reißt.

»Ein früherer französischer Arzt, einer der größten aller Ärzte, die die Geschlechtskrankheiten kennen, sagte: *Wer Gott nicht fürchtet, der soll die Syphilis fürchten*, und daß die Syphilis wirklich eine schreckliche Krankheit ist, wissen jene am besten, die das Elend, das ihr folgt, erlebt haben, und noch besser wissen es jene Ärzte, die in hundert und aberhundert Versionen, an hundert und aberhundert Kranken sehen, wie schrecklich der Ablauf der Syphilis und wie elend ihr Ende ist.«

Die Sterblichkeit von Syphilitikern nach den verschiedenen Krankheiten:

Durchschnittliche Sterblichkeit der Versicherten	100
Tuberkulose	48
Erkrankung der Atmungswege	99
Ansteckende Krankheiten	110
Nierenleiden	164
Magen- und Darmerkrankungen	184
Erkrankungen des Kreislaufs	216
Selbstmord	222
Schlaganfall	228
Erkrankungen des Gehirns (ausgenommen Paralyse)	245
Verblödung (Paralyse)	503
Rückenmarkparalyse	667
Aneurysma	680

»Wir haben Kenntnis von Fällen, bei denen die angeborene Syphilis 30 bis 40 Jahre latent geblieben ist, als hätte sie jede Spur verwischt, dann aber tauchte sie als Rückenmarkparalyse (Tabes), oder als syphilitische Verblödung – die man auch gemeinhin Paralyse nennt – auf.«

Wie bewahrheitet sich da der deutsche Vers:

Lust und Freude sterben jung und bald;
der Kummer wird hundert Jahre alt.

Du wirst sicherlich den Namen eines der weltberühmtesten Maler, *Leonardo da Vinci*, gehört haben. Ja, du wirst auch von einem seiner berühmtesten Bildnisse, von der auf die Refektoriumwand des Klosters zu Milano gemalten Abbildung des letzten Abendmahls ein Bild gesehen haben. Das aber wirst du kaum gehört haben, welch erschütternder Vorfall sich an dieses Gemälde knüpft. Der Künstler grübelte gerade darüber nach, wo er ein entsprechendes Modell für das erhabene Antlitz des Herrn finden würde, als er zu seiner Freude unter den Chorknaben einer Kirche einen auffallend schönen jungen Burschen fand. Pietro Bandinelli – so hieß der junge Mann – stand mit Freuden Modell, damit seine Gesichtszüge als die des Herrn festgehalten würden. Dann vergingen Monate, es waren bald zwei Jahre vorüber, und Leonardo ging unmutig auf den Straßen herum, denn er fand kein entsprechendes Modell für die Abbildung des Judas. Er suchte einen Menschen, dessen Gesicht all die Bosheit zur Schau trägt, die man von Judas allgemein annimmt. Schließlich traf er einen jungen Mann mit früh vergreistem Gesicht, dessen grobe Züge von einer verdorbenen Seele zeugten. Als er jedoch diesen unbekannten Mann vor das letzte Abendmahl hingestellt hatte und gerade im Begriffe war, das Gesicht des Judas zu malen, begann der Unbekannte bitter zu weinen. Dieser Fremde war niemand anderer als Pietro Bandinelli. Er war in einen unmoralischen Lebenswandel geraten, und seine furchtbaren Sünden haben das ehemalige Christus-Antlitz zur Judasfratze entstellt. Dabei hat die Sünde dies bloß mit seinem Körper gemacht! Wie aber mochte wohl seine Seele ausgesehen haben!? Ach, wenn die stillen Gräber auf den Friedhöfen einmal sprechen würden! Diese stummen Hügel, in welche die Sünde der Unsittlichkeit hoffnungsvolle junge Leben vor der Zeit sinken ließ.

Hier schließe das Buch für einen Augenblick, mein Sohn, und vertiefe dich mit andächtiger Seele in die Worte der Heiligen Schrift: »Wer den Tempel Gottes verdirbt, den vernichtet Gott. Gottes Tempel ist nämlich heilig, und der seid ihr« (1. Kor. 3, 17).

(aus: Das reine Mannestum, 1967)

Katholischer Pressebund

PORNOGRAPHIE

Als einige Jahre nach Kriegsende der gewiß unverdächtige Nationalökonom Wilhelm Röpke, ein Vater der Sozialen Marktwirtschaft, von Genf aus eine Reise durch Deutschland machte, da entsetzte er sich über die Schmutzliteratur, die an deutschen Bahnhofskiosken aushingen und schrieb an seine Frankfurter Freunde einen beschwörenden Brief, um sie auf den drohenden Niedergang Deutschlands aufmerksam zu machen. Wo liegt die Gefahr? Nun, das Zotenreißen in Wort und Bild; das »Schweinische« (so der Germanist Eduard Engel); das Herumgehen und »mit der Sauglocke läuten« ist nicht bloße Kraftmeierei. Und es ist auch nicht die bloße Freude an der Verblüfftheit des Anderen. Bleiben wir im Bild: Wo jemand eine Jaucheleitung ins Haus des Nachbarn leitet, da kann man nicht gerade erwarten, daß damit eine gesunde Atemluft geschaffen wird. Und wenn ihn ein Richter wegen Mordversuchs durch Gasvergiftung verurteilen würde? Wie aber, wenn jemand die Atemluft der Seele vergiftet? Eine mit Sexual-Bildern »angereicherte« Phantasie wird auf Dauer straffer Konzentration unfähig. Leistung, Berufserfolg sinken ab. Viele hoffnungsfroh zur UNI ausgezogene Studenten sind an der Filia hospitalis gescheitert. Schreiber dieser Zeilen war Soldat (Sanitäter) des 1. Weltkrieges. Ihn und noch andere Theologen dirigierte ein »wohlwollender« Sanitätsfeldwebel in eins der zwei Sonderlazarette für venerisch Kranke. Sollten wir uns dort etwa infizieren? Jedenfalls haben die drei Wochen – dann griff der entrüstete Garnisonspfarrer, ein Kapuziner ein – haben uns diese drei Wochen mit allen Hauptfolgen dieser »süßen Sünde«, die in der Presse schamhaft verschwiegen werden, so bekannt gemacht, daß sie unvergessen sind. Beweis: 30 Jahre später weilte derselbe Theologe, jetzt Priester, zur Erholung nach Herzinfarkt, in einem landschaftlich wunderschön gelegenen Schwesternhaus, das gleichzeitig Haushaltungsschule und Müttererholungsheim war. Zwischenhinein, unter Kursen guter und abgearbeiteter Mütter, kam aus einer Großstadt ein Kurs, der wohl etwas überhastet zusammengestellt war: Tonangebend waren »Frauen«, die sich gegen Personal und Schwestern derart in Zoten ergingen, daß die Schwestern dem Priester sagten, man wisse nicht mehr ein noch aus. »Sagt ihnen, ich lüde sie heute nachmittag zu einem Vortrag ein.« Was geschah. Der Priester sagte, er werde anläßlich des Aloisiustages über die Reinheit sprechen. Das erwartete hämische Grinsen stellte sich prompt ein. Ungerührt fuhr der Priester fort, er werde zunächst aber ein Kontrastbild geben. Und eine Viertelstunde lang beschrieb er diesen Weibern die Arten, Äußerungen und Folgen der entehrendsten Krankheit, die es gibt. Als er die Beschreibung geendet, war eine Minute tiefes Schweigen. Dann zeigte er die Schönheit der Herzensreinheit auf und die Mittel, mit denen man sie erkämpft. Denn wenn jemand nicht kämpfen will – für den sind diese Zeilen nicht geschrieben. Gleichwohl kann ihm Einsicht noch kommen: Wenn er körperlich verrottet ... Umgekehrt: »Wem Wollust nie den Nacken bog – und der Gesundheit Mark entsog – dem steht ein stolzes Wort wohl an: Ich bin ein Mann!« (Börger).

Zurück zum »Mutterkurs«: Am andern Tag waren die drei oder vier dreckigsten »Damen« verschwunden. Mit den andern konnten sich die Schwestern auf einmal verständigen. Und sie gingen später mit der Erfahrung heim, daß Erholung und Sauberkeit der Seele gut zueinander passen.

Vor Generationen nannte einmal ein westfälischer Volksmissionar jene Weiber, die als lebende Pornographie abseits von jedem Schamgefühl umherlaufen, die »Jagdhunde des Satans«. Nicht sehr freundlich! Aber besser diese Härte, als daß ein Volk an ihnen zugrunde geht. Und besser so, als ein Schweigen der Männerwelt aus Feigheit, Dummheit und – Mitschuld!

Dies Volk und dies Europa wird sich nur noch retten, wenn es erkennt, daß am gelebten Christentum kein Weg vorbeigeht.

(aus: Die 5 Wunden Europas, 1976)

Eckhard Henscheid

DER GEISTLICHE HERR

Noch etwas ereignete sich damals, mein Glück abzudichten. Es traf sich, daß noch ein Mann in mein Leben trat, seine Rundheit zu vertiefen, nein, wortwörtlich abzurunden, ein geistlicher Herr, den ich hier meinen Lesern, entgeht ihnen schon die Mätresse, nicht vorenthalten möchte. Er fiel mir wohl erstmals im Mai auf, dann wieder einen

Monat später, offenbar betreute er alle Monate eine Sendung – kurz, im Fernsehen, das ich sonst, abgesehen von der Kriminalserie »Task Force Police«, eigentlich nur geringfügig wahrnehme und wahrnahm, hantierte damals ein überaus eigenwilliger Mann herum, ein gewisser Adolf Sommerauer – und es mag sein, daß mich zuerst auch sein doppelt und klösterlich sommerlicher Name wohltuend in Bann schlug: deutlicher ins Bewußtsein trat mir der Alte, dessen bin ich sicher, im Anschluß an eine Fußball-Europapokal-Übertragung, als er nämlich nach den Stimmen der Trainer sofort loslegte – obwohl mich solche redseligen Knüppel eigentlich immer sehr gefangennehmen und ich ja damals auch schon auf einer einsamen Höhe meiner neuen Katholizität stand, hörte ich zuerst nicht genau auf den feuchten Unsinn. Erst als mehrmals hintereinander die Worte »Sex« und »Sexy-Rummel« und sogar »Busen« aus dem Kasten quakten, sah ich genauer hin und nahm zuerst einmal wahr, daß der Fernsehgeistliche tatsächlich einen Kopf wie ein Fußball aufhatte, ein verschrumpelter Fußball, dem halb die Luft ausgegangen war, ähnlich der Stadtform Dünklingens –

– und dann wurde immer klarer, daß der zähe Alte die Sexualität aus neuerer christlicher Sicht behandelte, eine Viertel-, eine Halbestunde lang, die Sexualität, die ihn offenbar sehr juckte und plagte, denn er wackelte immer heftiger mit dem argen Schrumpelkopf, und dann endlich erzählte der als »Pfarrer Sommerauer« Angekündigte, er habe da einen Brief von einer schwer verzweifelten Frau gekriegt – und jetzt rollte er langsam den Brief vor den Augen der Kamera auf, setzte stöhnend die Brille auf und suchte mit den alten Augen eine Weile die verräterische Textstelle:

»Und da schreibt mir die Frau, der Name tut nichts zur Sache, schreibt mir also die Frau, sehr geehrter Pfarrer Sommerauer, schreibt sie, ich bin verzweifelt, schreibt sie.« Sommerauer blickte verzweifelt in die Kamera, seufzte wie erschöpft und fuhr fort: »Ich bin verzweifelt. Ich habe nämlich nur Busengröße 4!« Sommerauer sah mich erneut an, seufzte noch steiler und schien um Jahre gealtert. »Mein Mann aber, schreibt die Frau da weiter«, fast verächtlich schnippte er ein wenig an dem Blatt, »will«, er sah wieder in den Kasten, aber jetzt hatte er es wie verzagend wieder vergessen und sah erneut ins Blatt, »mein Mann will« – es dauerte etwa sechs Sekunden, bis er es wieder gefunden hatte – »Busengröße 7!« Jetzt aber legte Sommerauer den

Kopf ganz erbärmlich schief, sah erneut in die Kamera und streckte vor Ermattung sogar ein wenig die Zunge vor:

»Busengröße 7!« wiederholte Sommerauer fast hallend, setzte die Brille ab und siehe, ohne Brille war der Kopf ein einziger schwerer Tränenrucksack, da setzte er die Brille wieder auf: »Und dann schreibt mir die Frau – ich kann und mag nicht sagen«, jammerte Sommerauer, und der lichte Haarschopf bebte stöhnend mit, »aus welcher Stadt sie schreibt, es könnte ja auch – jede Stadt sein, und dann schreibt also die Frau: Lieber Pfarrer Sommerauer, soll ich – soll ich meinen Busen meinem Mann zuliebe spritzen?«

Kathi hatte die Augen geschlossen. Schlief sie wirklich? In der Küche braute Monika Milchtee. Jetzt unerwartet gelang dem Fernsehpfarrer eine neue Steigerung von Bekümmertheit. »Was soll ich«, Brille ab, »dazu sagen, liebe Hörerinnen und Hörer«, er seufzte, »und Zuschauerinnen und Zuschauer? Was soll ich als Pfarrer dazu sagen? Ich bin ein alter Mann«, weinte Sommerauer hart und spielte zäh mit seiner Brille auf dem Schreibzeug, dann ließ er den Kopf gewissermaßen nach schräg unten in die Kamera plumpsen: »Wenn die eheliche Liebe, die heute sogenannte« – und jetzt sah er ganz unsinnig und zudem brillenlos suchend noch einmal in den angeblichen Brief – »die heute sogenannte Sexualität nur immer aus – Busen, Busengrößen und Busenspritzen besteht – und«, merkwürdiges Decrescendo, »existiert«, und jetzt war es, als ob, wiederum Crescendo, das Spirituelle sich vollends mit dem tränenreich Gemütsvergammelten vermählte, »dann kann ich als Pfarrer nur sagen und fragen: Was ist das für eine Liebe oder sogenannte Sexualität?«

Kathi schien wirklich zu schlummern, als Sommerauer seine Skepsis begründete; wäre sie erwacht, ich hätte sofort nach meinem Schopenhauer gegriffen.

»Busengröße 4 oder 5 oder 7«, tobte der Kugelrunde maßlos weiter, »oder 6 oder 8 oder 10«, jetzt verlor er sich, obwohl scheinbar abwehrend, sogar im Sinnenrausch, »was soll ich als Pfarrer dazu sagen und der Frau helfen? Busen und immer Busen!« Die Backen vibrierten in frommer Leidenschaft, er seufzte ganz ätherisch und setzte die Brille wieder auf und nahm sie wieder ab: »Ich fürchte, liebe Frau«, und schrecklich rieb der Daumen übers freie Auge, das andere war geschlossen, »ich fürchte, bei Ihnen überwuchert – überwuhuchert die Sorge um den Buhusen eine Möglichkeit der«, er wehseufzte und greinte jetzt schon ganz unverschämt – »Liebe!« »Liebe!« rief Sommerauer noch einmal laut, bei dem Wort aber verriet sich der alte Wurstel klar, denn eindeutig glitschig formierten seine dicken Hände einen – Buhusen! So daß Sommerauers folgende Ausführungen über den Unterschied von Liebe und Sexualität, in denen auch nochmals der »Sexy-Rummel« zur Diskussion gestellt wurde, etwas an Glaubwürdigkeit verloren. »Der Sexy-Rummel!« rief der Greis mehrfach und war offenbar völlig verhext durch die Laszivität des bloßen Worts – und auch vom »Busen« mochte er sich noch längst nicht trennen – aber dann, endlich nach 30 Minuten, am Ende der Sendung, sagte Sommerauer ebenso resignierend wie resümierend urplötzlich etwas sehr Schönes und Wahres: »Ihren Kummer, Ihren Kummer, liebe und verehrte Zuschauer und Zuschauerinnen, können Sie jedenfalls durch das Spritzen des Busens nicht heilen!«

Er ließ noch für einige Sekunden und fast glaubwürdig sein ganzes Leid im Kugelkopfe auf- und niedersausen, dann war die Sendung aus.

Ob die Iberer auch gelauscht hatten? Ich sah vorsichtig auf die schlummernde Kathi. Kathi Eralp-Landsherr. Gott, was für eine abgeschmackte Kombination! Die Brust ging friedlich auf und nieder. Mindestens Größe 6! Keine Probleme. Ich wechselte in die Küche, trank mit Stefania Tee, wir spielten noch ein wenig Watten und ich gewann 50 Pfennige.

Ein Monat später traf es sich erneut. Ich lauerte Sommerauer schon seit Tagen auf – und wurde nicht enttäuscht. Der Fußball hub an mit recht allgemeinen Gedanken über Alt und Jung und über den »Nebel unserer Geschäftigkeiten« – aber sehr bald und unverkennbar gierig sogar kam er dann auf seine letzte Sendung zurück, seufzte wie verraten und verdammt und erzählte, er habe ungeheuer viele zustimmende, aber auch ablehnende Briefe gekriegt, vor allem wegen seiner Ausführungen über – Sommerauer sah wie erledigt, achselzuckend in den Kasten, »die Busengrößen«, die nach Meinung vieler Fernsehteilnehmer einen Fernsehpfarrer nichts angingen. »Aber, meine Hörerinnen und Zuhörer«, verteidigte das Dickerl sichtlich stolz seinen Mut und seine vor keiner Aktualität zurückschreckende Kampfbereitschaft und schnaufte verwahrlost auf und durch, »das angebliche nichtige und nebensächliche Thema der«, er sah kurz und wie leidend auf seinen Schreibblock, »Busen«, er nahm die Brille herunter, »hat auch einen Geistlichen wie mich zu interessieren. Ich kann nicht«, er beschleunigte das Tempo und forcierte die Dynamik, als ob die Pfarrersjacke ihm zu eng würde, »über modernes Christentum reden, wenn ich die – Sexualität ausklammere, wie sie in unseren modernen Heimen und – Wohnungen besteht und«, wahrscheinlich meinte er die Probleme der Sexualität, »viel Leid – Leid! – hervorrufen!« Und wiederum begann er schnaubend und ächzend über »Busen« und »Sexy« zu winseln, die beiden Worte raubten ihm einfach die Reste von Verstand, die tiefste Eitelkeit angesichts seiner selbstlos-rücksichtslosen Kühnheit gleißte, ja gliß abermals um das gelbe Nasengebüsch, – und erst zehn Minuten später bequemte er sich, zu einem anderen Thema zu wechseln, zu der wünschenswerten und sonderbarer Weise »ausgerechnet von mir« von einem Zuschauer verlangten Freilassung des Stellvertretenden Führers Heß.

»Aber was soll ich«, jaulte Sommerauer schräg auf, »als Pfarrer tun? Ich wünsche mir selbstverständlich – auch! – die Freilassung von« – er sah auf sein Blatt, sah verstört wieder hoch und abermals auf sein Blatt – »Heß. Heß! Aber man überschätzt doch einfach meine Kraft, meine Möglichkeiten, wenn man das von mir verlangt! Ich bin kein Politiker und Fachmann!« wehrte sich Sommerauer, und jetzt wackelten seine Backen wieder wie in übergroßer Demut: »Heß! Ich kann nur zu meinem Herrgott sagen, Herrgott, kann ich sagen, ich bitte dich um die Freilassung dieses Gefangenen! Realer – realer! – sind meine Möglichkeiten schon in – scheinbaren! – nichtigen Sachen wie«, er stutzte scheint's über seine eigene Verworfenheit, »Busen – und Busengrößen, so lächerlich es diesem oder jenem vorkommen mag. Aber der Kummer – und wenn es um den kleinen Buhusen ist«, heulte Sommerauer jetzt schon ganz verzweifelt, »die Sexualität ist heute . . .«

Und abermals incipit lamentatio Jeremiae. Wunderbar! Dieser Sommerauer war eine einzige sanfte, ja erhabene, aber dafür umso endgültigere Naturkatastrophe. Dieser Fußball, dieser Schnarchsack, dieser Knittel, diese qualvolle Orgelpfeife ackerte und lechzte und blökte nicht nur den hinterletzten Humbug vor sich hin, er log ganz einfach wild entfesselt, wohltätig und erschreckend darauf los – ganz wie Alwin, aber noch eine Idee schamloser, darauf bauend, der Rest der Welt sei noch vernebelter – und merke es nicht. Der Gedanke an Busen machte den Alten obendrein alle Barrieren einreißen. Wollte er seinen Bischof brüskieren? Wollte er ihm einen Fingerzeig geben? Es war schlechthin göttlich! Nein, er log und gaunerte wie Alwin, aber doch ganz neu und reiner noch – und plötzlich wußte ich's: dieser Tränenkrug war die Synthese von Alwin und den Iberern! Es war Alwins Vater und der Oheim Finks und Kodaks. Ich aber war sein Opfer, war sein Adressat!

Als Sommerauer einen Monat später zuerst die »Wiedergutmachung einer Vergewaltigung« behandelte, dann aber widerstandslos, noch einmal und jetzt schon vergehend, seine erste Busen-Sendung zu verteidigen begann, faßte ich mir ein Herz und schrieb ihm sogleich einen Brief. Des Pfarrers Adresse war am Vortragsende angeschrieben worden:

»Lb. Pfarrer Sommerauer, ich habe auch ein Problem. Meine Frau hat zwar einen großen Busen, aber sie hat trotzdem ein Problem. Ich, ihr Gatte, will ihr nämlich partout nicht mehr beiwohnen – Sie wissen schon: bügeln, rammeln und so. Meine Frau hat – ohne Busenspritzen – Größe 6, schon bald so groß wie Ihr Kopf, Herr Pfarrer, aber es nützt ihr nichts, und mir schon gar nichts. Ja, je größer der Busen meiner Frau wird, Herr Rat, desto wilder werde ich auf zwei katholische Burschen, die sogenannten Iberer-Buben, genannt auch ›Sexy-Iberer‹, zwei alte katholische Lackeln, die viermal wöchentlich durch unsere kleine Stadt dampfen. Seitdem mag ich keine Busen mehr, große schon gleich gar nicht. Sondern möchte lieber die Brüder flachlegen. Vielleicht sollten Sie das auch einmal probieren, wenn Sie der Sexy-Rummel gar zu sehr quält. Nein, mein Pfarrer, keine Hinterdrücktheit! Wenn Sie also ein Problem haben, schreiben Sie mir doch. Meine Frau hat sich schon dran gewöhnt. Es scheint wirklich die Lösung des Busen- und Sexy-Problems zu sein. Keine Widerrede! Hochachtungsvoll Siegmund Eralp.«

Zugegeben, kein sonderlich geistreicher Brief. Er stimmte auch inhaltlich nicht so recht, und daß ich ein Pseudonym wählte, charakterisiert mich auch nicht gerade als tollen Kämpfer für meine Sache. Um so beschwingter trug ich den Brief sogleich zum Postkasten, noch spät in der Nacht. Wenn schon Roman, dann mußte ich auch allen Unfug eines modernen Romanhelden treiben! Wegen des Krebses keine Naturbeschwärmung mehr? Doch! Ihm zum Trotz!

(aus: Die Mätresse des Bischofs)

Heinrich Heine

ZUR TELEOLOGIE

»Beine hat uns zwei gegeben
Gott der Herr, um fortzustreben,
Wollte nicht, daß an der Scholle
Unsre Menschheit kleben solle.
Um ein Stillstandsknecht zu sein,
G'nügte uns ein einz'ges Bein.

Augen gab uns Gott ein Paar,
Daß wir schauen rein und klar;
Um zu glauben, was wir lesen,
Wär *ein* Auge g'nug gewesen.
Gott gab uns die Augen beide,
Daß wir schauen und begaffen,
Wie er hübsch die Welt erschaffen
Zu des Menschen Augenweide;
Doch beim Gaffen in den Gassen
Sollen wir die Augen brauchen
Und uns dort nicht treten lassen
Auf die armen Hühneraugen,
Die uns ganz besonders plagen,
Wenn wir enge Stiefel tragen.

Gott versah uns mit zwei Händen,
Daß wir doppelt Gutes spenden;
Nicht um doppelt zuzugreifen
Und die Beute aufzuhäufen
In den großen Eisentruhn,
Wie gewisse Leute tun –
(Ihren Namen auszusprechen,
Dürfen wir uns nicht erfrechen –
Hängen würden wir sie gern.
Doch sie sind so große Herrn,
Philanthropen, Ehrenmänner,
Manche sind auch unsre Gönner,
Und man macht aus deutschen Eichen
Keine Galgen für die Reichen).

Gott gab uns nur *eine* Nase,
Weil wir zwei in einem Glase
Nicht hineinzubringen wüßten,
Und den Wein verschlappern müßten.

Gott gab uns nur *einen* Mund,
Weil zwei Mäuler ungesund.
Mit dem einen Maule schon
Schwätzt zuviel der Erdensohn.
Wenn er doppeltmäulig wär,
Fräß und lög er auch noch mehr.
Hat er jetzt das Maul voll Brei,
Muß er schweigen unterdessen,
Hätt er aber Mäuler zwei,
Löge er sogar beim Fressen.

Mit zwei Ohren hat versehn
Uns der Herr. Vorzüglich schön
Ist dabei die Symmetrie.
Sind nicht ganz so lang wie die,
So er unsern grauen braven
Kameraden anerschaffen.
Ohren gab uns Gott die beiden,
Um von Mozart, Gluck und Haydn
Meisterstücke anzuhören –
Gäb es nur Tonkunst-Kolik
Und Hämorrhoidal-Musik
Von dem großen Meyerbeer,
Schon *ein* Ohr hinlänglich wär!« –

Als zur blonden Teutolinde
Ich in solcher Weise sprach,
Seufzte sie und sagte: »Ach!
Grübeln über Gottes Gründe,
Kritisieren unsern Schöpfer,
Ach! das ist, als ob der Topf
Klüger sein wollt' als der Töpfer!
Doch der Mensch fragt stets: Warum?

Wenn er sieht, daß etwas dumm.
Freund, ich hab dir zugehört,
Und du hast mir gut erklärt,
Wie zum weisesten Behuf
Gott dem Menschen zwiefach schuf
Augen, Ohren, Arm' und Bein',
Während er ihm gab nur ein
Exemplar von Nas' und Mund –
Doch nun sage mir den Grund:
Gott, der Schöpfer der Natur,
Warum schuf er einfach nur
Das skabröse Requisit,
Das der Mann gebraucht, damit
Er fortpflanze seine Rasse
Und zugleich sein Wasser lasse?
Teurer Freund, ein Duplikat
Wäre wahrlich hier vonnöten,
Um Funktionen zu vertreten,
Die so wichtig für den Staat
Wie fürs Individuum,
Kurz fürs ganze Publikum.
Eine Jungfrau von Gemüt
Muß sich schämen, wenn sie sieht,
Wie ihr höchstes Ideal
Wird entweiht so trivial!
Wie der Hochaltar der Minne
Wird zur ganz gemeinen Rinne!
Psyche schaudert, denn der kleine
Gott Amur der Finsternis,
Er verwandelt sich beim Scheine
Ihrer Lamp' – in Mankepiß.«

Also Teutolinde sprach,
Und ich sagte ihr: »Gemach!
Unklug, wie die Weiber sind,
Du verstehst nicht, liebes Kind,
Zwei Funktionen, die so greulich
Und so schimpflich und abscheulich

Miteinander kontrastieren
Und die Menschheit sehr blamieren.
Gottes Nützlichkeitssystem,
Sein Ökonomieproblem
Ist, daß wechselnd die Maschinen
Jeglichem Bedürfnis dienen,
Den profanen wie den heil'gen,
Den pikanten wie langweil'gen –
Alles wird simplifiziert;
Klug ist alles kombiniert:
Was dem Menschen dient zum Seichen,
Damit schafft er seinesgleichen.
Auf demselben Dudelsack
Spielt dasselbe Lumpenpack.
Feine Pfote, derbe Patsche,
Fiddelt auf derselben Bratsche

*

Springt und singt und gähnt ein jeder,
Und derselbe Omnibus
Führt uns nach dem Tartarus.«

(aus: Gedichte)

Peter Paul Zahl

HOHES LIED

... steh auf / meine freundin, meine schöne und komm her! / denn siehe, der winter ist vergangen, der regen ist weg und dahin; / die blumen sind hervorgekommen, und die turteltaube läßt sich hören in unserem lande; / der feigenbaum hat knoten gewonnen, die weinstöcke haben blüten gewonnen und geben ihren geruch. steh auf, meine freundin, und komm, meine schöne, komm her!

... Schwere der Luft und die Süße des Spätsommers. Nichts Einsameres als einen Jungen, gerade dreizehneinhalb, der durch die Leere der Samstag- und Sonntagnachmittage eines rheinischen Provinznestes taumelt. Rauschgift in den Knochen, im Rückenmark, im Gehirn, vor Augen, auf der Suche nach Rauschgift, der Süße und Gutartigkeit des Giftes, den ›Casanova‹ unter dem Kopfkissen und nächtliche Pollutionen und die dumpfe Furcht bei der Onanie, dem Surrogat des Rauschgiftes.

Spätsommer ist es und schön der Tag, an dem es passiert: von Spinnen gewobene Fäden in der Luft, schimpfende Amseln, und die Proleten unter den Vögeln, die Spatzen, baden in Staub. Blau der Himmel, leicht ziehen die Wolken, grün schirmen die Büsche, wo sie liegen, neben der Badeanstalt. Geschrei dringt herüber, rot ihre Köpfe und weiß die Stellen am Körper, wo der Badeanzug gesessen hat. Sie ist sechzehn und lehrt ihn die Liebe, lachend, von seiner Keuschheit überrascht. Grün schirmen die Sträucher, und blau ist der Himmel, und die Lohe des Rauschgifts schlägt über ihnen zusammen. Er ist dreizehn und nicht aufgeklärt über die Folgen des Rauschgifts: seine Macht, die Süße, die Sucht erzeugt und Nie-wieder-aufhören-können. Doch sie, gerade sechzehn, und kundig und lieb, beugt sich über ihn und neckt ihn, und dann flirrt der Himmel, und die Farben erscheinen und der Flash, und die Sträucher atmen, und die Spatzen werden seine Geschwister.

Da liegt er, gerade dreizehn und seliggemacht und faul; Brüste gibt es zu erkunden und die Linien der Hüfte und den Geschmack eines Mädchens. Seliggemacht und faul, begierig, kundig, eingedenk, und Catull unter der Schulbank und das Unverstandene in den Büchern werden klar, das Mädchen neckt ihn, vertreibt seine Faulheit, die Zungenspitze Voraussignal des Rauschgifts, teilhaftig, mächtig, voll, mit der großen kreisenden Acht über seinem Becken hat sie ihm die Unschuld genommen; aufgetan die Wunder und Süßigkeiten der Mädchen und Frauen und die weite Welt der Großen, ganz und gar dem Rauschgift verfallen. Ihre Lenden über seinem Becken und Brustwarzen, die leicht die seinen berühren beim Kreisen, und das Erkennen jener schönen, versteckten Stellen an braungebrannten Körpern, wo das Rauschgift mächtig zuschlagen kann.

deine zwei brüste sind wie rehzwillinge, die unter den rosen weiden. bis der tag kühl wird, und die schatten weichen, will ich zum myrrhenberge gehen und zum weihrauchhügel.

Aber es wird Zeit für sie, nach Hause zu gehen, die Badeanstalt schließt, und die Eltern warten. Er fragt, wann sie sich wieder treffen wollen, und sie lacht, wird ernst und sagt, sie habe einen festen Freund. Sagt, es habe ihr Spaß gemacht. Und fragt, ob es ihm auch.

Er nickt, ist noch wie betäubt, Rauschgift in den Knien, in den

Knochen, im Hirn, süchtig, verfallen. Leichtsinnig hat sie gehandelt. Nirgends neues Rauschgift in Sicht.

Sie trennen sich. Sie küßt ihn auf die Nase, verspricht, irgendwann einmal wieder in der Badeanstalt zu sein; sie geht. Und er taumelt durch den Spätnachmittag, die Farben gestorben, die Gerüche verendet, die Töne verstummt, die Spatzen fortgeflogen; das Gift wirkt sich aus.

Nichts Einsameres als ihn, dreizehneinhalb, bester Schwimmer des Klubs, Dreiecksbadehose, Schamhaare mit der Nagelschere geschnitten, damit sie richtig wachsen, der Flaum auf der Oberlippe provoziert mit Pinsel und Schaum; die Stimme schon ernst. Leer die Stunden in der Schule, Gallia omnis est divisa in partes tres, leer die schalen Witze über das, was über sie hereinbrechen wird, früher oder später, über Rauschgift, Carácas, meine Herren, die Betonung, wie fast alles im Spanischen, auf der vorletzten Silbe, und die Mädchen der Parallelklasse kichern, unberührt vom Rauschgift, noch nicht süchtig, kleine Schnepfen, die, gewiß treffen sich Parallelen im Unendlichen, mit Deinen Leistungen bin ich zufrieden, leer die Turnerei am Barren, am Reck, man stößt sich nur die Eier, macht sich untauglich für das Rauschgift, leer die törichten Diskussionen über Tyrannenmord und der olle Tell mit einer sauerländisch-orthodoxen Deutschlehrerin: Untertertia.

Man überlebt keine Untertertia – keine achte Klasse –, hat man vom Rauschgift probiert, und ist kein neues in Aussicht. Leer der Winter, schwer zu ertragen, nirgends Badeanstalten und Büsche und Spatzen und die kreisende Acht des Rauschgifts. Kälte und Ärger mit den Eltern und Lehrern, Blaue Briefe, Aggressionen, aufpassen ob der kleine Bruder im Zimmer schon schläft, wenn man träumerisch in der Nacht die Hände unter die Bettdecke schiebt.

komm, braut, vom libanon, komm vom libanon, geh herein, tritt her von der höhe amana, von der höhe senir und hermon, von den wohnungen der löwen, von den bergen der leoparden!

Frühling: es sind die Dreckigen Fünfziger Jahre, der Freund des Papstes an der Macht, absolutes Rauschgiftverbot für Vierzehnjährige.

Er segelt durch die leeren Straßen des ewigen Sonntagnachmittags, ewig die fünf Journalisten aus sechs Ländern, ewig der Frühschoppen, ewig die vollen Fußballplätze, ewig die leeren Straßen, ewig die Kirchenglocken, ewig Juan Emanuel Fangio, ewig die fein angezogenen Spaziergänger mit ihren gequälten Kindern, die streunenden Hunde, die Ventilatoren an den Fenstern der Kneipen, ewig die Eisfahnen über staubigen Bürgersteigen, ewig die leeren Sonntage mit Latein, Mathe, Deutsch, Erdkunde, Bio.

Ewig die Nachfrage größer als das Angebot; die Petticoats in Bonbonfarben, gelb, rosa, türkis und bleu, die Stöckelschuhe mit Pfennigabsätzen, die feingezeichneten Waden, die engen Pullover, die knappen Hosen! Die Windstöße unter weite, gepunktete Röcke, die Hüften von Elvis, die heimlich übersetzten Texte von Chuck Berry und Fats Domino. Das schreit, das lockt, das verspricht, das bietet an, das girrt, das wirbt, das bescheißt, das vorenthält, das pulvert nur auf und bringt und hält nichts ein. Dreckige Fünfziger Jahre: die Kühlschränke, die Werbung, die Zunahme an Fernsehern, das Schuften der Gastarbeiter aus Deutschlands Mitte und Osten, das Schulgeld für's Gymnasium, das Barrenturnen miesen Geschmacks, der Förster im Silberwald, die Bundeswehr, und die Lehrer prügeln des öfteren oder schmeißen mit Schlüsselbunden.

Träume an all diesen leeren Sonntagnachmittagen, leer der Blick, gezeichnet von Rauschgift. Tinte an den Fingern, schmutzige Nägel, die unter der Schulbank gesäubert werden, endlos das Starren aus dem Fenster, der Blick entlang den Kreisen der Schwalben; Germania omnis est divisa in partes Caracas noch immer mit der Betonung auf der vorletzten Silbe; Frauenarzt will man werden, Casanova, wie der im Buch, das die Mutter unter dem Kopfkissen entdeckt hat; hinken will man und pockennarbig sein oder wunderschön-bleich, Byron, erfolgreich wie Talleyrand, mais les femmes, c'est la politique, heißt: daß Frauen Politik sind, Hälfte des Rauschgifts, Hälfte des Gifts. Da sinnt man und sinnt. Byron war ein schöner Mann. Colette und Gabor von Vaszary, wenn Talleyrand den Raum betritt, so seine größte Feindin, werden meine Knie weich. Warum kein Talleyrand sein? Warum nur vierzehn? Und die deutschen Verkäuferinnen fahren mit Touropa nach Jugoslawien und Italien und bezahlen dafür; Karstadt, köstlicher Tempel toupierter Bacchantinnen, unerreichbar. Warum kein Rauschgift für Vierzehnjährige? Die Mädchen in der Parallelklasse sind noch nicht süchtig, kennen das Gift nicht, und die älteren nehmen einen nicht ernst.

Tanzstunde: erster blauer Anzug, man raucht Black Lady, eine schwarze Zigarette mit goldenem Mundstück, lädt Mädchen zum Eis, ins Kino ein. Beim zwölften oder achtunddreißigsten oder fünftausendsten Mal darf man dann unter dem Tisch an ein Knie greifen; ein schneller Kuß an der Haustür. Verdammt! Sie wissen nichts von Rauschgift, die Eltern verbieten es, die Lehrer sprechen mit gerunzelter Stirn davon; man kriegt Paralyse, Tripper, harten und weichen Schanker, Rückenmarkschwund vom Rauschgift. Die Bilder im Biologieunterricht bei einem ganz fortschrittlichen Pauker, der den Mut aufbringt bei Tertianern, sind beeindruckend. Was wissen Die vom Rauschgift?

aus tiefer not schrei ich zu dir, herr gott, erhör mein flehen.

Konfirmation: die Mädchen in Schwarz, die Jungen in Schwarz. Krach mit den Eltern: den schwarzen Anzug wird man nie wieder tragen, außer zur eigenen Beerdigung. Du wächst, du wächst. Ach ja.

Er taumelt durch die ewigen Sonntagnachmittage; Spatzen lärmen, Schwalben kreisen, Amseln schimpfen, donnerstags Chris Howland im UKW und freitags Paul Temple, okay, Sir, Charl-i-i-i-e!, man kann gar nicht so viel Waldläufe, kalte Duschen, Lateinarbeiten, Schwimmrekorde machen, wie es nötig ist, die Sucht zu bekämpfen. Das Rauschgift meldet sich immer, lugt aus allen Ecken, schwitzt aus allen Poren, lauert in jedem Buch, hinter jedem Gesträuch. Die Welt ist voll von Rauschgift. Aber nicht für Vierzehnjährige, nicht in den Dreckigen Fünfziger Jahren.

ja, komme, meine schwester, liebe braut, in meinen garten. ich habe meine myrrhe samt seinen würzen abgebrochen; ich habe meines seims samt meinem honig gegessen; ich habe meines weins samt meiner milch getrunken, eßt, meine lieben, und trinkt, meine freunde, und werdet trunken.

Im Frühsommer die Klassenfahrt mit Zelten in die Eifel: Vierzehnjährige trinken wie Russen, erzählen Witze wie Kutscher, sind trunken und traurig. Das Ahnen von Rauschgift liegt in der Luft und verpestet sie; es kommt zu vielen unnötigen Prügeleien, zum Besäufnis bis zum Kotzen, zu sportlichen Höchstleistungen, zum Einklauen im ärmlichen Krämerladen des Örtchens. Der ewige Sonntagnachmittag, man schleppt ihn mit sich, in die entlegensten Täler, auf die höchsten Berge, zu all den bekloppten Sehenswürdigkeiten. Da ist viel Gelächter im Zeltlager, aber keine Fröhlichkeit; da ist viel Schnaps in den Gedärmen, aber keine Wärme; viel Flachsen untereinander, aber keine Zärtlichkeit. Und wehe dem, der einen schwulen Eindruck macht!

ich suchte des nachts in meinem bette, den meine seele liebt. ich suchte, aber ich fand ihn nicht.

Am letzten Abend versammeln sie sich unter dem Vordach des größten Zeltes, laden andere Leute vom Campingplatz ein, entzünden ein Lagerfeuer, trinken, singen, Banjo und Gitarre, Skiffle: sie feiern Abschied. Singen Paul Ankas I'm just a lonely boy, und meinen's ernst. Einige Mädchen finden sich ein, haben die Erlaubnis der Eltern mitzufeiern. Aber um zehn bist du wieder da. Sorgen braucht man sich nicht zu machen, der Klassenlehrer ist Sicherheit genug, meinen die Eltern.

Sie irren sich, zum Glück der Mädchen und der ausgelassenen Klasse. Er, der eine Ahnung vom Rauschgift hat, will der Sucht nachgeben, schnell und zielbewußt den Rausch ansteuern. Setzt ein Mädchen, eine hübsche, schlanke Holländerin, die mit ihrem Bruder gekommen ist, zielstrebig unter Alkohol (Strom), prostet andauernd dem Bruder zu, trinkt selber in kleinen Schlucken. Der Klassenlehrer trinkt mit, trinkt traurig, ist noch isolierter als sie alle; rauschgiftsüchtig, unbeweibt, trinkt er, dem Rauschgift zu entgehen. Singt mit, ist bald angeheitert, sieht über manches hinweg, hört keine Kutscherwitze, erzählt vom letzten Krieg.

meine schwester, liebe braut, du bist ein verschlossener garten, eine verschlossene quelle; ein versiegelter born.

Dunkelblau der Himmel mit seinem altmodischen Sternchenmuster, dunkel schirmen Büsche, hinter denen sie sich ins Gras gesetzt, eine Flasche Wein und Zigaretten neben sich; die Nacht ist heiter wie ein Millionär im Tessin, bevor er Hammer auf dem Schädel und Sichel im Genick sitzen hat. Rot sind die Gesichter geworden und kuschelig-strubbelig das Haar. Und die Holländerin fährt mit der Zunge in sein Ohr, zupft mit den Zähnen am Ohrläppchen, fährt über Hals und Nacken. Ins Gras lassen sie sich fallen, wälzen sich und liegen verschränkt übereinander; seine Hände fahren unter ihre Bluse und Rock, finden die Leuchttürme des Rauschgifts, hoch richten sich ihre Spitzen auf und pulsen Sturm; da ist Süße im Speichel und Tanz in den Zungen, da winden sie sich und fahren aus den Kleidern. Nur das Höschen läßt sie an; Petticoats liegen verstreut, die Bluse schon auf dem Hemd. Da lacht sie und bittet ihn, die Socken auszuziehen, sonst müsse sie weiter lachen, es sei so komisch. Ihr Deutsch hat einen süßen Akzent. Rot wird er, man kann's aber nicht sehen in der Dunkelheit, und tut's. Und sie erkennen all jene schönen Stellen, wo das Rauschgift mächtig zuschlagen kann, die Kniekehle und die Rille im Rücken, die Ellenbogenbeuge, Ohrläppchen und Brustspitzen, und als er ihr sanft unter das Höschen fährt in den Pelz, sagt sie »Niet«, beugt den Oberkörper vor, und er ist erschrocken. Unter dem Höschen vor dem Pelzchen hat er Zellstoff gefühlt und gemeint, es knistern zu hören. Mit der Zungenspitze, dem Vorabsignal des Rauschgifts, fährt sie in seinen Nabel, erklärt, warum es nun nicht gehe, stülpt die Lippen um ihn, saugt ihn aus, macht ihn leer, zaubert die Farben, begierig, kundig, eingedenk, teilhaftig, mächtig, voll, zieht den Mond herunter und deckt sie mit dem Himmel zu. Bittet ihn, nicht traurig zu sein – im Gegenteil! im Gegenteil –, fragt, ob er sie demnächst besuche, zuhause, in Holland, am Zujderzee.

es fanden mich die hüter, die in der stadt umhergehen; die schlugen mich wund; die hüter auf der mauer nehmen mir meinen schleier.

Sie küssen sich, ziehen sich an, trinken die Flasche leer, rauchen zusammen eine Zigarette, plaudern und turteln, da kommt – wie kann es anders sein? woher sonst dies dumpfe Gefühl in der Magengrube? – der Klassenlehrer, ist merkwürdig nüchtern und merkwürdig höflich, merkwürdig ruhig. Am nächsten Tag fahren sie heim.

Es gibt eine Lehrerkonferenz, die Eltern werden telefonisch informiert, der Vater wiegelt ab, aber die Zensuren sind hin. Selbst wenn er sich die größte Mühe gibt, selbst wenn der Unterricht ihm nun leichtfällt, im zweiten Jahr Untertertia. Da gibt es die spitzen Bemerkungen der Lehrer, da gelingt keine Klassenarbeit mehr, da sinkt die Note in Englisch, auf die er seit Jahren stolz sein konnte, auf ausreichend, da wird der Umgang mit ihm verboten, da wird er zu den schwierigsten Aufgaben an die Tafel geholt, da kann er froh sein, nicht von der Schule zu fliegen, da gibt es ein schriftliches consilium abeundi, den Rat, die Hohe Schule zu verlassen, da ist nichts mehr drin für ihn.

Haben die Eltern das Geld, ihn auf eine andere Schule zu schicken, ein Internat? Sie haben es nicht.

Sie alle hatten nichts gesehen, hatten nur ihre dreckige Phantasie gegen ihn eingesetzt, die Phantasie der Dreckigen Fünfziger Jahre. Und die war schlimm genug.

da ist die stimme meines freundes! sieh, er kommt, und hüpft auf den bergen, und springt auf den hügeln!

In der Klasse aber gewinnt er zunehmend größere Achtung. Hat er nicht als einziger Erfahrung mit Rauschgift? Kann er nicht weitergeben die Geheimnisse der Sucht, ihr Bohren, ihre Seligkeit? Hat er nicht einen sichtbaren Bartansatz? Hat er nicht mitleidvolles Lächeln übrig über das Tuscheln und Raunen, die Witze und pupillenweitenden Geheimniskrämereien über das Gift? Das tröstet ihn, dem gibt er sich hin, das gibt ihm Halt, das bewahrt vor der Rasierklinge über dem Puls, vor Schlafmittel oder geöffnetem Gashahn. Das – und das Wissen um die nächste Dosis Rauschgift. In den Sommerferien, am Ijsselmeer.

Am Anfang der Ferien arbeitet er in den heißen Hallen einer Waschmaschinenfabrik, wo er zunächst Schmutzarbeit verrichtet, dann aber stolz in der Arbeitsvorbereitung einen Elektrokarren fährt. Das bedeutet zehn Stunden Arbeit am Tag, bedeutet Überstundenzuschläge, bedeutet, abends vor Müdigkeit ins Bett zu fallen.

Nach drei Wochen jedoch hat er's geschafft. Zum ersten Mal in seinem Leben kann er über Geld verfügen. Er kauft der Mutter Blumen und ein Paar Pantoffeln, dem Vater eine neue Brieftasche und seinem Bruder zwei Tüten mit Motivbriefmarken.

Und dann zieht er los, wählt voller Bedacht und kehrt abends schwer bepackt zurück: ein Paar wunderschöne Schuhe hat er für sich erstanden, sehr modisch, sehr spitz, orangefarben, mit eingestanzten Löchern im Oberleder, ein Paar Jeans, bunte Socken, knallbunte Hemden und eine Lederjacke. Das heißt, nicht ganz aus Leder, da hat es nicht gereicht, es ist Lederimitat, mit aufgesetzten Taschen, gelb, sehr chic. Und Geld hat er noch übrigbehalten für seine Ferien in den Niederlanden, am Zujderzee.

thue mir auf, liebe freundin, meine schwester, meine taube, meine fromme! denn mein haupt ist voll taues und meine locken voll nachttropfen. ich habe meinen rock ausgezogen, wie soll ich ihn wieder anziehn? ich habe meine Füße gewaschen, wie soll ich sie wieder besudeln?

Sie lacht, freut sich, fällt ihm um den Hals, biegt den Oberkörper zurück, fragt: Was hast du denn da für eine Motorbootjacke? Eine Lederjacke ist es eben nicht, ist Lederimitation und glänzt, ist, nun, ist für Motorräder nicht, sondern, na ja, da hat sie recht, und auch er lacht, für ein Motorboot. Damit kann er nicht dienen, aber ein Tretboot mieten sie mit seinem Geld, Eis können sie schlecken, abends bei Hermann einkehren, ein Bier trinken, Jonny Ray hören, Little Richard, Bill Haley, Chuck Berry. Piet lernt er kennen, den hübschen Eisverkäufer am Strand, einen Charmeur und begabten Imitator des Chaplin-Schritts, Bert und Rob und die ganze Blase.

O Holland, Rauschgiftparadies! Sie genießen das Gift in großen Dosen, werden immer gesünder davon, die Augen glänzen, und die Schritte bekommen Schwung und Elastizität. Wo sie nur können: Rauschgift. In ihrem Zimmer, wenn die Eltern ausgegangen sind, im stickigen Zelt auf dem Campingplatz, in dem er haust, nachts in den Dünen, mittags hinter den Büschen hinter dem größten Spielplatz Europas.

Eine seltsame Kunst hat sie ihn gelehrt, die Kunst, ein Kapotje über die ehrbare Eichel zu ziehen; sie klärt ihn über alles auf: über fruchtbare und unfruchtbare Tage, über die Tage, über Klimakterium und Pubertät. Sie ist entsetzlich gelehrt in solchen Sachen und verspricht, an einer Methode zu arbeiten, das Kapotje überflüssig zu machen. Es ist ihnen lästig, aber notwendig.

Frech geht er in die einzige Drogerie des Ortes, verlangt keck Pariser, wird von der jungen Verkäuferin nicht verstanden, geht auf die Straße zurück, beratschlagt mit Piet und Bert und den anderen der Blase, sammelt Geld bei ihnen, betritt die Drogerie wieder. Das junge Mädchen holt, rot geworden, eine alte Frau aus dem Hinterzimmer. Er verlangt jetzt Kapotjes, ungerührt greift die Alte in das Regal; die zwölf Packungen teilen sie auf der Straße untereinander auf. Der Preis ist hoch in Holland, und so verspricht er ihnen, beim nächsten Mal, wenn er kommt, einige Schock aus Deutschland mitzubringen. Piet mit seinem Eisstand am Strand kann sie mühelos und mit leichtem Gewinn umsetzen, sagt er lachend.

O Holland, Rauschgiftparadies! Sie genießen das Gift in großen Dosen; sie ist fünfzehn und lehrt ihn alle Schönheiten der Sucht, lehrt alle Stellungen, den ganzen Stellungskrieg; nur die Missionarstellung mag sie nicht, Mann oben, Frau unten. Holland war Kolonialland. Nichts lassen sie aus; was Freude bereitet, wird getan und mit Freude: die Himmel stürzen ein, die Sonne kreiselt, die Farben tauchen auf und verschwinden wieder, die Wände atmen, die Möwen reden holländisch mit ihnen und die Stellungen griechisch und latein, das Essen schmeckt und das abendliche Bier nach der Tageshitze, Genever sensibilisiert ihre Gaumen, das Seewasser trägt, Wind steht in den Segeln eines gemieteten Bootes, die Planken trinken ihren Schweiß nach Rauschgiftwippen, und sie trinken ihre Säfte und bohren sich gegenseitig die Nasen in die nassen Achselhöhlen, sind glücklich: verliebte Kinder in den Dreckigen Fünfziger Jahren.

O Holland, Rauschgiftparadies! Aber Bert weiß es besser, ist Schlosser und Kommunist, sagt Holland wär' genauso beschissen wie die Bundesrepublik, nur liberaler, das würde sein Land gefährlicher machen. Es gäbe nur zwei Länder auf der Welt: Proletarien und Kapitalistan. Aber sie haben keine Ohren für so etwas, keine Zunge für die verwickelten Fremdwörter, die er ihnen mitteilt, haben nur Zungen für sich und andere Tätigkeiten als Fremdwörterverrenken, haben nur Zungen, die sich verstehen und sprechen die gleiche Sprache – wie am Tage der Ausschüttung des Heiligen Geistes. Sie sind vierzehn und fünfzehn, verliebte Kinder in den Dreckigen Fünfzigern, da ist das Pfingstfest der Sucht; Schule und Eltern sind weit, Geld ermöglicht ihnen Segelboot und Eis, ein paar bunte Hemden und orangefarbene Schuhe, spitz und todschick und unbequem, und Kapotjes und Lieder von Jonny Ray aus der Musicbox mit Texten, die sie nur zu gut verstehen.

Sie tanzen mit Hüftschwung und Schulterwurf, werden als meisterliches Paar bewundert, schwitzen fröhlich dabei, und wenn sie heiß genug geworden sind, verlassen sie die Kneipe und toben sich im Rauschgift aus.

Sie verrät, sie müsse jeden Tag eine gewisse Basaltemperatur messen, und habe sie erst Ausgangswerte, könnten sie die Kapotjes aus dem Spiel lassen und verscherbeln. An den Tagen, wo es dann eben nicht geht, machen wir es so wie damals in der Eifel, ja? Und er nickt, selig, teilhaftig, kundig, eingedenk, biegt Arme um ihren Nacken, sie tanzen Schlummer- oder Schwedenblues: sie steigt mit bloßen Füßen auf seine eleganten orangefarbenen Schuhe, sie wiegen sich, scheuern die Becken aneinander, kneifen mit den Lippen in gesund gebräuntes Hals- und Schulterfleisch, wie Pferde, die Zucker von der Hand zupfen.

deine lippen sind wie eine rosinfarbne schnur, und deine rede lieblich. deine wangen sind wie der ritz am granatapfel zwischen deinen zöpfen. / dein hals ist wie der turm davids, mit brustwehr gebaut, dran tausend schilde hangen und allerlei waffen der starken. / deine brüste sind wie zwei junge rehzwillinge, die unter den rosen weiden.

Was sagen denn deine Eltern dazu? fragt er.

Nichts.

Nichts. Die Eltern sind wohlhabende Bürger.

Hast du ihnen gesagt, was für ein Typ ich bin?

Sie haben dich schon auf dem Zeltplatz gesehen.

Machen sie dir überhaupt keine Vorhaltungen?

Längeres Schweigen.

Sie würden es schon lieber sehen ..., wenn ich mit einem Jungen von hier ginge, sagt sie, einem, dessen Eltern auch Geld haben.

Sie küßt ihn.

Das kümmert uns aber nicht, niet?

Nein, sagt er.

du hast mein herz genommen, meine schwester, liebe braut, mit deiner augen einem und deiner halsketten einer. / wie schön ist deine liebe, meine schwester, meine braut! deine liebe ist lieblicher denn wein, und der geruch deiner salben übertrifft alle würze.

In zwei Tagen muß ich mit meinen Eltern in Urlaub fahren, sagt sie.

Nach Spanien.

Er schweigt.

In vier Wochen bin ich wieder zurück.

In vier Wochen, sagt er, in vier Wochen bin ich längst wieder in Deutschland, in der Schule.

Dann kommst du in den nächsten Ferien.

Das dauert aber noch unheimlich lange.

Denk nicht dran, denk nicht dran. Jetzt bin ich ja noch da. Niet?

ich sitze unter dem schatten, des ich begehre, und seine frucht ist meiner kehle süß. / er führt mich in den weinkeller und die liebe ist sein panier über mir. / er erquickt mich mit blumen, und er labt mich mit äpfeln; denn ich bin krank vor liebe. / seine linke liegt unter meinem haupte, und seine rechte herzet mich.

Nachts. Die Luft im Zelt ist dumpf. Seehunde vom nahe gelegenen Gehege bellen, seine dreckigen Socken hat er außerhalb des Zeltes vor den Eingang gelegt, die Luftmatratze ist schnell naß an den Rücken. Das Rauschgift hat zum ersten Mal keine richtige Wirkung, die Zeit wird vertrödelt, verschwiegen, verbissen.

Ich muß gehen, sagt sie, meine Eltern warten.

Er nickt.

Bist du traurig?

Ja.

Ich auch. Aber da kann man nichts ändern.

Kommst du bestimmt in den Herbstferien?

Ganz bestimmt.

Hast du mich noch ein bißchen lieb?

Ja. Und du?

Ich hab dich unheimlich lieb.

Schweigen.

Aber jetzt muß ich gehen.

Sie küssen sich, kriechen aus dem Zelt, legen die Arme auf des anderen Hüfte, gehen langsam über den dunklen Zeltplatz, auf kiesigen Umwegen zur Stadt. Kommen am Haus der Eltern an. Bleiben stehen.

Ja, denn, sagt er und löst seinen Arm von ihrer Hüfte.

Sie stehen sich gegenüber und sehen sich an. Küssen sich. Und da ist wieder das Wissen von Rauschgift. Wie eine Axt in der Kniekehle.

Er hat Angst vor einem Schwächeanfall, vorm Heulen, das unter dem Adamsapfel sitzt, dreht sich um, läuft weg.

In der Kneipe bei Hermann sitzt die ganze Bande, trinkt Erdbeerschnaps und helles Bier aus Amsterdam, grüßt ihn mit lautem Hallo und kaum verhohlenen Vorwürfen, weil er sich rar gemacht hatte.

Er sitzt auf dem Barhocker am Tresen unter ihnen, Be-Bop-Fassonschnitt, Kunstlederjacke, rotes Hemd, braungebrannt. Er wirkt mindestens wie sechzehn, stellt er im Spiegel hinter Hermanns Rücken fest.

Er trinkt. Sie pflaumen ihn an, hören die neuesten Singles von Fats Domino, die in den Niederlanden immer einige Zeit früher als in der Bundesrepublik auf dem Markt erscheinen, wippen auf den Hockern, sehen den Billardspielern zu, die mit ihren Queues an dem grün bezogenen Tisch stehen, die Lampe darüber tiefgezogen, mit sanftem Licht, die Biergläser auf Tischen neben sich, auf denen kleine Teppiche anstelle von Tischdecken liegen. Er findet es immer gemütlich bei Hermann, betäubt den Hunger auf Rauschgift und die Trauer mit Bier und Genever. Ziehen unter dem Brustbein. Betrunken wird er wider Erwarten nicht. So verabschiedet er sich von allen, zahlt. Geht.

Schlendert langsam einmal um den Block, am Rathaus vorbei, zieht zwei Kroketten aus dem Automaten beim Metzger, ißt im Gehen, kommt an der Drogerie vorbei und am Haus ihrer Eltern, setzt sich in Trab, läuft, so schnell er kann, zum Campingplatz am Strand. Kommt keuchend dort an, stolpert über Zeltschnüre und Heringe, hört die Seehunde, erreicht sein kleines Zelt.

siehe, meine freundin, du bist schön: schön bist du, deine augen sind wie taubenaugen. /siehe mein freund, du bist schön und lieblich. unser bett grünt.

Schlägt die Eingangsplane auf und wundert sich kurz, beim Weggehen den Reißverschluß nicht zugezogen zu haben. Erschrickt. Sein Herz klopft in der Kehle. Seine Freundin liegt auf der Luftmatratze, schläft, schräg ausgestreckt. Zart zieht er die Decke von ihrem Leib, fährt mit den Lippen den Hüftschwung hoch, beißt zart in die Weiche. Sie zuckt zusammen, erwacht. Flüstert noch, daß die Basaltemperatur günstig, sie verknäueln sich, rollen im Zelt hin und her, und zum ersten Mal hat er seinen ehrbaren Schwanz barhäuptig in den Heiligen Hallen, turteln Großer und Kleiner Klaus nackt wie Götter Kopf an Kopf, erkundet er alle Ritzen und Fugen und Abgründe im Naturzustand. Die große kreisende Acht treibt ihr Unwesen: sie sinkt auf seine Brust, er ist in ihr, bleibt in ihr, kommt nie wieder heraus: große Urmutter, gebenedeiter Schoß, Schutz und Trutz, warm, feucht, lebendig, stark und niemand wird ihn wieder herausholen in die Drekkigen Fünfziger Jahre mit Schule und Kaltem Krieg, mit Kopfnüssen und schlechten Noten, mit Waldläufen und schalen Witzen, mit Lärm und Zank in der kleinen elterlichen Wohnung, mit Fabriken und Sitzenbleiben, mit Klassenlehrern und unausgefickten Deutschlehrerinnen, mit aufreizenden Petticoats, die nichts halten, mit Schmalz und Paul Temple und Förstern im Silberwald und stinkenden Mopeds . . .

Spüren, wie er kleiner wird, drinnen, das Mädchen auf dem Schoß, die Beine um seine Hüften geschlungen, sich das Salz aus den Schlüsselbeingruben lecken lassend, sich streicheln und küssen.

Ich hab dir auch was mitgebracht, sagt sie. Eine Muskelbewegung, ein Husten aus dem Schoß – und er ist draußen. Beugt sich, zieht unter der Luftmatratze ein schmales Päckchen hervor.

I'm just a rolling stone, sagt sie, von Lonnie Donegan. Ich mußte sie extra bestellen.

Und deine Eltern? fragt er.

Die schlafen und denken, ich schlaf auch.

Sie lachen, sie kniet neben ihm.

Das war unheimlich schön, sagt sie.

Ja.

Jetzt muß ich aber gehen. (Déja vu . . .)

Ich bring dich nachhause, sagt er und kommt mit dem Oberkörper hoch.

Nein, nein, sagt sie. Ich geh allein. Weil – sonst tut es weh, weißt du?

Bis dann, sagt sie.

Ich freue mich schon drauf, sagt er.

Ich kann es gar nicht mehr erwarten, sagt sie.

Dauert ja nicht mehr lange, sagt er.

Wir müssen Geduld haben.

und da ich meinem freund aufgethan hatte, war er weg und hingegangen. da ging meine seele heraus nach seinem wort. ich suchte ihn, aber ich fand ihn nicht; ich rief, aber er antwortete nicht.

Sie sitzen oft bei Hermann, er, Piet, Bert und die ganze Bande, trinken vor dem Abendbrot einige Pils, auch einen Genever oder Erdbeerschnaps als Apéritif, treffen sich nach dem Essen vor dem Rathaus, wo die vielen Fahrräder abgestellt sind, schwarz-lackierte, holländische Räder mit Gesundheitslenkern. Bummeln ums Karree, wo abends die Jugend vom Strand hingeht, und schauen sich die Mädchen an. Und die Mädchen laufen auch ums Karree, in entgegengesetzter Richtung, und schauen sich die Jungen an. Kommt man ins Gespräch, geht man mit ihnen, flirtet, trinkt zusammen ein Bier, einen Sinasappelensaap; ist man sich einig, geht man in die Dünen. So einfach ist das im Rauschgiftparadies. Alle freuen sich: die Jungen, die Mädchen und der Drogist. Aber so ist es nicht überall in Holland, versichert Piet, nein, landeinwärts, er kräuselt die Lippen. Wüster Puritanismus, sagt er, zählt die vielen Sekten auf, erklärt es mit dem Kirchenkampf in den Niederlanden, mit dem verstockten Calvinismus. Adenauer ist kein Calvinist. Aber bei uns ist das viel schlimmer. Man nimmt es ihm nicht ab: die deutschen Mädchen hier, am Strand, sie sind wie die Holländerinnen.

Ja, in Holland, in den Fe-ri-en . . .

Sie hat es ihm ausdrücklich erlaubt. Es sei nicht gut, die Sucht zu unterdrücken, hat sie erklärt. Und:

Rauschgift muß sein!

Aber es ist nicht das gleiche Rauschgift. Bei gleicher Dosis eine andere, mindere Wirkung. Seltsam.

Abends sitzen sie wieder lange bei Hermann. Der weiß Bescheid im Ort, bei ihm laufen die Informationen zusammen. Kann er Jungs leiden, gibt er sie bereitwillig weiter. Die nicht! Die hat Tripper. Oder: Die ist zickig. Oder: Der spinnt, dieser Mönch! Berät, unterrichtet, beratschlagt, gibt Tips. Sie trinken immer bei Hermann – der weiß sich eben zu revanchieren. Spät ist es geworden. Als er zum Zelt zurückwill, sind sie alle duhn. Begleiten ihn, singen: I'm just a rolling stone oder Vaya con dios in der Les-Paul/Mary-Ford-Fassung. Piet imitiert wieder den Chaplin-Gang, schleudert sein imaginäres Stöckchen in der Rechten, locker aus dem Handgelenk, trippelt um die Ecken; die anderen gehen untergefaßt, singen, torkeln zuweilen, sind albern.

Pst! Macht da Piet. Sie bleiben stehen. Ein Fahrrad nähert sich. Sie sehen ein sanftes Schwenken des kleinen Scheinwerfers, gehen zur Seite, es vorbeizulassen. Ein Mädchen sitzt auf dem Sattel, radelt vorbei, sagt: Hallo. Piet nimmt Anlauf und befördert sich mit einem kleinen Schwung auf den Gepäckträger. Das Fahrrad beschreibt einige kleine Schlenker und fährt sichtlich langsamer weiter.

Trick siebzehn, sagt die Bande. Sagen was von Spaß, den sie sich machen wollen, fallen in Trab. Er ist entrüstet, Vergewaltigung, nein, da mache er nicht mit. Ach was, meinen die anderen, wenn sie nicht wolle, lasse man sie wieder laufen. Haben im Laufschritt das Fahrrad erreicht.

Er ist rot geworden, aber das sehen die anderen nicht, guckt das Mädchen an. Das spricht mit Piet, sagt ja und nein, lacht und kichert. Ganz nüchtern ist sie nicht. Schiebt das Fahrrad in die Richtung der Dünen, legt es vorsichtig in den Graben neben dem Weg, hakt sich bei Piet ein. Die Bande und er hinterher. So einfach ist das im Rauschgiftparadies Holland am Ijsselmeer. Die Bande fragt ihn, ob er als zweiter drankommen möchte, schließlich sei er ihr Gast, aber Piet, ja der Piet, der hat das schließlich organisiert.

Er nickt wie selbstverständlich, aber gerne, als zweiter, klar, das geht. Die Reihenfolge wird in aller Ruhe festgelegt, Piet ist inzwischen mit dem Mädchen hinter dem Tanzsalon am Strand verschwunden. Sie lassen Zigaretten kreisen, einer hat noch ein Fläschchen Genever dabei, sie singen halblaut: I'm just a lonely boy-lo-only a-and blu-hu, Bert macht die zweite Stimme. Und das macht er gut. Leider muß er bald zur Armee, bedauert er, da singen sie nicht so feine Sachen.

Piet kommt hinter dem dunklen Tanzpavillon hervor, tritt auf sie zu, geht ruhig, wiegt sich ein wenig im Schritt, knöpft sich die Hose zu. Er geht an ihm vorbei. Piet faßt ihn kurz am Ärmel, flüstert, er solle ein wenig aufpassen, das sei eine Jungfrau, jedenfalls so ungefähr, er habe gar nicht richtig, nur so, so'n bißchen von außen und so.

Er biegt um die Ecke, das Mädchen sieht ihn an, sagt etwas auf Holländisch, und er, daß er Deutscher sei. Das kann sie auch, ein bißchen, aber viel sprechen brauchen sie ja eh nicht. Er ist befangen, steht vor ihr, sie lehnt sich an ihn, sie küssen sich, das findet er gut, greift unter ihre Röcke, muß unter drei Petticoats wühlen, lehnt sie schräg . . ., zerrt . . ., sie hilft . . . er öffnet seine Hose, sie legt ein Bein auf seine Hüfte, wie er es ihr angedeutet, ungemütlich ist es so, er streichelt sie, fährt sanft mit dem Finger in sie, ist nicht ganz sicher, da hat er noch keine Erfahrung, erschrickt vor der Verantwortung, so reibt sie sich an ihm, und er reibt sich an ihr, spürt ihre Feuchtigkeit schon außen, denkt plötzlich daran, daß er ein Kapotje überziehen muß, aber da ist es schon vorbei, sie stöhnt und knickt in den Beinen ein, und er stöhnt ein wenig, ein Hauch von Rauschgift, sie stellt ihr Bein wieder auf die Erde und küßt ihn und streichelt seinen Nacken und wischt mit dem Petticoat über ihren Pelz; so bleiben sie stehen an der Wand, sie küssen sich noch ein wenig, bis er meint, ja, jetzt seien die anderen wohl dran, das sei unfair, wenn er hier länger, und da stimmt sie zu mit Kichern und komischem Deutsch, zieht ihn noch kurz und fest an sich und gibt ihm einen Stubs. Er geht.

Dann ist Bert an der Reihe. Fast läuft er. Die Bande trinkt den Rest Genever, kalt ist ihnen geworden, Zigaretten kreisen. Meinen, der Bert mache aber lange, rufen ihn schließlich, hören aber keine Antwort, gehen dann um den Pavillon herum und sehen die beiden nicht.

Sie rufen laut, schwärmen aus, suchen den Strand ab, den Kinderspielplatz und einige Dünen, es hat aber keinen Zweck. Die machen's richtig, meint Piet, die legen sich hin und vögeln, wie's sich gehört. So ist das ja alles nix.

Kalt ist es geworden. Sie warten lange auf Bert und das Mädchen, bis sie schließlich aus den Büschen hinter dem Spielplatz erscheinen. Jetzt hat keiner mehr Lust, da friert man sich ja einen ab, sagen sie, begleiten das Mädchen zum Fahrrad. Bert geht umschlungen mit ihr, verabschiedet sich zärtlich, und das Mädchen greift sich ihr Rad aus dem Graben und sitzt auf mit Schwung. Der Dynamo surrt, das Lichtchen entfernt sich.

Hallo! Ruft das Mädchen noch, und Bert verabredet sich rufend mit ihr, strahlt, ist warm und guter Dinge.

Eine echte Jungfrau, sagt er und fragt Piet und ihn, was sie denn so angestellt hätten, es sei kein einziges Häutchen gewesen, nicht mal ein kleines, wie von einem oder zwei der sieben Zwerge, aber heiß sei sie gewesen und geil wie zehntausend Mongolen, schwärmt richtig herum, bis die anderen, wütend geworden, ihn bremsen.

Das war seine erste und letzte Vergewaltigung.

was ist dein freund vor anderen freunden, o du schönste unter den weibern? was ist dein freund vor anderen freunden, daß du uns so beschworen hast?

Caracas noch immer mit der Betonung auf der vorletzten Silbe, Germania omnis est divisa in partes tres, spitze Bemerkungen der Lehrer, jetzt sinkt auch die Deutschzensur, Hyperbeln, Parabeln, ein Film über den Aufstand in Ungarn, Zwangsbesuch, kein Rauschgift, Kellerfêten, andeutungsweise Petting, entsetzliche Entzugserscheinungen.

Dann ihr Brief: darf nicht mehr, Eltern haben verboten, mit der Basaltemperatur kam es nicht hin, jetzt ist der Schaden da, fahre in die Schweiz, meine Mutter regelt das, du hast doch Verständnis, es war schön, ich kann nicht dafür, jetzt kann ich dich nicht mehr liebhaben, auch meine Schuld. Mach's gut. Aus. Zeit für Elegien. Da wird die Liebe flügellahm. Dann ist sie nicht mehr.

Rauschgiftsucht. Sucht ein ganzes Leben. Die kann nicht geheilt werden.

fliehe, mein freund, und sei gleich einem hirsch oder jungen reh auf den würzbergen!

(Hohes Lied auf Rauschgift oder: Kein Grund zur Nostalgie)

XI.

BEZIEHUNGSKISTEN

CHLODWIG POTH

Joachim Ringelnatz
WENN ICH ZWEI VÖGLEIN WÄR

Wenn ich zwei Vöglein wär,
Und auch vier Flügel hätt,
Flög die eine Hälfte zu dir.
Und die andere, die ging auch zu Bett,
Aber hier zu Haus bei mir.

(aus: Volkslied)

Catull
DIE LIEBE

Ach, ich hasse und liebe. Du fragst, warum ich das tue.
Weiß nicht. Ich fühle nur: es geschieht und tut weh.

(dt. M. Brod)

Giacomo Casanova
DIESE CHARPILLON!

Es gibt eine gewisse weibliche List, die darin besteht, der Wahrheit den unangenehmsten Ausdruck der Lüge zu geben. Diese Kunst besaß Miss Charpillon zu meinem Unglück nur zu gut, wie man sehen wird. Ich habe diese Zeit – es war der September 1763 – als eine der Krisen meines Lebens bezeichnet. In Wirklichkeit habe ich von diesem Tage an gefühlt, daß ich, der ich erst achtunddreißig Jahre alt war, nun wirklich alterte. Aber wenn nach dem gewöhnlichen Laufe der Natur die absteigende Linie nach der aufsteigenden gemessen werden kann, so glaube ich heute, den 9. November 1797, höchstens noch auf vier Jahre des Lebens rechnen zu dürfen, und diese werden ziemlich schnell vergehen, nach dem Grundsatz: Die Bewegung beschleunigt sich gegen das Ende.

Die Charpillon, die ganz London damals kannte und die vielleicht noch lebt, war eine seltene und vollendete Schönheit; sie hatte kastanienbraunes Haar, blaue Augen, eine blendend weiße Haut, eine feine Taille, einen Busen von üppiger Fülle, die ausgezeichnetste Hand, die kleinsten Füße und zählte überdies höchstens siebzehn Jahre. Ich habe keine trügerischere Physiognomie gesehen. Die Natur hatte nie unverschämter gelogen, als auf diesem Gesicht, das so viel Aufrichtigkeit und Unschuld verkündete. Weshalb ist es mir nicht möglich, daran zu zweifeln, daß dieses Mädchen mein Verderben beschlossen hatte, ehe es mich kannte? Selbst heute noch kann ich mich nicht ohne Aufregung des Augenblicks erinnern, als ich sie nach diesem Zusammentreffen verließ; ich empfand nichts von den Gefühlen des Wüstlings, dessen Sinnlichkeit durch den Anblick einer schönen Person erweckt worden ist. Ich war traurig und in Verzweiflung, kurzum ich war schon verliebt. Es ist ziemlich sonderbar, daß das Bild Paulinens, das meinem Geiste stets gegenwärtig blieb, den Zauber, den die Charpillon sogleich auf mich ausübte, nicht vernichten konnte. In gewissen Augenblicken fühlte ich mich beruhigt. Ich schrieb meine Aufregung dem Zauber der Neuheit zu; ich sagte mir, daß die Entzauberung bald eintreten würde und daß eine Nacht, mit diesem Mädchen zugebracht, die Flamme auslöschen würde; und in Wahrheit glaubte ich meinem Ziel nicht sehr fern zu sein. Welche Hindernisse konnte ich mir denken? hatte sie sich nicht selbst zum Essen bei mir eingeladen? War sie nicht die Mätresse des Herrn von Morosini gewesen, den sie nicht hatte schmachten lassen, so alt und häßlich er auch war? Er hatte Geld, ich aber auch. Ich werde es verschwenden, sagte ich mir, wenn es sein muß, und die Charpillon wird mir gehören.

Am nächsten Tage war Lord Pembroke ganz verdutzt, als ich ihm den Namen meines Gastes mitteilte und ihm sagte, wie diese Einladung zustande gekommen war.

»Ich kenne das Mädchen«, sagte er, »und zwar gründlich. Unlängst begegnete ich ihr in Vauxhall mit ihrer Tante; ich bot ihr zwanzig Guineen, wenn sie einwilligen würde, mir in einer Laube eine viertelstündige Unterhaltung zu gewähren. Sie nahm den Vorschlag an; kaum aber hatten wir fünfzig Schritt gemacht, als sie meinen Arm losließ und entfloh.«

»Sie hätten sie öffentlich ohrfeigen müssen.«

»Ein Ärgernis geben, um auf meine Kosten Gelächter zu erwecken?

Ich verachte sie, darin liegt meine ganze Rache. Sollten sie zufällig in sie verliebt sein, Casanova?«

»Nichts als Laune.«

»Sehen Sie sich vor; sie ist eine verschmitzte Person, die sich über alle Welt lustig macht.«

In diesem Augenblick trat die Charpillon ein. Sie würdigte mich kaum eines Blickes; sie schien nur mit dem Lord beschäftigt zu sein; sie erinnerte ihn an das Abenteuer in Vauxhall. Nachdem sie sich lange über seine Leichtgläubigkeit lustig gemacht hatte, sagte sie:

»Beruhigen Sie sich; eines Tages werde ich minder grausam sein.«

»Das ist wohl möglich, denn ich werde erst hinterher bezahlen.«

»Pfui, Mylord! Was Sie mir da sagen, ist ebenso demütigend für Sie, wie für mich.«

Das Mittagessen war heiter, dank ihr und Pembroke. Sie verließ uns beim Dessert, indem sie mich für den übernächsten Tag zum Essen bei sich einlud. Ich fand mich pünktlich ein. Die Charpillon stellte mir ihre Mutter vor, und in diesem leidenden und abgemagerten Gesicht fand ich Züge wieder, die eigentümliche Erinnerungen in mir erweckten. Man muß wissen, daß 1759 ein gewisser Bolomé aus Genf von mir Schmuckgegenstände für eine Dame verlangt hatte, die mir dafür sechstausend Dukaten bot. Nach abgeschlossenem Handel bezahlte er mich durch zwei Wechsel, die von der Dame mit ihren Schwestern, den Fräulein Ausberger, unterzeichnet waren. Als die Verfallzeit kam, erfuhr ich, daß der Genfer Bankerott gemacht hatte; zugleich benachrichtigte man mich von dem Verschwinden aller der Damen. Man denke sich nun mein Staunen, als ich diese weiblichen Betrügerinnen in der Person der Tante und der Mutter dieser Charpillon wiedererkannte.

»Madame«, sagte ich kalt, »ich bin erfreut, Sie wiederzusehen.«

»Ich wünsche mir Glück dazu, mein Herr, die Bekanntschaft zu erneuern. Der Schurke Bolomé – –«

»Sprechen wir nicht davon, Madame; ich hoffe, wir werden bald Gelegenheit haben, uns wieder zu sehen.«

»Es ist sonderbar, daß meine Tochter Sie nicht unter dem Namen gemeldet hat, der Ihnen zukommt.«

»Sie hat durchaus richtig gehandelt. Ich heiße Seingalt und auch Casanova. Letzteren Namen trug ich in Paris.«

Während einer Viertelstunde ging an uns eine wahre Prozession von Verwandten der Charpillon vorüber, ihre Großmutter, dann die beiden

Tanten, sehr ehrwürdige Personen, dann ein gewisser Chevalier Goudar, den ich in Paris gekannt hatte; endlich zwei andere Individuen, Rostaing und Goumon, alle drei Vettern oder Freunde, jedenfalls aber Hausgenossen und Spitzbuben von Profession. Ich fühlte, daß ich in sehr schlechte Gesellschaft geraten war; dennoch hatte ich keine Lust, zurückzuweichen. Ich nahm mir vor, auf meiner Hut zu sein, und da meine einzige Absicht darin bestand, eine Liaison mit der Tochter anzuknüpfen, so kümmerte ich mich sehr wenig um alle die übrigen. Bei Tische bemächtigte ich mich des ersten Platzes neben der Schönen, die ich nach besten Kräften unterhielt. Sie war schnell in ihren Antworten, und ich glaubte meine Geschäfte in guten Gang gebracht zu haben. Denn sie forderte mich auf, der ganzen Gesellschaft ein Souper zu geben.

»Wählen Sie den Tag«, sagte sie.

»Der Ihrige wird der meinige sein.«

»Nun wohl, dann morgen.«

»Verzeihen Sie, ich vergaß ein Rendezvous, das ich für morgen zugesagt habe.«

»Ohne Zweifel mit irgendeiner schönen Ausländerin?«

Diese schöne Ausländerin war ein alter venezianischer Marquis, der mich eingeladen und den zu schonen ich Ursache hatte. Ich glaubte eine leise Regung der Eifersucht auf dem Gesicht der Charpillon zu lesen und bestand darauf, daß sie einen andern Tag festsetzen solle. Sie wandte mir darauf gleichsam schmollend den Rücken und knüpfte ein Gespräch mit ihrem Nachbar an, einem der beiden Industrieritter. Am dritten Tage, an dem das Souper stattfinden sollte, wurde ich schon um acht Uhr morgens geweckt. Es kamen die Charpillon und ihre Tante.

»Ich komme, Sie schon sehr früh zu stören; es geschieht, weil ich Ihnen eine wichtige Mitteilung zu machen habe.«

»Gestatten Sie, daß ich mich ankleide.«

»Ich kann hier mit Ihnen sprechen, ohne den Anstand zu verletzen. Meine Tante begleitet mich.« Doch sich plötzlich anders besinnend, sagte sie:

»Es ist wahr, daß das, was ich Ihnen zu sagen habe, keine Zeugen duldet.«

»Dann«, antwortete ich, »kann Madame in das anstoßende Zimmer gehen und die Tür angelehnt lassen.«

Als dies geschehen war, begann die Schöne damit, eine pathetische Schilderung von der traurigen Lage ihrer ganzen Familie zu entwerfen.

Ich glaube, sie vergaß niemand; aber mein Kopf war anderwärts beschäftigt, und sie schien das nicht zu bemerken.

»Sie würden unser Rettungsengel sein, wenn Sie meiner Tante hundert Guineen verschaffen könnten. Unser Glück würde dadurch gesichert sein.«

»Wieso?«

»Sie besitzt das Rezept eines Lebenselixiers, das wunderbare Wirkungen hervorruft. Sie bietet Ihnen die Wiedererstattung der Summe in sechs Monaten an, sowie die Hälfte des Gewinnes.«

»Sie haben da eine sehr kostbare Tante, meine Liebe. Ich werde über Ihren Vorschlag nachdenken; aber bis dahin sprechen wir von anderen Dingen.«

Dabei zog ich sie zu mir. Sie legte den Finger auf den Mund und gab mit dem Kopfe ein Zeichen zur Tür hin, als wolle sie mir sagen: »Seien Sie vernünftig, wir sind nicht allein«, und da ich ohne Rücksicht auf diese Vorstellungen gewisse Bewegungen ausführte, die meinen Plänen günstig waren, stieß sie mich ziemlich lebhaft zurück, entfloh in das anstoßende Zimmer und schlug die Tür heftig hinter sich zu. Ich kleidete mich schnell und ziemlich unzufrieden an, aber ich machte gute Miene zum bösen Spiel und war entschlossen, meine Angriffe auf der Stelle zu erneuern, als ich erfuhr, daß sie mit dem Versprechen gegangen sei, am Abend zurückzukehren.

»Der Teufel!« sagte ich zu mir selbst. »Vorsicht! Das alles riecht nach Betrug! Man braucht hundert Guineen; richten wir uns danach und lassen wir das Abenteuer nicht aus dem Spiel.«

Die Gäste kamen mit Anbruch der Nacht. In Erwartung des Abendessens schlugen sie eine Partie Whist vor.

»Sind Sie denn nicht neugierig«, fragte ich die Charpillon, »meine Antwort auf Ihren Vorschlag von diesem Morgen zu hören? Folgen Sie mir und Sie sollen sie erfahren.«

Wir gingen durch zwei Zimmer, und ich ließ sie auf einem Sofa im Hintergrunde des Gemaches Platz nehmen.

»Die hundert Guineen sind in dieser Börse«, sagte ich.

»Und Sie werden sie meiner Tante übergeben?«

»Von ganzem Herzen, aber –« Dabei richtete ich einen Feuerblick auf sie, den sie sehr gut auszulegen verstand.

»Das ist heute nicht möglich; alle würden hier glauben, ich hätte meine Ehre verhandelt.«

»Wenn ich selbst das Geld Ihrer Tante übergebe?«

Und ich wiederholte die Angriffe vom Morgen; sie schien aber empört zu sein und rief, daß nichts in der Welt sie bestimmen könne, in das zu willigen, was ich nur von der Zeit und ihrer Liebe erwarten dürfte. Ich war wütend und gab die Partie auf.

Nach dem Essen ging ich, um mich zu zerstreuen, nach der Pension meiner Tochter. Der Anblick Sophiens und ihrer jungen Gefährtinnen brachte meine aufgeregten Sinne zur Ruhe. Während drei Wochen verging kein einziger Tag, ohne daß Sophie meinen Besuch empfing. Ich brachte ihr Zuckerzeug, Eingemachtes und Kuchen, und wir aßen alles miteinander; zuweilen bat ich die Vorsteherin, mit ihren Kindern einen Spaziergang zu machen. Der alte Geier Casanova in der Mitte dieser Turteltäubchen! War das nicht ein eigentümliches Schauspiel? Ich fing an, ganz entschieden die Charpillon zu vergessen; mein schwaches Herz fühlte sich zu einer Gefährtin Sophiens hingezogen, einem kleinen reizenden und blonden Engel von höchstens vierzehn Jahren. So stand es mit mir, als ich zu meinem Unglück eines Morgens die Tante der Prüden in mein Zimmer treten sah. Sie kam, um von dem Staunen zu sprechen, in das mein plötzliches Verschwinden die ganze Gesellschaft gestürzt hätte. Nach einigen pathetischen Phrasen über den Schmerz, eine so angenehme Gesellschaft wie die meinige verloren zu haben, kam sie zu dem Grunde ihres Besuches, den hundert Guineen zur Anfertigung des Lebenselixiers.

»Madame«, sagte ich, »halten Sie sich an Ihre Nichte, wenn ich mein Versprechen vergessen habe; sie hielt das ihrige nicht und verweigerte mir die geringsten Gunstbezeigungen; eine Vestalin würde sie gewährt haben, und Ihre Nichte ist keine Vestalin, wie Sie wohl wissen.«

»Sie ist ein Kind, ein Tollkopf, aber sie hat ein vortreffliches Herz.«

»Ich bin nicht dafür bezahlt, dies zu glauben.«

»Sie täuschen sich, mein Herr, sie liebt Sie; sie hat es mir gestanden. Aber sie kennt Sie und fürchtet, daß Ihre Leidenschaft nur eine Laune sei.«

»Wollen Sie mich in den Stand setzen, mich davon zu überzeugen, daß Sie die Wahrheit sprechen?«

»Gewiß. Obgleich meine Nichte in diesem Augenblick unwohl ist, will ich Sie doch zu ihr führen und ich stehe Ihnen dafür, daß Sie sie nur befriedigt verlassen.«

Die letzten Worte entzündeten meine Liebesglut von neuem.

»Kommen Sie auf der Stelle«, fuhr die Gelegenheitsmacherin fort; »Sie überraschen sie im Bett. Ich gehe Ihnen nur um wenige Schritte voran.«

Die Erklärung war so deutlich, daß ich mich am Ziele meiner Wünsche fühlte. Ich kleidete mich an und sprang an ihrer Tür aus dem Wagen. Die Alte war soeben eingetreten.

»Meine Nichte«, sagte sie mit geheimnisvollem Tone, »wird ein Bad nehmen. Warten Sie eine halbe Stunde.«

»Der Teufel hole Sie! Wieder eine Verzögerung! Hören Sie, Sie sind eine Lügnerin.«

»Da Sie das von mir annehmen, werde ich Sie bis zu dem Zimmer meiner Nichte führen; sie kann dann sagen, was sie will.«

»In ihrem Zimmer, wo sie ein Bad nimmt?« fragte ich ganz aufgeregt; »und Sie täuschen mich nicht?«

»Nein, ohne Zweifel; folgen Sie mir.«

Ich folgte ihr auf die Treppe. Zu einer kleinen Tür gelangt, öffnete sie diese hastig, stieß mich hinein und schloß sie dann hinter mir zu. Die Schöne stand aufrecht in der Badewanne, ganz nackt und den Rücken mir zugewandt. Bei dem Geräusch, das die Tür machte, dachte sie, ihre Tante wäre eingetreten, und verlangte ein Handtuch. In demselben Augenblick trete ich vor, sie erkennt mich, stößt einen Schrei aus und verbirgt das Gesicht in den Händen.

»Schreien Sie nicht, Mademoiselle; es ist ganz nutzlos.«

»Entfernen Sie sich, ich beschwöre Sie!«

»Wozu diese Aufregung? Halten Sie mich für fähig, Ihnen Gewalt anzutun?«

»Meine Tante soll mir ihren Betrug teuer bezahlen.«

»Ihre Tante ist eine würdige Frau, die mir wohl will.«

»Ich hielt sie einer solchen Handlung nicht für fähig.«

»Welcher Handlung? – Sehen Sie, in welcher ehrerbietigen Entfernung ich mich halte. Ich schwöre Ihnen, daß ich mich Ihnen nur nähern werde, wenn Sie es wollen. Alles, um was ich Sie bitte, ist, die Stellung wieder anzunehmen, die Sie soeben hatten.«

Sie rang die Arme, vergoß einige Tränen oder tat so und entschloß sich dennoch, zu tun, was ich verlangte. Ich muß ihr sogar die Gerechtigkeit widerfahren lassen, daß sie sich in einer ungleich verführerischeren Stellung sehen ließ, als die erste gewesen war. Ich war nicht mehr Herr meiner selbst und stürzte auf sie zu; sie stieß mich aber sehr hart zurück. In demselben Augenblick trat die Tante ein; ich benutzte die Gelegenheit und zog mich wütend zurück. Die Frau folgte mir auf die Treppe und betrachtete mich mit einem erzwungenen schelmenhaften Blick und sagte:

»Nun, sind Sie zufrieden?«

»Sehr zufrieden, daß ich Sie kennenlernte, Sie und Ihre Nichte.«

Zu gleicher Zeit warf ich ihr eine Banknote von hundert Guineen in das Gesicht. Mir schien, als hätte die Gelegenheitsmacherin ihr Geld leicht genug verdient. Man kann sich wohl denken, daß ich einen Eid ablegte, keinen Fuß mehr zu diesen elenden Weibern zu setzen. Ich wollte nur noch daran denken, mich in dem Theater und in den Tavernen zu betäuben, allein am nächsten Tage erblickte ich mich Auge in Auge der Charpillon gegenüber, die in Vauxhall eintrat. Ich wollte mich hastig entfernen, aber sie ergriff meinen Arm und machte mir das Benehmen des vorhergehenden Tages zum Vorwurf. Ich war empört über so viel Unverschämtheit, aber das Mädchen zeigte ein unwandelbares Phlegma und forderte mich sehr höflich auf, in einem Pavillon eine Tasse Tee mit ihr zu trinken. Ich antwortete ihr, ich hätte einen bessern Appetit, und sogleich lud sie sich zum Abendessen bei mir ein. Ich fiel aus den Wolken. Als der Tisch gedeckt war, schienen wir bald die besten Freunde von der Welt zu sein. Ihre geheimen Reize, die ich hatte sehen können, zeigten sich meinen Augen in flammenden Zügen, und ich schlug ihr einen Spaziergang durch den Park vor, »vorausgesetzt«, sagte ich, »daß Sie mich nicht so behandeln, wie Sie Lord Pembroke behandelt haben.«

»Ich bin entschlossen, mein teurer Freund, mich Ihnen ganz hinzugeben, aber unter einer Bedingung.«

»Unter welcher?« fragte ich ungeduldig.

»Daß Sie mich täglich besuchen und mich überall hin begleiten.«

»Gern. Doch gehen wir in das Gebüsch.«

»Nicht doch.«

»Nun gut, dann sprechen wir nicht mehr davon.«

Ich kehrte darauf wütend und ein wenig angetrunken heim.

(...)

Schon am nächsten Morgen kam die Charpillon zu mir, begleitet von einer Miß Lawrence, die sie mir als ihre vertraute Freundin vorstellte.

»Ich komme, mein Herr«, sagte sie, »um von Ihnen eine Erklärung zu verlangen. Ist es wahr, daß Sie meiner Mutter durch die Vermittlung des Herrn Goudar hundert Guineen boten, wenn ...?«

»Das ist die reinste Wahrheit, Mademoiselle. Sollte die Summe Ihnen zufällig nicht genügend erscheinen?«

»Keinen unpassenden Scherz, wenn ich bitten darf. Glauben Sie denn das Recht zu haben, mein Herr, mich zu beleidigen.«

»Ich werde mein Unrecht eingestehen, wenn Sie darauf halten, aber an wen, zum Teufel, sollte ich mich denn wenden? Ich habe mich an einen Heiligen des guten Gottes gewandt, da der gute Gott selbst taub war. Sie wissen wohl, daß es kein Mittel gibt, bei Ihnen zum Ziele zu kommen.«

»Ich habe Ihnen angedeutet, mein Herr, daß Sie nie etwas von mir erlangen würden, weder durch Gewalt, noch durch Geld, sondern nur durch Aufmerksamkeiten, rücksichtsvolles Benehmen und eine wahre Zärtlichkeit. Sie machen mir ein unerfülltes Wort zum Vorwurf? Wer hat denn sein Versprechen unerfüllt gelassen? Versuchten Sie es nicht, mich durch Überrumpelung zu besitzen, und wagten Sie nicht, einen Schurken zu verwenden, Ihre rohe Leidenschaft zu befriedigen?«

»Goudar ein Schurke! Ihr bester Freund! Vergessen Sie denn, daß er Ihnen den Herrn von Morosini verschafft hat, und daß er Sie liebt? Der Beweis ist, daß er einen gewissen Vertrag abschloß und Sie noch seine Schuldnerin sind. Bezahlen Sie ihn zunächst und behandeln Sie ihn dann als Schurken, wenn Ihnen das gut dünkt. Weinen Sie nicht, mein Fräulein, es sind ja doch keine ehrlichen Tränen.«

»Diese Tränen sind ehrlich; der Himmel sei mein Zeuge. Grausamer Mensch, Sie, der weiß, wie ich ihn liebe, denn welches andere Weib könnte es ertragen, so behandelt zu werden!«

»Wenn Sie mich lieben, weshalb beweisen Sie es mir denn nicht besser?«

»Sie, der Sie mich wie ein öffentliches Mädchen behandelt haben! Der Sie mit einem nichtswürdigen Gelegenheitsmacher um mich feilschten!«

»Sie hätten es wohl lieber gesehen, daß ich mir die Mühe genommen hätte, Ihnen zu schreiben, nicht wahr?«

»Was ich wollte, war Ihre Liebe, oder doch wenigstens, daß ich daran glauben konnte. Was kümmert mich Ihr Gold? Habe ich jemals mit Ihnen davon gesprochen? Alles, was ich von Ihnen verlangte, war, daß Sie mich besuchen, mich auf die Promenade und in das Theater begleiten sollten; ich würde sogar glücklich gewesen sein, alles Ihrer Liebe zu gewähren! Wie kann ein Mann von Ihrem Verdienst wollen, daß ein Weib sich ihm durch einen Handel ausliefere. Ha, ich würde Sie wegen dieser Handlung verabscheuen, wenn es mir möglich wäre, dies jemals zu tun. O welche Demütigung ich empfinde und zu welchen Schritten meine traurige Leidenschaft mich treibt! Ich weine, mein Herr, aber diese Tränen sind die ersten und letzten, die jemals ein Mann mir entlockt haben soll!«

Ich war verwirrt.

»Verzeihung, tausendmal Verzeihung! Ich bin strafbar, aber nichts soll mir zu schwer sein, um die Spuren Ihrer Tränen zu verwischen!«

Ich weiß nicht, mit welchem pathetischen Ton ich diese alltägliche Phrase steigerte, aber die Charpillon schien dadurch gerührt zu sein und antwortete:

»Besuchen Sie mich täglich zu jeder Stunde, sagen Sie mir, daß Sie mich lieben, aber verlangen Sie keine Belohnung, die Ihnen zu gewähren ich selbst die erste sein will.«

Ich war wieder in ihren Netzen gefangen. Ich schwur ihr alles, was sie wollte. Ich erkannte noch nie so sehr die Wahrheit des Satzes: Amare et sapere vix deo conceditur. Bei dieser Gelegenheit bemerkte ich, wieviel mehr Frauen durch Worte als durch Briefe ausrichten können. Hätte sie mir geschrieben, so würde mich das kalt gelassen haben, aber alle diese Ausdrücke, begleitet von Tränen und entzückendem Mienenspiel gingen mir ans Herz. Nach dem ersten Besuch, bei dem ich mich durchaus zurückhaltend benahm, glaubte ich zu bemerken, daß ich einen neuen Schritt zum Siege getan hatte.

Quel che l'uom vede, Amor gli fà invisibile
E l'invisibil fà veder Amor.

Das einzige Greifbare in meiner Situation war, daß ich im Verlauf von vierzehn Tagen sowohl an Geschenken, als auf Promenaden, Theaterbesuchen usw. mehr als vierhundert Guineen ausgegeben hatte, ungerechnet noch die verlorene Zeit und die dabei verwandte pomphafte, romantische und sentimentale Beredsamkeit. Am sechzehnten Tage endlich entschloß ich mich, die Charpillon in Gegenwart ihrer Mutter zu fragen, ob sie daran dächte, die Nacht mit mir bei sich daheim oder bei mir zuzubringen.

»Wir wollen das nach dem Abendessen besprechen«, sagte die Alte.

»Sehr gut«, dachte ich; »das Abendessen wird desto reichhaltiger und leckerer sein müssen und mir viel mehr kosten.«

Nach dem Abendessen nahm die Mutter mich beiseite und sagte mit geheimnisvollem Tone:

»Begleiten Sie unsere Gesellschaft, wenn sie sich entfernt, und kehren

Sie nach einer Viertelstunde zurück; das wird jeden Verdacht beseitigen.«

Ich war gerührt über soviel Anständigkeit und gehorchte. Kaum zurückgekehrt bemerkte ich ein neues Bett, das in dem Kabinett neben dem Zimmer der Charpillon aufgeschlagen war.

»So bin ich denn endlich am Ziel meiner Wünsche«, sagte ich mir selbst. Nur hätte eine Frage der Mutter mir beinahe die Augen geöffnet.

»Wollen Sie«, sagte die alte schamlose Person, »die hundert Guineen bezahlen?«

»Pfui!« rief die Charpillon.

Als wir allein waren und die Tür verschlossen hatten, näherte ich mich mit wahrer Trunkenheit der Schönen; sie verteidigte sich indes sanft, und forderte mich auf, zuerst in dem Bett Platz zu nehmen. In einem Nu war ich glühend vor Ungeduld und Verlangen im Bett. Ich sah ihrer Nachttoilette zu und die Sekunden schienen mir Stunden zu sein. Ich war im Begriff, mich über die Langsamkeit ihrer Toilette zu ereifern. Endlich stand sie im Hemd da und das Licht erlosch. Doch niemand kam. In der Dunkelheit rief ich sie mit den süßesten Namen; keine Antwort. Ich beklagte mich über die Finsternis, die mir die Hälfte meines Glückes rauben würde.

»Ich habe die Gewohnheit, ohne Licht zu schlafen, mein Herr.«

Mein Herr! Das ist ein Wort, dachte ich, das noch an die Prüde mahnt.

Endlich näherte sie sich mir und sprang in das Bett. Ich versuchte sie in die Arme zu schließen, aber es war unmöglich; die Charpillon war vom Kopf bis zu den Füßen in einen Bademantel gehüllt, dessen Öffnung ich nicht entdecken konnte. Ich bat, ich beschwor sie, meine Liebe zu erwidern, aber ihr Mund blieb verschlossen. In einer solchen Lage verwandelt die Liebe sich bald in Wut. Ich stürzte mich mit Verwünschungen auf das elende Geschöpf; ich schüttelte sie wie ein Paket, ich entriß ihr den Bademantel und zerfetzte ihn. Vergebens! Sie kreuzte mit Kraft die Beine und bot alle ihre Kraft auf, mir zu widerstehen. Nach Verlauf einer Stunde gab ich die Partie auf, erschöpft, und wie Othello, doch aus einem andern Grunde, sehr geneigt, die Unglückliche in ihrem Bett zu ersticken.

Welch eine abscheuliche Nacht! Bitten, Zorn, Vernunftgründe, Flehen, Tränen, Drohungen, Schmähungen, nichts konnte sie erweichen. Endlich kleidete ich mich wieder an. Mein Kopf war in Feuer. Ich erkannte mich selbst nicht mehr und warf die Stühle und die Möbel um.

Eine Dienerin erwachte, kam, um mir die verriegelte Tür zu öffnen, die ich einzustoßen begann. Ohne Hut, ohne Halstuch, stürzte ich auf die Straße, stieß gegen einen Nachtwächter, der mich beim Kragen faßte, den ich zu Boden warf, indem ich ihm ein Bein stellte. Um vier Uhr lag ich in meinem Bett, von Fieberschauern ergriffen, die vier Tage anhielten.

(...)

Doch ich kehre zurück zu der Charpillon, die sich eines schönen Morgens bei mir melden ließ, während ich meine Schokolade trank. Ohne ein Wort zu sagen, goß sie sich eine Tasse ein, und nachdem sie diese getrunken, wischte sie sich den Mund mit einer Serviette ab und wollte mir einen Kuß geben. Ich wandte kalt den Kopf ab, sie aber sagte, ohne irgendwie sich gekränkt zu fühlen:

»Ich begreife, mein Herr, daß ich Ihnen zuwider bin; ich bin in der Tat nicht mehr schön mit allen diesen Quetschungen, unter denen mein Gesicht geschwollen ist und deren Urheber Sie sind.«

»Sie lügen, Mademoiselle, ich habe Sie nicht so behandelt.«

»Also sind die Eindrücke der Tigerkrallen, die meinen ganzen Körper bedecken, nicht Ihr Werk? Wollen Sie nicht selbst sie in Augenschein nehmen, mein Herr?«

Und sie entblößte sich. Obgleich die Charpillon sich in den verführerischsten Stellungen zeigte, hatte ich anfangs genug Herrschaft über mich selbst, um mich zu bezwingen und sie mit Geringschätzung zu behandeln. Aber ihre Bitten, ihre Tränen, ihre Küsse, ihre zärtlichen Vorwürfe hatten mich bald gerührt, und als sie sich erbot, sich mir ganz hinzugeben, nahm ich dies nur unter der Bedingung an, daß der Handel in Gegenwart ihrer Mutter geschlossen würde. Das war eine letzte Dummheit, die zu begehen mein Schicksal mich zwang. Die Mutter kam, unterschrieb alle meine Forderungen und entlockte mir hundert Guineen als Handgeld des Vertrages. Außerdem bezahlte ich zehn Guineen für einen Monat Miete, und am Abend holte ich die Charpillon ab. Ich sagte ihr, sie solle ihre Sachen einpacken und mir folgen. Sie war gehorsam, und so befanden wir uns in unserem ehelichen Heim.

Unser erster Morgen nahm einen guten Verlauf. Die Charpillon war von einer ausgelassenen Lustigkeit. Wir aßen reichlich zu Abend und legten uns dann zu Bett. Ich plückte Küsse von ihren Lippen, sie überließ mir ihren Busen, und ich konnte selbst ihre geheimsten Reize berühren; in dem Augenblick aber, wo ich Anstalt traf, zu dem wesentlichsten Punkte zu gelangen, setzte sie mir neuen Widerstand entgegen. In der Überzeugung, daß sie nachgeben werde, verzichtete ich auf gewaltsame Mittel; ich küßte sie zärtlich; sie umschlang meinen Hals mit ihren beiden Armen, preßte mich aber so heftig an ihren Busen, daß ich gezwungen war, um Gnade zu bitten; noch einige Sekunden und sie hätte mich erwürgt.

»Sie sind ein nichtswürdiges Geschöpf!«

»Sind Sie toll geworden?«

»Sehen Sie denn nicht, daß Sie mich beinahe erwürgt hätten? Ich bin ganz blau.«

»Wenn meine Liebkosungen Ihnen unangenehm sind, so steht es Ihnen frei, darauf zu verzichten.«

»Ich werde mich nicht länger von Ihnen hintergehen lassen, dessen dürfen Sie gewiß sein.«

»Was für ein sonderbarer Mensch sind Sie! Bald beklagen Sie sich über meine Kälte, bald finden Sie mich zu leidenschaftlich.«

»Ich danke für diese schöne Leidenschaft. Sie haben mir den Kehlkopf zerdrückt. Ja oder nein, wollen Sie mein sein!«

»Von ganzem Herzen.«

»Unter der einen Bedingung, daß Sie Ihre Hand nicht mehr an meinen Hals legen.«

»Ich muß gestehen, daß Sie ein sonderbarer Liebhaber sind. Nun, kommen Sie, doch seien Sie nicht roh.«

Ich begann meine Liebkosungen von neuem, und sie gab sie mir reichlich zurück. Endlich glaubte ich meinem Ziel nahe zu sein, da stieß ich wieder auf unerwarteten Widerstand. Sie schützte gewisse natürliche Gründe vor. Ich war nicht der Mann, mich ohne weiteres meinem Schicksal zu fügen. Allein alle Anstrengungen fruchteten nichts; sie blieb hartnäckig, aber sie benahm sich dabei so sanft und liebenswürdig, daß ich an ihrem Busen einschlief. Als ich bei Tagesanbruch erwachte, schlief sie noch. Ich kam auf den Gedanken, mich zu überzeugen, ob der Einwurf, den sie mir machte, nicht eine Lüge sei; ich hob behutsam den Schleier auf, der sie bedeckte, und überzeugte mich mit eigenen Augen, daß sie mich betrogen hatte. Sie erwachte plötzlich, sprang wütend aus dem Bett und warf mir Mißbrauch des Vertrauens vor. Ich wollte sie beschwichtigen, doch sie beschimpfte mich; ich sagte ihr, daß ich geneigt sei, auf ihren guten Willen zu warten, doch sie verdoppelte ihre Schmähungen. Ich setzte die größte Sanftmut ihren heftigen Äußerungen entgegen und näherte mich ihren Lippen, um ihr den väterlichsten aller Küsse zu geben. Da versetzte sie mir eine Ohrfeige wie ein Sackträger. Das war zu viel. Ich stand auf und versetzte ihr mit dem Absatz einen Fußtritt in die Seite. Sie steht ebenfalls auf und stößt zugleich mit mir ein lautes Geschrei aus; ich werfe ihr ihr Kleid in das Gesicht, sie schleudert mir meine Beinkleider zu. Ich ergreife einen Arbeitsknäuel, der auf dem Tische liegt und bediene mich desselben als eines Wurfgeschosses, treffe die Charpillon, die laut jammert und klagt, daß ihre Nase zerschmettert sei; in der Tat fließt Blut. Ich reiche ihr ein Glas Wasser, sie stößt es heftig zurück und schüttet mir den Inhalt in das Hemd. In diesem Augenblick erscheint der Wirt des Hauses. Er redet mich englisch an; ohne zu verstehen, was er sagt, antworte ich ihm auf italienisch, und er versteht mich ebensowenig. Da bemerke ich, daß die Charpillon ihm unsere Geschichte erzählt, indem sie sich über meine schlechte Behandlung beklagt, und da das Individuum mich mit der Faust bedroht, stelle ich mich wie ein Boxer in Positur; zum Glück aber kommen andere Personen herbei, Männer und Frauen. Die Charpillon und ich sind noch immer im Hemd, denn in der Unordnung ist es unmöglich, unsere Kleidungsstücke zu finden. Nachdem wir uns wieder beruhigt hatten, beendeten wir unsere Toilette; da entfloh die Charpillon hastig, indem sie mich in der Mitte all dieser Leute zurückließ, die sich in dem Zimmer und auf der Treppe versammelt hatten.

Diese Szene hatte mich fürchterlich aufgeregt. Ich war so wütend gegen mich selbst, daß ich mich getötet haben würde, hätte ich eine Waffe unter die Hände bekommen. Ich blieb vierundzwanzig Stunden lang eingeschlossen und wollte niemand empfangen.

(...)

Drei Wochen darauf hatte die Charpillon ihre frühere Schönheit wiedergewonnen, und ich lag zu ihren Füßen, aufs neue girrend wie ein alter Tauber. Es ist wahr, daß sie mich besser behandelte, als je; sie schien nur bei mir glücklich zu sein, und ich glaubte diesmal wahrhaft, ihre Neigung gewonnen zu haben. Ich erinnere mich, daß ich in sie drang, endlich meine Liebe zu belohnen, und sie antwortete mir mit dem freundlichsten Schreiben, sie wäre ganz entschlossen, sich mir hinzugeben. In meiner Freude dachte ich daran, was für ein Geschenk ich ihr machen könne, und ich faßte den Entschluß, ihr die Wechsel über sechstausend Dukaten zurückzugeben, die auf Bolomé gezogen waren und wofür er mir das Geld unter dem Beistande der Damen Ausberger entlockt hatte.

Nach den ersten Begrüßungen nahm ich die Wechsel aus meinem Portefeuille und sagte ihr, meine Absicht wäre, ein »erledigt« darunterzusetzen und sie dann in ihre schönen Hände zu legen. Sie pries die Freigebigkeit meines Geschenkes; die alte Ausberger tat, als vergösse sie einige Tränen der Rührung. Wir waren während des Abendessens die besten Freunde von der Welt; die Schäferstunde schlug, und ich begann die ganze Litanei meiner Beschwörungen von vorn. Ich sah die Charpillon zerstreut, gedankenvoll; sie senkte die Augen, wandte den Kopf ab und erklärte mir zuletzt, es wäre unmöglich, daß sie mich augenblicklich befriedige. Ich lag in dem Augenblick dieser schönen Erklärung zu ihren Füßen. Ich stand kalt auf, nahm meinen Mantel und meinen Degen und ging auf die Tür zu, ohne ein einziges Wort zu sprechen.

(...)

Nach London zurückgekehrt, schrieb ich an die Mutter den folgenden Brief:

> »Madame, schicken Sie mir auf der Stelle meine Wechsel zurück oder ich werde Maßnahmen treffen, die Ihnen sehr unangenehm sein werden.«

Sie antwortete mir:

> »Ich bin überrascht, mein Herr, daß Sie sich an mich wenden, um die Wechsel zu erhalten, die Sie meiner Tochter anvertraut haben. Diese beauftragt mich, Ihnen zu sagen, daß sie sie Ihnen zurückgeben wird, wenn Sie wieder vernünftig geworden sind, und unter der Bedingung, daß Sie nie die Achtung verletzen, die Sie ihr schuldig sind.«

Beim Lesen dieses Briefes stieg mir das Blut in das Gesicht. »Parbleu«, rief ich, »ich werde sie zu sprechen lehren.« Ich versah mich mit meinen Taschenpistolen und nahm meinen Rohrstock mit der entschiedenen Absicht, damit die Schultern der beiden Weiber zu liebkosen, auch eben so entschlossen, den beiden Schelmen, die diese nicht verließen, den Schädel einzuschlagen, wenn sie sich einfallen lassen sollten, mich etwa zu hindern. Ich wollte eben in das Haus eintreten, als ich den Friseur des Mädchens bemerkte, der ihr jeden Abend die

Papilloten machte. Da ich wünschte, daß meine Exekution bei verschlossenen Türen stattfinden möchte, wartete ich auf die Entfernung des Perückenmachers. Nach Verlauf einer halben Stunde erschien der Mensch noch immer nicht, zu meiner großen Befriedigung aber sah ich Rostaing und Goumon gehen. Sie ließen die Tür angelehnt. Ich schlüpfte in das Haus, ging nach dem Zimmer der Charpillon hinauf, öffnete die Tür und erblickte auf dem Sofa ein Tier mit zwei Rücken, wie Shakespeare sagt. Der untere Teil des Tieres war die Charpillon und der obere der Friseur. Bei meinem Anblick entdoppelte sich das Tier; der obere Teil entfloh wie ein Schatten aus der Laterne, allein mit einem guten Stockhiebe auf den Rücken, der andere krümmte sich auf dem Sofa unter kläglichem Geschrei. In diesem Augenblick stürzten die Tanten, die Mutter, die Dienstmädchen in das Zimmer und bildeten einen Wall vor der Elenden, die nicht mehr schrie. Man schmähte mich, man befahl mir zu gehen. Immer wütender entgegnete ich, daß ich gehen würde, aber erst nachdem ich Gerechtigkeit an all den Elenden geübt, die mich betrogen hätten; dabei machte ich meine Pistolen schußfertig. Alle Weiber stürzten auf die Knie und falteten die Hände. Diese Handlung der Unterwürfigkeit gab meinem Zorn eine andere Richtung. Ich wollte keineswegs Blut vergießen, aber da ich durchaus irgend etwas vernichten mußte, richtete ich statt auf Beine und Arme dieser Weiber meine Angriffe auf das Mobiliar. Spiegel, Porzellan, Möbel, alles brach in Trümmer unter meinen Hieben. Ich zerbrach das Fenster und meinen Stock zugleich. Darauf ergriff ich die Möbel und warf sie auf die Straße. Es blieb nur noch das verwünschte Sofa übrig, auf dem ich erschöpft niedersank, an der Seite der Charpillon, die ohnmächtig war oder sich so stellte.

(aus: Memoiren, dt. v. Alvensleben)

Imme Rupprecht

ANNA P.'s NACHTGEBET

Mein Geliebter ist unter den Tieren des Waldes
die Kröte am Sumpf
mein Geliebter hängt unter der Eisdecke
ein Stockfisch
der mich nicht liebt
mein Geliebter fällt schwer vom Baum
eine Eule
ganz ohne Federn
Warum Herr Herr muß ich ihn lieben?
und stünde doch gern
gebenedeit unter den Weibern
»über die Brust wie ein Rind und ein Bart wie ein Löw«
ich ginge stolz
unter den Menschen
ich lockte mein Haar
und den Bauch
zöge ich ein
Aber du zwingst mich
ich liebe diese Stinklaus
ich knie
vor diesem Eulenfisch
roll meine Augen
heiß
und sinnlos
und
wie ungetan
als ob's mich nicht gäb
Mein Geliebter schenkt keinen Blick
meine Suppen
schmecken ihm nicht
mein Bett
findet er nicht
– das Sufftier! –
ich wiege sein Abbild
in meinem Herzen

auf meinen Knien
Herr Herr
es ist Zeit
meine Liebe war groß
aber nu is auch Schluß

(in: Göbelsmann, Hg.)

Heinrich Heine

DER KÖNIG WISWAMITRA

Den König Wiswamitra,
Den treibts ohne Rast und Ruh,
Er will durch Kampf und Büßung
Erwerben Wasischtas Kuh.

O, König Wiswamitra,
O, welch ein Ochs bist du,
Daß du so viel kämpfest und büßest,
Und alles für eine Kuh!

(aus: Gedichte)

Eckhard Henscheid

SEHNSUCHT IN ITALIEN

Sehnsucht kroch die Beine lang. Hammer rieb sie zärtlich. Für eine Minute begann er sich einzubilden, sie sei gerade in Marienbad und er, Hammer, müsse geradewegs dorthin und im Telefonbuch suchen – aber gab es sowas in der Tschechei auch wirklich? Die zweite Weinflasche war halb ausgesogen – Hammer wurde wieder klarer. Zum hundertsiebten Male überprüfte er, ob er Annemarie- oder Dolce-Madonna-Bionda-süchtig sei. Das Nachdenken über diesen alten Nietzsche-Käse erregte ihn für etwa drei Minuten. Die folgenden sechs

Minuten unterhielt ihn die Lust an dem Einfall, er würde Annemarie »nie, nie mehr wiedersehen – genau wie die kleine Liu herzverrückend singt, wenn sie sich erdolcht, und Calaf hat das Nachsehen«, plapperte Hammer halblaut etwas wahllos. Nein, nie, nie mehr wollte er sie sehen! Wobei er allerdings das Tonband noch als – ihm fiel das rechte Wort nicht ein – als Faustpfand für sich hatte. »Ja, das ist meine Rache! Ja, das ist der Punkt! Frauen müssen unnötig gemacht werden durch Tonbänder und Tangos! Morgen kaufe ich den Tango nochmals – zu meiner Sicherheit!«

Hammer sprang hoch und sah kurz aus dem Fenster. La luna il viso argenteo mostrava lieto e pieno. Sein Schimmer fiel durchs Kammerfenster. Sterne kreisten? Standen still. Mit einemmale schien es Hammer ausgemacht, daß das Objekt seiner Sehnsucht, die Terzenschleifer des Tangos, in keinerlei Bezug zur Person seiner einstigen Geliebten mehr standen. Oder umgekehrt. Trotzdem war es klar: Die durch den Tango ausgelöste Sehnsucht tat sehr weh – und wohl. Annemarie war zwar nur Vehikel, die Kraft des Tangos auszulösen. Aber eben deshalb – galt es ihr zu danken. Hammer erwog sofort einige Formulierungen. ›Ich bin dir so dankbar, daß es dich gibt!‹ Er vermeinte zu wittern, daß eine andere Version ehrlicher war: ›Ich bin dir so dankbar, daß es dich gegeben hat!‹ Träte sie jetzt durch die Türe – so unhöflich sie war, er, Hammer, hätte kalt zu dieser Erklärung gegriffen. ›Du bist zwar eine blöde Sau, aber zum Tango reicht es noch‹? Nein, zu dieser nicht, die wäre unverdient ...

Hammer munkelte im Dunkeln. Ein neuer Einfall wurde lebhaft. Wie es wohl wäre, dachte Hammer und schritt im Kammerfinstern auf und ab, wenn er – mit ihr zusammen Tango hörte? Händchenhaltend, kopfverschmiegt? Von – Tempes fotografiert? Hammer malte sich aus, wie er sie bei dem Wörtchen ›braccia‹ fest umarmen – wahrhaft ja ›umbraccen‹ würde; ihren Leib, den Leibesduft. Und dann erst ›bacio‹ – voll in den Bocca bella! Schneckenhaft schnucklig Geschlecke, Gemauschle unverweslich ... Hammer gestand sich ein, daß dieser Mund ihm komplett wurscht war. Saugte ja nur Vergangenheit, Geschmack vertrauter Schwellung, Wärme der Jugend und sonst nix –

Ein Weinkrampf schien sich anzumelden. Hammer ließ ihn freudig kommen. Wie schön der Tag gewesen war, den er am 24. Dezember 1968 mit ihr verbracht hatte. Der Tag hatte mit einem halb desperaten, halb glücklichen Weinkrampf ihrerseits geendet – das Empfinden beseelte Hammer, der Tag gehe soeben, in dieser Sekunde, noch einmal zu Ende, seines Zaubers müdgeworden – »in den Tagen der Großen Koalition«, murmelte zärtlich Hammer. Keine Hoffnung mehr auf Weinkrampf. Nicht faul, strengte er neue Erinnerung an – nach drei vergeblichen Anläufen wurde er belohnt. Er sah sich auf einem Wiesenhang nahe dem französischen Metz liegen, ein warmer Sommervormittag nach durchwanderter Nacht, übernächtig, glücklich an sie denkend, die ihm da noch angehörte –! Schauer wogten weich ums Herz. Hammer mußte lächeln. Na, war das denn nichts! Jetzt freute ihn schon die Erinnerung an eine Erinnerung – oder aber an die Sehnsucht? Dann mußte Hammer richtig kichern: In zehn Jahren würde er des Aromas seines Bergamo-Erinnerns an das Metzer Eingedenken sich noch erinnern – und so fort in alle Winde. War das Leben nicht ein Saus und Braus? Hammer freute sich seines Alleinseins, seiner immerzu wachsenden Hegemonialmacht zu Bergamo. In der Trutzburg Bergamo. Krümmte wohliger den Rücken, schnurrte wie ein sattes Kätzchen. Dichotomisch abgeschottet – schmächtig und doch mächtig stark. Was ein schütteres Gewutzel – bärig geiler Fühligkeiten –

Schönes drohte zu verlöschen. Schnellschluck aus der Pulle. Plötzlich glaubte Hammer sich freuen zu müssen, weil er sie zwar wahrscheinlich nicht hier und jetzt in Bergamo, wohl aber in vielleicht fünf Jahren wiedersehen würde, ›wahrscheinlich in Erlangen – dann ist die Freude um so größer‹ –

Hammer stampfte mit dem Fuß auf. Jetzt reichte es! Her mit dem Zauberspuk des Tangos!

O se potessi un giorno
Fra le mie braccia –

Die Wände wackelten vor Sehnsucht samt der Bude, wie nicht mehr von dieser Welt. Hammer fror, warf sich ins Bett. ›O se potessi –!‹ Klar doch! Ebenso wie der Konjunktiv klanglich schöner, schillernder, ja schlüpfriger tönte als der platte Indikativ – ebenso übertraf und überspielte die Sehnsucht nach dem Etwas leicht und locker dieses selbst. Aber – war die Einsicht nicht neulich schon einmal vorstellig geworden – und viel besser formuliert? Der Tango rauschte unentwegt. Hammer begann die Tage zu zählen, die ihm bei einer Lebenserwartung von noch 16 Jahren vergönnt sein würden. 16 mal 365 – circa

6000, oder? 6000 Tage würde er theoretisch noch mit ihr zusammenleben können – 46 mal 365 gleich etwa 18 000 waren zum größten Teil ja schon vertan. Freilich: 6000 gab es noch. Welche Freude! Eine Minute lang übersah Hammer seinen Denkfehler – amüsiert stellte er ihn dann fest. Rüstete sofort um: 6000 Tage etwa konnte er an sie noch denken, wenn alles gut ginge – dann nie mehr, nie mehr, nie mehr, nie! O patria mia, mai più, mai più ti rivedrò! Hammer kicherte erregt. Amor fatal! Numi, pietà! 6000 Tage, Nächte! Na also! Frisch drauflosgedacht!

Die Anstrengung lohnte. Mit einemmal sah Hammer die wundersame Milde ihres Profils, das Watscheltrippeln korrigierend, einsaugend in sanften Ernst, jenseits alles Schäbigen. Der Mund war nahbei violett, die Haut welkte ins Rosablaue. Alles sehrsehr alt – und schön! Von Rührung über sich und ihr Verblühen übermannt, schwor Hammer sich sofort, an sie auch noch zu denken, wenn sie ein altes Weib und tot – und wenn er selber tot – wär's dann wohl auch noch möglich –?

Der Tango war zu Ende, Hammer spulte rasch zurück. Groll stieg ihm wieder hoch. Er stellte sich ihren eventuellen Ehemann vor – und wie er ihn mit ihr betrog. Nicht um den Triumph heimzufahren, sondern, Hammer überlegte – ›damit das Gleichgewicht gewahret bleibe‹? ›Geschmack muß der Typ ja haben – alle Achtung!‹ lachte Hammer. Gleich wurde ihm wieder bänglich: Im Gedanken an den Burschen, nimmer blond, ewig schwarz. Haarig zwischen Beinen wuselnd, bauschig wie verspeckter Flausch. »Wär' er mir je nochmals vergönnt? Mit allen Raffinessen? Petitessen? Politessen!« Hatte Bergamo auch welche? Der Wein war leider alle. Ein Flachmann im Nachtkästchen? Ecco, ein Sechsämter! Wo waren wir stehengeblieben?

Se tu mi guardi, amore,
La primavera
Per me rifiorià!

Das Glück ihrer sehnsüchtigen Vorstellung und das Leid ihrer Abwesenheit hielten sich verschränkt die Waage. Hammer war kannibalisch wohl – fehlte kaum noch Tempes. War nicht auch Hannibal beim Überqueren der Alpen mit seinen Elefanten eine Weile in Bergamo zurückgeblieben, bevor ihm – Kaiser Barbarossa den Weg nach Afrika-Karthago zeigte? Hammer liegend wurde schläfrig – rauchte auch viel zu viel. Bald würde sich alles, alle Blondheit und Hermeneutik, eh in schnödem Krebs auflösen. Pria di questa aurora – wie Klein-Liu singt. Zuvor aber wurde noch an sie gedacht! In drei Teufels Namen. Noch einmal hatte Hammer Erfolg. Durch den Körper schoß ein Ruckeln, Augen standen weinbereit. Dolci s'udiro e flebili – il nome, il nome suo! Nichts mehr zu denken brauchte er – außer nur noch ›Mosch‹! Pacta sunt servanda, vietato deflorare, defiora –

(aus: Dolce Madonna Bionda)

Gerhard Roth

ERFÜLLUNG IN ITALIEN

Ziellos gingen sie auf den Lärm der Stadt zu, fanden eine Trattoria mit weißen Tischtüchern und aufgestellten Servietten und ließen sich von einem glatzköpfigen Kellner Fische, Krebse und Wein servieren. Im Hotel saß der Portier mit der Brille, an der ein Bügel fehlte, hinter seinem Pult und löste Kreuzworträtsel. Nagls Nase schmerzte, und er war betäubt vom Wein. Sie küßten sich im Hotelzimmer. Nagl schob ihre Strumpfhose hinunter und legte sie über die Bettkante. Er hockte sich vor Anna hin und begann sie zu lecken. Während er sie leckte, hatte er ihren Kitzler vor den Augen. Er war groß und hell, und Nagl nahm ihn in den Mund. Er leckte, bis sie aufstöhnte und ihre gespreizten Beine in die Luft streckte. Unter seinem Mund war der schmutzige, blaue Bettüberwurf, es ekelte ihn jedoch nicht mehr davor, er dachte an die Weltkugel und daß er kein Mensch mehr war. Anna hatte sich zur Seite gedreht, ihm die Hose ausgezogen und flüsterte, daß sie ihn liebe. Nagl sagte nichts. Er setzte sich auf sie und streckte seinen Schwanz zwischen ihre kleinen Brüste. Es sah gewalttätig aus, wie er in den Mund fuhr, er steckte ihn ganz hinein, daß sie den Mund weit aufreißen mußte und es sie würgte und sie Luft durch die Nase schnaufte. Ihre Hände drückten ihre Brüste zusammen und Nagl spürte, daß es ihm kam. Sie sahen zu, wie er auf ihre Zunge spritzte, bis Nagl sich zur Seite fallen ließ und erschöpft einschlief. Zum ersten Mal seit langem träumte er. Es war ein wirrer Traum, der sich aus den Bildern zusammensetzte, die er gesehen hatte. Er träumte von den

Matrosen und Orangen, vom Zeppelin und vom alten Pferd, das in seinem Traum ein Schimmel war und sprechen konnte.

(–) Am Abend trieb es ihn wieder auf die Straße. Seine Nase schmerzte mehr als zuvor, ein Auge war geschwollen und seine Gedanken waren unklar vom Wein, den er getrunken hatte. Er hatte sich im Spiegel gesehen und bemerkt, wie der Schmerz ihm das Gefühl gab, nichts verlieren zu können.

Anna blieb vor einem Hutgeschäft stehen und wollte einen Hut mit einem schwarzen Schleier, und Nagl ging in das Geschäft und kaufte ihn. Anna sah jetzt aus wie eine Witwe. Sie wollte auch in eine Kirche gehen, aber die Kirche war versperrt. Überall in den Gassen leuchteten die Marienschreine. Ein dicker Mann mit einer kleinen Krawatte ging mit seinem Sessel spazieren wie mit einem Spazierstock. In einem Geschäft für Heiligenbilder schlief ein Mann auf einem Stuhl und sah aus wie tot. Alles hupte, schrie und lärmte. Ein Rindermaul lag auf Grünzeug, Schweinshäute hingen von Fleischerhaken, in einer Auslage bügelte eine junge Frau ein Hemd.

Langsam wurde es Nacht. Der Vesuv lag im Dunkeln. An der Straßenecke verkaufte ein Mann Tintenfischsuppe. Ein abgehackter Arm schwamm in einer roten Brühe, die Brühe wurde ausgetrunken und der Arm mit den dicken Saugnäpfen aus dem Glas gesogen. Er sah Anna zu, wie sie mit dem Witwenhut den Tintenfischarm aus dem Glas saugte, mit einer Hand hielt sie den Schleier über der Stirn. Plötzlich fiel ihr ein, daß sie die Blumen in dem Hotel vergessen hatte, in dem sie am Vormittag gewesen waren. Nagl mußte wieder an den Vesuv denken, er trank die Brühe, und der Tintenfischarm verschwand in seinem Mund. Er trat auf die Piazza Garibaldi und spürte den Wind. Der Schleier von Annas Hut wurde vom Wind an ihr Gesicht gepreßt. Die Piazza lag im Halbdunkel. Die Häuser rundherum sahen dottergelb und wie alte Verwaltungsgebäude aus. Aber der Himmel über der Piazza war groß, und Sterne blitzten auf ihm. Eine Weile gingen sie auf der Piazza spazieren, um den Wind zu spüren. Alte Möbel wurden auf der Straße verheizt, Menschen standen herum, wärmten sich, und Kinder spielten.

Im Hotelzimmer verlangte er von Anna, daß sie sich ausziehen solle. Den Witwenhut sollte sie aufbehalten. Zuvor hatte er sich eine Flasche Wein bestellt. »Zieh dich aus und schau mich an«, sagte er. Sie stand nackt da, mit dem schwarzen Hut auf dem Kopf und dem

Schleier vor dem Gesicht. Er sagte ihr, daß sie sich umdrehen, nach vorne beugen und die Beine spreizen solle. Der Hut lag auf dem Nachtkästchen. Sie machte es. Dann kam sie zu ihm ins Bett.

(aus: Winterreise)

Barthold Hinrich Brockes

HEIRATEN

Man fragte Sokrates: Was doch das Beste wäre,
Zu freien oder nicht zu frein?
Der Weise gab darauf die Lehre:
Tut, was ihr wollt, so wird es euch gereun.

(aus: Gedichte)

Wilhelm Genazino

ABSCHAFFEL

Sie fuhren rasch zu ihrer Wohnung, und ihr Gespräch über Wohnungsfragen war so perfekt, daß sie gar nicht mehr überlegen mußten. Sie fuhren durch die Stadt, es bewegte sich fast nichts mehr in den Straßen, sie fuhren über riesige, hell erleuchtete Kreuzungen fast ohne Verkehr, überall die Leergeräumtheit der Nacht. Frau Schönböck sprach ihren Wagen mehrfach mit STRUPPI an, was Abschaffel wieder verstörte und stumm machte. NA, STRUPPI, SCHAFFST DU DAS NOCH, sagte sie, wenn sie bei Gelb über eine Kreuzung fuhren. Abgeschlagen saß er neben diesen Bemerkungen, er konnte in diese Sätze nicht hinein. Sie waren bei ihrer Wohnung angelangt, und Frau Schönböck sagte: MACH MIR KEINE SCHANDE, STRUPPI, UND WERDE NICHT GEKLAUT. Sie lachte dazu, und für mehrere Augenblicke, als sie die Haustür öffnete, bereute Abschaffel alles, was geschehen war und geschehen würde. Er bestand nur noch aus Reue, und seine Reaktionen wurden dadurch sehr sanft. Wenn die wüßte, auf welch eine elende Weise ich zu meiner Zärtlichkeit komme! dachte er. Denn er war sicher, daß er zu Frau Schönböck sehr zärtlich sein würde. In der Wohnung machte sie ihm ein Zeichen, leise zu sein wegen des schlafenden Kindes. Sie gingen durch den Flur in die Küche, wo Abschaffel den Tisch und den Stuhl vor mehreren Stunden abgestellt hatte. Ja, sagte er, jetzt muß ich Ihr Wohnzimmer besichtigen. Im Wohnzimmer schläft mein Sohn, sagte Frau Schönböck, dort schläft er immer, wenn ich abends weggehe, dann will Horst in mein Bett; das macht aber nichts, er schläft sehr fest, ich mache die kleine Lampe an, und dann können wir auch sprechen, vielleicht etwas leise. Frau Schönböck ging voran, Abschaffel betrachtete das schlafende Kind, einen Jungen von etwa sieben Jahren. Was meinen Sie, flüsterte Frau Schönböck. Das ist doch ganz einfach, flüsterte Abschaffel zurück, diesen kleinen Drehtisch schmeißen Sie raus, die Kommode ebenfalls, und dann stellen Sie den Tisch hierher. So kriegen Sie eine ruhige Ecke mit eindeutigen Stücken. Frau Schönböck stimmte sofort zu und flüsterte: Phantastisch. Sie gingen aus dem Zimmer heraus in die Küche. In der Küche stank es zerstörend nach Waschpulver, und Frau Schönböck sagte: Dann haben wir das Problem ja schon gelöst. Aus einem Schrank holte sie eine Flasche Rotwein und zwei Gläser. Sie sagte: In der Küche ist es so ungemütlich; gehen wir am besten ins Kinderzimmer.

Und Abschaffel saß auf dem Bettrand, und Frau Schönböck saß auf dem Boden. Immerzu meinte er, das Zimmer verschließen zu müssen, weil er Angst hatte, das Kind könnte wach werden und herüberkommen und feststellen, daß es machtlos war gegen die Tricks der Erwachsenen. Abschaffel strengte sich an, aufmerksam zu sein. Er wollte weg, immerzu wollte er weg. Sie zeigte ihm ein Paar altmodische Ohrenschützer und sagte: Die hat meine Freundin selbst gemacht, und er merkte sich das Aussehen der Ohrenschützer. Sie zeigte ihm ein Paar Schuhe, deren Sohlen sie rot angemalt hatte, weil sie meinte, es sei schön, rote Schuhsohlen zu haben. Abschaffel bemerkte fortwährend seine Angestrengtheit. Er wollte hinterher nicht mit leerem Gemüt dastehen; deswegen bemühte er sich, vieles zu sehen und sich vieles zu merken. Er stand auf und sah sich das Kinderzimmer an. An einer Wand war ein Regal aufgebaut, es war vollgestellt mit kleinen Autos, Figuren, Bauklötzen, meterlang nebeneinander und übereinander. An einer anderen Wand ein niedriges Schränkchen voll mit Stoff- und Wolltieren, kleine und große und in allen Farben. Und rechts, an der

Bettwand, ein kariertes Tuch mit Laschen, in denen Kasperlefiguren steckten. Frau Schönböck stand ebenfalls auf und zeigte ihm ein paar Zeichnungen von Horst.

Und Abschaffel umarmte sie und wünschte sich weit weg. Sie küßten sich, und Abschaffel ärgerte sich, daß er nicht geschickt genug war beim Öffnen ihres Rockes. Die Vermischung von bedeutenden und lächerlichen Ärgernissen machte ihn ganz fertig. Es gefiel ihm nicht, daß sie sich über sein Ungeschick amüsierte. Abschaffel ließ die Hände an ihren Hüften entlang nach unten rutschen und schnaufte etwas. Frau Schönböck verstand sofort. Sie löste sich von ihm und zog sich schnell aus. Rasch war sie entkleidet bis auf Unterhose und Büstenhalter. Er zog sich viel langsamer aus, weil er glaubte, dadurch souveräner zu werden. Sie umarmte ihn fest. Abschaffel war größer als sie und konnte leicht über ihre Schultern auf ihren Rücken blicken. Er öffnete ihr den Büstenhalter, und sie ringelte durch kreisende Schulterbewegungen die Träger auf ihren Oberarmen nach vorn herunter. Sie überließ es wieder ihm, ihr den Büstenhalter endgültig von den Armen herunterzunehmen. Und als er sah, wie ihre Brüste eine halbe Handbreit nach unten fielen, war er wie immer, wenn er sah, daß das Wirkliche den Hoffnungen nie standhielt, erleichtert. Frau Schönböck lag auf dem Kinderbett. Abschaffel zog sich noch immer aus, und als er barfüßig umherging, bemerkte er, daß der Teppichboden übersät war mit Figürchen, Kugeln und kleinen Holzteilen, auf die er mit nackten Füßen trat. Mehr und mehr fürchtete Abschaffel eine weitgehende Beeinträchtigung durch die Umgebung des Kinderzimmers. Warum war denn wieder alles so merkwürdig? Wieso war er denn in eine solche Umgebung gekommen? Er legte sich neben sie, und in diesem Augenblick klingelte eine kleine Glocke von der Wand herunter. Sie gehörte offenbar zu einer der Kasperlefiguren. Sofort setzte sich Frau Schönböck auf und verstaute die Glocke, und es klingelte nicht mehr. Sie nahm seinen Schwanz in die Hand und spielte daran herum, wobei sie sich selber zuschaute, was Abschaffel zwar angenehm, aber nicht recht war.

Er wollte vorschlagen, eine Decke über ihre Hand und sein Geschlechtsteil zu schlagen, weil er sein aufgerichtetes Geschlechtsteil nicht ansehen wollte. Dauernd erinnerte er sich, wie er als Jugendlicher onaniert hatte, wahrscheinlich war es diese kleine Frauenhand an seinem Geschlechtsteil, die ihn an seine eigene Kinderhand von früher erinnerte. Unter der Bettdecke hatte er mit der rechten Hand den Penis bewegt, während er mit der linken Hand die Bettdecke zeltartig hochhob, damit Platz war für die Bewegungen der anderen Hand. Und er erinnerte sich gut, wie überrascht und erschrocken er als Junge gewesen war, als er bemerkt hatte, wie sich mit fortschreitendem Onanieren die Vorhaut immer weiter dehnte und bald, nach etwa zweijährigem Umgang mit dem eigenen Geschlecht, die darunter liegende Eichel vollkommen freilag. Auch jetzt erschrak er wieder darüber. Er war nicht damit einverstanden, daß ein eindeutig inneres Organ zeitweilig ein eindeutig äußeres Organ werden konnte. Er war einst davon ausgegangen, niemals etwas vom Fleischlichen und Organischen seines inneren Körpers sehen zu müssen, aber gerade diese teilweise Umwandlung war die Wahrheit und das Erschreckende des männlichen Geschlechtsorgans. Die Eichel hatte sich inzwischen stark vergrößert, und Frau Schönböck zog die Vorhaut so weit herunter wie es nur ging. Abschaffel war vollkommen ideenlos geworden. Er wartete nur, bis alles vorüber war. Wie zu Zeiten seiner jugendlichen Onanie hatte er das Gefühl, einer bösartigen Tücke des Körpers ausgeliefert zu sein. Immer noch konnte Abschaffel nicht aufhören, sich nicht zu mögen. Er hatte sich einen Arm über die Augen gelegt. Es war die gleiche Panik, in die er manchmal geriet, wenn er auf die Straße gespuckt hatte und sofort danach mit auffälliger Wut mit den Schuhen die Spucke auf der Straße zerrieb, verwischte und gänzlich unkenntlich machte; solange die Spucke im Körper gut verwahrt und also angenommen war, war sie auch gelitten; und sobald sie aus dem Körper, dem sie doch angehörte, heraus war, entstand der Ekel vor dem Körperlichen, er wollte es nicht sehen und mußte auch verhindern, daß andere es sahen. Abschaffel schloß die Augen, aber warum schloß er die Augen? Nicht aus Lust, die Lust ließ sich ansehen. Er wollte an keiner Stelle seine nach außen gewendete Fleischlichkeit sehen.

Frau Schönböck beugte sich herunter und nahm sein Geschlechtsteil in den Mund; und weil er in all seinen fortwährenden körperlichen Zerwürfnissen auch noch schöne Gefühle hatte, wurde ihm sein Geschlecht wieder zu einem Rätsel, das die Frau in den Mund nehmen mußte, damit seine Ungeklärtheit getröstet werde. Bald setzte sich Frau Schönböck auf ihn und bewegte sich kindhaft leicht über ihm. Abschaffel fand langsam zurück in die Normalität des Geschlechtsverkehrs. Er gab ihre Bewegungen leicht zurück, und sie gab ihm zu verstehen, daß sie sich auf den Rücken legen wollte. Sie drehten sich um, und Frau Schönböck kam in einen stöhnenden Singsang, der nicht mehr aufhörte. Abschaffel gab keinen Ton von sich, und als es ihr kam, pfetzte sie die Augen zusammen, so daß Abschaffel glaubte, sie hätte starke Schmerzen. Sie griff nach einem kleinen Kinderkissen und stopfte es sich in den Mund und schrie in das Kissen, als sei sie hinter verschlossenen Türen geknebelt. Abschaffel war noch niemals mit einer Frau zusammengewesen, die so rasch kam wie Frau Schönböck. Das war schön für ihn; jetzt brauchte er kein schlechtes Gewissen zu haben, wenn er nur an sich dachte. Er bog ihre Beine weit auseinander und stieß von weit oben in sie hinein. Einen Augenblick lang wollte er sich wieder stören an der grotesken Körperhaltung, die sie nun eingenommen hatte und in der er sie festhielt, dann aber spürte er, wie sich sein gesamtes Körpergefühl auf sein Geschlecht zu konzentrieren begann. Rasch kam es ihm, und Frau Schönböck machte es ihm leicht. Er sank über ihr zusammen, sie nahm ihn auf und war ruhig und sagte, er könne so bleiben und sich ausruhen. Er versuchte gleich von ihr herunterzugehen, sie aber verstärkte den Druck ihrer Hände an seinen Seiten, und er blieb. Abschaffel bemerkte, wie das Gefühl wieder in ihn einzog, er müßte sich beeilen. Sie hielten bewegungslos inne wie eine Skulptur, und Abschaffel kam wieder ab vom Leben und rutschte hinein in seinen Wunsch nach Distanz. Wieder traute er seiner Einfühlung nicht; er betrachtete seine Gefühle immer von außen, immer so, als würden sie ihm nicht wirklich gehören. Merken konnte er das daran, daß er in Ereignissen, die mit ihm zu tun hatten, nie ganz drin war; immer war er ein Stückchen daneben, damit er auf sich selbst sehen konnte. Und deshalb begann er auch über jedes Ereignis, das mit ihm zu tun hatte, sofort zu reflektieren. Wenn andere noch lebten oder erlebten, dachte oder sprach er bereits darüber. Sprechen mußte er auch deswegen, damit er wieder von den Ereignissen wegkommen konnte. Das Reflektieren war die Einlösung des Abstands. Das hatten manchmal auch schon Frauen bemerkt, mit denen er zusammengewesen war. Manche von ihnen gingen so weit, daß sie für die Zeit, die sie mit ihm zusammen waren, seine Haltung übernahmen und sich, ihm zuliebe, auch fremd wurden. Und hinterher wußte niemand, was eigentlich los war.

Abschaffel glaubte jetzt endgültig, sich sofort verabschieden zu müssen. Er löste sich von Frau Schönböck und überlegte, wie er sein

Verschwinden einleiten könnte. Sollte er hoffnungsloses Erschöpftsein spielen und die Möglichkeit andeuten, daß er rasch einschliefe, wenn er nicht recht bald wegginge? Weggehen war der Endstand der Reflektion. Sie lagen nebeneinander. Der Augenblick, als er sich einen kalten Aschenbecher auf den Bauch stellte, erinnerte ihn daran, wie lange er schon nicht mehr mit einer Frau in einem Bett gelegen hatte. Zu keiner anderen Gelegenheit stellte er sich, wenn er rauchte, den Aschenbecher auf den Bauch. Frau Schönböck sprach nicht. Es war typisch für Abschaffel, daß er, um weiterzukommen, über etwas Geschehenes sprach. Er schilderte ihr den Eindruck ihrer zusammengedrückten Augen. Nein nein, Sie haben mir nicht weh getan, sagte sie. Abschaffel hatte schon jetzt das Gefühl, alles zu vergessen. Er schämte sich. Sie können hier nicht übernachten, sagte sie. Ja, sagte er erleichtert, ich werde jetzt gehen. Er erhob sich und war froh. Sie gab ihm den Schlüssel für die Haustür für den Fall, daß unten abgeschlossen war. Sie hatte sich ein entsetzliches rosa Nachthemd übergezogen. Schlafen Sie im Kinderzimmer, fragte Abschaffel. Ja, sagte sie. Er ging aus der Wohnung, die Treppen hinunter, aus dem Haus hinaus, und das Gefühl seiner Erleichterung nahm zu und wurde ein Gefühl, das ihn trug.

(aus: Abschaffel)

Martial

TJA!

Mürrisch und lieb, und freundlich und rauh, so bist du zugleich stets.
Mit dir kann ich drum nicht leben noch ohne dich auch.

(dt. R. Helm)

Lisa Alther

FESSELNDE EHE

Es goß wie aus Kannen. Das Wasser lief uns in Sturzbächen von der Nase. Wir kicherten wie die Kinder und rannten ins Haus. Drinnen, als wir tropfnaß auf dem wetterfesten Teppich des Fernsehzimmers standen, sah mich Ira mit jenem ganz besonderen Blick an, der mir verkündete, es sei Freitagabend, 20.30 Uhr, der Zeitpunkt, der auf dem Kalender für das Geschlechtsleben reserviert war. Mein Mann löste langsam seinen Gürtel.

»Heute abend *wirst* du einen Orgasmus haben«, erklärte er.

»Aber wirklich, Ira – ich will gar keinen.«

»Was *du* willst, ist mir egal. *Ich* will, daß du glücklich bist.« Mit seinen dunklen, feuchten Augen studierte er hungrig meine Brüste unter der angeklatschten nassen Bluse. »Wenn dies nichts hilft, dann weiß ich's nicht.«

»Wenn *was* nicht hilft?« fragte ich argwöhnisch.

»Warte.« Er stürmte die Treppe hinauf und kam kurz darauf mit seinem Handbuch und einer Papiertüte zurück. Während er die Anweisungen für die Gymnastik des heutigen Abends las, sah ich, wie sein Schwanz das Bein seiner Madras-Shorts zu beulen begann.

Heftig atmend, mit bebenden Nüstern, wandte er sich sodann zu mir um. Aus der Papiertüte zog er – ein Paar Handschellen.

»O Gott!« stöhnte ich ahnungsvoll. Diese Situation hatte ich schon einmal erlebt: mit Clems Motorradkette an die Schlafplattform unseres Luftschutzkellers gefesselt.

»Wirklich, Ira – ich würd's viel lieber im Bett machen und ohne große Umstände.«

»Nein, nein, Ginny! Ich will, daß es möglichst aufregend für dich wird. Du sollst dich auf gar keinen Fall langweilen.«

Seufzend entledigte ich mich meiner Kleider, während Ira die seinen ebenfalls ablegte. »Und jetzt?« fragte ich ihn ein wenig verdrossen, als ich nackt, naß und frierend mitten in unserem Fernsehzimmer stand.

An einem Arm führte er mich ein paar Schritte weiter. Dann zog er zwei antike Bauernstühle mit Strohsitzen herbei. Er selbst kletterte auf den einen und wies mich an, auf den anderen zu steigen. Als das geschehen war, fand ich mich Auge in Auge mit dem riesigen Eichenbalken, der die ganze Länge des Zimmers durchzog. Ira schloß die Handschellen auf und ließ die eine an seinem rechten Handgelenk zuschnappen. Dann langte er über den Holzbalken und befestigte die andere an meinem linken Handgelenk.

»So, Ginny. Halt dich mit der gefesselten Hand an der Kette fest, sonst tust du dir weh.« Als ich seinen Befehl befolgt hatte, fuhr er fort: »Und nun laß dich langsam vom Stuhl herunter.«

Das tat ich, und bald baumelten wir Brust an Brust, jeder an einem Arm und durch die Handschellen miteinander verbunden, am Eichenbalken. Ira war hochgradig erregt. Sein Ständer stieß mich in den Bauch wie die Hand eines Chirurgen, der ein Blinddarmopfer untersucht.

»Na, wie findest du's?« keuchte er und senkte den Kopf, um mir einen Kuß in die Achselhöhle zu drücken.

»Sehr schön«, beteuerte ich und hatte dabei das Gefühl, der gefesselte Arm werde mir genauso aus dem Gelenk gerissen wie seinerzeit der Ringfinger des Majors.

»Meinst du, daß es helfen wird?«

»Wenn ich wüßte, wie's weitergeht ...« Ira schlang mir den freien Arm um die Taille und zog mich an sich.

»Gut. Jetzt steck ihn rein.«

Ungläubig starrte ich ihn an. Dann hob ich gehorsam meine herabhängenden Beine nacheinander in den verschiedensten Winkeln, nie aber in dem am besten geeigneten zum Einführen von Iras Glied. Dabei stieß ich meinen Stuhl um. Und kam mir vor wie eine Marionette mit verwirrten Fäden. Schließlich schaffte ich die Vereinigung mit meinem Mann, indem ich ihm die Beine um die Taille schlang. In dieser schaukelnden Umschlingung war jedoch keiner von uns beiden fähig, sich um einen Zentimeter zu bewegen.

»Steht in dem Buch genau, wie man es macht?« fragte ich und unterdrückte eine Grimasse, da meine Schulter unerträglich zu schmerzen begann.

»Genau nicht. Da steht nur ungefähr: ›In dieser aufregenden Hängeposition werden Sie mühelos faszinierende neue Möglichkeiten entdecken, wie Sie einander zum Höhepunkt bringen können.‹«

»Aha.«

Kurz darauf sagte ich: »Äh, Ira ... ich muß jetzt, glaube ich, wieder runter. Meine Arme tun wirklich sehr weh.«

Wieder einmal erfolglos geblieben, seufzte Ira ergeben auf, und sein

Penis erschlaffte in mir. »Okay.« Er nahm den Handschellenschlüssel, den er in der freien Hand gehalten hatte, und langte hinauf, um mein Handgelenk zu befreien. Dabei ließ er den Schlüssel fallen.

Als uns die Ungeheuerlichkeit unserer mißlichen Lage dämmerte, starrten wir uns voller Entsetzen an. Auf dem Teppich glitzerte höhnisch der silberne Schlüssel, während draußen die Blitze zuckten und der Regen in Strömen an den Fensterscheiben herunterrann. Meine Schulter schmerzte nicht mehr – sie war inzwischen gefühllos geworden. Dafür schickte mein Handgelenk peinvolle Botschaften an die Schmerzzentren in meinem Gehirn. Durch die Verrenkungen im freien Hang hatte ich mir die Haut in der Breite der Handschelle aufgescheuert.

»Wenn du dich auf deinen Stuhl stellst, Ira, könntest du mich so weit runterlassen, daß ich den Schlüssel mit den Zehen aufheben kann.«

Offenbar fand er, das sei einen Versuch wert, und tastete mit den Füßen nach seinem Stuhl. Dabei warf er ihn krachend um. *»Jesum Crow!«* ächzte er verzweifelt. Mit der freien Hand packte er den Balken und vollführte einen bewundernswerten einhändigen Klimmzug, der mich fast bis auf den Teppich senkte.

Aber nur fast. Meine ausgestreckten Zehen hingen zwei Zentimeter über dem funkelnden Silberschlüssel.

»Tiefer«, sagte ich leise.

»Geht nicht«, keuchte er durch die zusammengebissenen Zähne. In diesem Moment gab sein Bizeps nach; er sackte runter und zerrte mich wieder hinauf, genau dorthin, wo ich zuvor schon gewesen war.

Mutlos starrten wir einander an.

»Tut mir leid«, flüsterte er.

»Du hast es nur gut gemeint.«

»Ich wollte dich glücklich machen.«

»Was soll aus uns werden? Wir werden sicher hier verhungern, nicht wahr? Oder werden wir vorher verdursten?«

»Irgend jemand im Büro wird mich vermissen. Oder bei den Versammlungen. Dann kommen sie, um nachzusehen, und ...« Wir sahen einander an und versuchten uns darüber klarzuwerden, ob wir lieber tot oder lebendig sein wollten, wenn uns eine von seinen Tanten fand.

»Tante Betty will am Sonntag ihre Eismaschine abholen.« Er nickte mit geschlossenen Augen; von seiner schönen, hohen Stirn tropfte der Schweiß.

Das Telefon klingelte. Mit neu erwachender Hoffnung sahen wir einander an. Mutter Bell lebte! Das Telefon stand auf einem Tischchen an der Wand direkt unter diesem Balken.

»Wenn wir die Arme gleichzeitig seitwärts werfen, Ginny, können wir uns zur Wand rüberhangeln.«

Das Telefon verstummte. Wir versuchten es mit Iras Vorschlag, und es klappte tatsächlich. Zwar verursachte mir jeder Ruck entsetzliche Schmerzen in der Schulter, mit der Zeit aber hatten wir uns zur Wand vorgearbeitet. Mit den Füßen hob Ira den Hörer ab. Und transferierte ihn mit einer Bewegung, um die ihn selbst ein von Baum zu Baum schwingender Orang-Utan beneidet hätte, in seine freie Hand hinauf. Dann drehte er versuchsweise mit dem zweiten Zeh seines rechten Fußes die Wählscheibe.

Fragend blickte er zu mir herüber: »Wen sollen wir anrufen?« erkundigte er sich.

»Onkel Lou?« Ira war keineswegs belustigt. »Wie wär's mit der Polizei?«

»In Stark's Bog gibt's keine Polizei. Das weißt du doch, Ginny.«

»Die Feuerwehr.«

»Gute Idee.« Er begann zu wählen. Dann ging ihm auf, daß die Telefonnummer der Feuerwehr, da Ira die Funktion des Chefs ausübte, ja unsere eigene Nummer war.

»Ich weiß!« sagte er auf einmal strahlend. »Rodney.«

»O nein, mein Lieber! Ich werde auf gar keinen Fall zulassen, daß dieser widerliche *macho* mich hier hilflos und nackt hängen sieht.«

»Aber irgend jemanden *müssen* wir holen.«

»Rodney unter gar keinen Umständen.«

»Wen denn?«

»Angela?«

»Bist du verrückt? Dann wüßte es in zwei Minuten die ganze Stadt!«

»Oh, ich weiß! Mona.«

»Wen?«

»Eine von den Frauen, die mit mir in der Blockhütte gewohnt haben.«

»Na schön, von mir aus«, sagte er unglücklich. »Wie ist die Nummer?«

Er wählte mit dem Zeh und reichte mir dann den Hörer rüber.

Zutiefst erleichtert vernahm ich das Rufzeichen. Als ich die Kommune vor einiger Zeit mal zu erreichen versucht hatte, war der Anschluß wegen nicht bezahlter Telefonrechnungen gesperrt gewesen. Eine männliche Stimme antwortete. Im Hintergrund hörte ich Gelächter und laute Musik.

Atheliah schien sich zu freuen, daß sie mal wieder von mir hörte. »Warum kommt ihr nicht einfach rüber? Wir feiern ein Saatfest, so eine Art Fruchtbarkeitsparty.«

»Klingt großartig. Aber ich fürchte, mir sind ... im Augenblick ein bißchen die Hände gebunden. Ehrlich gesagt, Atheliah, ich bin in einer kritischen Lage. Ich bitte dich nicht gern darum, mitten in eurer schönen Party. Aber könntest du sofort herkommen und mir helfen? *Bitte!«*

»Jetzt, heute abend noch?«

»Es ist wirklich wahnsinnig wichtig, Atheliah, sonst hätte ich nicht im Traum dran gedacht, das jetzt sofort von dir zu verlangen. Ich kann's dir am Telefon nicht erklären. Aber – *bitte,* komm!«

»Na ja, schön – klar komme ich. Wenn ich 'n fahrbaren Untersatz finde ... (Al, kann ich deinen Lastwagen nehmen, nach Stark's Bog rüber? Klar könnt ihr mitkommen!) ... Bin sofort da, Ginny.« Sie hatte aufgelegt, ehe ich ihr erklären konnte, daß sie ihre Freunde lieber nicht mitbringen sollte.

Wenige Minuten später kamen acht Personen mit Pupillen in den verschiedensten Stadien der Erweiterung zur Tür hereingestapft. Sie betrachteten Ira und mich, die wir splitternackt über dem Telefon baumelten, mit kaum mehr als flüchtigem Interesse.

Mona kam zu uns herüber, sah uns durch ihre runden purpurnen Brillengläser an und sagte lässig: »Ungeheuer, Gin. Mann!«

Atheliah stand neben Mona, blickte liebevoll zu mir empor und fragte: »Was kann ich für dich tun, Ginny?«

Ich nickte zu Ira hinüber, der neben mir hing, und sagte: »Erinnert ihr euch an Ira? Ira, das sind Mona und Atheliah, mit denen ich im vorletzten Winter in der Blockhütte gewohnt habe.«

»Guten Tag.« Durch seine behaarte Achselhöhle blickte Ira auf sie hinab. »Ja, ich erinnere mich an Sie. Sie waren doch auch bei unserer Hochzeit, nicht wahr?«

Beide nickten höflich bestätigend.

»Eigentlich hatte ich euch angerufen, weil ... Seht ihr den Schlüssel da drüben auf dem Teppich? Würdet ihr ihn bitte Ira geben? Und uns die Stühle unter die Füße schieben? Vielen Dank!«

Ira befreite uns von den Fesseln, wir rieben uns die Handgelenke und kletterten hinab. »Darf ich Ihnen ein Bier anbieten?« erkundigte sich Ira zuvorkommend.

(aus: Hautkontakte, dt. G. Stege)

Guy de Maupassant

HERR GRAF UND FRAU GRÄFIN

Die Gräfin wendet sich ab und geht in ihr Schlafzimmer. Die Bettdecke ist halb aufgeschlagen. Ein Dufthauch durchschwebt den Raum, durchtränkt die Behänge.

Der Graf erscheint an der Tür:

»Es duftet hier gut.«

»Wirklich ...? Dabei hat sich da nichts geändert. Ich nehme immer noch Peau d'Espagne.«

»Erstaunlich ... es duftet sehr gut.«

»Mag sein. Aber jetzt tu mir den Gefallen und verschwinde; ich möchte schlafen gehen.«

»Marguerite!«

»Verschwinde!«

Er kommt ins Zimmer und setzt sich in einen Sessel.

Die Gräfin:

»Ja, so ist es nun mal. Schön, um so schlimmer für dich.«

Sie zieht langsam das Ballkleid aus, entblößt ihre weißen Arme. Sie hebt sie über den Kopf und löst sich vor dem Spiegel das Haar; und unter schaumigen Spitzen erscheint am Rande des schwarzseidenen Korsetts etwas Rosiges.

Der Graf steht hastig auf und tritt zu ihr hin.

Die Gräfin:

»Komm mir nicht zu nahe, sonst werde ich ernstlich böse!«

Er umfaßt sie mit beiden Armen und sucht ihre Lippen. Da beugt sie sich schnell vor, ergreift ein auf ihrem Toilettentisch stehendes Glas mit parfümiertem Mundwasser und schleudert es über die Schulter ihrem Mann mitten ins Gesicht. Triefend, wütend, richtet er sich auf und flüstert:

»Jetzt wird die Sache blöd.«

»Mag sein ... Aber du kennst meine Bedingungen: fünftausend Francs.«

»Aber das wäre doch idiotisch ...!«

»Warum denn?«

»Wieso: warum denn? Ein Ehemann soll bezahlen, um mit seiner Frau ins Bett zu gehen?«

»Was für häßliche Worte du da sagst!«

»Vielleicht. Aber ich wiederhole: es wäre idiotisch, seine Frau, seine legitime Frau zu bezahlen.«

»Wenn man eine legitime Frau hat, ist es weit blöder, Kokotten zu bezahlen.«

»Meinetwegen, aber ich will mich nicht lächerlich machen.«

Die Gräfin hat sich auf eine Chaiselongue gesetzt. Sie zieht sich langsam die Strümpfe aus, streift sie ab wie eine Schlangenhaut. Ihr rosiges Bein gleitet aus der seidenen, malvenfarbenen Hülle hervor; sie setzt den reizenden Fuß auf den Teppich.

Der Graf tritt ein wenig näher und sagt zärtlich:

»Was für komische Einfälle du hast!«

»Wieso?«

»Fünftausend Francs von mir zu verlangen.«

»Aber das ist doch etwas ganz Natürliches. Wir sind für einander Fremde, nicht wahr? Und du begehrst mich. Heiraten kannst du mich nicht, weil wir schon verheiratet sind. Also kaufst du mich, vielleicht sogar etwas billiger als diese und jene andere.

Denk doch einmal nach. Anstatt daß das Geld an irgendein Frauenzimmer geht, das wer weiß was damit anstellen würde, bleibt es im Hause, in deinem Haushalt. Und ferner: gibt es für einen intelligenten Mann etwas Amüsanteres, etwas Originelleres, als die eigene Frau zu bezahlen? In der außerehelichen Liebe wird nur das geschätzt, was teuer, sehr teuer ist. Du verleihst unserer ... unserer legitimen Liebe einen neuen Wert, einen Anhauch von Ausschweifung, den Reiz der ... Liederlichkeit, wenn du ... sie nach Tarif bezahlst wie einen Seitensprung. Stimmt das etwa nicht?«

Sie ist aufgestanden und geht beinahe nackt in ihren Toilettenraum.

»Jetzt verschwinde, oder ich klingele meiner Zofe.«

Der Graf steht starr, ratlos, mißvergnügt da, sieht sie an und wirft ihr plötzlich seine Brieftasche zu.

»Da, du Gaunerin! Es sind sechstausend ... Aber eins merk dir bitte ...«

Die Gräfin nimmt das Geld heraus, zählt es und fragt lässig:

»Was soll ich mir denn merken?«

»Laß es nicht zur Gewohnheit werden.«

Sie bricht in Lachen aus und tritt auf ihn zu:

»Jeden Monat fünftausend, oder ich schicke dich zurück zu deinen Kokotten. Und wenn du ... wenn du mit mir zufrieden bist ... dann verlange ich eine Preiserhöhung.«

(aus: Auf der Bettkante, dt. W. G. Hartmann. In Walsers »Halbzeit« ist man schon mit 5 Mark dabei.)

Arthur Schopenhauer

DES PUDELS KERN

Indem die Natur die Zahl der Weiber der der Männer nur knapp gleich machte und dennoch den Weibern eine nur halb so lange Zeit hindurch die Fähigkeit zur Zeugung und Tauglichkeit für den Genuß des Mannes verlieh, hat sie das menschliche Geschlechtsverhältniß schon in der Anlage derangirt. Durch die gleiche Zahl scheint sie auf Monogamie zu deuten: hingegen hat ein Mann an e i n e m Weibe nur für die halbe Zeit seiner Zeugungsfähigkeit Befriedigung: er müßte also eine 2te nehmen wenn die erste verblüht ist: aber es ist für jeden nur Eine gerechnet worden. Was dem Weibe an Dauer der Geschlechtstauglichkeit abgeht, hat es wieder an Maaß derselben voraus: es ist fähig 2 bis 3 tüchtige Männer zu gleicher Zeit zu befriedigen, ohne zu leiden. In der Monogamie benutzt es nur die Hälfte seiner Fähigkeit und befriedigt nur die Hälfte seiner Wünsche.

(aus: Brieftasche 1822/1823)

Rolf Kieser

LETZTER VERKEHR

Er blieb stehen. Am liebsten hätte er sich auf die nächste Stufe gesetzt, an die Wand gelehnt und geschlafen. Er stieg die Treppe vollends hinauf. Leise drehte er den Schlüssel im Schloß um. Die Tür ging auf. Er betrat den dunklen Flur. Vorsichtig machte er die Tür zu. Er näherte sich dem Schlafzimmer. Er würde leise eintreten, Sally würde sich räkeln, die Augen aufschlagen und ausrufen: »Liebling! Wie schön, daß du schon zurück bist!« Plötzlich vernahm er Gekicher. Es kam aus dem Wohnzimmer. Er schlich zur Wohnzimmertür. Wieder Gekicher. Er blickte durchs Schlüsselloch. Es war Licht. Er konnte aber niemand sehen. Ganz langsam drückte er die Klinke herunter und öffnete die Tür einen Spalt weit. Sally saß auf dem Sofa mit einem Mann, der sie gerade auf den Hals küßte. Seine Hand war unter ihrem Rock. Sally kicherte. »Du bist mir einer!« Er trat ins Wohnzimmer und fragte: »Störe ich?« Sally schrie auf. »Joe! Was tust du denn schon hier?« Der Mann trennte sich von Sally und sah Joe ziemlich verdutzt an. Es war ein hübscher dunkelhaariger junger Mann. Sally sagte: »Das ist Mr. Stewart, ein Freund von Abigail. Er glaubte, sie sei bei mir. Deshalb kam er her.« Stewart stand auf. »Also, ich glaube, daß . . . also, ich gehe dann lieber jetzt. Gute Nacht!« Er verließ das Zimmer. Sally sagte: »Es war alles ganz harmlos.« »So.« »Wir haben nur so ein bißchen herumgespielt.« »Und wenn ich nicht gekommen wäre?« »Ich hätte den Kerl ohnehin bald weggeschickt.« »Was für ein Kleid hast du denn da an? Das ziehst du doch auf Parties an!« »Ich habe es nur mal wieder anprobiert, da läutete es, und Mr. Stewart war da und fragte, ob Abigail zufällig da sei.« »Eine ganz primitive Lüge! Du betrügst mich, wenn ich auf Geschäftsreise bin! Du jämmerliche Hure!« »Aber nein, Joe, ich betrüge dich nicht! Ich hätte den Kerl wirklich jetzt dann gleich weggeschickt.« »Zieh diesen elenden Fetzen da aus!« »Aber ja, sofort.« Sie rannte ins Schlafzimmer. Er folgte ihr. Sie zog sich aus. Sie trat nackt vor ihn hin und sagte: »Jetzt bist du wieder nett, ja? Ich freue mich doch so, daß du da bist.« Er schlug ihr ins Gesicht. »Au, du Schuft!« »Halt die Klappe!« sagte er und schlug ihr noch einmal ins Gesicht. Sie warf sich heulend aufs Bett. Er zog sich aus. Er öffnete den Schrank und suchte seine Jeans. Er fand sie und zog den Ledergürtel heraus. Er trat ans Bett. Sally lag auf dem

Bauch. Er stieg ins Bett und kniete so über sie, daß ihre Schenkel zwischen seine Beine gespannt waren. Er nahm den Ledergürtel an beiden Enden und schlug auf sie ein. Sie schrie auf. »Du Schuft!« Er schlug weiter. Sie bäumte sich auf. Schließlich wehrte sie sich nicht mehr und krallte die Hände in die Matratze. Er warf den Gürtel auf den Boden und drang so brutal in sie ein, wie er konnte. Er versuchte, ihr mit seinen Bewegungen weh zu tun. Sie stöhnte auf, wand sich unter ihm. Sie schrie leise auf, als es ihr kam. »Ja, ja!« schrie sie, als es ihr wenig später noch einmal kam. Nun war auch er soweit. Er legte sich neben sie und sagte: »Morgen gehe ich zu meinem Anwalt. Wir lassen uns scheiden.«

(aus: Explosion des Regenbogens)

Joh. Chr. Fr. Haug

EINFACHER DOPPELSINN

Hört, hört! Sie röchelt! O Nannette!
Laßt mich hinein, ihr lieben Herrn!
Ach Gott! ein Mann ist immer gern
An seiner Ehfrau Sterbebette.

Eveline Passet/Raimund Petschner

HINTER DEN BILDERN

(Die folgenden Auszüge gehen zurück auf eine Kriminalerzählung mit dem Titel »Süß und alt«. Wir haben deren Figuren, Handlung, Hintergründe gemeinsam entworfen, dann hat jeder unabhängig vom anderen seinen Text verfaßt. Nun, in den Auszügen, die H. K. traf, dem neuen Zusammenschnitt, wurde eine Art Liebesgeschichte daraus. Er nannte sie: »Hinter den Bildern«. Crime doesn't pay – (?) E. P. & R. P.)

(I, Eveline Passet)

In einem Zeitungsladen kaufte Morin LA MEUSE und LUI. Er ging in sein Hotel, wo er aus der Nachttischschublade die Aktphotographien von Suzanne hervorkramte, die er besaß. Er setzte sich aufs Bett, schlug das Sexmagazin auf, von dem er wußte, daß es Pornographie war, und legte die Bilder von Suzanne daneben, von denen er glaubte, sie seien Erotik.

Nicht die Nacktheit der Körper interessierte ihn, Gesten, Haltungen und Mimik wollte er vergleichen.

Es gab Bilder von Suzanne, die Morin aufgenommen hatte, als sie in höchster Erregung war. Ihre Lider sind halb geschlossen, die Augen dahinter scheinen zu schielen, oder: nach innen gekehrt zu sein, fort von ihm, Morin, in eine Tiefe, wohin sie ihn nicht mitnimmt. Ihr Mund ist halb geöffnet, darin eine Schwärze, dieselbe unerreichbare Tiefe . . . Nein, sie ist nie ein gierendes Tier. Eine saugende Gottheit, vielleicht. Es gibt keine Obszönität der Gesten, des Blicks, der Haltung, selbst auf jenen Photographien nicht, zu denen er sie einmal überredet hatte. Im Stil der Zeit trägt sie am nackten Körper einen schwarzen Strumpfhalter, schwarze Netzstrümpfe, schwarze Pumps; ihre Lippen hat sie grellrot geschminkt, ihre Augen zentimeterbreit schwarz umrandet, und die Linien dieser Lidschatten verjüngen sich seitlich, laufen im dunklen Haaransatz ihrer Schläfen aus. Ihrem Blick und ihrer Haltung hat sie auf seine Anleitung hin etwas Obszönes, den Betrachter Anmachendes zu geben versucht. Doch etwas auf diesen Bildern, allen, sagt: Es ist ein Spiel, dein Spiel, euer Spiel.

Ja, manchmal kam es Morin vor, als sagten sie genau dies und als spielte Suzanne aus purem Mitleid mit und aus einem Genuß, den sie aus der Verachtung dieser männlichen Spiele gewann.

Morin warf das Sexmagazin in eine Tonne DASH, welche unter dem Waschbecken stand und als Papierkorb diente: Diese Frauen sind banal, vulgär. Aber Suzanne –

Morin streckte sich auf dem Hotelbett aus. Er lag auf dem Rücken, die Arme unterm Nacken verschränkt. Er trug noch immer den graumelierten, zeitlosen Gabardineanzug, der an der Schelde vom Regen durchnäßt worden und in der Kneipe wieder, zerknittert, getrocknet war. Seine Füße mit den verschmutzten Schuhen ließ er über die Bettkante hängen, seine Augen schauten zur Decke. Ein leichter Regen hatte eingesetzt, der auf das Dach prasselte, unter welchem

Morins Zimmer lag. Manchmal konnte er vom Bahnhof her verweht Abfahrtssignale, Lautsprecherdurchsagen, Bremsgeräusche von Zügen hören, oder er spürte eine leichte Erschütterung des Hauses. Die rührte von IC- oder Güterzügen her; nachts, wenn die Stille bis in die Straßen kam, konnte er auch spüren, wenn ein LKW oder eine Straßenbahn das Haus zum Erzittern brachte.

Morin lauschte gern diesen Geräuschen und Bewegungen im Bahnhofsviertel von Antwerpen, lauschte ihnen gerne allein, vom fünften Stock dieses Hotels aus, unter dem Dach hervor. Dann dachte er nicht eigentlich nach, nur Fetzen von Bildern lösten einander ab in ihm: Suzanne, wie sie liebevoll und etwas spöttisch lacht, wenn er ihr sagt, er vergöttere sie, wie sie sich eine Haarsträhne aus der Stirn streicht, um sie hinters Ohr zu klemmen, wie er dann glaubt, dieses Ohr zum erstenmal zu sehen und es für sich allein schon und ganz besonders zu lieben. Oder Anne, wie sie ihm im Geschäft hilft oder den Haushalt versorgt, ohne daß eine einzige Geste des Überflusses, des Überschwangs dabei wäre. Aber auch keine Geste des Überdrusses – Jahre hindurch ausgeführte, ins Unbewußte, Instinktmäßige, Reflexhafte abgesunkene Gesten. Sie räumt den Tisch ab, wie sie atmet, sie bedient die Kasse, wie sie verdaut, sie schläft mit ihm, wie sie mit den Lidern zuckt. Und er kennt alle diese Gesten, reagiert unbewußt, instinktmäßig, reflexhaft darauf.

Anne gehört zu ihm wie sein Leben. Das wußte er.

Und Anne mußte er heute noch anrufen – es war eine jener Gesten.

Der Regen hatte sich verstärkt. Er schluckte jetzt alle Geräusche von draußen. Morin versuchte, die des Hotels aufzustöbern. Er glaubte, unter sich ein Bett knarren zu hören und ein einsames Stöhnen. Wenig später schlug eine Tür, und die Wasserspülung des Klosetts wurde bedient.

Morin holte den LUI wieder aus der DASH-Tonne hervor. ›In der Pornographie kann man die Frauen dem Mythos entreißen‹ – dieser Gedanke faszinierte ihn.

Er würde aufstehen, ins Bad hinübergehen, sich dort mit einem Handtuch den Samen von der Bauchdecke wischen, die Hände waschen. Sie hatte sich an diese männliche Geste gewöhnt. Auslöschen: den Verlust des Verstandes für Sekunden. Sie hatte sich daran gewöhnt wie an die männliche Sexualität überhaupt, in all den Jahren.

Morin stand auf, um in ihr Bad zu gehen. Suzanne rief ihm hinterher, er solle sich ein frisches Handtuch aus dem Wandschrank nehmen.

Sie genoß es, mit ihm zu schlafen, sehr, auch mit anderen Männern, jedoch – ihre Sehnsucht stillten sie nie. Sie schlossen die Augen und verließen sie. Bei Schriftstellern hatte sie wiederholt gelesen, im Moment der Lust glichen sich mit einemmal alle Frauen. Sie wußte, die Männer wollten das so.

Morin rief sie aus dem Badezimmer. Seine Stimme hatte einen Tonfall, der zum Zuhören aufforderte.

»In der Pornographie kann man die Frauen dem Mythos entreißen, wie findest du diese Idee?«

Suzanne schwieg. Seit einiger Zeit stritt sie nicht mehr mit Männern über die Frauen. Es war bequemer so.

»Das hat mir heute ein Typ erzählt, der im Puffviertel Schilder malt.« Morin stand jetzt, seine Hände trocknend, in der Tür. Sein Schwanz war noch steif, Suzanne fand das lächerlich. Als hätte er vergessen, diesen Rest Verstandesverlust wegzuwischen.

Morin setzte sich zu ihr auf die Bettkante. Er fuhr ihr sacht die Waden, die Schenkel hinauf, blickte ihr in die Augen. In ihnen lag Spott, meinte er. Und eine Lust stieg in ihm auf, gierig und brutal, – er wollte sie sehen als wimmerndes Tier. Und er nahm sie und stieß sie. Sie mußte Schmerzen haben, er wußte es. Sie wehrte sich nicht.

Das war bequemer so.

(II, Raimund Petschner)

Es gab den Alltag, und es gab Frauen wie Suzanne; aber Morin haßte den Alltag, weil es das Andere gab, und er haßte das Andere oft genug, weil er es nicht erreichte, es ihm nicht gehören wollte.

Und wenn er Suzanne von allen Seiten und bekleidet und nackt und in jeder Haltung, jeder Stimmung fotografierte: es gab etwas, das er nicht erreichen konnte.

Suzanne ließ sich fotografieren, bereitwillig und ein wenig amüsiert, sie verstand nicht die Verehrung, die dahinterlag.

Zumindest glaubte er, es sei so.

Manchmal war ihr Lächeln, waren ihre Augen, der Duft und die Bewegungen ihres Körpers eine Chiffre, die er nicht entziffern konnte; und um dahinterzukommen, hinter die Chiffre, und hineinzukommen in das Geheimnis, hätte er alles zerschlagen können, aber dazu war er zu ängstlich, und dazu war Suzanne zu freundlich, auf eine selbstverständliche Weise freundlich mit ihrer Hand unter seinem Hemd. Es gab da etwas, in das sie ihn großzügig einließ, und es gab ein anderes, das nicht erreichbar war, niemals, nicht für ihn.

Er hätte sie, Suzanne, zerstören können, um an das heranzukommen, dieses Unerreichbare. Dabei wußte er nicht, was es war, und die Kamera half ihm nicht dabei, mit der Kamera machte er Bilder von Suzanne, von allen Seiten und bekleidet und nackt und in jeder Haltung, jeder Stimmung: aber, was er dann sah, war immer Suzanne, noch einmal Suzanne und nichts weiter.

Er hätte alles zerschlagen können, auch Suzanne, um an das heranzukommen.

Trinkst du auch einen Kaffee? fragte sie, und er bejahte, da war man sich einig und gehörte zusammen. Im Dampf der Kaffeetassen schauten sie einander an, und da war wieder dieser Goldschimmer in ihren Augen, das tat gut, das tat wirklich wohl, aber es machte ihn unglücklich zugleich.

Möchtest du Zucker?, fragte sie, und pellte ihm einen Würfel aus dem Papier. Sie ließ, mit spitzem Daumen und Zeigefinger, den Würfel in seine Tasse fallen.

Er fuhr unter ihren Rock, den Schenkel aufwärts, alles heimlich unter dem Tisch, und sie sah ihn fest und ruhig an. Dabei begannen ihre Schenkel zu zittern, wurden weich, und er wünschte sich, ihr nahe zu sein, er hätte sie schlagen können, um an etwas heranzukommen, das er nur ahnte.

Albert, der sich gern mit seinem Nachnamen Morin bezeichnete, fuhr unter ihren Rock, den Schenkel aufwärts, und es war ihr angenehm. Aber sie hatte das Gefühl, daß er in Wirklichkeit nicht zu ihrem Geschlecht, sondern wohin wollte? Zu den Sternen?

(III, Eveline Passet)

Er photographierte zerstreut – Suzanne sah, daß er häufig eine falsche Perspektive wählte und ganze Motive übersah.

Sie saß auf einem Mühlstein und beobachtete ihn. Er war nicht sehr groß und etwas klobig, aber er gefiel ihr. Vielleicht zeichnete sie zu viele schöne Männer und Frauen für die Modejournale. Trotz seiner Zerstreutheit waren Alberts Bewegungen ruhig und sicher. Manchmal schaute er sie an, und mit seinem Blick schien er sich entschuldigen zu wollen, weil er ihr nicht die Wahrheit über diesen Mann sagte, der ihnen nachgefahren war.

Sonne kroch durch Baumzweige auf Suzannes Gesicht, sie war warm und streichelnd. Suzanne knöpfte den Ausschnitt ihrer Bluse auf, schloß die Augen, streckte Gesicht und Dekolleté der Sonne hin. Diese streichelnden Strahlen auf ihrer Haut erregten sie unbestimmt. Sie öffnete die Augen, sah Morin, der sie betrachtete so zart wie die Sonne. Sie stand auf, ging zu ihm und zog ihn in die alten Gemäuer unter ein Fenstergeviert ohne Scheiben, auf morschen hölzernen Boden. Sie badeten in Sonne und Schweiß. Er hatte die Augen nicht geschlossen, einmal nicht geschlossen – einmal wurde ihre Sehnsucht gestillt. Ihre Blicke tauchten zusammen, erstaunt und erschrocken, nicht begreifend die grundlose Tiefe ihrer Vereinigung, ihrer Liebe.

(vorher unveröffentlicht)

XII.

LUST

An die Freude

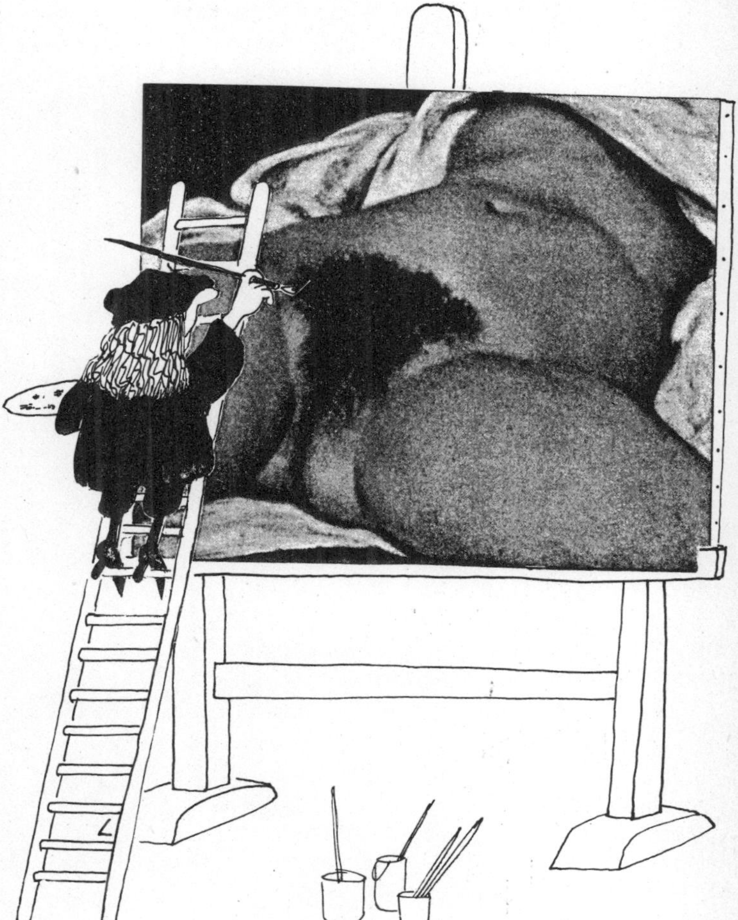

GUSTAVE COURBET MALT DIE KAISERIN EUGÉNIE AUS DEM GEDÄCHTNIS

VOLKER KRIEGEL

Norbert Elias

AN DIE FREUDE

dein niemals genug geküßtes Gesicht
sachte sachte
erst die Winkel des Mundes
leise vom Rand der Lippen
vortastend
wie Flügelschlag wiegender Vögel
auf und ab
über dem Brunnenrand
noch zögernd sich zu tränken
scheuend
noch nicht
Verkündigung
erst noch die Augen
Pforten der Verschmelzung
und weich hinstreift durch sanfte Gräser der Fuß
am Rand des dürstenden Brunnens
und die Sträucher
wölben den Händen
ihre duftenden Früchte entgegen
die Wiesen dürsten
Lippen begierige wartet noch
die kleinen
Muscheln wollen das ihre
und das zärtliche des Kinns
dann in die Bucht des Halses einzutauchen
wie Windstoß
daß ein Schauer
über das reifende Kornfeld geht
Vorbote des Gewitters
in den Tiefen
der verborgene Halbgott
wacht aus dem Schlaf
mit gehobenem Haupt
sucht er im dunklen Korn der schwellenden Knospen
Aufbruch

wende dich und wehre
schließ die begehrenden Lippen
der zärtliche Ingrimm steigt
zum Raubtier ohne Gnade
grollend stößt der zornige Gott
ins Horn
Hügel und Täler
zittern im nahenden Gewitter
der stürmischen Zungen Flügelschlag
stachelt
und zündet
die zuckenden Blitze
der Entzückung
und im Wirbel
Paukenschlags
zündet der Einschlag
zum Bruch der Dämme
Flut des feurigen Regens
der Trommelwirbel
Sturmlied
gefeiert
Mund auf Mund
vom Grund des Gaumens
zu den Wurzeln der Lust
während auf Wellen gepeitscht von Gischt
Engel einherziehn singend
und verebbend
von Leib zu Leib
dein niemals genug geküßtes Gesicht
wie Flügelschlag wiegender Vögel
noch zögernd
sachte sachte
in der Tiefe
tönt es wieder
das bebende Dur
bacchantische Flöte
über dem lockenden Wellenmeer

(Es ist dies die erste Gedichtveröffentlichung gewesen, 1981, die der bekannte Soziologe in hohem Alter unternommen hat.)

Achilleus Tatios
DER KUSS

Ich fühlte mich nun viel besser und war voller Hoffnungen. Ich spürte den Kuß immer noch auf meinen Lippen, als wäre er ein körperlicher Gegenstand; ich hütete ihn sorgsam und bewahrte ihn wie einen Schatz an Entzücken, was für einen Verliebten das erste süße Erlebnis ist. Der Kuß wird nämlich von dem schönsten aller Körperorgane gezeugt; denn der Mund ist das Organ der Sprache, und die Sprache ist der Schatten der Seele. Die Vereinigung zweier Münder läßt köstliches Wonnegefühl in die Brust hinabströmen und zieht die Seelen zu den Küssen empor. Ich kann mich nicht erinnern, jemals zuvor ein derartiges Glück empfunden zu haben; damals erfuhr ich zum ersten Mal, daß nichts einem Liebeskuß an Glückseligkeit gleichkommt.

(aus: Leukippe und Kleitophon, dt. K. Plepelits)

Philip Roth
WÄR DAS NICHTS?

Zur Zeit stehe ich unter dem Einfluß eines Essays mit dem Titel *›Über die allgemeinste Erniedrigung des Liebeslebens‹*; wie Sie sich vielleicht schon dachten, habe ich mir die *›Gesammelten Schriften‹* gekauft und habe mich, seit meiner Rückkehr aus Europa, jeden Abend, wie in Einzelhaft, einen Band Freud in der Hand, in meinem freudlosen Bett in den Schlaf gelesen. Manchmal Freud in der Hand, manchmal Alex in der Hand, oft beides. Ja, dort liege ich, ganz allein, in meinem offenen Pyjama, spiele träumerisch an meinem Glied herum wie ein kleiner Junge, zerre daran, verdrehe, reibe und knete es und lese mich dabei durch *›Beiträge zur Psychologie des Liebeslebens‹* hindurch, immer auf der Lauer nach dem Satz, dem Wortgefüge, dem *Wort*, das mich erlöst, davon erlöst, was hier »Vorstellungen und Fixationen« genannt wird.

Im erwähnten Essay gibt es den Ausdruck »Gefühlsströmung«. Für »ein völlig normales Liebesverhalten« (es verdiente eine eingehende semantische Überprüfung, dieses »völlig normale Liebesverhalten«, aber weiter –), für ein völlig normales Liebesverhalten, sagt er, sei es unerläßlich, daß zwei Gefühlsströmungen sich vereinigten: das zärtliche Gefühl und das sinnliche Gefühl. Und in vielen Fällen trete das leider Gottes nicht ein. »Wo solche Männer lieben, begehren sie nicht, und wo sie begehren, können sie nicht lieben.«

Frage: Habe ich mich selbst als einen aus der Menge dieser Krüppel zu betrachten? In schlichten Worten: sind Alexander Portnoys sinnliche Gefühle an seine inzestuösen Vorstellungen fixiert? Was glauben Sie, Doktor? Ist meiner Objektwahl eine so klägliche Beschränkung auferlegt? Ist es so, daß meine Sinnlichkeit nur dann grünes Licht hat, wenn das Sexualobjekt die Voraussetzung erfüllt, mich zu erniedrigen? Hören Sie, erklärt das meine Bindung an *schicksen*?

Nun ja, aber wenn es so ist, wenn, wie erklärt sich dann jenes Wochenende in Vermont? Denn die Inzestschranke fiel – jedenfalls sah es so aus. Und die Begierde mischte sich im Augenblick mit dem reinsten, innigsten Gefühl der Zärtlichkeit, das ich je empfunden habe! Die Konfluenz dieser beiden Strömungen war einfach umwerfend, sag ich Ihnen! Und sie empfand das gleiche! Sie hat es sogar ausgesprochen!

Oder war es nur das bunt gefärbte Laub, was glauben Sie?, das offene Feuer im Speiseraum des ländlichen Wirtshauses in Woodstock, was uns beide so weich stimmte? War es wirklich wechselseitige Zärtlichkeit und Zuneigung, die wir erlebten, oder war es bloß der Herbst, der sein Werk tat, den Kürbis schwellen ließ (John Keats) und die Touristenzunft in einen wahren Rausch wehmütiger Sehnsucht nach dem »einfachen Leben« versetzte? Waren wir bloß zwei weitere wurzellose Erotomanen aus dem Dschungel der Großstadt, die sich vor lauter Begeisterung über das historische Neu-England in die Hosen machen (sprich in unsere künstlich gebleichten Bluejeans) und in einem gemieteten Kabriolett den alten Traum vom Landleben träumen, oder war es tatsächlich ein völlig normales Liebesverhalten – wie es mir während der wenigen sonnigen Tage schien, die ich mit dem Äffchen in Vermont verbrachte?

Was geschah denn nun eigentlich? Nun, die meiste Zeit fuhren wir, mit offenen Augen. Und sahen: die Täler, die Berge, das Licht auf den Feldern und natürlich das Laub – mit vielen Ah's und Oh's. Einmal hielten wir, um jemand in der Ferne zuzuschauen, der hoch oben auf einer Leiter stand und an einer Scheunenwand herumhämmerte – und auch das machte Spaß. Oh, und dann der gemietete Wagen. Wir flogen nach Rutland und mieteten dort ein Kabriolett.

Ein Kabriolett, können Sie sich das vorstellen? Ein drittel Jahrhundert als amerikanischer Junge verbracht, und dies war das erste Kabriolett, das ich je selbst gefahren habe. Und wissen Sie warum? Weil der Sohn eines Versicherungsvertreters besser als andere weiß, worauf man sich einläßt, wenn man in so 'nem Ding rumkutschiert. Er kennt die gräßlichen statistischen Einzelheiten. Ein Buckel auf der Straße genügt, sobald ein Kabriolett im Spiel ist: Sie fliegen in hohem Bogen raus, mit dem Kopf voran, und (die Details will ich Ihnen ersparen) wenn Sie *Glück* haben, heißt das ein Rollstuhl fürs Leben. Und wenn man sich in einem Kabriolett überschlägt – na, gute Nacht, dann ist man alle Sorgen los. Das sei statistisch erwiesen (sagt mir mein Vater) und nicht irgend so 'ne Räuberpistole, die er sich bloß so zum Spaß ausdenke.

(...)

Als wir das Gasthaus in Dorset erreicht hatten, bitte ich sie, einen von ihren halben Dutzend Ringen an den richtigen Finger zu stecken. »Man soll den Leuten nichts zu reden geben«, sage ich und teile ihr mit, daß ich ein Zimmer für Mr. und Mrs. Arnold Mandel bestellt habe. »Ein großer Mann aus Newarks Vergangenheit«, kläre ich sie auf.

Während ich uns eintrage, schlendert das Äffchen (das hier in Neu-England supererotisch wirkt) in der Halle umher und nimmt die kleinen Vermont-Souvenirs, die zum Verkauf ausliegen, in Augenschein. »Arnold«, ruft sie. Ich drehe mich um: »Ja, Liebling?« – »Wir *müssen* ein Glas Ahornsirup für Mutter Mandel mitnehmen. Den hat sie doch so gern«, und sie beglückt den mißtrauischen Geschäftsführer mit ihrem unergründlich-bestrickenden ›*Sunday Times*‹-Unterwäsche-Inserat-Lächeln.

Welch eine Nacht! Ich will damit nicht sagen, daß das Äffchen sich wilder als sonst herumwarf, mit wehendem Haar und leidenschaftliche Laute ausstoßend – nein, das Drama spielte sich in den üblichen Wagnerschen Dimensionen ab, an die ich mich langsam zu gewöhnen begann; neu und überwältigend daran war das strömende Gefühl. »Oh, ich kann nicht *genug* von dir kriegen!« rief sie aus. »Bin ich eine Nymphomanin oder ist es der Ehering?« – »Ich dachte, es liegt vielleicht an der Illegalität eines Gasthauses.« – »Irgend etwas ist es. Mir ist ... mir ist so sonderbar ... o Baby ... und du bist mir so nah, so nah wie noch nie. Mir ist dauernd, als müßte ich weinen – ich bin ja so glücklich!«

Am Sonnabend fuhren wir nordwärts, an den Champlain-See, und hielten unterwegs öfters an, damit das Äffchen Aufnahmen mit ihrer Minox machen konnte, und am Spätnachmittag quer rüber nach Woodstock. Wir gafften, seufzten und begeisterten uns an der Landschaft – das Äffchen an mich gekuschelt. Einmal, morgens, hatten wir Sexualverkehr auf einer von Unkraut überwachsenen Lichtung in der Nähe des Seeufers, und am Nachmittag des gleichen Tages, auf einem Feldweg irgendwo in den Bergen, sagte sie: »O Alex, halt an, jetzt gleich – ich will, daß du kommst – in meinen Mund«, also blies sie mich, und das im offenen Wagen!

Was will ich mit all dem sagen? Bloß so viel, daß wir begannen, etwas zu empfinden. *Gefühl* zu empfinden! Und ohne daß die Begierde nachgelassen hätte!

»Ich weiß ein Gedicht«, sagte ich, und es klang fast, als sei ich betrunken, als sei ich imstande, jeden zu verprügeln, der mir dumm käme, »das werd ich jetzt aufsagen.«

Sie lag da, den Kopf mit immer noch geschlossenen Augen in meinen Schoß geschmiegt, die Wange an meinem langsam erschlaffenden Glied. »Ach, komm«, murrte sie, »nicht jetzt. Von Gedichten versteh ich nichts.«

»Dieses wirst du verstehen. Es handelt vom Ficken. Ein Schwan fickt ein schönes Mädchen.«

Sie sah zu mir hoch und klimperte mit ihren künstlichen Wimpern. »Au, fein.«

»Aber es ist ein ernstes Gedicht.«

»Soso«, sagte sie und leckte an meinem Schwanz, ». . . und ein Skandal dazu.«

»O ihr unwiderstehlichen, geistreichen südlichen Schönen – besonders, wenn sie so lange Beine haben wie du.«

»Verarsch mich nicht, Portnoy. Los, sag das unanständige Gedicht auf.«

»Porte-noir«, sagte ich und begann:

> »Ein jäher Stoß: die Schwinge, bebend, packt
> die Taumelnde; der Schwimmhaut schwarze Lust
> greift um das Schenkelpaar; der Schnabel hackt
> sich ins Genick, und Brust preßt sich auf Brust.«

»Wo«, fragte sie, »hast du *so* etwas gelernt?«
»Schsch. Es geht weiter:

> Wie könnte jene angstverwirrte Hand
> so weiße Pracht von willigen Schenkeln wehren?«

»He!« rief sie. »Schenkel!«

> »Und wie der Leib, vom Fittich übermannt,
> so fremden Herzens Klopfen überhören?
> Ein blindes Schaudern in den Lenden schaut
> der Mauer Sturz, Glut im Gebälk entfacht,
> und Agamemnons Tod. Die's also graut
> vorm Blut der Luft, das wild herniederstieß:
> gehörte ihr das Wissen seiner Macht,
> eh sie der Schnabel lässig fallen ließ?

Das wär's«, sagte ich.

Pause. »Von wem ist das?« Angeber. »Von dir?«

»Von William Butler Yeats«, sagte ich und begriff, wie taktlos ich gewesen war, mit welchem Mangel an Sensibilität ich auf die Kluft hingewiesen hatte: ich bin klug, und du bist doof; das und nichts anderes hatte ich damit zum Ausdruck gebracht, als ich dieser Frau eines der *nebbich* drei Gedichte hersagte, die ich mit meinen dreiunddreißig Jahren auswendig kann. »Ein irischer Dichter«, fügte ich lahm hinzu.

»Ach?« sagte sie. »Und wo hast du es gelernt, auf seinen Knien? Ich wußte ja gar nicht, daß du Ire bist.«

»Im College, Baby.« Von einem Mädchen, das ich im College kannte. Die mir auch *›Die Kraft, die durch die grüne Zündschnur treibt die Blüte‹* beibrachte. Aber genug – warum sie mit einer anderen vergleichen? *Warum sie nicht das sein lassen, was sie ist?* Welch eine Vorstellung! *Sie lieben, wie sie ist! Mit all ihrer Unvollkommenheit – die ja schließlich vielleicht bloß menschlich ist!*

»Na ja«, sagte das Äffchen, das immer noch mit dem Kopf in meinem Schoß lag, »ich war nie aufm College.« Dann, südlich-guttural: »Und zu Hause, in Moundsville, kannten wir nur ein Gedicht: ›Ich seh Nelken, ich seh Rosen, ich seh Marys Unterhosen‹. Bloß, daß ich keine

Unterhosen trug ... Weißt du, was ich mit fünfzehn getan habe? Mir unten 'ne Locke Krollhaar abgeschnitten und in einem Umschlag an Marlon Brando geschickt. Der Knilch war nicht mal so höflich, den Empfang zu bestätigen.«

Schweigen. Beide grübeln wir darüber nach, was zwei so verschiedene Menschen wohl miteinander zu schaffen haben – noch dazu in Vermont.

Dann sagt sie: »Okay, was ist Agamemnon?«

Ich fange an zu erklären, so gut ich kann. Zeus, Agamemnon, Klytämnestra, Helena, Paris, Troja ... Und komm mir vor wie der letzte Dreck – und wie ein Betrüger und Angeber dazu. Ich *weiß* es, daß ich manches durcheinanderbringe und daß mindestens die Hälfte nicht stimmt.

Aber *sie* ist ganz wunderbar. »Okay – jetzt noch mal das Ganze von vorn.«

»Ist das dein Ernst?«

»Es ist mein Ernst! Noch mal! Aber um Himmels willen *langsam.*«

Also fang ich von vorn an, mit nach wie vor heruntergelassener Hose, und auf dem schmalen Weg, wo ich, abseits von der Landstraße unter dramatisch gefärbtem Laubwerk geparkt habe, wird es langsam dunkler. Welke Blätter fallen in unseren Wagen. Das Äffchen sieht aus wie ein Kind, das sich bemüht, eine Rechenaufgabe zu lösen, aber nicht wie ein törichtes Kind – nein, wie ein aufgewecktes, gescheites kleines Mädchen. Kein bißchen dumm! *Dieses Mädchen ist wirklich etwas ganz Besonderes. Selbst wenn ich sie auf der Straße aufgelesen habe!*

Wissen Sie, was sie tut, als ich geendet habe? Sie nimmt meine Hand und führt sie zwischen ihre Beine – eine Mary Jane, die immer noch keine Unterhosen trägt. »Fühl mal. Ganz naß.«

»Liebling! Du hast das Gedicht verstanden!«

»'s scheint so!« ruft Scarlett O'Hara. Dann: »He, ich hab's verstanden. Ich hab ein Gedicht verstanden!«

»Noch dazu mit der Muschi.«

»Mein Treffi-Baby! Du wirst aus meiner Muschi noch ein Genie machen! Oh, Treffi, Darling, leck mich«, ruft sie, steckt mir eine Handvoll Finger in den Mund und zieht mich am Unterkiefer zu sich herunter, »oh, schleck meine gebildete Muschi!«

Idyllisch, wie? So unter roten und gelben Blättern?

In unserem Zimmer in Woodstock aalt sie sich im heißen Wasser (mit Badesalz), während ich mich zum Essen rasiere. Wieviel Kraft in diesem fragilen Körper steckt – die einmaligen akrobatischen Verrenkungen, die sie ausführt, während sie wie aufgespießt an meiner Schwanzspitze baumelt! Man sollte glauben, sie müßte sich einen Wirbel brechen, wenn sie sich mit dem ganzen Oberkörper rücklings zum Bett hinaus hängt – in Ekstase! Joj! Gott sei für ihren Gymnastikunterricht gedankt! Wie ich bedient werde! Das ist vielleicht 'ne Sache! Und jetzt stellt sich heraus, daß sie dazu auch noch ein menschliches Wesen ist – ja, alle Anzeichen sprechen dafür, daß dem so sein könnte! *Ein menschliches Wesen! Das geliebt werden kann!*

Aber von *mir*?

Warum nicht?

Wirklich?

Warum nicht!

»Weißt du«, sagt sie aus der Wanne, »mein kleines Loch ist so wund, es kann kaum atmen.«

»Armes Loch.«

»He, wir wollen ein Riesendinner essen, mit viel Wein und Schokoladencreme und dann heraufkommen und uns in unsere zweihundert Jahre alten Betten legen – ohne zu ficken.«

»Wie ist dir so, Arn?« fragte sie später, als das Licht gelöscht war. »Macht Spaß, nicht? Als ob man achtzig wäre.«

»Oder acht«, sagte ich. »Ich muß dir was zeigen.«

»Nein! Arnold, *nein*.«

In der Nacht erwachte ich und zog sie an mich.

»Bitte«, stöhnte sie, »ich muß mich für meinen Ehemann aufsparen.«

»Da scheißt ein Schwan drauf, meine Dame.«

»Oh, bitte, bitte, hau ab –«

»Fühl mal, meine Schwanzfeder.«

»Ahhh«, seufzte sie, als ich ihn ihr in die Hand drückte. »Ein *Judenschwan*! He!« rief sie und packte mich mit der anderen Hand an der Nase. »Schwarze Lust! Ich habe gerade noch ein bißchen mehr vom Gedicht verstanden. Nicht wahr?«

»Mein Gott, bist *du* wunderbar!«

Das verschlug ihr fast den Atem. »Ehrlich?«

»Ja!«

»Wirklich ehrlich?«

»Ja! Ja! Ja! Darf ich dich *jetzt* ficken?«

»O Schatz, mein Liebling«, rief das Äffchen, »such dir 'n Loch, welches du willst, ich bin dein!«

Nach dem Frühstück schlenderten wir durch Woodstock, wobei das Äffchen die ganze Zeit ihre geschminkte Wange an meinen Jackenärmel schmiegte. »Weißt du was«, sagte sie, »ich glaube, ich hasse dich nicht mehr.«

Gegen Abend machten wir uns auf den Heimweg – im Wagen, damit die Fahrt nach New York länger dauerte. Wir waren kaum eine Stunde unterwegs, da fand das Äffchen einen Jazz-Sender und begann sich auf ihrem Sitz im Takt zur Musik hin und her zu bewegen. Dann sagte sie plötzlich: »Ach, scheiß drauf – macht ja so 'n Krach«, und stellte das Radio ab.

Wär es nicht schön, sagte sie, wenn wir nicht zurück müßten?

Wär es nicht schön, auf dem Lande zu leben – mit jemand, den man wirklich gern hat?

Wär es nicht schön, voll Tatendrang mit den Hühnern aufzustehen und hundemüde ins Bett zu sinken, wenn es dunkel wird?

Wär es nicht schön, eine Menge Pflichten zu haben, den Tag mit Arbeit zu verbringen, und diese Pflichten gar nicht als solche zu empfinden?

Wär es nicht schön, mal nicht an sich selbst zu denken – ganze Tage, Wochen und Monate? Alte Kleider zu tragen und kein Make-up und sich nicht immerzu in Szene setzen zu müssen?

Die Zeit verging. Sie pfiff. »Wär das nichts?«

(aus: Portnoys Beschwerden, dt. K. Molvig)

Monica Küchler

ICH MÖCHT SO GERN

Ich möcht mich bekiffen
ich möcht mich besaufen
ich möcht durch Wiesen laufen
ich möcht dich verhaun
ich möcht dir ne Nase drehn

ich möcht mit dir leben
ich möcht so gern
ich will
ich will so gern
ne tanzende Puppe sein
ausm Marionettentheater
kapp mir nich die Fäden
laß mich leben
laß mich nicht sitzen
auf den Kirchturmspitzen
die tun mir weh
sag nie mehr: geh
– ich will dich haben.

ich möcht mich vergessen
ich möcht mich verlaufen
ich möcht 'n milden Regen
ich möcht dich anschrein
ich möcht dich schütteln
ich möcht mit dir leben
ich möcht so gern
ich will
ich will so gern
ne tanzende Puppe sein
aus 'm Marionettentheater
kapp mir nich die Fäden
laß mich leben
laß mich nicht sitzen
auf den Kirchturmspitzen
die tun mir weh
    sag nie mehr: geh
    – ich will dich haben.

(in: Petschner/Schiepke, Hg.)

Johann Gottfried Schnabel

DER IM IRRGARTEN DER LIEBE HERUMTAUMELNDE KAVALIER

So bald er gegen die Thür kam, gab ihm eine darinnen sitzende Weibs-Person durch Wincken und Husten zu verstehen, daß er näher kommen möchte. Er gehorsamete und wurde gefragt, ob er derjenige Cavalier wäre, welcher heute durch einen gelbröckigten Jungen Briefe zugeschickt bekommen hätte? Ja! sagte Elbenstein, der bin ich, auch willig und bereit, den darinnen enthaltenen Befehlen so viel mir mensch- und möglich ist aufs allergenaueste nachzukommen, es mag mir auch darbey begegnen was nur immer will. Hierauf gab die Weibs-Person zur Antwort: Seyd Muths und sorget vor nichts mein Herr! denn es stehet euch ein besonderes Glück und nicht das geringste Unglück vor, wendet aber nur alle euren Fleiß und Kräffte an, euch bey einer der qualifizirtesten und vollkommen schönen Damen recht beliebt und angenehm zu machen, und dieselbe nach ihrem Wunsche zu vergnügen. Hiermit führete sie Elbenstein die Treppe hinauf, eröfnete ein wohl-ausgeputztes Zimmer, welches nur von einem einzigen Lichte erleuchtet wurde. Der mit allerhand Confituren und Wein-Gläsern besetzte Tisch stund der Thüre gleich gegen über, und an demselben saß eine von den verkleideten Bäuerinnen, welche er bey sich hatte vorbey gehen sehen. So bald er ins Zimmer eingetreten und die Thür hinter ihn zu geschlossen war, stund sie auf und ging ihm etliche Schritte entgegen. Elbenstein hingegen fiel vor ihr auf das eine Knie nieder und deprecirte seinen gestern begangenen Fehler mit hertzbrechenden Worten. Sie hörete ihn eine kleine Weile zu, sagte aber kein Wort, weil sie eine grüne Sammet-Masque vor dem Gesichte hatte. Endlich legte sie ihre zarte Hand auf seinen Mund zum Zeichen, daß er nunmehro hiervon nur schweigen solte, ihm aber auch ein Zeichen zu geben, daß sie nicht mehr zornig sey, klopffte sie ihm mit beyden Händen sanffte auf die Backen, führete seine Hand zu ihrem Munde, welche sie wegen der Masque zwar nicht küssen konte, doch gab sie mit ihrem Munde einen klatschenden Laut, zum Zeichen, daß dieses so gut als geküsset wäre, nach diesen griff sie ihm unter die Arme und hub ihn also von dem Fuß-Boden auf, praesentirte ihm einen Stuhl, sich neben sie zu setzen, schenckte 2. Gläser Wein ein und gab mit finckelnden Augen und einem charmanten Compliment jedoch ohne einziges Wort zu reden, zu verstehen, daß sie seine Gesundheit trinkken wolte. Elbenstein war schon froh, denn nunmehro, glaubte er, würde sie ihr schönes Angesicht entblössen, allein weit gefehlet! Denn ehe er sichs versahe, hatte sie vermittelst eines goldenen Röhrchens in gröster Geschwindigkeit das gantze Glaß ausgeleeret. Das war ihm nun zwar eben nicht gelegen, jedoch ließ er sich nichts mercken, sondern trunck den Pocal, welchen sie ihm eingeschenckt hatte, auf ihre Gesundheit rein aus, hierauf wurde er etwas düster, küssete ihre, mit kostbaren Perlen und Ringen gezierte Arme und Hände, die an Zärtlichkeit den Sammet und an weisse den Alabaster übertraffen, ingleichen die unvergleichliche halb entblössete Brust vielmahlen, und bewunderte nicht allein diese, sondern auch ihre schöne Kehle, den wohl-proportionirten Leib und Schenckel, ingleichen die mit Perlen und edlen Steinen gestickten Schuen, gezierte, artige kleine Füsse. Alles dieses war mehr als zu viel, Elbensteins geile Triebe vollkommen zu erregen und die sündlichen Wollust-Funcken in lichterlohe Flammen zu verwandeln, weßwegen er zu seuffzen anfing und sich mit feuer-vollen Augen nach dem auf der Seite stehenden Bette umsahe, die Dame seuffzete gleichfalls, druckte aber ihre Augen feste zu, weßwegen er es wagte aufzustehen und sie vom Tisch hinweg zu führen. Sie ließ mit sich umgehen als er nur selbst wolte – – –.

Um aber den äussersten Zirckel der Ehrbarkeit nicht zu überschreiten, schlägt man bey dieser Passage etliche Blätter im Manuscript des Autoris zurück, und meldet nur so viel, daß beyde Verliebte einen scharffen und öffters wiederholten Streit mit einander hatten, bis endlich die Dame mit gebrochenen Worten und ächzender Stimme sagte: Son stanca mio Bene! un pocho di riposo. Ich bin müde, mein Leben! laß mich ein wenig ruhen. Nunmehro wurde Elbenstein erstlich überzeugt, daß er mit keiner stummen Amour zu thun hätte, weßwegen er ihr sonsten noch allerhand Schmeicheleyen erwiese und sich endlich an den Tisch setzte, woselbst er erstlich etliche Zimmet-Mandeln speisete, hernach aber zur Stillung seines heftigen Dursts etliche Gläser Malvasier auf seiner unbekannten Schönen Gesundheit austranck. Er war in seinem Hertzen und Gedanken vor Vergnügen dergestalt verwirrt, daß er nicht ein mahl daran gedachte, ob dieselbe vielleicht nicht Appetit zum Trincken haben möchte; bis sie selbsten sagte: Mein Engel, reichet mir ein eintzig Glaß Wein und mein Röhrchen darzu, welches dort in der Schale liegt. Er säumete sich nicht ihr aufzuwarten, mittlerweile richtete sie sich im Bette auf und zohe den dargereichten Wein durch das Röhrchen in sich, da er aber so wohl eines als das andere wieder an Ort und Stelle gebracht, reckte sie ihren aufgestreifften Arm ihm entgegen, weßwegen er sich neben Sie an das Bett setzte und Arme, Hände und Brust aufs neue inbrünstig zu küssen anfing. Sie machte ihm mit Drückung der Hände und dergleichen verschiedene Gegen-Caressen weßwegen er sich die Freiheit nahm sie auf das allerzärtlichste zu bitten, daß sie doch die Masque von ihrem Englischen Angesichte ablegen möchte. Sie schwieg erstlich eine gute Weile stille; als aber Elbenstein nochmahls darum anhielt, sagte sie mit einer ernsthafften Stimme, worbey sie sich zugleich in die Höhe richtete, mein Cavalier! ich liebe euch von Hertzen und zwar dergestalt, als ich noch keinen Menschen auf der Welt geliebt habe, allein ich bitte euch, verlanget nicht noch mehrmalen von mir, daß ich mich vor euch demasquiren soll, so lieb euch euer Leben ist. Unterdessen will ich euch, ohne mich selbst zu loben, auf das theuerste versichern, daß unter dieser Masque, kein häßliches, sondern eins von den feinesten Gesichtern in gantz Italien verborgen ist, ich mache mir aber aus meinem Gesichte eben keinen Staat, weil ich weiß, daß mich die gütige Natur mit anderen Annehmlichkeiten zur Genüge besorgt hat, das aber muß ich gestehen, daß ich sehr eigensinnig bin und niemanden liebe, als denjenigen, an welchen ich etwas vollkommenes nach meinem Gout finde. Derowegen verschertzet dieser unnöthigen Couriositée wegen, welche bey der Haupt-Sache wenig oder nichts zusetzen, oder abnehmen kan, meine vollkommene Gunst und Liebe nicht, forçirt mich auch nicht weiter, mich zu demasquiren, bey Verlust eures Lebens.

Elbenstein vermerckte gleich bey der Dame ernsthafften Sprache und Stellung, daß sie sich über sein Begehren etwas alterirt hatte, weßwegen er vor ihrem Bette niederkniete und unter beständigen Küssen ihrer Hände und Füsse, dieselbe wegen seines abermahls begangenen Fehlers um Verzeyhung bat. Er fügte hinzu, daß ihm sein Schutz-Engel dero überirdisches Bildniß dergestalt im Geiste vorgezeiget, daß nichts fehlete, als daß er in der Mahler-Kunst erfahren wäre, sensten wolte er es ohnfehlbar dergestalt abschildern, daß sie, die Dame, selbst bezeugen solte, wie er es nach dem Originale, welches er doch nie zu sehen das Glück gehabt, accurat getroffen habe. Derowegen müsse er bekennen, daß er eben hiernach nicht so begierig gewesen, als nur

Dero unvergleichliche Lippen zu küssen, deren Purpur-Farbe er durch die Oeffnung der Masque zwar nur in etwas erblicken können, allein sie hätten gleichsam als ein Magnet, seinen Mund und Hertz dergestalt an sich gezogen, daß er gemeinet, er müsse verzweiffeln, wenn er sich nicht ausbäthe diese himmlische Lippen zu küssen.

O! du kleiner Schmeichler! sagte die Dame, indem sie sich wieder aufs Bette streckte, komm her und lege dich neben mich. Elbenstein ließ sich nicht 2 mahl nöthigen, sondern gehorsamte gleich, erschrack aber nicht wenig, da in selbigem Augenblicke eine Machine von der Decke herunter gefahren kam, welche das Licht dergestalt bedeckte, daß man im Zimmer keine Hand vor Augen sehen konte. Er wuste nicht, was dieses bedeuten solte, unter der Zeit aber hatte die Dame die Masque auf die Seite gethan und legte ihren blossen Mund auf seinen Mund, gab ihm auch in einem Athem mehr als 100. Küsse. Endlich im Abziehen sagte sie: Nun! da hast du meinen blossen Mund, küsse dich satt, allein, mein Leben! der Schwur, den ich gethan, vor dir mein Angesicht verborgen zu halten, so lange ich an diesem Orte bin, wird von mir nicht gebrochen. Elbenstein küssete demnach im Finstern nicht allein den zarten Mund, sondern auch die Augen und Wangen viele 100 mahl, bis ihn endlich die Dame erinnerte, vor dasmahl von diesem Spiele abzustehen und das Haupt-Spiel wieder vorzunehmen. Er machte sich so gleich fertig darzu und unter dieser kurtzen Zeit sagte die Dame noch: du hast doch recht meine andere Seele! daß kein Liebes-Genuß recht vollkommen zu nennen ist, wenn das Küssen des Mundes darbey verweigert wird. Elbenstein küssete sie demnach noch etliche mahl auf den Mund, worauf das sogenannte Haupt-Spiel wieder angefangen wurde, nachdem sie aber selbiges ohngefähr 5. oder 6. mahl wiederholet, zeigte die Glocke die Mitternachts-Stunde an, weßwegen die Dame Elbensteinen zu vernehmen gab, daß dieses die Zeit wäre da sie von einander scheiden müsten, doch bäthe sie sich aus, daß er folgenden Abends eben um dieselbe Zeit abermahls in diesem Hause erscheinen möchte. Elbenstein versprach ihren Befehlen, aufs aller genaueste nachzuleben, küssete die geliebten Lippen noch etliche mahl und tappte hernach im Finstern nach dem Tische hin, um nicht etwa die Gläser umzustossen oder sonsten Unglück anzurichten. So bald aber die Dame nur ihre Masque wieder vorgethan, fuhr die Machine, welche das Licht bedeckt hatte, plötzlich in die Höhe und es war wiederum helle in der Stube, so daß Elbenstein alle seine Sachen geschwind finden konte. Die Dame stieg auf und brachte eine silberne Schale vol Macronen, die sie aus einem Schrancke nahm, hergetragen, steckte Elbenstein alle Taschen voll und schüttete die übrigen in seinen Hut mit dem Begehren, daß, ehe er eine davon verschenkte, sie erstlich von einander brechen und kosten solte, weil dieses Confect sehr stärckte. Er versprach, keine davon zu verschencken, sondern auf ihre Gesundheit alle mit grösten Appetite zu verzehren. Hierauf zog sie einen kostbaren Ring von ihren Finger, steckte ihm denselben an seinen kleinen Finger, weil er an keinen andern passen wolte und sagte: diesen behaltet zum Angedencken der heutigen Nacht, künfftig ein mehreres. Wie sie nun unter diesen letztern Worten an einem Glöcklein zohe, küssete Elbenstein nochmals ihre schönen Hände, dankte aufs allerverbindlichste vor das kostbare Geschenk und nahm fast mit weinenden Augen Abschied, bath aber zum Beschlusse nochmahls, ihm seine begangenen Fehler völlig zu vergeben und alles das, was ihr an ihm nicht gefiele, gnädigst und liebreich zu corrigiren; worauf sie ihn zärtlich umarmete, an ihre Brust drückte und darbey sagte: Oh, bella anima in un angelico corpo! O! was vor eine schöne Seele in einem Englischen Leibe?

Indem kam Margaretha zur Thür hinein, welcher sie befahl, dem Cavalier die Treppe hinunter zu leuchten, damit er nicht Schaden nähme; Diese gehorsamete, er machte nochmahls ein stummes Compliment, worgegen die Dame die Strahlen ihrer pechschwartzen Augen nochmahls auf ihn schiessen ließ und sich nach gemachten Gegen Compliment zurück begab. Als Margaretha die Treppe hinunter geleuchtet, begegnete ihnen im Hause unten die andere verkleydete Bäuerin, an deren Gliedmassen aber Elbenstein so gleich wahrnahm, daß sie von der gütigen Natur mehr zur Arbeit als zur Galanterie geschaffen worden, indem ihre Hände, Füsse, ja der gantze Cörper dergestalt vierschrötig beschaffen, daß ein eckeler Buhler, sich wenige Mühe darum zugeben Ursach hatte. Jedoch wegen ihrer Treue mochte sie bey der unbekannten Dame in besondern Gnaden stehen, und dieserwegen allein machte ihr Elbenstein ein freundliches Compliment. Sie ging die Treppe hinauf, Margaretha aber begleitete ihren Gast bis an die Hauß-Thüre, allwo er ihr 3. Zecchins in die Hand druckte und bath, daß sie ihm erlauben möchte, in ihren Garten zu kommen, weil er nicht allein ein grosser Liebhaber von frischen Obst wäre, sondern auch sonsten ein und anderes mit ihr zu sprechen hätte.

Margaretha danckte zu erst vor das empfangene Geschenck, und sagte hernach: mein Herr! in meinen Garten können sie wohl kommen, und zwar durch die Thür, so von der Strasse hinein gehet, denn im Garten können wir von allen Leuten gesehen werden, aber! um aller Heiligen willen nicht in mein Hauß, denn die Dame ist gantz entsetzlich jaloux, und wenn sie erführe, daß sie, mein Herr! bey mir allein im Hause gewesen, würde sie gleich auf den Verdacht fallen, daß wir einander caressirten; denn ich bin auch noch in meinen besten Jahren, und also könte es uns allen beyden das Leben kosten, darum ists am besten, daß wir im freyen Garten, wo uns alle Leute sehen können, mit einander reden. Elbenstein versprach sich darnach zu richten, nahm gute Nacht von Margarethen und begab sich, nach einer seinem Fleische und Blute sehr wohlgefälligen, dem Hummel aber sehr mißgefälligen Bemühung, nach seinem Logis und zur Ruhe.

Was vor verliebte Träume er von dieser unbekannten Schöne gehabt und wie Morpheus ihm dieselbe im Schlaffe ohne Masque als ein recht überirdisches Wunder-Bild vorgestellet, auch was die eigne Phantasie ihm bey zugemachten Augen vor geile Blendwercke vorgegauckelt, ist nicht rathsam anzuführen; als er aber des andern Vormittags aufgewacht und sich ankleiden lassen, brach er eine von den Macronen auf und fand einen Zecchin darinnen (diese Müntze läst der Doge zu Venedig schlagen und es galt zu damahligen Zeiten ein Zecchin ohngefähr 4. Kayser Groschen mehr als ein ungarischer Ducaten). Elbenstein brach noch mehrere von einander und fand in einer jeden dergleichen Gold-Stück, nahm sich auch kein Bedencken etliche davon zum Früh-Stücke zu speisen, weil er gedachte, wenn diese Dinger vergifftet wären, ihn damit ums Leben zu bringen, so würde man doch zum wenigsten das Gold gesparet haben, denn er zählete accurat 100 Stück Macronen und also auch 100. Zecchinen. Je mehr er nun hierdurch in der Meinung gestärckt wurde, daß seine unbekannte Amasia eine sehr vornehme und reiche Dame seyn müsse, desto stärcker vermehrete sich seine ambitieuse Liebe und er brachte die müßigen Stunden bloß mit eifrigen Nachsinnen zu, wie er künfftigen Abend seine Venus recht a la mode bedienen wolte. Bald nach Tische ging er ungescheut in der Margarethen Garten und divertirte sich in selbigen an allerhand Blumen und Früchten, bis endlich die Margaretha ihn gewahr wurde und zu ihm herauskam, da er ihr denn aufrichtig erzehlte, wie er in dem Confect 100. Stück Zecchins gefunden, ihr auch den zehendten Theil davon gab und dieselbe bath hinführo noch weiter seine gute Freundin zu bleiben, vor allen Dingen aber ihm zu melden, was seine hohe Gebietherin etwa an seiner Aufführung und gantzen Wesen auszusetzen hätte: damit er sich in Zeiten darnach richten könne um derselben nicht mißfällig zu werden.

Margaretha versicherte ihn mit den theuresten Eydschwüren, daß die Dame mit seiner Conduite vollkommen wohl zufrieden gewesen und alles dahin eingerichtet hätte, daß er noch 3. Nacht-Visiten bey ihr abstatten solte, binnen der Zeit sie schon Abrede mit ihm nehmen würde, wo sie einander weiter sprechen könten. Unterdessen könne er vergewissert seyn, daß seine Mühe sehr wohl belohnet werden würde, nur aber solte er sich das Stillschweigen recommendirt seyn lassen, damit kein Mensch von diesen Liebes-Händeln einige Nachricht empfinge, weil die Dame ungemein capricieux wäre, und in diesem Falle, seines Lebens nicht schonen würde, ohngeachtet sie ihn auf das allerzärtlichste liebte.

(...)

Elbenstein (...) aber ging sobald demmrig zu werden begunte durch die Gärten spaziren, und um die bestimmte Zeit in der Margarethen Hauß. Diese kam ihm so gleich entgegen und berichtete, daß die Dame bereits vor einer guten halben Stunde angekommen wäre, und seiner in eben dem Zimmer, wo sie gestern beysammen gewesen wären, mit verliebter Ungedult erwartete. Bey so gestalten Sachen hielt Elbenstein nicht vor rathsam eine Minute zu versäumen, sondern begab sich eiligst die Treppe hinauf, ging ohnangemeldet in das Zimmer und traf seine Geliebte in einem langen, goldenen Brocatenen Schlaf-Rocke auf dem Faul-Bettgen liegend an. Sie lag auf den Rücken und er bemerckte dennoch durch die Masque, daß sie die Augen zugethan hätte, indem das Zimmer nicht wie gestern, nur mit einem, sondern mit 12. Wachs-Lichtern erleuchtet war, so, daß es darinnen so helle als am Tage. Er wolte sich nicht erkühnen sie in ihrer Ruhe zu stöhren, küssete demnach ihre Hände vielmahlen ganz subtil und blieb vor dem Bette auf den Knien sitzen. Endlich wurde sie durch das viele Hände-Küssen ermuntert, fuhr in die Höhe und sagte: Ach mein Vergnügen, seyd ihr schon da? habt doch die Güte und verriegelt die Thür. Er war mehr als geschwind ihrem Befehle zu gehorsamen; als er aber zurücke kam, traf er seine Venus in einer solchen Positur an, daß er vor Vergnügen fast gantz entzückt zu seyn schiene, denn sie hatte den kostbaren Schlaf-Rock von einander gethan und praesentirte ihren zarten Cörper, wie er geschaffen war, auch so gar ohne Hemde, jedoch das Gesicht en Masque. Hier verbiethet die Ehrbarkeit abermahls die Entrevüe dieser beyden Verliebten und die Lectiones, so sie einander aufgegeben, zu beschreiben. Demnach schlägt man in Manuscript viellieber etliche Blätter zurücke und meldet nur so viel, daß Elbenstein nicht nur diese, sondern auch folgende Nächte, niemahls Morgens vor 4. Uhren, deutschen Zeigers, von ihr kam, jedoch vor seine Mühe ungemein reichlich belohnet wurde, wie sie ihm demnach in der letzten Nacht ein von ihren eigenen Haaren und untersponnenen Gold-Faden durchwürcktes Armband schenckte, dessen Schloß mit Diamanten und andern kostbaren Edelsteinen reichlich besetzt war. Hierbey meldete sie ihm, daß sie zwar folgenden Morgen von hier abzureisen, sich genöthiget sähe, allein, er solte nicht verabsäumen, die Woche vor Martini nach Padua zu kommen, und sein Quartier bey der Oreda Todesca zu nehmen, daselbst würde sich ein ihr getreuer Mensch einfinden der ihn in geheim und sicher zu ihr bringen würde. Er versprach unter tausend Küssen und andern Liebkosungen, den Befehlen seiner schönen Gebietherin aufs genaueste nachzukommen, danckte aufs verbindlichste vor die kostbaren Praesente, nahm endlich mit einer wahrhafften verliebten Betrübniß Abschied von derselben, und begab sich nach seinem Logis, allwo er, weil er sich diese Nacht im Liebes-Kriege ziemlich abgemattet, bis 10 Uhr Vormittages schlief, nach dem Ankleiden aber anstallten zu seiner fernern Reise machte. Jedennoch trieb ihn eine verliebte Sehnsucht an, diesen Ort nicht eher zu verlassen bis er noch einmahl mit Margarethen gesprochen, um von derselben zu vernehmen, was seine unbekannte Maitresse nach seinem Abschiede etwa von ihm noch erwehnet, dannenhero begab er sich in ihren Garten, allwo sie seiner Person bald gewahr wurde, zu ihm herunter kam und vermeldete, daß ihre Gebietherin vor wenig Stunden abgereiset wäre.

Margaretha nöthigte ihn hinauf in das Zimmer, worinnen er sich mit der Dame divertirt hatte und meldete ferner, wie dieselbe ihr beym Abschiede nochmals anbefohlen; ihm entweder schrifftlich oder mündlich die Verschwiegenheit nochmahls einzubinden und darbey anzumahnen, daß er der, mit ihr genommenen Abrede nach, auf die bestimmte Zeit sich zu Padua einfinden, und versichert seyn solte, daß, woferne er diesen beyden Puncten nachkommen würde, er keinen

Schaden, sondern vielmehr einen starcken Vortheil davon haben solte. Dieser versprach beydes unverbrüchlich zu beobachten, als er aber seine Blicke auf das Bette, oder besser zu sagen auf die Wahlstatt seiner ausgeübten sündlichen Lüste, warff, und sich erinnerte, was vor verliebte Recontres darauf vorgegangen, konte er sich nicht enthalten, dasselbe mit vielen Küssen und Sehnsuchtsvollen Seuffzern zu beehren, und gleichsam hiermit der Göttin der Liebe zur Danckbarkeit noch ein Opffer zu bringen. Margaretha, welches eine gantz wohlgebildete Frau nicht viel über 30. Jahr und den Liebes-Uebungen sonsten eben nicht abgeneigt war, wurde durch Elbensteins Beginnen innerlich gerühret, sagte derowegen, sie wolte im Nahmen des Bettes die schuldige Gegen-Danckbarkeit vor die verliebte Beehrung und Abschiednehmung, erstatten, unter welchen Worten sie dem von Elbenstein mit entbrannten Augen dergestalt begierig um den Halß fiel und ihm so viele heisse Küsse versetzte, daß als sie vollends mit gebrochenen Augen auf das Bette zurück sanck, und ihn nach sich zohe, er sich von derselben solchermassen bezaubert fand, ihr eben denjenigen Liebes-Zoll abzustatten, den er vorhero der masquirten Schöne, welche er in seinem Hertzen um Verzeyhung bath, abgezahlet hatte. Unterdessen aber muste er hierbey dennoch bekennen, daß die gütige Natur auch zuweilen Personen von geringen Stande etwas besonderes Reitzendes, vor vielen vornehmen Damen angedeyhen lassen, ja es wurde durch diese unvermuthete Begebenheit und durch ein und andere besondere Aufführung dieser seiner, der Geburth nach zwar bäuerischen, in der That aber sehr civilisirten Maitresse, in seinem Hertzen eine würkliche Liebe gegen dieselbe erweckt. Denn ob sie gleich nicht so weiß, zart und an der Structur der Glieder nicht so vollkommen angenehm gebildet war, als die masquirte Dame, so konte er doch aus ihren schwartzen feurigen Augen und bräunlichen Angesichte fast mehr Vergnügen lesen, als aus einem Gesichte, welches mit einer Masque bedeckt war und er nicht wissen konte, ob es etwan durch die Pocken oder andere Flecken und Mahle verdorben wäre; demnach zwischen Hofnung und Zweiffel bleiben müste, ob es so vollkommen schön, als er sich selbiges eingebildet, oder ob es häßlich wäre. Zu dem so verstunden sich dieser wohlgebilden Brunette, dennoch weissen und fleischigten Arme und Schenckel eben so wohl auf die verliebte Ringe-Kunst, als jener ihre fast allzuzarten Gliedmassen. In Summa, gleich wie der menschliche Appetit und lüsterne Mund oftermahls ein Gerüchte Kraut oder anderes Zugemüse den delicatesten Braten und dergleichen niedlichen Speisen vorziehet, also verachtete Elbenstein vor diesesmahl die bräunliche, gesunde und muntere Gärtnerin auch nicht, und befand diese Veränderung, seinem venerischen Gemüthe gantz angenehm, wie denn auch die verliebte Gärtnerin, nachdem ihre Sehnsucht gestillet, ihn mit den allerfreundlichsten Caressen ersuchte, auf eine schlechte Mittags-Mahlzeit bey ihr zu verbleiben. Sie wuste ihr Compliment dergestalt artig vorzubringen, daß Elbenstein sich recht gezwungen sahe in ihr Begehren zu willigen. Demnach holete sie erstlich einen lebendigen Capaunen, einen vortrefflichen Fisch, ingleichen ein paar frisch geschossene Rebhüner, befahl einer alten Frauen und ihrer Magd, daß sie alles aufs eiligste und beste zurechte machen solten, sie aber begab sich, nachdem sie sowohl den Capaunen als den Fisch selbst abgestochen hatte, mit dem von Elbenstein wieder hinauf in das Zimmer, allwo der verliebte Zeitvertreib auf der plaisanten Ruhestätte der masquirten Dame wiederholet wurde; denn obschon die angenehme Gärtnerin so wohl an Armen als an den Kleidern von den abgeschlachteten Stücken ziemlichermassen mit Blute besudelt war, so eckelte Elbensteinen dennoch um so viel weniger vor ihr, weil sich die Röthe in ihrem Gesichte, theils durch die verliebte Erhitzung, theils durch das angezündete Feuer sehr starck hervor gethan, mithin wegen der Vermischung auf der bräunlichen Farbe ein nicht unangenehmes Ansehen verursachte, und die lüsternen Regungen und Liebes-Begierden um so viel desto mehr anreitzte. Nachdem sie nun in vollen Vergnügen noch von diesem und jenen einen freundlichen Discours geführet, ging Margaretha wieder hinunter und brachte die Speisen herauf, worüber sich Elbenstein nicht wenig verwunderte, indem er sich fast nicht einbilden konte, wie es möglich wäre, in solcher Geschwindigkeit eine vollkommene Mahlzeit zu zu bereiten. Allein, er fand alles ungemein appetitlich und wohl zugerichtet, wie denn noch verschiedene Neben-Gerichte, nach Italiänischer Art, welche zur Wollust reitzen, ingleichen verschiedene Sorten von Confituren aufgesetzt wurden; auch fehlete es der Margaretha nicht an etlichen Bouteillen Malvasier und Vino di Monte Alcino, welches alles vielleicht ein Ueberbleibsel von der Generosité der unbekannten Dame herrühren mochte.

(aus: Der im Irrgarten . . .)

Properz
HÖCHSTES GLÜCK

O wie selig bin ich! O Nacht, die mir strahlte, und Lager,
Du auch, das du beglückt warst, meine Wonne zu schaun!
O was plauderten wir, da neben uns hell noch die Lampe,
Und wie heiß war der Kampf, als uns das Licht dann entschwand!
Denn bald hat sie mit mir mit entblößtem Busen gerungen,
Dann auch bedeckte sie sich wieder und hielt mich zurück.
Fielen vor Schlaf die Augen mir zu, sie erschloß sie mir wieder
Mit ihrem Kuß und schalt: ›Fauler du, willst du nur ruhn?‹
Ach, wie so eng umschlangen wir uns mit den Armen, wie glühend
Haben die Küsse von mir dir auf den Lippen gebrannt!
Doch es mißfällt, den Genuß durch blinde Umarmung zu stören;
Weißt du, beim Lieben sind doch Führer die Augen zuerst.
Paris war, heißt es, beim Blick auf die nackte Lakonin vergangen,
Als er vom Bett sich erhob, das Menelaos gehört.
Nackt hat Endymion, sagt man, des Phoebus Schwester bezaubert,
Und auch die Göttin war nackt, als er geruht hat bei ihr.
Legst du dich drum mit Sträuben und nur im Gewand auf das Lager,
Reiße das Kleid ich dir fort, und du verspürst meine Hand.
Ja, und sollte die Hitze mich gar noch weiter dann treiben,
Zeig deiner Mutter den Arm, sag ihr, wie weh ich dir tat!
Noch ja hindern dich nicht die sinkenden Brüste am Spiele.
Sorge sich drum, die sich schämt, weil sie ein Kind schon gebar!
Wenn es vergönnt noch, so soll an der Liebe das Auge sich weiden,
Lang wird die Nacht, die einst kommt, nimmermehr kehrt ja der Tag.
Sind wir so eng beieinander, ach wünschtest du dann doch, es bände
Uns eine Kette so fest, daß uns kein Tag wieder löst.
Nimm dir zum Muster die Tauben, die eng in Liebe verbunden,
Männchen und Weibchen vereint, ganz ein verschmolzenes Paar.
Der geht fehl, der ein Ende begehrt für die Tollheit der Liebe;
Wahrhafte Liebe will nichts wissen von Maß oder Ziel.
Eher noch wird die Erde den Pflüger täuschen mit Unkraut,
Und auch Helios treibt eher ein schwarzes Gespann,
Flüsse beginnen ihr Naß zurück zur Quelle zu leiten,
Und der Fisch wird verdorrt leben im trockenen See,

Als daß ich all meinen Schmerz vermöcht' einer andern zu weihen,
Lebend gehör' ich nur ihr, ihr nur gehör' ich auch tot.
Will nur sie solche Nächte bei sich noch ferner mir gönnen,
O wie lang wird ein Jahr dann meines Lebens mir sein!
Schenkt sie mir viele, so werd' ich in ihnen unsterblich noch werden;
Kann eine einzige Nacht jeden doch machen zum Gott.
Ach, wenn doch alle es wünschten, ihr Leben so zu verbringen
Und in Frieden zu ruhn, schwer von dem reichlichen Wein!
Dann gäb's nicht das grausame Schwert und gäbe kein Schlachtschiff,
Und auf dem Aktischen Meer triebe nicht unser Gebein,
Und, so oft schon bestürmt von den eigenen siegreichen Söhnen,
Wäre auch Rom jetzt nicht müd', trauernd zu lösen sein Haar.
Dessen wird sicher mit Recht sich rühmen dürfen die Jugend,
Unser Becher hat noch keinen der Götter verletzt.
Du nur versäum nicht, solang' es noch Tag, die Genüsse des Lebens!
All, was an Küssen du gibst, mir wird es wenig noch sein.
Und wie Blätter, die welk von den Kränzen der Zecher sich lösten
Und die du dann im Pokal überall schwimmen noch siehst,
Ebenso birgt, ob wir jetzt auch stolz als Liebende atmen,
Schon der morgige Tag leicht das Verhängnis für uns.

(dt. R. Helm)

Jan Cremer

DIE EROTISCHE SCHÜSSEL

Mit ihren starken, weißen Zähnen biß sie in meine Zunge und wollte sie aussaugen. Minutenlang bissen und sogen wir aneinander. Unsere Herzen klopften, während wir uns liebten.

»Warum bist du nicht schon eher gekommen?« seufzte sie. »Tagelang, jede Minute am Tage und in der Nacht habe ich auf dich gewartet, daß du kommen und mich in deine großen Arme nehmen würdest. In dem Augenblick, in dem ich dich zum erstenmal sah, fing ein Feuer für dich in mir an zu brennen. Nur du kannst das Feuer dieses Verlangens löschen. Es gilt dir. Laß uns heute nicht mehr aus dem Zimmer gehen. Laß uns zusammenbleiben. Vielleicht kehrt dieser Augenblick nicht wieder. Du bist meine Große Liebe. Jahrelang renne ich hinter mir selbst her, reise ich von Stadt zu Stadt und von Land zu Land und suche mich und dich. Ich weiß, daß es dich gibt. Ich wußte es schon seit Jahren. Aber erst jetzt darf ich dein Fleisch berühren. Wir wollen ineinander bleiben, so lang es sein kann. Danach müssen wir wieder voneinander lassen und trennen sich unsere Wege. Für kurz oder für länger. Wo auch immer auf dieser Welt – wir werden einander wieder begegnen. Jedesmal wird unser Zusammensein schöner sein und länger dauern. Bis wir endlich überhaupt nicht mehr auseinandergehen. Wie ein Paar wilde Tiere werden wir dann irgendwo hausen. In einer Stadt oder einem Wald, auf einem Schiff oder einer Insel. Nur wir zwei haben uns gegenseitig. Pack mich! Ich bin ein Stück von dir, gehöre dir. Nur dir allein. Besitze mich! Nimm mich! Nur du sollst mich wirklich besitzen. Nimm mich, bitte! Zum erstenmal in meinem Leben flehe ich einen Mann an, mich zu besitzen. Du bist dieser Mann. Nimm mich doch!«

Ich umarmte sie noch inniger und zog sie aufs Bett. Wir knutschten uns ab, und sie zog mich dabei aus. Als wir ineinanderdrangen, fühlte ich mich als der glücklichste Mensch der Welt. Ich tauchte tief in sie hinein, tiefer und tiefer. Ihr Fleisch fühlte sich herrlich an. Es roch nach Salzluft und Sonne. Als ich sie besessen hatte und sie mich auch, fielen wir in einen tiefen, glücklichen Schlaf. Zum erstenmal in meinem Leben schlief ich glücklich. Mit Nana, meiner Frau.

Spät am Nachmittag standen wir auf. Wir zogen uns an. Ihr Gesicht war verwandelt. Sie sah nun wie ein Engel aus. Ihre harten Züge waren jetzt weicher geworden. Sie war ganz einfach ein anderer Mensch. Sie schien fröhlicher, und wir hatten voreinander keine Geheimnisse mehr. Es hatte lange gedauert, aber endlich war ich meiner Liebe begegnet.

Nana und ich verbrachten ein paar paradiesische Tage und Nächte. Wir ließen uns meine Erotischen Schüsseln schmecken, die ich in der Hotelküche zubereitete. Danach waren wir wieder unter uns. Nur für das Allernötigste stiegen wir aus dem Bett. Und dann noch mit Widerwillen.

Meine Frau war Nana, mit dem Beinamen die Magische, die gefürchtete und zugleich am meisten gesuchte Frau der Welt, bekannt als Piccadilly Lilly alias Tiger Lilly. Sie war The Famous Flamous.

Wir würden uns im Leben stets wiederbegegnen und glücklich werden. Unsere Wege würden sich immer wieder trennen, aber jede Minute am Tage wußten wir voneinander, was wir dachten und fühlten. Glücklich schliefen wir ein.

Früh am Morgen wurde ich wach und betastete erschrocken und verzweifelt neben mir das leere Laken. Nana war weg. Ihre Koffer, alles war weg. Ein kleines Briefchen lag auf meiner Hose, die über dem Stuhl hing. Mit klopfendem Herzen und zitternden Fingern las ich es: »Such mich, verfolg mich, du wirst mich finden. Bis dahin: Wo oder wann? Mein Liebster! Deine Nana.«

(aus: Ich Jan Cremer 2, dt. J. Werres)

Clément Marot

DAS SCHÖNE BRÜSTCHEN

O Brüstchen, weiß wie Ei und Kreide,
O pralles Brüstchen, blank wie Seide,
O Brüstchen, das der Rose Pracht
Und alle Schönheit schamrot macht,
O Brüstchen fest: Nur Brüstchen? Nein,
Ein Kügelchen von Elfenbein,
Auf dessen Mitte, sanft gespitzt,
Ein Kirschlein, eine Beere sitzt,
Die niemand schmeckte, niemand sah,
Und trotzdem, wett' ich, ist sie da.
Ja, solch ein rotes Spitzchen trägt
Das Brüstchen, das sich nie bewegt,
Weder beim Kommen oder Gehen,
Nicht mal beim Springen, Tanzen, Drehen.
O linkes Brüstchen, zart und fein,
Fern deinem rechten Schwesterlein,
O Brüstchen, du bezeugst der Welt,
Wie's um den ganzen Leib bestellt,

Wenn man dich sieht, zuckt ein Gelüst
In jede Hand, die männlich ist,
Dich zu betasten, dich zu greifen.
Doch sollt' man's besser sich verkneifen,
Dem nachzugeben, streng genommen,
Weil sonst noch andre Wünsche kommen.
O Brüstchen, nicht zu groß noch klein,
O reifes Brüstchen, hört ihr's schrein
Bei Tag und Nacht in brünst'gem Ton:
So freit mich doch, ach freit mich schon!
Brüstchen, da lässest du dein Mieder
So mächtig wogen auf und nieder,
Ach, wie ich jenen glücklich preis',
Der dich mit Milch zu füllen weiß,
Das Jungfernbrüstchen über Nacht
Zum schönsten Frauenbrüstchen macht.

*

Anonym

DER BAUCH

O schöner Bauch, so spiegelglatt,
Bauch, der die feinste Ründung hat,
O Bauch wie Alabaster bleich,
Im Sommer kühl wie Gips zugleich,
Machst mir die Hand so kalt und klamm,
Nur den, du weißt schon, warm und stramm.
Bauch, dem die Götter Glück bescheren,
Bauch, welchen alle Glieder ehren,
O Bauch, vor dem der kühnste Mann
Nur flehen oder schluchzen kann.
Bauch, der du weißt zu allen Zeiten
Den Mann nach deinem Wunsch zu leiten,
Denn wärst du noch so schön verpackt,
Er denkt doch immer, du seist nackt.
Ja glücklich, wer nun wirklich auch
Betasten darf dich nackten Bauch.
Noch glücklicher ist erst zu nennen,

Wer dann auf dir wird liegen können.
Bauch, dem zutiefst ein Quell entspringt,
Der allen Menschen Wonne bringt.
Wohl niemand, der zu leugnen sucht,
Daß in dir ruht des Lebens Frucht.
O Bauch, der willig das empfängt,
Was köstliche Empfängnis schenkt.
Bauch, keiner gibt und nimmt wie du,
Denn wer dir gibt, dem gibst du zu.
O Bauch, nur du allein bist wert,
Daß sich in dir das Kindchen nährt.
Hast auch, was andre Glieder meiden,
Viel harte Stöße zu erleiden.
O Bauch, um dein geschätztes Wesen
Macht mancher manches Federlesen:
Denn wenn die Hand dich zart umschmeichelt,
Dich oben oder unten streichelt,
Empfängt der neue Freund wie schon
Vor ihm der alte reichen Lohn.
O Bauch, der auf zwei Säulen ruht
Von weißem Marmor, stark und gut,
Die würdig sind, in allen Lagen
Eine so noble Last zu tragen.
O Bauch, der schönste Platz ist dein,
Du nimmst genau die Mitte ein.
O Bauch, wer deine Pracht geschaut,
Ergibt sich dir mit Haar und Haut.
Erhabner Bauch, es äußert sich
Des Leibes Schönheit erst durch dich.
O Höhle, wo im Busch versteckt
Fein säuberlich das Häschen heckt.
Bauch ohne Falte, makellos,
Du weichst zurück bei keinem Stoß
Und Stich, den man dir zugedacht,
Sei's im Scharmützel, in der Schlacht.
Bauch, schön ist's schon, dich anzufassen,
Wie erst, mit dir sich einzulassen.
Schätz ich auch manches andre Glied,

Bleibst du doch stets mein Favorit:
Ich schmähe nicht die Nase und
Das runde Brüstchen, Aug' und Mund;
Das Herz ist nützlich, auch das Ohr,
Doch all das reißt mich nicht empor.
Gering gilt mir das goldne Haar,
Wenn's nicht auf dir gewachsen war.
Kurzum, den Gliedern aller Arten
Obliegt doch nur, dir aufzuwarten.
Drum will ich tief vor dir mich neigen
Und Lob und Ehre dir erzeigen.

*

Anonym

DAS MÖSCHEN

Du kleiner Pausback, kleiner Pummelfleck,
Mein kleines Häschen, wie ein Windspiel keck
Und kühner als ein Löwe in der Schlacht,
Und das so ausgelaßne Sprünge macht,
Wie's junger Katzen oder Affen Art,
Mein Häschen, dessen prächtger Wuschelbart
Sogar das Goldne Vlies hätt ausgestochen,
Masthäschen, ohne Gräten, ohne Knochen,
Ein Leckerbissen, kindlich zart und fein,
Mein schmuckes Möschen, hochgebaut und rein,
Fern deines Nachbarn lärmender Gewalt,
Der nie uns als dein wahrer Vetter galt,
Von einem roten Knösplein noch verschönt,
Einem Rubin, der dich als Pfröpflein krönt
Und immer nur so eng sitzt, fest und dicht,
Wie's deinen holden Regungen entspricht,
Bei Spiel und Sprung, solang du stehst und kniest
Und deinen liebestollen Flunsch nicht ziehst.
O Born der Liebe, Quell der Süßigkeit,
O kühles Bächlein, das von Brunst befreit,
Von Qual und Sehnsucht: rechter Freudenort,
So anmutsvoll, so wonnesam wie dort

Ist keine Stätte auf dem Erdenrund,
O schmaler Pfad, der gradewegs zum Spund
Des höchsten Gutes führt, der Wollust zu.
Ja glücklich jeder, dessen Sehnen du
Zufriedenstellst, ja glücklich, der dich packt
Und auf dir spielt nach vollen Herzens Takt.

*

Eustorg de Beaulieu

DER POPO

Ohne die ersten Sänger anzutasten,
Die das Popoloch priesen, noch zu Lasten
Des Ruhms all derer, die sich unterfingen,
So edlem Teil ein Loblied darzubringen,
Will ich noch einmal ein Blason ihm weihn,
Sein Lob soll täglich uns im Munde sein.
Zuerst sag ich und lüge nicht dabei,
Daß der Popo des Körpers Richter sei,
Insofern als sein kräftiges Organ
Die anderen fünf Sinne zwingen kann,
Dem Urteil sich zu beugen, das er fällt,
Wiewohl er's reiflich erst verborgen hält,
So rechtens fällt, daß weder Einspruch nützt
Noch etwa Rebellion dagegen schützt.
Sodann: Haar, Stirn, Braun, Augen, Mund, wo stündet
Ihr, hätt' der Tod das Löchlein zugespündet,
Gleich wären Brüstchen, Nase, Wangen, Kinn
Und Busen, Schenkel, Bauch und Möschen hin,
Und Arme, Beine, Hände, Füß' und Ohren,
Der schlanke Hals, des Leibes Pracht verloren.
Man büßte wohl ein Aug, ja beide, ein,
Das Haar, die Nase, Arme oder Bein,
Blieb' nur der Herr Popo, der hinten thront,
Vor Tod und andrem Ärgernis verschont.
Schlecht ist's um jedes Körperglied bestellt,
Wenn der Popo ihm nicht die Stange hält,
Es könnt' abhanden kommen oder sterben

Oder zumindest eine Krankheit erben.
Und will man nun, daß die sich bessern soll,
So muß man den Popo verständnisvoll
Zur Linderung mit Zäpfchen und Klistieren,
Mit Pudern, Düften, mildem Öl traktieren,
Bis er kraftstrotzend nach gewisser Zeit
Das ganze Übel aus dem Leibe speit.
O du, Popo, Wahrzeichen des Gesunden,
Bei dem sich mancher Arzt schon eingefunden,
Sich Rat zu holen, deinen Fall zu klären,
Da ohne dich die Rümpfe Stümpfe wären.
Und wenn ich's schicklich auch verschweigen müßt',
Daß jeder Fürst und hohe Herr dich küßt,
Wenn er sich aus dem Mutterleibe schält,
So sei's doch dir zum Ruhme hier erzählt,
Denn den Tribut zollt jeder, arm und reich.
Vor dir sind aller Mütter Söhne gleich.
Wer dich nun schmutzig, dreckig, unnütz schilt,
Entwirft von dir ein ganz verkehrtes Bild,
Als Gegenbeispiel dazu führ ich an
Einen, weiß Gott! recht kompetenten Mann:
Wer je die alten Schriften las, entsinnt
Sich sicher seiner Briefe nach Korinth.
War's nicht im ersten, wo er davon sprach?
Wer dich nicht leiden kann, der schlage nach.
Doch nun zurück zu dir vergnügt und froh.
Cul de Paris, o riesiger Popo,
Der du beim Gehn verdächtig knarrst und wankst
Wie bei frivolen Tänzen oder schwankst,
Als wäre dies als Hinweis aufzufassen,
Wie du ein Bettgestell kannst schwanken lassen.
Popo, gepanzert mit unzähl'gen dichten
Woll-, Leinen- oder Seidenfutterschichten,
So wird der hübsche, frische, muntre Steiß
Zum Inbegriff des letzten Modeschreis.
Popo, du Schneckenhaus der Dame, o
Popo der Frau, o Mägdeleinpopo!
Du rundlicher Popo, so wohlgestalt,

Um den von Haaren eine Hecke wallt,
Wo du geschloßnen Munds so lange weilst,
Bis du zu dringlichern Geschäften eilst.
  Popo, so hübsch gekerbt, so rund und fest,
Ach, wie du deinen Partner beben läßt,
Wenn Freund und Freundin zärtlich sich umschließen
Und so das schönste Spiel der Welt genießen.
  Popo, ein Polsterkissen, prall gefüllt,
Das mehr der Nase als dem Nacken gilt.
  Popo, mir teuer über alle Glieder,
Legst dich als erster nachts ins Bette nieder,
Erhebst dich draus als letzter froh und frei,
Wie auch vom Tische, wenn das Mahl vorbei.
  Hochadliger Popo, respektvoll bücken
Vor dir sich Haupt und weiße Hand und Rücken,
Um täglich deine Schönheit aufzufrischen
Und alleruntertänigst dich zu wischen.
  Und wer was hat und ist in dieser Zeit,
Schmückt dich mit einem Gold- und Seidenkleid,
Ja, manche kecken Stutzer gibt's, die meinen,
An Kleidern, Wämsern, Mützen, Hosenbeinen
Sei jeder Aufwand eitel und vertan:
Nur auf den Hosenboden käm es an.
  Starker Popo, dich fürchtet alle Welt,
Du sperrst durch deine Kraft, wo's dir gefällt,
Herren und Knechte, Narrn und Weise ein,
Nur mancher läßt dich schneuzen von Lakain.
  War König Saul nicht einst, durch dich gezwungen,
Arglos in Davids Höhle eingedrungen,
Wo alle, die er blind verfolgte, lagen,
Doch David ließ den König nicht erschlagen,
Er liebte, mocht's die Seinen auch verdrießen,
Den Frieden mehr als alles Blutvergießen.
  Popo, du starke Feste, wie versteint
Zwischen zwei Bergen trotzt du jedem Feind,
Peitschst ihn zurück, bald liegt er hingerafft
Von deiner wuchtigen Kanonenkraft.
  Hab ich von deinem Freimut schon erzählt?

Nun, in der Kirche kannst du, wenn's dich quält,
Mag's eine gute Nase noch so hassen,
Manch lästerlichen Seufzer fahren lassen,
Dann geht man dir Verruchtem aus dem Weg,
Und doch, dies ist dein schönes Privileg.
Popo, der du, wenn's dich die Herrin heißt,
Den Freund zum Kusse zu verführen weißt,
Der aber wird wohl kaum solch Opfer schätzen:
Du kannst ihm deinen Nachbarn nicht ersetzen.
O herrlicher Popo, erwähnt' ich schon,
Daß sich dein Teint, der schöne braune Ton,
Nicht ändern wird, solang du Macht besitzt;
Das Weiß der andern Glieder aber nützt
Sich ab allmählich bis zur Häßlichkeit.
Darum, Popo, sei fröhlich allezeit,
Du trägst die liebenswerte Kraft im Herzen,
Die schönste fremde Farbe auszumerzen,
Sie restlos unter deiner zu vernichten,
Daß man zur Not könnt' ganz auf sie verzichten.
Und ist dies Lob dir immer noch zu wenig,
So sag ich, du bist aller Glieder König,
Denn ihre Schönheit ist dir untertan,
Du dämpfst sie oder rufst sie auf den Plan:
Ob du dein Werk verrichtest rasch und kühn,
Ob du dich lange ärgerlich mußt mühn,
An dir liegt's, ob sie traurig oder froh.
O tapferer, heroischer Popo,
Ist nicht schon aller Glieder Glück verblaßt,
Sobald du Durchfall oder Husten hast?
Weshalb sie denn auch nie die Furcht zerreißt,
Es könnt' der Tod sie packen, wenn du scheißt.
Und sie gestehn, daß ihnen deine Kraft
Erst Schönheit, Farbe, Lust und Wonnen schafft.

(in: Klünner, Blasons auf den weiblichen Körper)

Ovid

SOMMERMITTAG

Sommer war es, des Tages Mitte vorüber, und wohlig
pflegt' ich, die Glieder gestreckt auf meinem Polster, der Ruh.
Halb war der Laden geschlossen, ein Spalt nur ein wenig geöffnet,
so wie im schattigen Wald schummert verhalten das Licht;
wie noch die Dämmerung scheint, wenn die Sonne zur Neige gegangen,
oder die Nacht schon enteilt, ehe der Tag voll erwacht.
Dieses Zwielicht, das haben die scheuen Mädchen so gerne,
da doch die schüchterne Scham dunkle Geborgenheit sucht.
Und sieh, es kommt Corinna, im weiten, lockren Gewande,
schimmernd vom Scheitel das Haar über den Nacken ihr fließt.
So überschritt wohl Semiramis einst ihres Schlafgemachs Schwelle,
so der Hetären Ruhm, Laïs, von vielen geliebt.
Schon hab ihr Kleid ich erfaßt; wenn auch wenig nur deckt ihre Schönheit,
dennoch, sie kämpft um den Schutz, den ihr der Rest noch gewährt.
Doch da sie kämpfte, als wollt' sie in diesem Kampf gar nicht siegen,
wurde gar bald sie besiegt, fröhlich, durch eignen Verrat.
Wie sie nun vor mir stand, ganz hüllenlos, bot meinen Augen
nirgends ein Makel sich dar – fehlerlos war dieser Leib.
Was für Schultern schaut' ich, berührt' ich, welch herrliche Arme,
stramm eine handliche Brust lockte zu liebendem Druck.
Unter dem zierlichen Busen wie schlank und eben die Taille,
Hüften welch blendende Pracht, Schenkel wie jugendlich straff!
Was soll ich alles erzählen? nichts sah ich, was nicht bezaubernd,
und ihre nackte Gestalt drückt' ich dicht an mich entzückt.
Weiter? Doch das weiß ein jeder – wir lagen wonnig ermüdet
beide. O möge mir noch oft solch ein Mittag erblühn!

(Der Besuch, dt. V. v. Marnitz)

Imme Rupprecht

DER SCHÖNSTE TOD

»da habe ich gelernt
daß dies eine Welt von Leibern ist
und jeder Leib voll von einer
furchtbaren Kraft«
(Peter Weiss)

(Der Film fährt ab. Schriller durchdringender Ton; grelle zerfließende Farben in Rotation. Zunehmende Bewegung. Abrupter Stop. Stille. Allmähliche Entfärbung. Zögernde Bewegung. Stop. Stehendes Bild schwarzweiß. Stimme setzt leise ein, – murmuring under her breath –. Zunehmen der Kontraste. Beginn des Feuerwerks: erste Farbe explodiert (Gerhard-Richter-Bilder in Bewegung, später Mark Rothko), zweite dritte Farben auftauchend querschneidend überlappend verlöschend. Vom zweiten Absatz an immer häufiger Licht eingeblendet, weißglühend vibrierend. Primärfarben darüber schwappend explodierend. Hektische Bewegungen, harte Rhythmik, Miles-Davis-Jazz. Halluzinatorische Aufnahmen von Geschlechtsteilen, sofort verwackelt vibrierend, zitternd wie unscharf eingefügte Zitate, Schattenrisse frottiert, Klangfarben von Teresa Rampazzi elektroakustisch, klare Aufnahmen MilliBruchteile, Kopulationen überlagert collagiert, zu Dutzenden montiert, verrutschend sich ergänzend widersprechend, Robotermechanik, Übergang zu reiner Bewegung reiner Farbe. Licht dezentralisiert weißglühend vibrierend. Stille. Stop der Bewegungen. Schwärze bei durchgehaltenem vibrierendem Summton. Makroaufnahme einer Fliege, Schallwellen ihrer zögernden Bewegung, Lärm ihrer Flügel. Klatschen des Tötens Zermanschens. Etwas, das eben noch lebendig war. Eckige Bewegung aus der Entspannung heraus, schlingernd)

. . . und sie möcht mit ihm pennen wie mit einem Hund – struppig riechend bäuchig, seine Zunge in ihrem Ohr ihrem Mund ihrem Geschlecht, sein weißer Unterleib, sein eingerollter noch schlafender Schwanz, sie möcht die Spannung seines Schwanzes das Zucken das blinde Stoßen den heißen Guß, den Geschmack auf ihrer Zunge, den scharfen Geruch seiner Hoden an ihren Händen, das Reiben seines Bauches gegen ihre Brüste, die Spannung in ihren Brüsten wenn er sie hochpreßt und wieder und wieder –

plötzlich – ich schau rüber zu dir – spür deinen Hunger in mir, hungere nach dir – wir kommen übereinander – reiben uns quer und schräg und frontal gegeneinander, ich steh an dich gepreßt, deine Hand auf meinen Pobacken, deine Finger in meinem After meiner

Vagina, dein Schwanz vor mir wie er sich steift, meine Hand zwischen deinen Schenkeln, tastend und plötzlich wild, eine Verschiebung im Hirn ein Heißwerden längs des Rückgrats, Hände voller Körper in Bewegung, Hautgefühle meine und deine Haut, Haut des Schwanzes der Hoden der Innenschenkel der Kniekehlen Haut über deine Knochen gespannt Haarhaut auf deiner Brust, zwei Körper ineinander verschlungen, deine Zunge auf meinem Geschlecht, ich falle stürze fange an zu brausen, meine Scheide heiß naß glitschig, deine Hand auf meiner Klitoris, runde brausende rhythmische Bewegung ich werfe den Kopf rhythmisch auf biege die Wirbelsäule mein Becken öffnet sich für dich atmen und kleine Laute atmen atmen ich werfe mein Becken auf ich bin von Sinnen ich rase Kundalini fängt an zu fließen ein scharfer Strahl zwischen Scheide und Hirn ich konzentrier mich ich löse mich ich konzentrier mich atmen atmen ich nehme Verbindung auf zu dir du bist eine einzelne Zelle und wächst hoch zu einem Mann mit Hand und Schwanz und breiter Brust du über mir ich auf dir du neben und unter und in mir ich seh dich wachsen ich seh den Prozeß ich sehe die Haut schwitzt und brennt etwas in dir hat dich hochwachsen lassen ich nehme Verbindung auf such dich in dir die Kraft die das geschafft hat der öffne ich mich der atme ich mein Becken frei für dich entäußere ich mich verlier mich an dich grenzenlos verliere unser beider Identität und doch strömst du in mir von der Scheide bis zum Hirn.

Etwas kommt zu Ende ein paar Zuckungen Krämpfe dann fast eine Enttäuschung dann aufatmen ausatmen lächeln und Fülle und seliclîche.

Schwerwerden. Erschöpfung. Wie bewußtlos. Wie tot.

Irgendwann löst sich etwas in ihrem Sonnengeflecht ihrem Gehirn. Sein Arm, sein Bein auf ihrem Leib.

Sachte entfernt sie sie.

(unveröffentlicht)

Joachim Ringelnatz

GUTE NACHT

Wie ich bei dir gelegen
Habe im Bett, weißt du es noch?
Weißt du noch, wie verwegen
Die Lust uns stand? Und wie es roch?

Und all die seidenen Kissen
Gehörten deinem Mann.
Doch uns schlug kein Gewissen.
Gott weiß, wie redlich untreu
Man sein kann.

Weißt du noch, wie wir's trieben,
Was nie geschildert werden darf?
Heiß, frei, besoffen, fromm und scharf.
Weißt du, daß wir uns liebten?
Und noch lieben?

Man liebt nicht oft in solcher Weise.
Wie fühlvoll hat dein spitzer Hund bewacht.
Ja unser Glück war ganz und rasch und leise.
Nun bist du fern.
Gute Nacht.

(Ferngruß von Bett zu Bett)

ANHANG

HANDBUCH DER LITERARISCHEN HOCHEROTIK – EIN WORT DANACH

»Ich möchte verliebt sein«, sagte Colin. »Du möchtest verliebt sein. Er, sie, es möchte dito *(verliebt sein). Wir, ihr möchten, möchtet. Sie möchten ebenfalls...«* *(Boris Vian)*

Vieles fehlt. Wo endete schon die ›erotische‹ Literatur? Manches sollte fehlen: allzu Bekanntes (Casanova ist es nur dem Namen nach); das übliche ›Pornographische‹; das aids-gehetzte Homosexuelle.

Dennoch: Das Voyeuristische, der männliche Blick zumal, läßt sich in keiner Liebesanthologie abblenden; schmal ist der Grat zwischen dem Futter für geile Doppelmoral und dem für unverdächtigen Genuß. Aber ich wollte kein herrenhaftes *Handbuch* machen im Sinne der One-Hand-Literatur; wenn schon derart stimulierend, wünschte ich mir eine weniger einsame Lektüre, »damit du nicht die Hochzeit / nur den lüsternen Händen etwa ansagst« – so Martial über die Gefahren aufreizender Texte. Und ein Handbuch im Sinne eines gediegenen Kompendiums sollte es auch nicht werden; hätte es auch gar nicht werden können, da es trotz E. Fuchs und P. Englisch, von deren Verweisen wir immer noch zehren, und trotz der bis in die 20er Jahre blühenden Sitten-Geschichten, trotz L. Marcuse und Mertner/Mainusch keine Standardwerke zur ›erotischen‹ Literatur gibt, auf denen man solide aufbauen könnte. Schon seltsam: da gibt es das sogenannte (und in der Weltliteratur auch tatsächliche) Thema 1, aber es gibt keine entsprechend reiche Forschung über dessen Darstellung in der Literatur. Die Novelle ist weit erschöpfender untersucht. Dabei sind doch die ›erotischen‹ Bibliotheksbestände befleckt und abgegriffen wie keine anderen. Käme im Reden über ›erotische‹ Literatur zu viel Privates, Peinliches unwissenschaftlich zur Sprache? Will man, was man gern liest, nicht der Forschungsmangel ausliefern?

Ein Handbuch sollte es in dem Sinne der Verweise, der Pfeile und Sternchen, des Blätterns und Findens sein. Ein Handbuch von kalkuliert zusammengestellten Schnitzen, die in ihrer Zuordnung indirekt die vielen offenen Fragen stellen nach dem, was in ›erotischer‹ Literatur zum Ausdruck kommt: ewiges Begehren, das immergleiche Menschliche, Moral und soziale Macht, Männergewalt, Traum, das Abreiben am beschränkten Wirklichen, das krude Innenzeug, Wut und Wunsch, Leid und Glück, Utopie und schlechteste Ideologie? Auf solche Fragestellungen zielte mein Verschneiden zu ›Stellen‹. Mißlich bleibt das zugegebenermaßen trotzdem. Ich habe den Kontext der Werke mißachtet, der doch erst Bedeutung und beabsichtigten Erregungswert hervorbringt – so sehr, daß manche mir mit glänzenden Augen verratene ›Stelle‹ sich isoliert als nichts herausstellte. Und wäre es darum gegangen, schnelles Geld aus den mit ›Erotischem‹ immer lockbaren Männerbeuteln zu schneiden (»Erotisches, / so sagte der Verleger, / das wäre hochwillkommen«, B. Pixner), so wäre eine weniger stückelnde Sammlung einträglicher gewesen. Meine Lust bestand hauptsächlich darin, im kompositorischen Verschnitt der ›Stellen‹ Ähnliches im scheinbar Unähnlichen entdecken zu können und zu lassen und Unähnliches im scheinbar Ähnlichen. Ich wollte Vergleiche provozieren, Folgerungen daraus: Es gibt die Permanenz von Wunsch und Frust, von Begehren und seiner Uneinlösbarkeit – in Athen, Tokio, im Wedding. Es gibt die Permanenz der Konkurrenz im Sexuellen – so ließe sich allein eine Anthologie füllen mit Esels-Geschichten, die ziehn sich hin von Griechenland über das steifere Rom (so kürzte Apuleius seine Version von Lukians Esel gerade um die schmählich-witzige ›Stelle‹ eines doch nicht so eselsmäßigen Gliedes), die werden über die endlos wiedergekaute Fazetien-Tradition überliefert bis zu den Illustriertenwitzen: Ohne langen Schwanz ist der Mann nicht ganz. Es gibt die Permanenz der Ein- und Anbindung des Sexuellen ins jeweils staatsmoralisch Zweckdienliche. Es gibt die Permanenz von Männertrumpf und Männergewalt – denn die Geschichte der ›erotischen‹ Literatur ist weitgehend eine Geschichte der Männerphantasien. Und wenn der berühmte Satz Adornos stimmt, daß man geliebt werde einzig da, wo schwach man sich zeigen dürfe, ohne Stärke zu provozieren (aber wann ist schon, auf Schwäche einzugehen, kein Akt der Stärke?), dann lehrt der Vergleich der ›Stellen‹ aus einer langen Zeit: Schön wär's, wenn Lust und Liebe herrschaftsfrei zu leben wären!

Am Verschnitt der ›Stellen‹ wird aber auch das historisch Unterschiedliche sichtbar, das es unseren neuen Begehrens-Anthropologen zum Trotz noch gibt. Wenn, der Ethnologie zufolge, Sexualität sowieso nur als formaler Trieb zu denken ist, der sich in verschiedenen Gesellschaften unvorstellbar verschieden geäußert hat und äußern wird, wenn konkretes Sexualverhalten nie etwas biologisch Programmiertes ist, sondern immer etwas historisch, sozial Zugerichtetes, so zeigt der ›Stellen‹-Vergleich auch, wie immer geringer das Vermögen wird, Sexuelles in Literatur lustvoll darzustellen als etwas Zufriedenmachendes. Heute wird Liebe so und so kaum noch als lebbare erzählt; Sexuelles als Dollpunkt einer sich selbst ungewissen oder sich nicht befriedigend verwirklichen könnenden Persönlichkeit. Damit steht die gegenwärtige ›erotische‹ Literatur in einer Tradition, in der stets das Sexuelle literarisiert wurde zur Kennzeichnung jeweiliger Weltansichten: Mythologie und Staatsmoral in der griechisch-römischen Antike; im Mittelalter die Standestriade von höfischen Idealbildern, burlesk-bäuerlichen Schwänken, geistlicher Liebesliteratur; der Humanismus belustigt sich über die Möglichkeiten törichten Verhaltens; im Barock wird das Sexuelle eingebunden in die Darstellung einer aus dem Heilsplan Gottes entgleisten Welt; das scheinbar nur galant durch idyllische Wein- und Liebesgärten taumelnde 18. Jahrhundert erhebt im ›Erotischen‹ den bürgerlichen Anspruch auf eine befreite Sinnlichkeit; die Klassik verklärt die Liebe einerseits im Blick auf die hehren Menschheitstugenden, spaltet andererseits das Sexuelle ab in eine noch nie so dagewesene heimliche Zotigkeit; das 19. Jahrhundert verdrängt das ›Erotische‹ literarisch zugunsten der Propagierung ökonomischer, politischer Anständigkeit, läßt es dann wieder zu als Teil seiner naturalistischen Sozialstudien und als unartig lüsternes Lippenlecken an allem ›Dekadenten‹; mit der Jahrhundertwende bemächtigt sich die Triebideologie des ›Erotischen‹.

Damit geht es in einem Handbuch der *literarischen* ›Hocherotik‹ nie nur um die Nennung der sexuellen Sachverhalte, sondern um das, was im Einfallsreichtum der Sprache, der Phantasien und Fiktionen, was in Stil, in Witz, in Traurigkeit und Eleganz am sexuellen Thema die Ober- und Untertöne der Menschenbilder kunstfertig anklingen läßt. ›Literarisch‹ ist dann das, was der anonyme Auftraggeber von Nin und Miller als Störung der nackten Aufzählung der

Sache aus ihren Geschichten verbannt wissen wollte.

Bleibt noch: *›Hocherotik‹* zu erläutern. ›Hocherotik‹ ist ein Verlegenheitswort der älteren Sittengeschichte. Es umfaßt den Bereich, der über das nur Andeutende hinausgeht, in dem Sexuelles zum Thema wird. Ein gewisser Grad an Deutlichkeit im endlosen Gebiet des ›irgendwie‹ ›Erotischen‹ sollte sein, um in einem begrenzteren Feld Bezüge herstellen zu können. ›Hocherotik‹ meint als Sachbegriff also: Thematisierung des Sexuellen. Dabei wollte ich keine ›pornographischen‹ Texte, wohl ›obszöne‹. Im Gegensatz zu dem Gebietsbegriff ›Hocherotik‹ verstehe ich in diesem Zusammenhang ›erotisch‹, ›obszön‹, ›pornographisch‹ als normative Funktionsbegriffe. ›Erotisch‹ ist mir eine literarische Darstellung von Sexuellem dann, wenn in dieser die Sehnsucht des Menschen nach Glück als allseitiger Versöhntheit mit sich selbst positiv, als lebbare Möglichkeit artikuliert wird; ›obszön‹, wenn die gleiche Sehnsucht durch Verletzung allgemeiner Normen wie Gewaltlosigkeit usf. negativ, also als nicht lebbare Möglichkeit ausgedrückt wird; und ›pornographisch‹, wenn ohne Rücksicht auf diese im Sexuellen mitartikulierte Sehnsucht eine gezielte Trieberregung beabsichtigt wird, psychologisch oft raffiniert, menschlich reduziert, ideologisch unriskant auf der Seite des Bestehenden mit seinen öffentlichen und privaten Gesetzen, kommerziell ertragreich.

Will man sich eines literatur- und kulturkritischen Urteilens über ›hocherotische‹ Literatur nicht begeben, sehe ich keine andere Möglichkeit als den Versuch, solche normativen (›gut‹ und ›schlecht‹ bestimmenden) Unterscheidungen zu treffen, die sich nicht einfach auf die Schimäre des ›guten Geschmacks‹ berufen oder auf die pragmatischen Notlösungen der Gesetzgeber (Kunstfreiheit, Jugendschutz) zurückziehen. Nur: Solche notwendigen Unterscheidungen können auch nicht mehr als die Richtung des Urteilens angeben. Konkret angewandt, führen sie nicht zu sicheren Kriterien. Denn wer bestimmt denn für wen und in bezug auf Kontext oder Intention oder Text oder Rezeption, wann das dargestellte Sexuelle ›erotisch‹ sehnsuchtsrührend, provokativ ›obszön‹ oder entwürdigend ›pornographisch‹ ist? Sind etwa Clelands »Fanny Hill« oder Geeraerts Romane nun sozialer Realismus, bzw. existentialistische Avantgarde ihrer Zeit oder schlicht ›pornographisch‹? Und wie ist es mit A. Nins Geschichten – Auftragsanmache oder feministische Besetzung eines Männergenres?

Und sicher liegt in solchem normativen (ideologiekritischen) Ansatz auch eine dogmatische Gefahr, die nämlich, von der soziokulturellen Bedingung unserer Gesellschaft her alle Darstellung von Sexuellem als letztlich ›pornographisch‹ verurteilen zu müssen. Denn mit dem Namen einer besonders schalen Postille, »Schlüsselloch«, könnte die Funktion der Darstellung des Sexuellen in unseren Verhältnissen generell beschrieben werden als die voyeuristische Illusion der Teilhabe an Möglichkeiten, denen gegenüber die eigenen Erfahrungen als ›arm‹ dünken. In welchem Verhältnis die suggerierte Teilhabe zur Praxis steht, macht ganz allgemein die soziokulturelle Bedeutung vorgeführter Sexualität aus. Wie immer dies in anderen Kulturen sich verhalten haben mag, die Teilhabe an dargestellter Sexualität ist bei uns kaum Hebel und Ausdruck erfüllter Praxis, sondern deren Ersatz. Futter zu liefern diesem unbefriedigbaren Konsumbedürfnis nach Ersatz, kann generell verdächtigt werden als Förderung der an die merkantile Durchsexualisierung aller Lebensbereiche gekoppelten Einsamkeits-, Frust- und Versagensgefühle und immensen Wünsche, welche die Spirale des Warenumschlages beschleunigen.

Neben der Einkaufspassage ist der Bahnhof beispielhaft für die Funktion des Sexkonsums: Gerade in dieser Zone anonymer Flüchtigkeit befinden sich die Sexshops, die Durchlaufkinos, die bestbestückten einschlägigen Zeitschriften- und Buchständer; dort deckt man sich ein mit »Fräulein Immerfeucht«, um sich für 5 DM und ohne Infektionsgefahr im von gutgekleideten Menschen gefüllten Intercity dem Verkehr unter zwei Augen hinzugeben, um im fremden Hotelzimmer das Leben aus dem Roman und hinter die vor Stöhnen federnde Trennwand zum Nachbarraum treten zu hören, um heimzukommen in den immerdrögen Familiensitz, in dessen Herrensekretär nach dem plötzlichen Hinschied des Papas eben nicht nur das »Penthouse« gefunden wird, sondern auch womöglich ein »Handbuch der literarischen Hocherotik«.

Aber: So schwer auch die Darstellung von Sexuellem der kommerziellen Spekulation und der auch ungewollten Bestätigung unserer unguten Lebensverhältnisse entkommt, scheint mir dennoch ›hocherotische‹ Literatur da gelungen, wo sie tendenziell Gegenrede gegen das Faktische ist, gegen das Konventionelle, das Erzwungene oder allzugern Mitgemachte, wo sie Organ einer in Möglichkeiten und Wünschen queren Subjektivität ist. Da leistet solche Literatur das, was für Leiris allgemein »Erotik« ist: »ein Mittel, aus sich herauszugehen, die Bande zu zerreißen, die die Moral, der Verstand und die Sitten einem auferlegen«. Es wäre nun schön, wenn ›hocherotische‹ Literatur tatsächlich Batailles Aufforderung, »in jeder Richtung bis ans Ende der Möglichkeiten der Welt zu gehen«, auch insofern nachkommen könnte, daß sie nicht nur das Leiden an der Unmöglichkeit erfüllter Liebe vorführte, sondern das Glück. Faktisch aber bestimmen Liebesleid und Kampf mehr als Liebesglück die Themen unserer Literatur. So kommt es, daß auch in diesem Handbuch wenige ›erotische‹, viele ›obszöne‹ Texte etwas ahnen lassen vom »toxischen Zustand« des Begehrens (Habermas) als dem anarchischen Widerpart zu den herrschenden Verhaltensmustern.

Literatur stellt Sexuelles zu ihren spezifischen Bedingungen dar. Und da trifft der Funktionsbegriff »Schlüsselloch« auch wieder nicht. Es gibt in ›hocherotischer‹ Literatur nichts zu sehen. Die in ihr so beliebten »kleinen spitzen Brüste« oder die »starke Männlichkeit« sind nichts gegen das, was Magazine und Filme zeigen. Sprachliche Formulierungen sind nur dürftige Schablonen für den Abruf individueller Vorstellungen. Bilder reizen gezielter auf, weshalb auch in den Magazinen Literatur eine geringe Rolle spielt. Bilder vergewaltigen mehr, woran es liegen mag, daß Frauen sich mehr durch Lektüre als (die üblichen) Bilder stimulieren lassen – wenn dieser Befund der empirischen Sexualforschung denn stimmt. Literatur bedient weniger als Bilder mit Vorstellungen, sie läßt sie sich entwickeln. Sie könnte deshalb auch die Vorstellungen eher bewußt werden lassen und einbinden in die Darstellung komplexer Gefühle – nicht ohne Grund benutzen Männer für »den Verlust des Verstandes für Sekunden« (E. Passet) Bildhefte. Damit sei das Visuelle keineswegs dem Literarischen hintangestellt. Doch finde ich in der Literatur mehr von dem, was die Darstellung des Sexuellen nicht beschränkt auf die Bestätigung der Macht der Ware und des Mannes, mehr vom Zerren daran, daß »Liebe als die einzig wahre Antwort auf das Problem der menschlichen Existenz« in der »kapitalistischen«, »in der heutigen westlichen Gesellschaft ein seltenes Phänomen« ist (E. Fromm).

Vielen, die mir mehr Tips gaben, als ich schließlich berücksichtigen konnte, habe ich zu danken. Sie bleiben ungenannt, denn es ist nicht fraglos erstrebenswert, als Beiträger zu einem ›Handbuch der literarischen Hocherotik‹ bekannt zu werden. Der Verlag ist offensichtlich: Ihm, ihnen allen, sei gedankt (nicht für den Titel) und Grethi T. Tunnwig in Erinnerung an unsere gemeinsame Arbeit zum ›Obszönen‹.

(Orthographie und Interpunktion der Originale wurden nur bei offensichtlichen Fehlern korrigiert.)

H. K.

NACH- UND HINWEISE

Achilleus Tatios (griechischer Schriftsteller, 3. Jhdt. n. Chr.), *Leukippe und Kleitophon*, hg., dt. K. Plepelits; Anton Hiersemann Verlag, Stuttgart 1980 (Titel vom Hg.). Abdruck mit freundlicher Genehmigung des Hiersemann Verlags.

Elisabeth Alexander (deutsche Schriftstellerin, geb. 1932), *Die törichte Jungfrau*; Lit. Verlag Braun, Köln 1978 (Titel vom Hg.). Abdruck mit freundlicher Genehmigung der Autorin.

Alkaios (griechischer Lyriker, um 600 v. Chr.), *Weinlieder, Fragmente*, hg., dt. M. Treu, Sammlung Tusculum, Artemis Verlag, München 1952 (Titel vom Hg.). Abdruck mit freundlicher Genehmigung des Artemis Verlags.

Alkiphron (griechischer Schriftsteller, 2. Jhdt. n. Chr.), *Hetärenbriefe*, hg., dt. W. Plankl; Sammlung Tusculum, Artemis Verlag, München 1925 (Titel vom Hg.). Abdruck mit freundlicher Genehmigung des Artemis Verlags.

Lisa Alther (amerikanische Schriftstellerin, geb. 1945), *Hautkontakte*, dt. G. Stege; Ullstein, Berlin 1980 (Titel vom Hg.). Abdruck mit freundlicher Genehmigung des Ullstein Verlags.

Anonym (Frankreich, 16. Jhdt.) s. Lothar Klünner

Pietro Aretino (italienischer Schriftsteller, 1492–1556), *Die Gespräche des göttlichen P. A.*, hg., dt. H. Conrad; Leipzig 1903 (Titel vom Hg.)

Artemidor (griechischer Schriftsteller, 2. Jhdt. n. Chr.), *Das Traumbuch*, hg., dt. K. Brackertz; Deutscher Taschenbuch Verlag, München 1979 (Titel vom Hg.). Abdruck mit freundlicher Genehmigung von dtv.

Georges Bataille (französischer Schriftsteller, 1897–1962), *Das obszöne Werk*, dt. M. Luckow; Rowohlt, Reinbek 1977 (Titel vom Hg.). Abdruck mit freundlicher Genehmigung der Societé Nouvelle des Editions Jean-Jacques Pauvert, Paris.

Eustorg de Beaulieu (französischer Musiker und Schriftsteller, 1495–1552) s. Lothar Klünner.

Gottfried Benn (1886–1956): Das Briefzitat in der Anmerkung zum Text von Kleist wurde den ›Fellbacher Beiträgen‹ 3/1955 entnommen.

Franz Blei (österreichischer Schriftsteller, 1871–1942), *Schriften in Auswahl*; Biederstein, München 1960 (Titel vom Hg.). Abdruck mit freundlicher Genehmigung der Erbengemeinschaft Franz Blei, Internationaal Literatur Bureau BV, Hilversum.

Giovanni Boccaccio (italienischer Schriftsteller, 1313–1375), *Der Irrgarten der Liebe*; Verlag Neues Leben, Berlin o. J. (Titel vom Hg.)

Bertolt Brecht (1898–1956), *Gedichte über die Liebe*, hg. W. Hecht; Suhrkamp, Frankfurt 1982 (Titel vom Hg.). Abdruck mit freundlicher Genehmigung des Suhrkamp Verlags.

Barthold Hinrich Brockes (deutscher Lyriker, 1680–1747), *Werke*; o. O., 1721–1748 (Titel vom Hg.)

Gottfried August Bürger (deutscher Schriftsteller, 1747–1794), in: *Bürgers Liebe*, hg. H. Kinder; Insel, Frankfurt 1981 (Titel vom Hg.). Abdruck mit freundlicher Genehmigung des Herausgebers.

Carmina Priapea (anonyme Autoren aus verschiedenen Jahrhunderten der griechisch-lateinischen Antike), hg. B. Kytzler, dt. C. Fischer; Artemis, Zürich 1978 (Titel vom Hg.). Abdruck mit freundlicher Genehmigung des Artemis Verlags.

Giacomo Casanova (italienischer Schriftsteller, 1725–1798), *Memoiren*, dt. v. Alvensleben; Berlin 1925 (Titel vom Hg.)

C. Valerius Catull (römischer Lyriker, um 84–54 v. Chr.), *Gedichte*, dt. M. Brod; Leipzig 1914 (Titel vom Hg.)

Daniil Charms (russischer Schriftsteller, 1905–1942), *Fälle*, hg., dt. P. Urban; Haffmans, Zürich 1984 (Titel vom Hg.). Abdruck mit freundlicher Genehmigung des Haffmans Verlags.

John Cleland (englischer Autor, 1709–1789), *Die Memoiren der Fanny Hill*, dt. E. Nosbüsch; Rogner und Bernhard, München 1969 (Titel vom Hg.). Abdruck mit freundlicher Genehmigung des Rogner & Bernhard Verlags.

Jan Cremer (niederländischer Schriftsteller, geb. 1940), *Ich Jan Cremer 2*, dt. J. Werres; Abi Melzer Verlag, Dreieich 1968 (Titel vom Hg.). Abdruck mit freundlicher Genehmigung des Melzer Verlags.

Der verrückte Taoist (der Roman erschien pseudonym in China zwischen 1580 und 1644), *Dschulin Yä-schi*, dt. F. K. Engler; Die Waage, Zürich 1971 (Titel vom Hg.). Abdruck mit freundlicher Genehmigung des Verlags Die Waage.

Denis Diderot (französischer Autor, 1713–1784), *Die indiskreten Kleinode*, hg., dt. H. Hinterhäuser, J. Ihwe, G. Meister; Propyläen, Berlin 1966 (Titel vom Hg.). Abdruck mit freundlicher Genehmigung des Ullstein Verlags.

Marguerite Duras (französische Schriftstellerin, geb. 1914), *Der Mann im Flur*, dt. E. Tophoven; Brinkmann und Bose, Berlin 1982 (Titel vom

Hg.). Abdruck mit freundlicher Genehmigung des Verlags Brinkmann und Bose.
Norbert Elias (amerikanischer Soziologe, geb. 1897), in: ›Merkur‹ 11/1981. Abdruck mit freundlicher Genehmigung des Autors.
Harlan Ellison (amerikanischer Schriftsteller, geb. 1936), in: Th. Landfinder (Hg.), *Liebe 2002*, dt. R. Bergmann; Bärmeier und Nickel, Frankfurt 1971 (Titel vom Hg.). Abdruck mit freundlicher Genehmigung des Herausgebers.
Gisela Elsner (deutsche Schriftstellerin, geb. 1937), *Die Riesenzwerge*; Rowohlt, Reinbek 1964 (Titel vom Hg.). Abdruck mit freundlicher Genehmigung des Rowohlt Verlags.
Gustave Flaubert (französischer Romancier, 1821–1880), *November*, dt. E. W. Fischer; Leipzig 1914 (Titel vom Hg.)
Patrizia Fortenkopp (geb. 1951), *Für Sylvia*; Verlag Die Glasglocke, Plath 1986.
Eduard Fuchs (deutscher Kulturhistoriker, 1870–1937), in: *Alfred Kubin*; o. O., o. J.
Fr. E. Freiherr von Gagern, *Mann und Frau*; J. Knecht, Frankfurt 1967.
Théophile Gautier (französischer Schriftsteller, 1811–1872), in: *Heimlichkeiten der Männer*, hg. R. Herz, dt. M. Brodhead; Matthes und Seitz, München 1977. Abdruck mit freundlicher Genehmigung des Matthes und Seitz Verlags.
Jef Geeraerts (belgischer Autor und Kolonialbeamter im Kongo, geb. 1930), *Im Zeichen des Hengstes* (Gangrän I), dt. C. P. Baudisch; Nymphenburger, München 1971 (Titel vom Hg.). Abdruck mit freundlicher Genehmigung von Uitgeverij A. Manteau N. V., Antwerpen.
Wilhelm Genazino (deutscher Autor, geb. 1943), *Abschaffel*; Rowohlt, Reinbek 1977. Abdruck mit freundlicher Genehmigung des Rowohlt Verlags.
Robert Gernhardt (deutscher Maler und Schriftsteller, geb. 1937), in: *Kippfigur*; Haffmans, Zürich 1986. Abdruck mit freundlicher Genehmigung des Haffmans Verlags.
Ernst Glaeser (deutscher Romancier, 1902–1963), *Jahrgang 1902*; Kiepenheuer, Berlin 1928 (Titel vom Hg.). Abdruck mit freundlicher Genehmigung des Athenäum Verlags.
Wilhelm Goebel, in: ›Der Rabe 6‹, Haffmans, Zürich 1984.
Christel Göbelsmann (Hg.), *Mörikes Lüfte sind vergiftet.* Lyrik aus der Frauenbewegung 1970–1980; Zeichen & Spuren, Frauenliteraturverlag, Bremen 1981. Abdruck mit freundlicher Genehmigung des Frauenliteraturverlags.
Robert Gover (amerikanischer Schriftsteller, geb. 1929), *Ein Hundertdollar Mißverständnis*, dt. H. Wollschläger; Rowohlt, Reinbek 1965 (Titel vom Hg.). Abdruck mit freundlicher Genehmigung des Rowohlt Verlags.
Johann Wolfgang Goethe, *Hanswursts Hochzeit* (1775), in: Max Morris (Hg.), *Der junge Goethe*; Leipzig 1911; *Das trügerische Kunstprodukt* ist ein verworfenes Kapitel aus den *Wahlverwandtschaften*, das erst 1971 ans Licht gekommen ist; die anderen Texte in: *Werke* (Sophien-Ausgabe); Weimar 1878–1919 (Titel aus der letzteren Quelle vom Hg.)
Günter Grass (geb. 1927), *Die Blechtrommel*; Luchterhand, Darmstadt und Neuwied 1959 (Titel vom Hg.). Abdruck mit freundlicher Genehmigung des Luchterhand Verlags.
Hans Jakob Christoffel von Grimmelshausen (deutscher Romancier, 1622(?)–1676), *Das wunderbarliche Vogelnest*; Fillion, Monpelquart 1672 (Titel vom Hg.)
Karoline von Günderrode (deutsche Autorin, 1780–1806), *Werke*; Goldschmidt und Gabrielli, Berlin 1920 (Obertitel vom Hg.)
Joh. Chr. Fr. Haug (deutscher Schriftsteller, 1761–1829), *Sinngedichte;* o. O. 1791 (Titel vom Hg.)
Heinrich Heine (1797–1856), *Sämtliche Werke*, hg. E. Elster; Leipzig und Wien 1887–1890.
Eckhard Henscheid (deutscher Schriftsteller, geb. 1941), *Die Mätresse des Bischofs*; Zweitausendeins, Frankfurt 1978; *Dolce Madonna Bionda*; Haffmans, Zürich 1983 (Titel vom Hg.). Abdrucke mit freundlicher Genehmigung der Verlage Zweitausendeins und Haffmans.
Arno Holz (deutscher Autor, 1863–1929), *Schäfer Daphnis*; München 1904 (Titel vom Hg.)
John Irving (amerikanischer Romancier, geb. 1942), *Garp*, dt. J. Abel; Rowohlt, Reinbek 1979 (Titel vom Hg.). Abdruck mit freundlicher Genehmigung des Rowohlt Verlags.
Jean Paul Jacobs (luxemburgischer Schriftsteller, geb. 1941); *Die Bärenhäuterin*; Sylvia Jacobi Verlag, Berlin 1982. Abdruck mit freundlicher Genehmigung des Jacobi Verlags.
James Joyce (irischer Romancier, 1882–1941), *Ulysses,* dt. H. Wollschläger; Suhrkamp, Frankfurt 1979 (Titel vom Hg.). Abdruck mit freundlicher Genehmigung des Suhrkamp Verlags.
Josiane Kartheiser, *anklage: vergewaltigung* (1978), in Göbelsmann. Abdruck mit freundlicher Genehmigung der Autorin.
Katholischer Pressebund, *Die 5 Wunden Europas* (Flugblatt); Köln o. J.
Rolf Kieser (deutscher Autor, geb. 1947), *Die Explosion des Regenbogens*; MaroVerlag, Augsburg 1973 (Titel vom Hg.). Abdruck mit freundlicher Genehmigung des Autors.
Heinrich von Kleist (1777–1811), *Werke*, hg. W. Waetzold; Berlin o. J. (Titel vom Hg.)
Lothar Klünner (Hg.), *Blasons auf den weiblichen Körper* von Gilles d'Aurigny . . .; Henssel, Berlin

1964. Abdruck mit freundlicher Genehmigung des Henssel Verlags.

Alexander Kluge (deutscher Autor und Filmemacher, geb. 1932), *Lebensläufe*; Henry Goverts, Stuttgart 1962 (Titel vom Hg.). Abdruck mit freundlicher Genehmigung des Suhrkamp Verlags, Frankfurt.

Karol Kröpcke (Pseudonym für K. K., deutscher Lyriker, geb. 1915), *Bürgerliche Gedichte*; Merlin, Hamburg 1970 (Titel vom Hg.). Abdruck mit freundlicher Genehmigung des Merlin Verlags.

Alfred Kubin (Expressionist, 1877–1959), *Das zeichnerische Frühwerk bis 1904*, Kunsthalle Baden-Baden 1977.

Monica Küchler (»singt, schreibt, lebt und arbeitet in Berlin«) s. Petschner/Schiepke. Abdruck mit freundlicher Genehmigung der Autorin.

D. H. Lawrence (englischer Romancier, 1885–1930), *Lady Chatterley*; Rowohlt, Reinbek 1968 (Titel vom Hg.). Abdruck mit freundlicher Genehmigung des Rowohlt Verlags.

Lukian (griechischer Schriftsteller, um 120–180 n. Chr.), Lukian, dt. A. Ehrenstein; Rowohlt, Berlin 1925 (Titel »Eine Lösung« vom Hg.; Ehrensteins Übersetzung ist auffällig eng an die von C. M. Wieland ›angelehnt‹ und origineller nur in der Auffüllung der von Wieland prüde-neckisch ausgelassenen ›Stellen‹).

Mary McCarthy (amerikanische Autorin, geb. 1912), *Die Clique*, dt. U. v. Zedlitz; Droemer, München 1964 (Titel vom Hg.). Abdruck mit freundlicher Genehmigung der Droemerschen Verlagsanstalt.

Thomas Mann (1875–1955), *Sämtliche Erzählungen*; S. Fischer, Frankfurt 1963 (Titel vom Hg.). Abdruck mit freundlicher Genehmigung des S. Fischer Verlags.

Clément Marot (französischer Dichterfürst, 1496–1544) s. Lothar Klünner.

Martial (lateinischer Lyriker, um 38–104 n. Chr.), *Epigramme*, hg., dt. R. Helm; Artemis, Zürich 1957 (Titel vom Hg.). Abdruck mit freundlicher Genehmigung des Artemis Verlags.

Guy de Maupassant (französischer Romancier, 1850–1893), *Sämtliche Erzählungen*, dt. E. Sander; Goldmann, München 1963 (Titel vom Hg.). Abdruck mit freundlicher Genehmigung des Goldmann Verlags.

Gerhard Mensching (deutscher Autor und Puppenspieler, geb. 1932), *Das Geheimnis des Strohköfferchens*, in: ›Der Rabe 6‹ (Titel vom Hg.). *Es kocht in mir*, in: *Rotkäppchen und der Schwan*; Haffmans, Zürich 1984 (Titel vom Hg.). Abdruck mit freundlicher Genehmigung des Haffmans Verlags.

Gisela Meussling (deutsche Autorin, geb. 1935) s. Christel Göbelsmann (Titel vom Hg.). Abdruck mit freundlicher Genehmigung der Autorin.

Henry Miller (amerikanischer Romancier, 1891–1980), *Wendekreis des Krebses*, dt. K. Wagenseil; Rowohlt, Reinbek 1962 (Titel vom Hg.). Abdruck mit freundlicher Genehmigung des Rowohlt Verlags.

Wolfgang Amadeus Mozart (1756–1791), *Mozart-Briefe*, hg. W. Hildesheimer; Insel, Frankfurt 1975 (Titel vom Hg.)

Vladimir Nabokov (russisch-amerikanischer Romancier, 1899–1977), *Lolita*, dt. H. Hessel u. a.; Rowohlt, Reinbek 1962 (Titel vom Hg.). Abdruck mit freundlicher Genehmigung des Rowohlt Verlags.

Frank Newman (amerikanischer Gegenwartsautor, als Vorreiter der Verbindung von Sex und 68 gelesen), *Barbara*, dt. R. M. Haine; Olympia Press, Darmstadt 1969 (Titel vom Hg.). Abdruck mit freundlicher Genehmigung der Olympia Press, Frankfurt.

Anaïs Nin (französische Schriftstellerin, 1914–1977), *Das Delta der Venus*, dt. G. Stege; Scherz, Bern und München 1979 (Titel vom Hg.). Abdruck mit freundlicher Genehmigung des Scherz Verlags.

Kenzaburo Oe (japanischer Romancier, geb. 1935), *Eine persönliche Erfahrung*, dt. S. Schaarschmidt; Suhrkamp, Frankfurt 1972. Abdruck mit freundlicher Genehmigung des Suhrkamp Verlags.

Ovid (römischer Lyriker, um 43 v.–18 n. Chr.), *Die erotischen Dichtungen*, hg., dt. V. v. Marnitz; Alfred Kröner Verlag, Stuttgart 1967 (»Sommermittag« vom Hg.). Abdruck mit freundlicher Genehmigung des Kröner Verlags.

Eveline Passet (deutsche Schriftstellerin und Übersetzerin, geb. 1958), Originalbeitrag (Titel und Zusammenstellung vom Hg.). Abdruck mit freundlicher Genehmigung der Autoren Eveline Passet und Raimund Petschner.

Petronius Arbiter (römischer Satiriker, gest. 66 n. Chr.), *Satiren*, hg., dt. L. Gurlitt; Berlin 1923 (Titel vom Hg. nach A. Miller).

Raimund Petschner (deutscher Schriftsteller, geb. 1948), *Zu spät um Angst zu haben*; eco-verlag, Zürich 1981 (Titel vom Hg.), *Hinter den Bildern* unveröffentlicht (Titel und Zusammenstellung vom Hg.). Abdruck mit freundlicher Genehmigung des Autors und des eco-verlags.

Raimund Petschner/Ralf Schiepke (Hg.), *Bei zunehmender Kälte*; Ernte 84, Berlin 1981. Abdrucke mit freundlicher Genehmigung der Herausgeber.

Hans Pleschinski (deutscher Schriftsteller, geb. 1956), *Pest und Moor*; Haffmans, Zürich 1985 (Titel vom Hg.). Abdruck mit freundlicher Genehmigung des Haffmans Verlags.

Poggio Bracciolini (toskanischer Humanist,

1380–1459), *Die Facezien des Florentiners Poggio*, dt. H. Floerke; Müller und Kiepenheuer, Hanau 1967 (Titel vom Hg.). Abdruck mit freundlicher Genehmigung des Verlags Müller und Kiepenheuer.

Properz (römischer Lyriker, um 47–15 v. Chr.), *Gedichte*, hg., dt. R. Helm; Akademie Verlag, Berlin/DDR 1965. Abdruck mit freundlicher Genehmigung des Akademie Verlags.

›Der Rabe‹, Magazin für jede Art von Literatur, Nr. 6; Haffmans, Zürich 1984.

François Rabelais (französischer Romancier 1494–1553), *Gargantua und Pantagruel*, dt. G. Regis; Leipzig 1832–1841 (Titel vom Hg.)

Rétif de la Bretonne (französischer Autor, 1734–1806), *Monsieur Nicolas*. Das enthüllte Menschenherz, dt. J. Nestler; Eichenberg, Siena und Berlin 1905 (Titel vom Hg.)

Christian Reuter (deutscher Romancier, geb. 1665, verschollen), *Werke*, Berlin 1914.

Anna Rheinsberg (deutsche Schriftstellerin, geb. 1956), *Bella Donna*; Lose Blätter Presse, Hamburg 1981. Abdruck mit freundlicher Genehmigung des Verlags Michael Kellner.

Rainer Maria Rilke (österreichischer Dichter, 1875–1926), *Sämtliche Werke*, hg. Rilke Archiv; Insel, Frankfurt 1957 (Titel vom Hg.). Abdruck mit freundlicher Genehmigung des Insel Verlags.

Joachim Ringelnatz (deutscher Lyriker und Liedermacher, 1883–1934), *und auf einmal steht es neben dir*. Gesammelte Gedichte; Henssel, Berlin 1964 (Titel vom Hg.). Abdruck mit freundlicher Genehmigung des Henssel Verlags.

Rocco und Antonia (Pseudonyme aus dem heutigen Italien), *Schweine mit Flügeln*, dt. W. S. Baur; Rowohlt, Reinbek 1977 (Titel vom Hg.). Abdruck mit freundlicher Genehmigung des Rowohlt Verlags.

Félicien Rops (belgischer Maler, 1833–1898), *Félicien Rops; Der weibliche Körper – der männliche Blick*. hg., dt. Fr. Hassauer/P. Roos; Haffmans, Zürich 1984 (Titel vom Hg.). Abdruck mit freundlicher Genehmigung des Haffmans Verlags.

Peter Rosegger (österreichischer Lesebuchautor, 1843–1918), *Ausgewählte Schriften*, Wien 1894.

Gerhard Roth (österreichischer Schriftsteller, geb. 1942), *Winterreise*; S. Fischer, Frankfurt 1978 (Titel vom Hg.). Abdruck mit freundlicher Genehmigung des S. Fischer Verlags.

Philip Roth (amerikanischer Romancier, geb. 1933), *Portnoys Beschwerden*, dt. K. Molvig; Rowohlt, Reinbek 1970 (Titel vom Hg.). Abdruck mit freundlicher Genehmigung des Rowohlt Verlags.

Albert de Routisie (Pseudonym für L. Aragon, 1897–1983), *Irène*, dt. J. Walther-Dulk/R. Weisert; Eichborn, Frankfurt 1984 (Titel vom Hg.). Abdruck mit freundlicher Genehmigung des Eichborn Verlags.

Imme Rupprecht (deutsche Malerin und Autorin, geb. 1943), *Anna P.s Nachtgebet*, s. Christel Göbelsmann; *Der schönste Tod* unveröffentlicht. Abdruck mit freundlicher Genehmigung der Autorin.

Hans Sachs (Nürnberger Lieder- und Schuhmacher, 1494–1576), *Sämtliche Fabeln und Schwänke*, hg. E. Goetze; Halle/S. 1893.

Maurice Sachs (französischer Schriftsteller und Spion, geb. 1906, 1945 verschollen), *Eine Chronique scandaleuse*, dt. H. Schlüter; Piper, München 1967 (Titel vom Hg.). Abdruck mit freundlicher Genehmigung des Piper Verlags.

Marquis de Sade (französischer Burgherr, Gefangener, Schriftsteller und Erfinder des namensgleichen -ismus, 1740–1814), *Ausgewählte Werke*, hg. M. Luckow; Merlin, Hamburg 1962–1965 (Titel vom Hg.). Abdruck mit freundlicher Genehmigung des Merlin Verlags.

Peter Salomon (deutscher Lyriker, geb. 1949), *Gegenfrost*. 67 Gedichte; Dreisam, Freiburg 1979 (Titel vom Hg.). Abdruck mit freundlicher Genehmigung des Dreisam Verlags.

Felix Salten (österreichischer Autor, 1869–1947, Erfinder von »Bambi« und vermutlich der »Mutzenbacher«, die 1906 erschien), *Josefine Mutzenbacher*; Wien o. J. (Titel vom Hg.)

Friedrich Schlegel (deutscher Romantiker 1772–1829), Privatdruck, München 1925.

Johann Gottfried Schnabel (deutscher Romancier, 1692–1752), *Der im Irrgarten der Liebe herumtaumelnde Kavalier*; München 1920.

Arthur Schopenhauer (Philosoph, 1788–1860), Zitat in: *Der handschriftliche Nachlaß*, hg. Arthur Hübscher; Kramer, Frankfurt 1966–1975.

Hubert Selby (amerikanischer Romancier, geb. 1923), *Letzte Ausfahrt Brooklyn*, dt. K. Molvig; Rowohlt, Reinbek 1968 (Titel vom Hg.). Abdruck mit freundlicher Genehmigung des Rowohlt Verlags.

Günter Steffens (deutscher Romancier, 1922–1985), *Die Annäherung an das Glück*; Kiepenheuer und Witsch, Köln 1976. Abdruck mit freundlicher Genehmigung des Verlags Kiepenheuer & Witsch.

Friedrich Leopold Graf zu Stolberg (deutscher Dichterfreund, 1750–1819), Privatdruck, München 1924.

Tihamer Tóth, *Das reine Mannestum* (Propagandaausgabe), hg., dt. E. Kovács (Pfarrprovisor), Fr. Wedl, Melk o. J.

Boris Vian (französischer Romancier und Ingenieur, 1920–1959), *Der Herzausreißer*, dt. W. S. Baur; Zweitausendeins, Frankfurt 1979 (Titel vom Hg.). Abdruck mit freundlicher Genehmigung des Verlags Zweitausendeins.

Gore Vidal (amerikanischer Romancier, geb. 1925), *Myra Breckinridge*, dt. Ph. Weiler; Kiepenheuer und Witsch, Köln 1969 (Titel vom Hg.). Abdruck mit freundlicher Genehmigung des Verlags Kiepenheuer & Witsch.

Johann Heinrich Voss (deutscher Autor und langhinschattender Homer-Übersetzer, 1751–1826), Privatdruck, München 1924.

Franziska Waldner (deutsche Schriftstellerin, 1810–1896), *Flötende Verse,* Berlin 1888 (Titel vom Hg.)

Dieter Walter (veröffentlichte in den frühen 70ern mit einigem Erfolg in der ›alternativen Literaturszene‹), *Bastarda*; edition Katrin Faque, Amsterdam 1974 (Titel vom Hg.). Abdruck mit freundlicher Genehmigung des Autors.

Peter Weiss (deutsch-schwedischer Autor, 1916–1982), *Der Schatten des Körpers des Kutschers*; Suhrkamp, Frankfurt 1960. Abdruck mit freundlicher Genehmigung des Suhrkamp Verlags.

Wilhelm IX. von Aquitanien (französischer Troubadour, 1071–1127), französischer Text in: *Mittelalterliche Lyrik in Frankreich,* hg. D. Rieger; Reclam, Stuttgart o. J., dt. C. Dessin (Originalbeitrag) (Titel vom Hg.). Abdruck mit freundlicher Genehmigung des Herausgebers.

Calder Willingham (amerikanischer Romancier, geb. 1922), *Wie ein Falter im Wind,* dt. G. Vorkamp; Lichtenberg, München 1977 (Titel vom Hg.). Abdruck mit freundlicher Genehmigung des Kindler Verlags, München.

Peter Paul Zahl (deutscher Autor, geb. 1944), *Wie im Frieden*; Lit. Verlag H. Braun, Leverkusen 1976. Abdruck mit freundlicher Genehmigung des Autors.

Anna Zaschke (deutsche Schriftstellerin, geb. 1930), *Männergeschichten.* Das Decamerone der Frau; Eichborn, Frankfurt 1981 (Titel vom Hg.). Abdruck mit freundlicher Genehmigung des Eichborn Verlags.

Herausgeber und Verlag danken allen Autoren, Editoren und Verlagen für die Erteilung der Rechte. Besonderer Dank gilt den Malern und Zeichnern, welche die Zwischentitel-Illustrationen eigens für dieses Werk geschaffen haben.